逸身喜一郎／吉田伸之［編］

両替商 銭屋佐兵衛

1

四代佐兵衛 評伝

東京大学出版会

A BANK IN OSAKA: *ZENISA* vol. 1
A BIOGRAPHY OF *ZENIYA-SAHEI IV*

Kiichiro ITSUMI and Nobuyuki YOSHIDA, Editors

University of Tokyo Press, 2014
ISBN 978-4-13-026237-8

四代佐兵衛

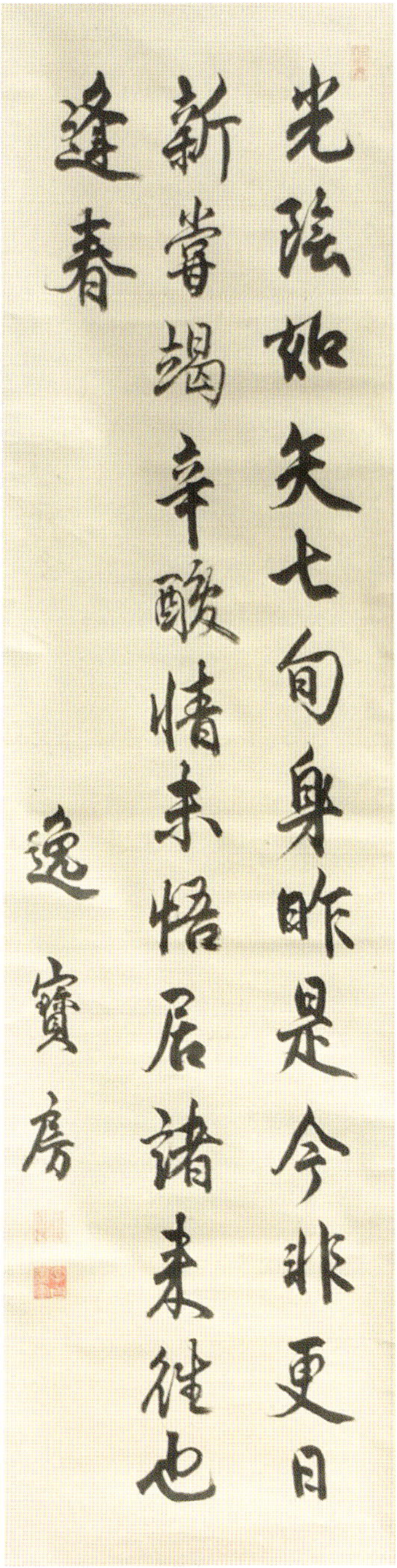

口絵1―4代佐兵衛宝房（1808-1891）
70歳の時の書［63］

口絵2―4代佐兵衛（宗善院）の墓［75］

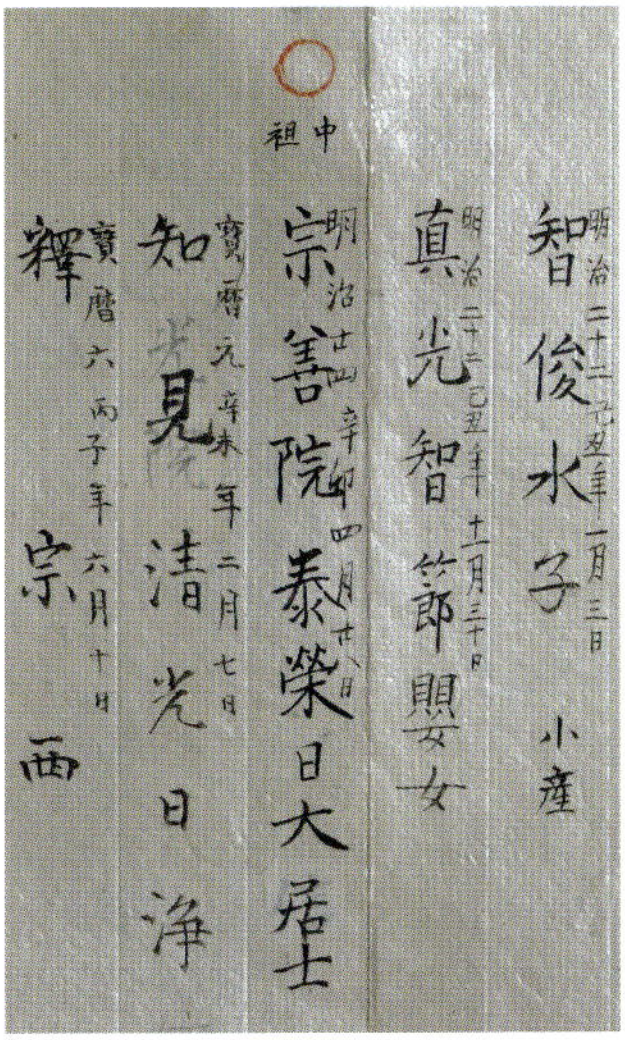

明治二十二己丑年一月三日 智俊水子 小産
明治二十二己丑年十一月三十日 真光智節嬰女
中祖 明治廿四辛卯四月廿八日 宗善院泰榮日大居士
寶暦元辛未年二月七日 知見清光日浄
寶暦六丙子年六月十日 釋宗西

口絵3―逸身家過去帳
「宗善院泰榮日大居士」（4代佐兵衛）は「中祖」とある．［1］

逸身家の人びと

口絵5—2代佐一郎
（宝豊, 4代佐兵衛次男）(1842-1909)

口絵4—5代佐兵衛
（宝備, 4代佐兵衛長男）(1838-1903)

口絵9—7代佐兵衛
(1896-1946)

口絵8—6代佐兵衛妻ツル
（5代佐兵衛三女）
(1879-1918)

口絵7—6代佐兵衛
（宝護, 佐一郎長男）
(1872-1922)

口絵6—5代佐兵衛妻ハタ
(1844-1923)

口絵10—逸身婉子氏
（7代佐兵衛の娘，逸身喜一郎の母） 2007年5月21日，於大阪府箕面市・逸身家
右から逸身婉子氏，逸身喜一郎，吉田伸之

精霊棚

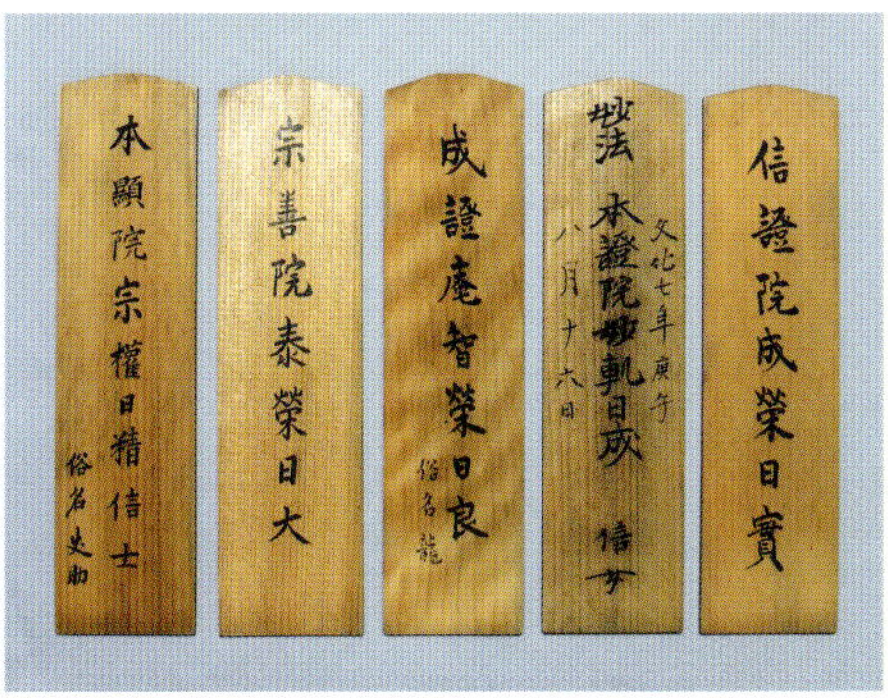

口絵11—逸身家精霊棚
塔婆（位牌）は直系の先祖や親類，別家夫妻，賄女中など143枚に及ぶ．写真左は，右から3代佐兵衛，3代佐兵衛の妻トミ（4代の実母），3代佐兵衛の妻リヤウ，4代佐兵衛，別家溝口（銭屋）丈助．［1］

（拡大）

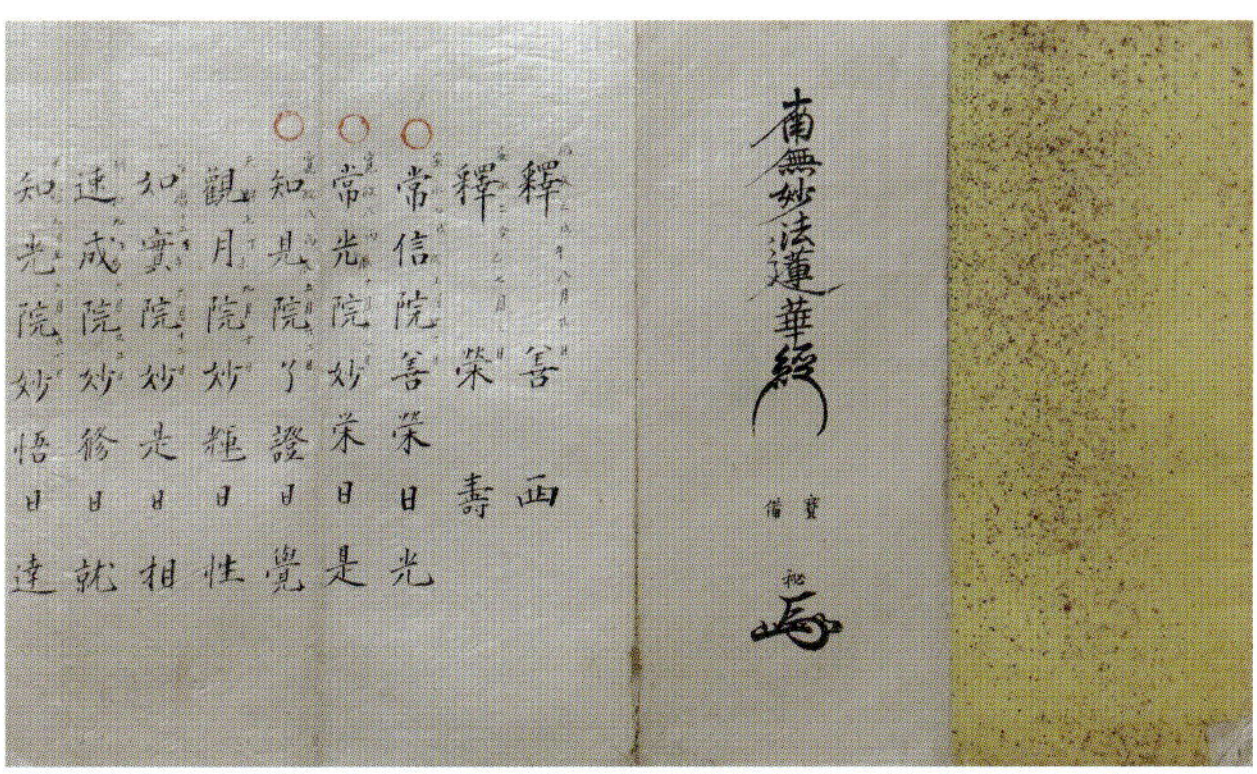

口絵12—逸身家過去帳
冒頭部分．「南無妙法蓮華経」の下に5代佐兵衛を示す「宝備」とある．［1］

墓地

口絵13—逸身家墓所（妙徳寺内）
墓域は漆喰壁で囲まれ，他の墓域と明確に区別されている．上は墓所奥（北側）にある本家の区画．奥の五輪塔が当主とその妻の墓．下は墓所手前（南側）にある別家の区画（西側の一角）．
［1·35·37·76，墓域図］

銭佐のイエ

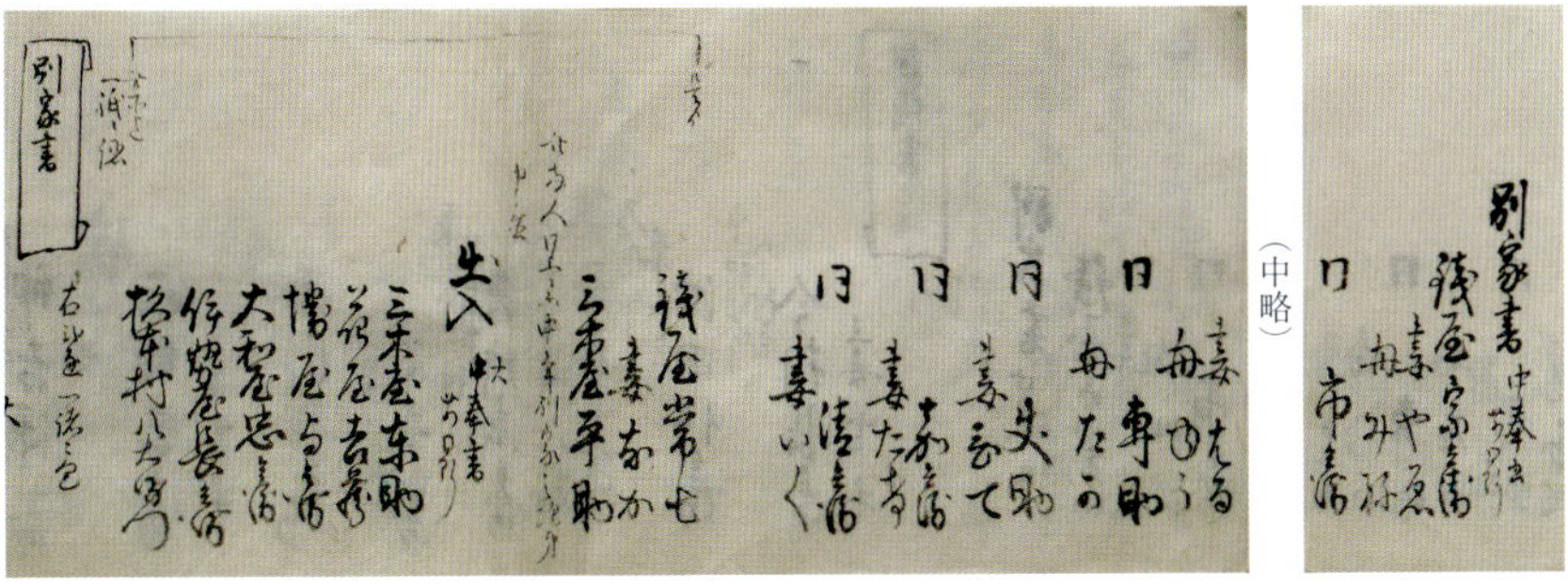

口絵14―銭佐の別家・出入　〔1-2-5〕　明治3年（1870）
中年別家（B級別家）の銭屋常七と三木屋平助は「出入」と一緒にされ，他の別家と異なる扱いを受けた．［36・59・62・67］

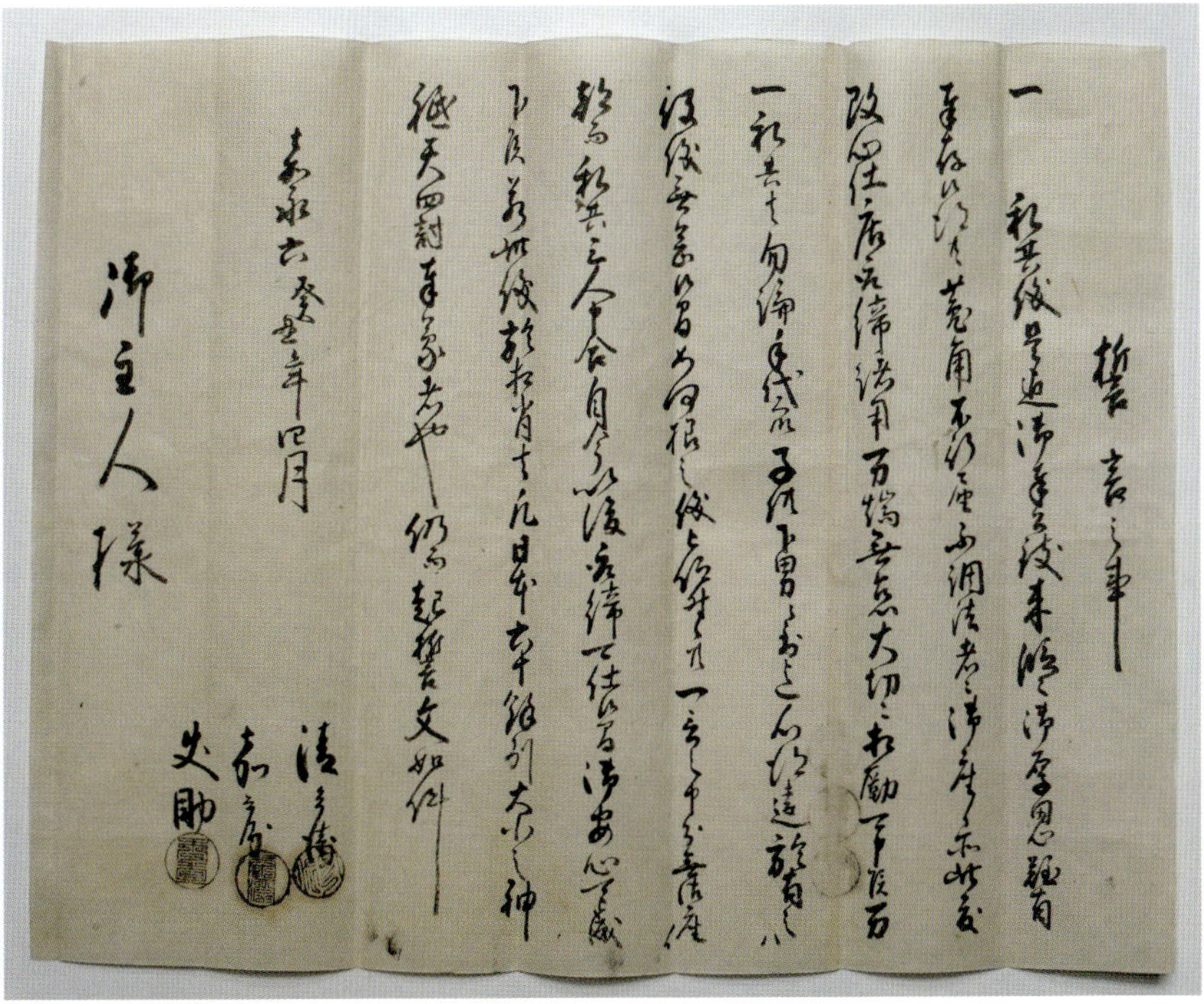

口絵15―手代3名の店内取締誓約書　〔2-49-4〕　嘉永6年（1853）
この誓約書により，丈助・嘉兵衛・清兵衛の3名が店内を差配する新体制となった．［23］

銭佐日記

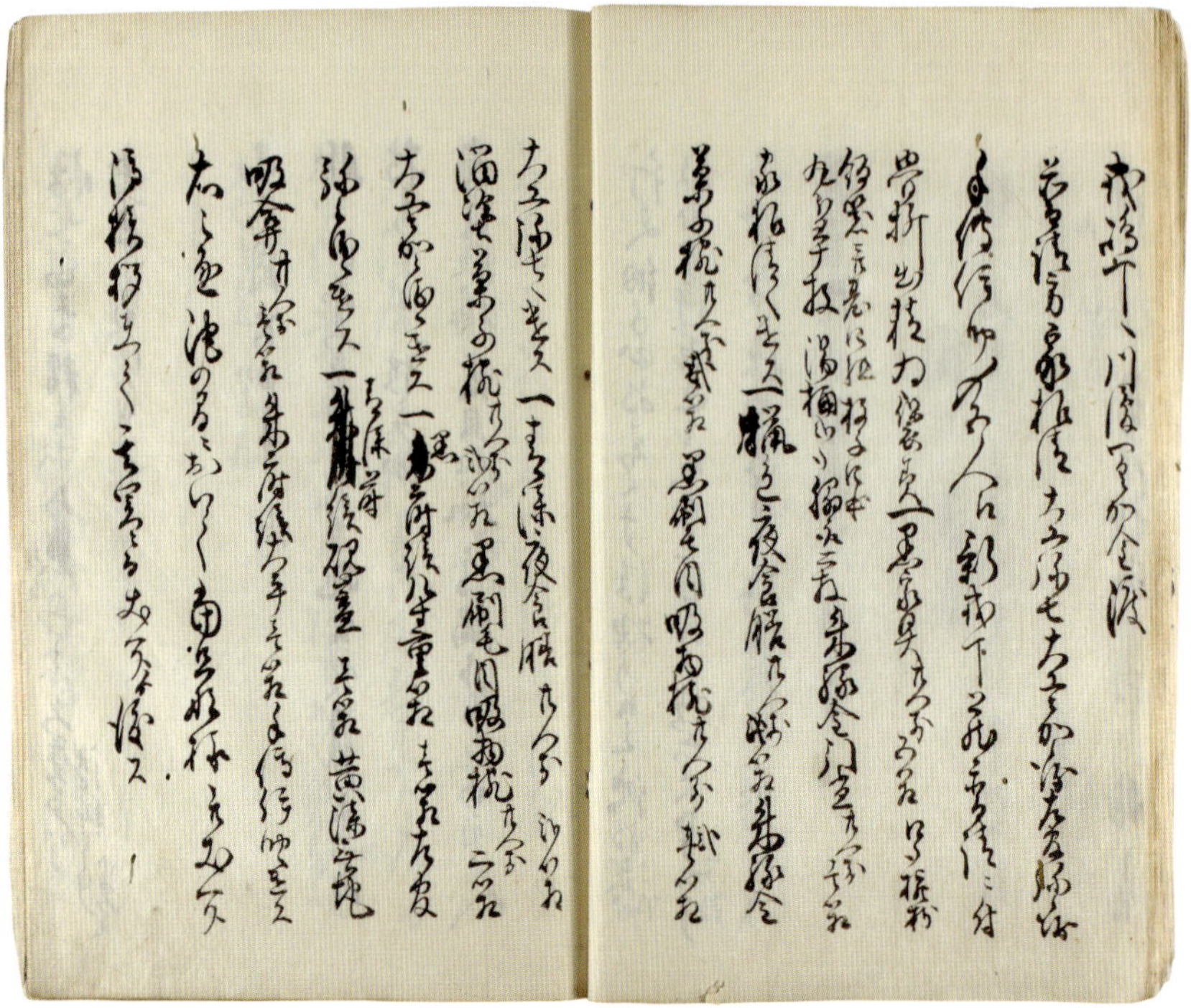

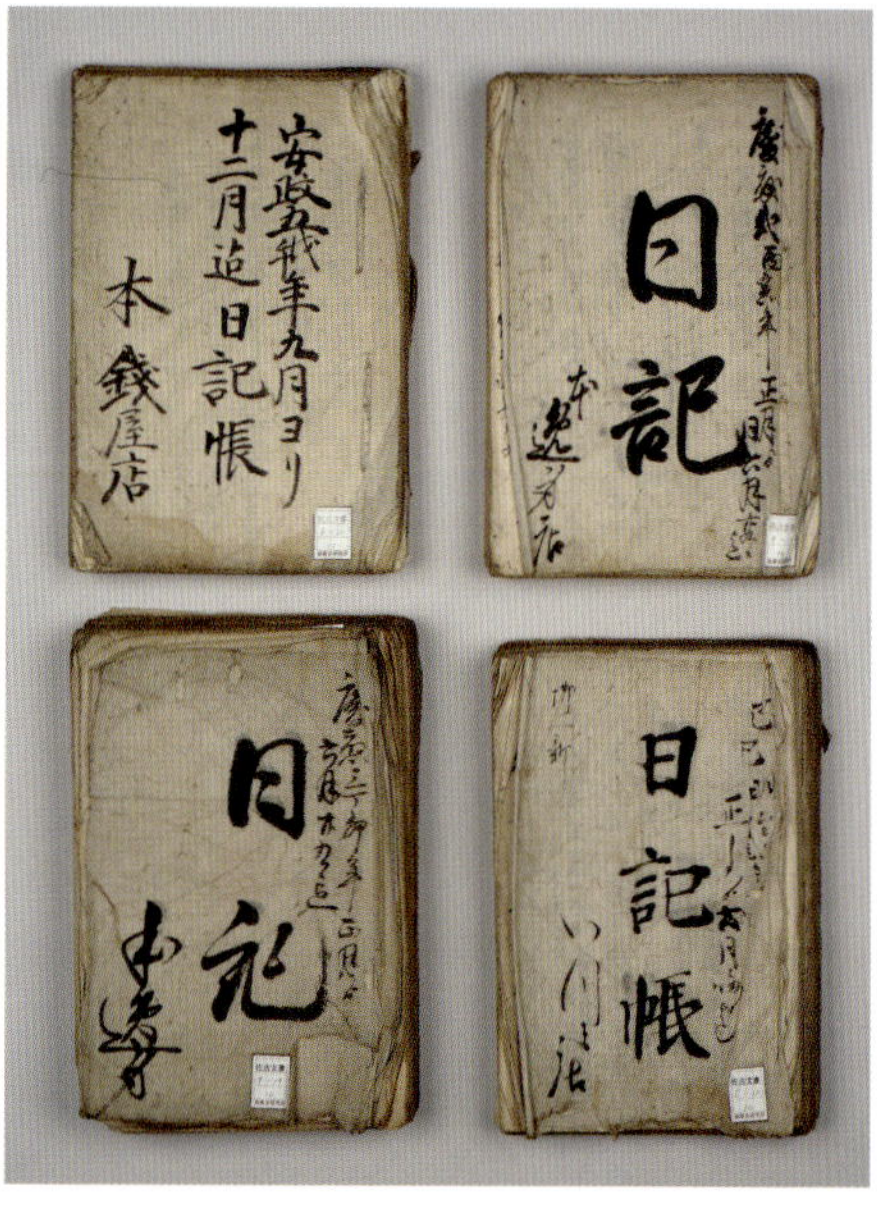

口絵16―銭佐日記
大阪商業大学商業史博物館蔵
佐古慶三教授収集文書(佐古文書)には, 20冊の銭佐日記がある. 上の写真は安政4年5月19日の一部で, 新戎丁掛屋敷の蔵普請竣工後の褒美について記す.
[解題3, 第1・10章]

三代佐兵衛妻リヤウの同定

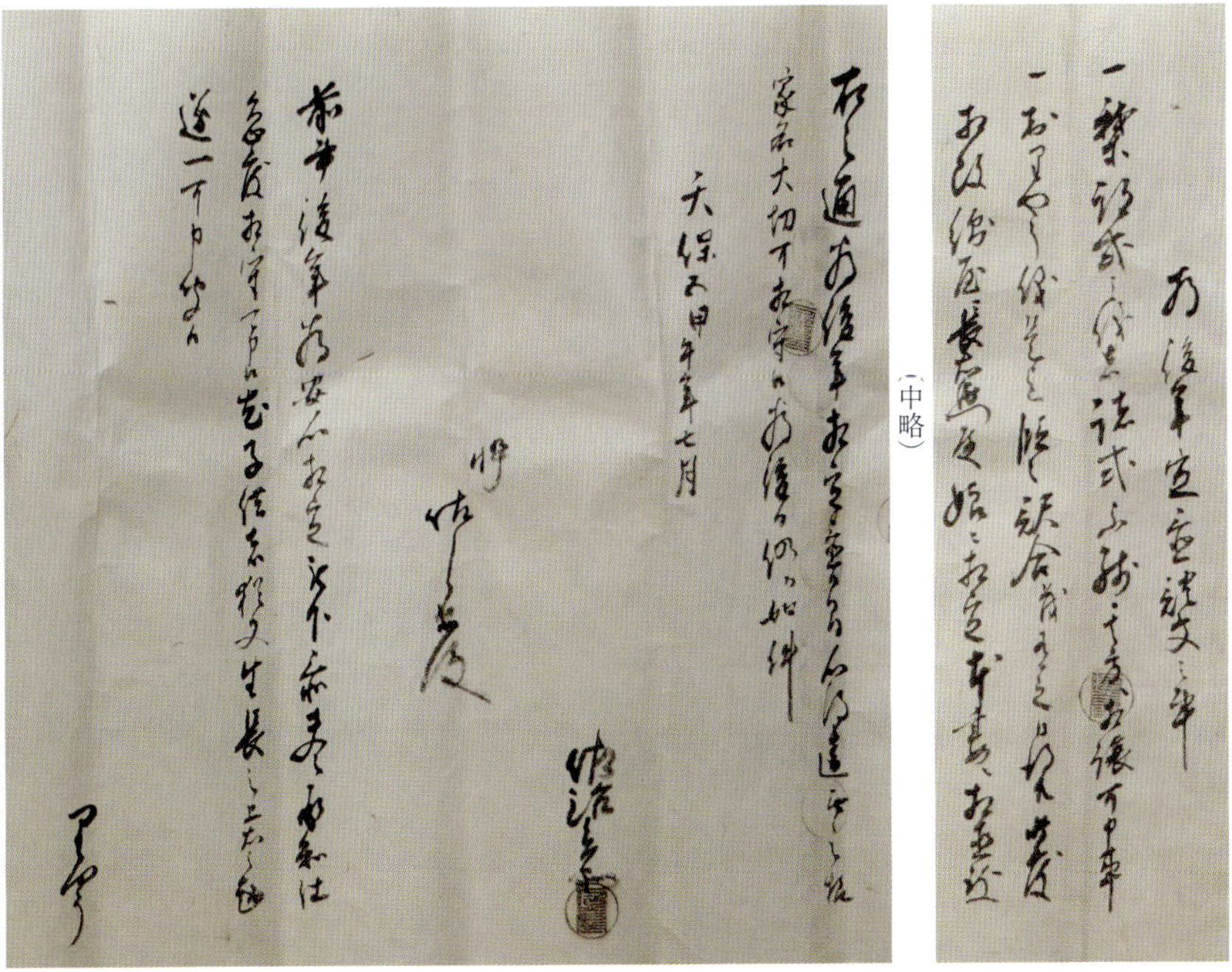

口絵17

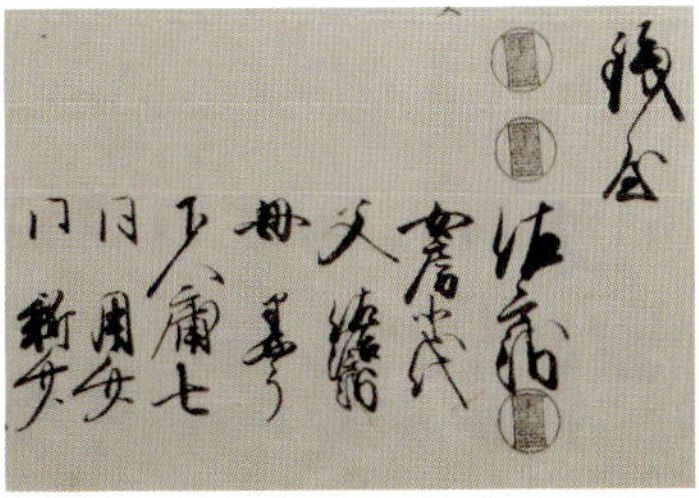

口絵19

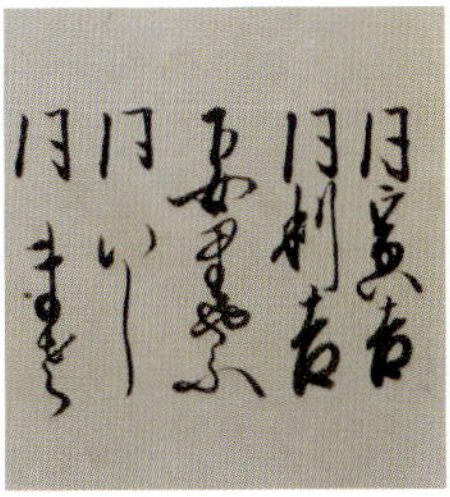

口絵18

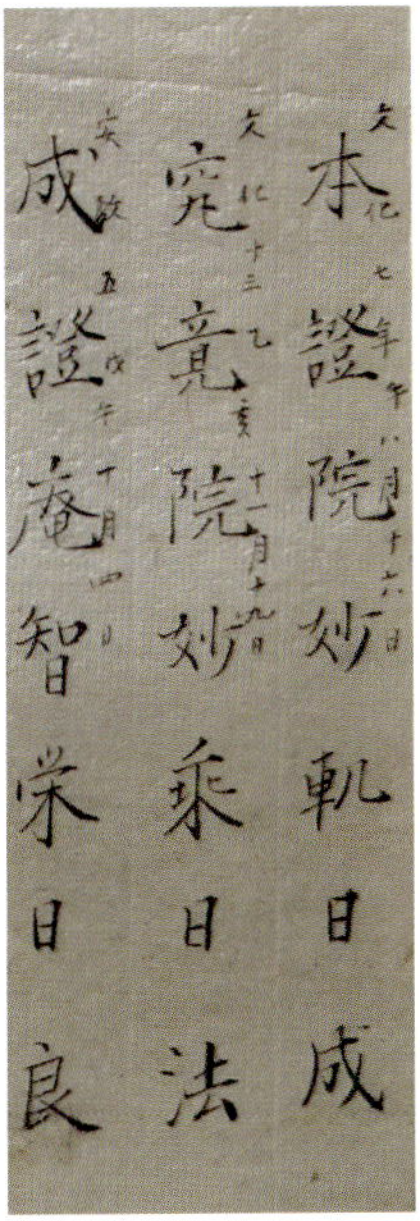

口絵20

口絵17—リヤウを佐治兵衛本妻と定めた証文 〔2-43〕 天保5年(1834)
口絵18—石灰町人別帳より 文政12年(1829)
口絵19—石灰町人別帳より 〔7-2〕 嘉永3年(1850)
口絵20—過去帳より

天保 5 年，リヤウは隠居した佐治兵衛（3 代佐兵衛）の本妻となった．文政 12 年と嘉永 3 年の人別帳を比較すると，下女筆頭から 4 代佐兵衛母にかわっている．銭佐日記と過去帳の命日を照合させた結果，リヤウの戒名「成證庵智栄日良」が確定できた．［4，解題 2］

婚礼

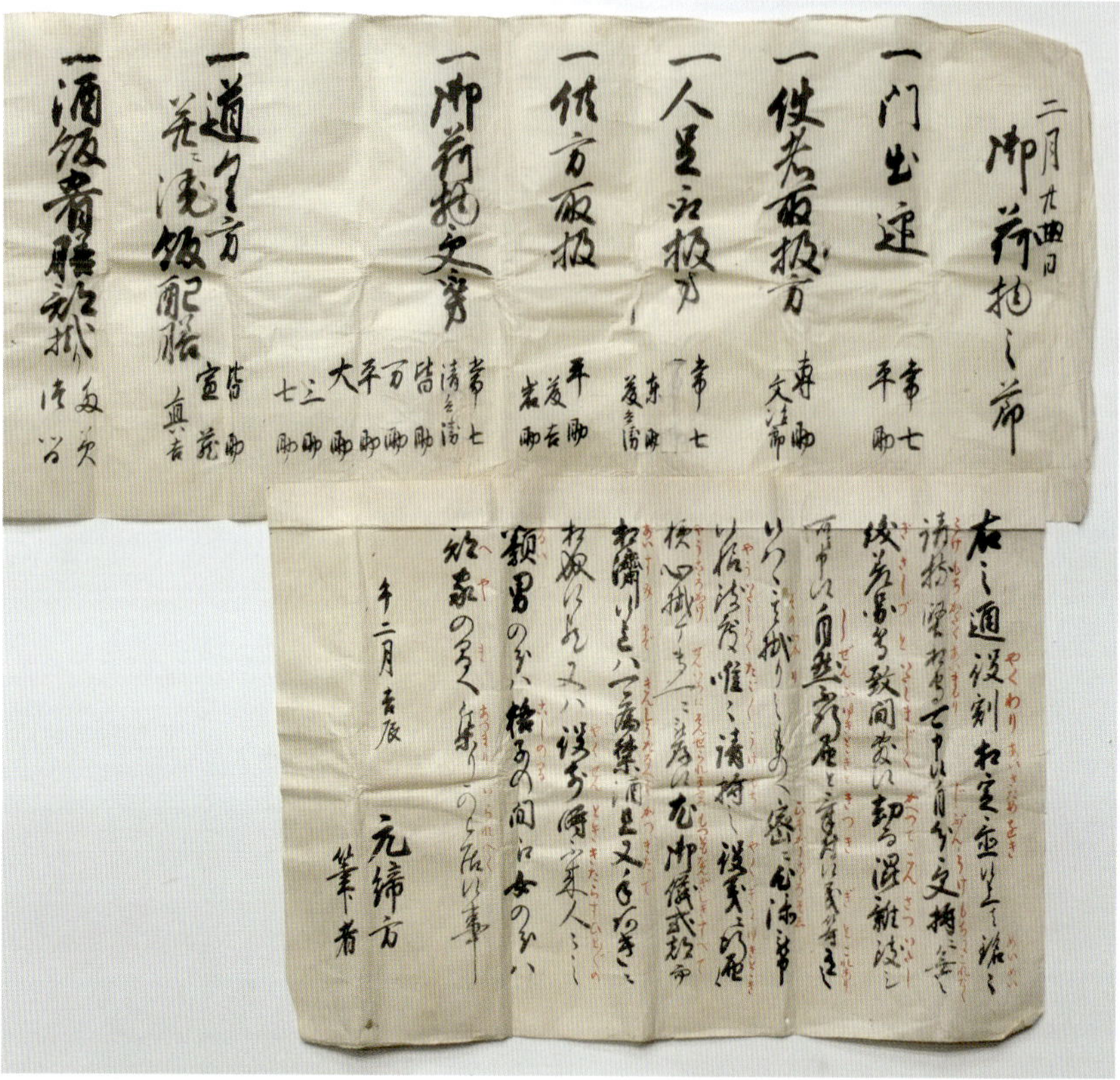

口絵21—婚礼役割定　〔1-2-13〕　明治3年　(1870)
婚礼の役割分担を書き出したもの．長さが333cmもあり，裏に糊付けの跡があることから，
店内の壁に張り出されたものと推定される．［61，第4章］

口絵22—慈娶縁附諸祝儀控　〔1-1-2-4〕
明治11年(1878)
婚礼終了後の内祝と歳暮祝儀を兼ねて，
逸身家が娘の嫁ぎ先へ贈ったもの．大塩
鯛2尾と鏡餅．［61，第4章］

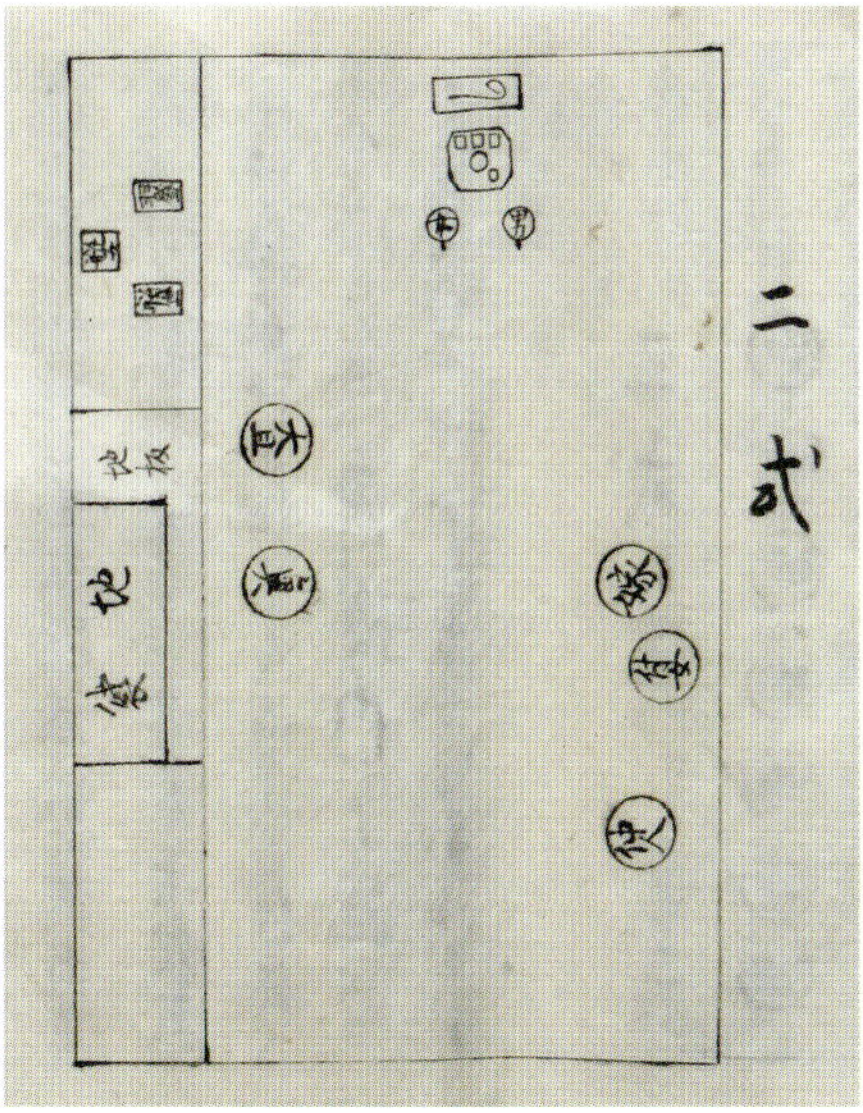

二式

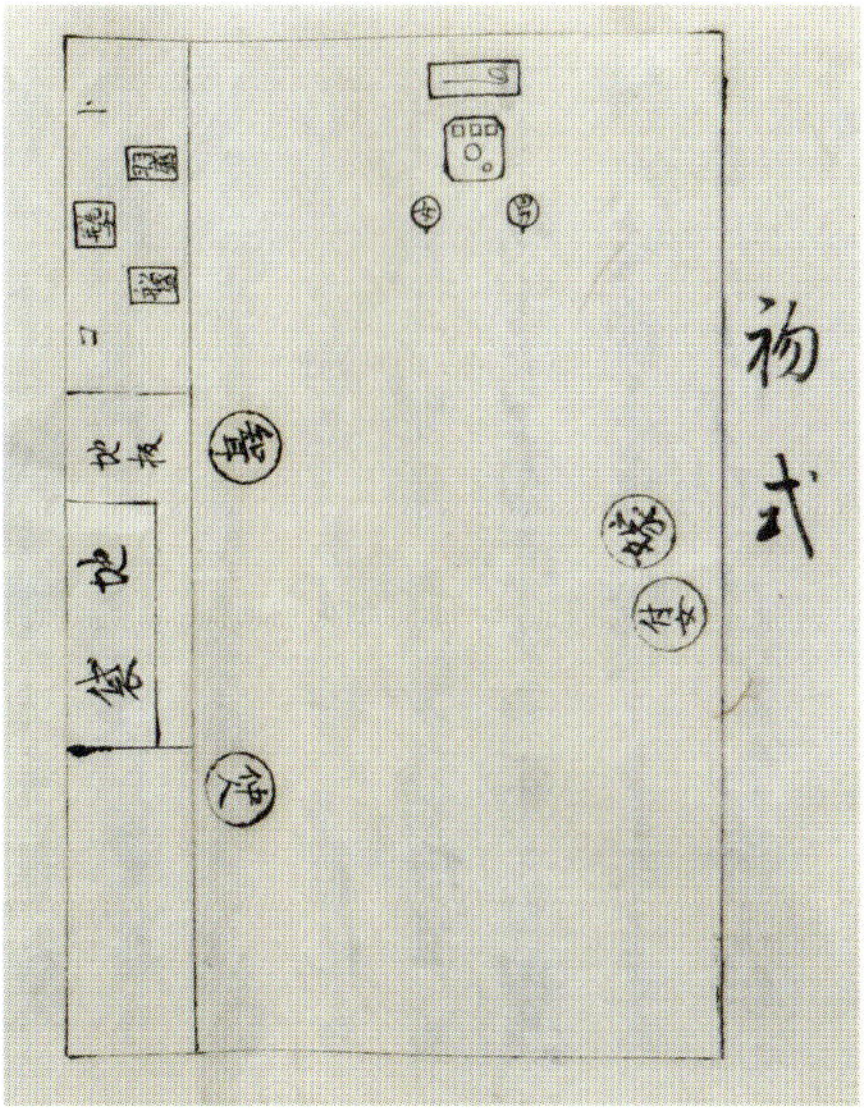

初式

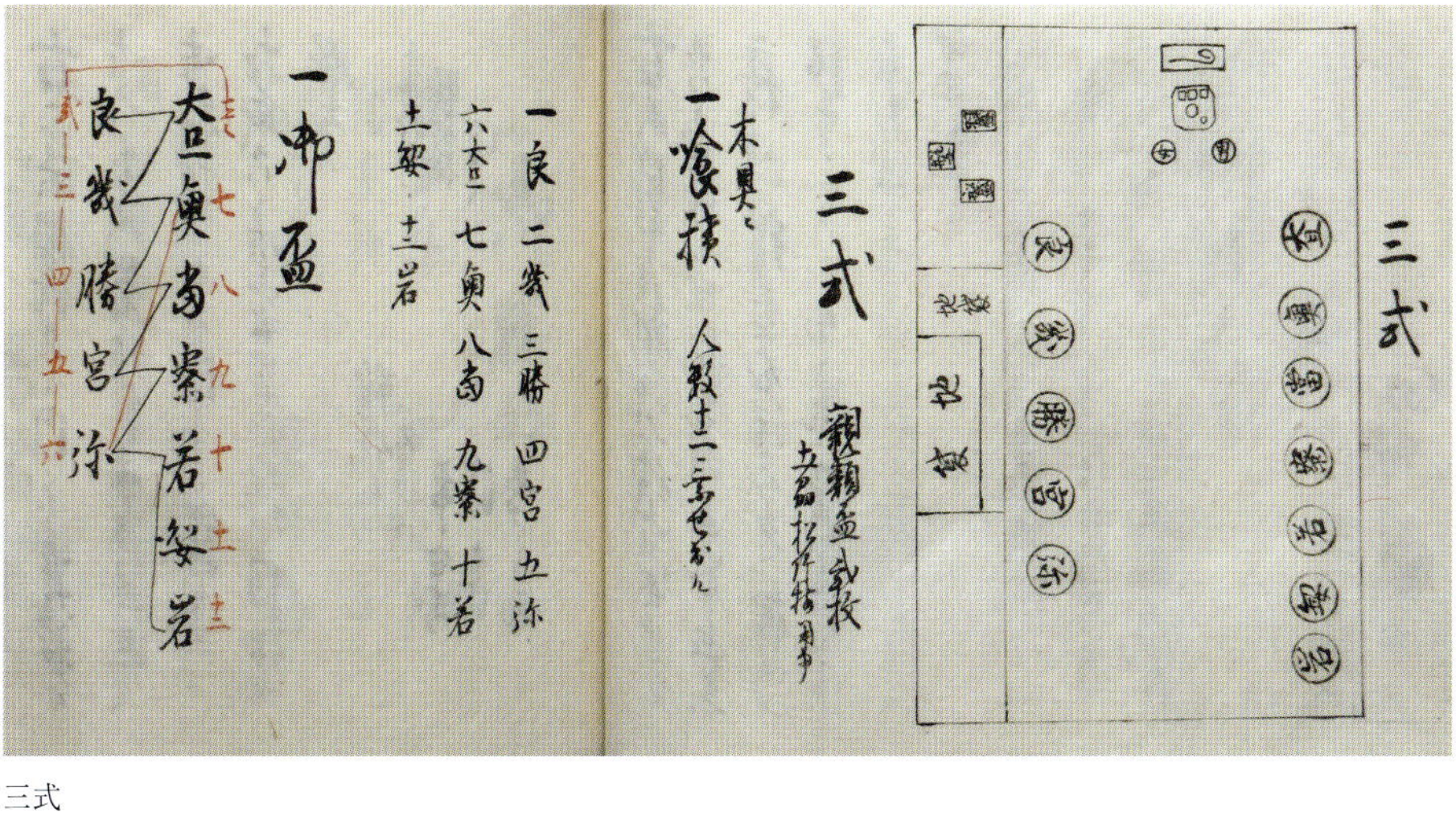

三式

口絵23―婚礼で行われる式三献(三三九度)の座配図　〔1-2-4-1〕　明治8年(1875)
聟・嫁と仲人で夫婦の盃(初式)，舅・姑・嫁と仲人で親子の盃(二式)，双方家族で親類の盃(三式)を交わした．［61，第4章］

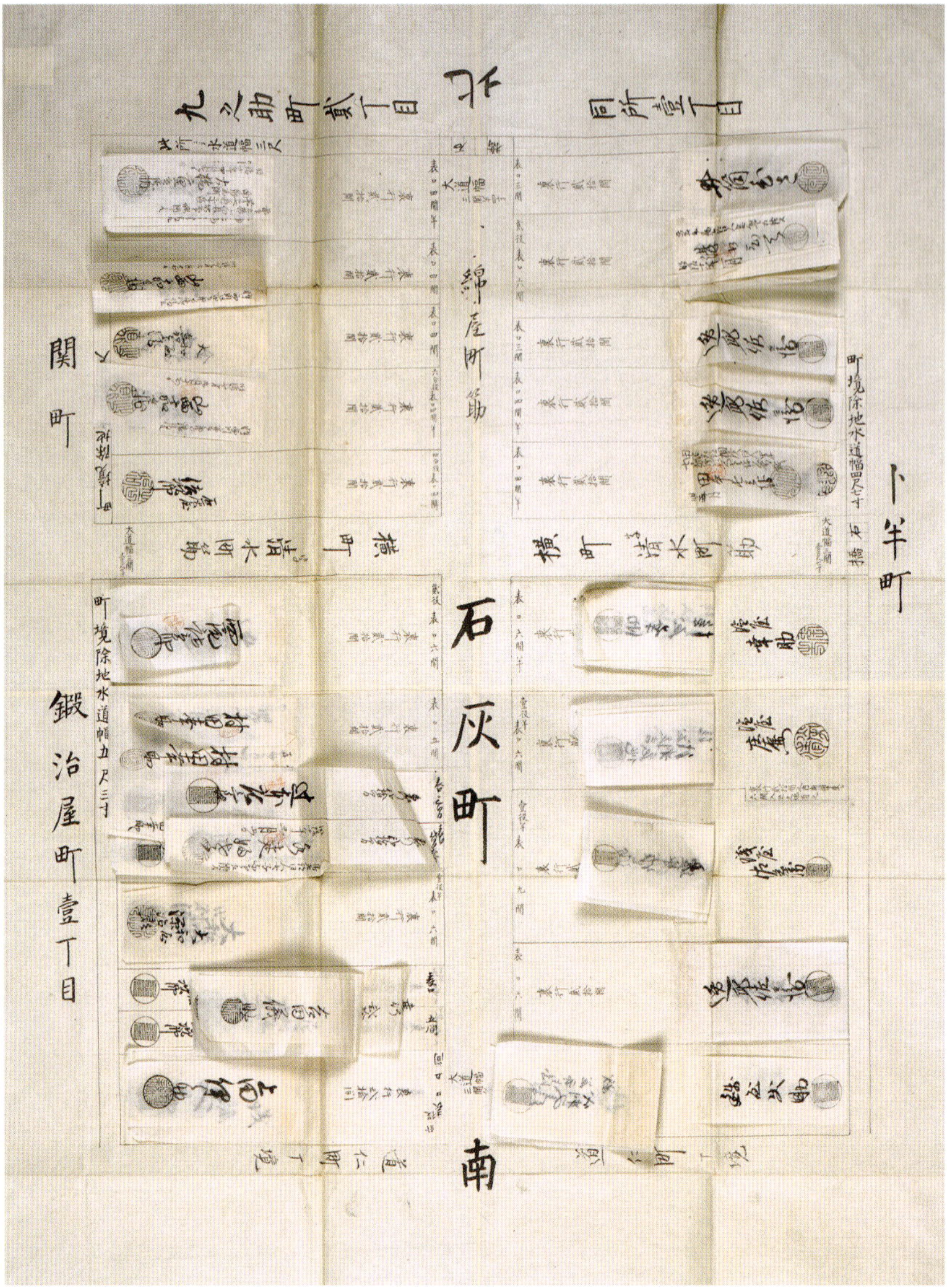

口絵24―石灰町水帳絵図　安政3年（1858）　大阪商業大学商業史博物館蔵
銭屋佐兵衛が本拠をおく大坂島之内石灰町（南組）の水帳絵図．［3・21・34，解題1，第1章］

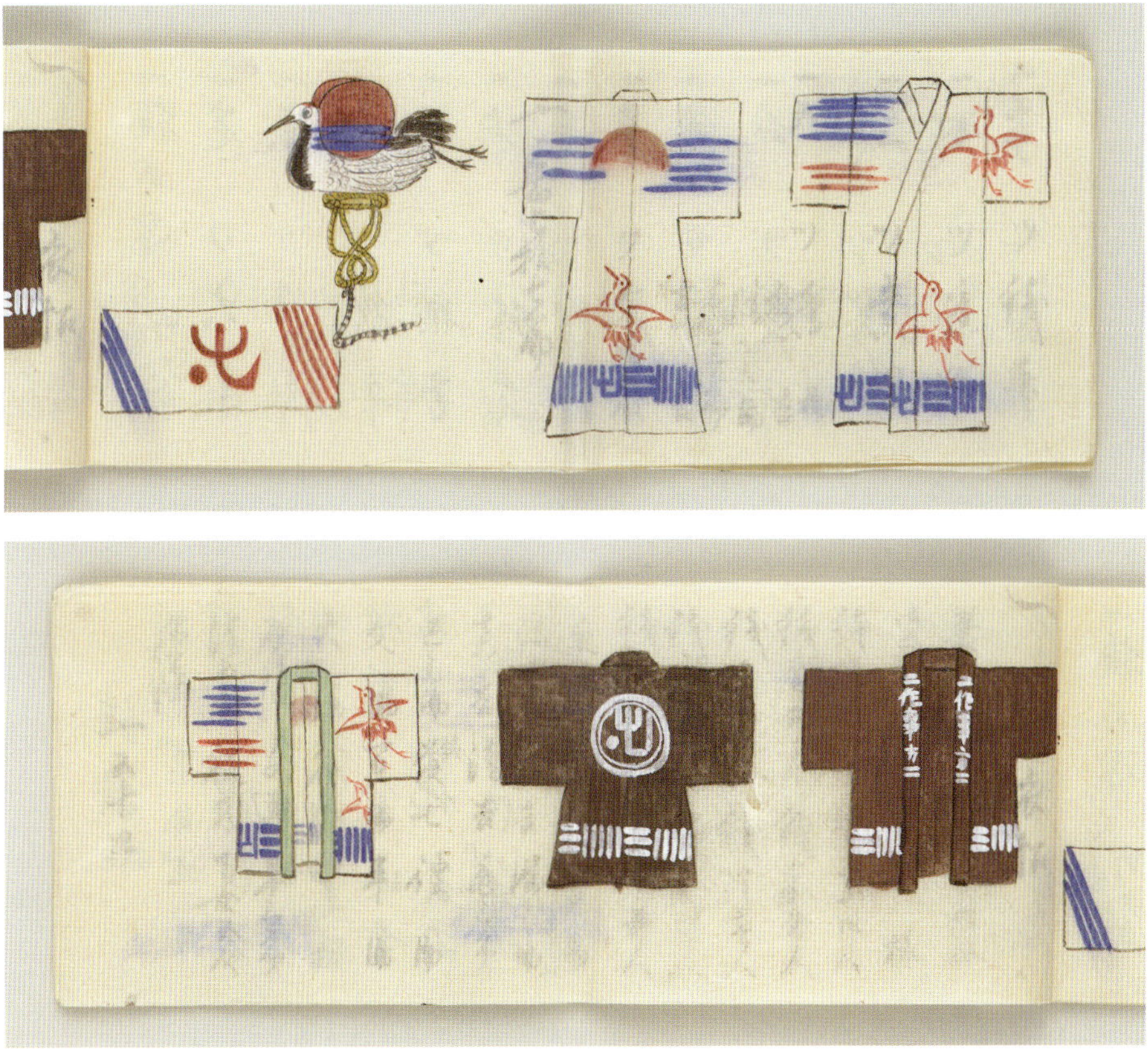

口絵25—天照皇大神宮御降臨諸事扣　〔4-38-1〕　慶応3年(1867)
「ええじゃないか」のために銭佐が誂えた浴衣·冠物·手拭いと，作事方の法被の図柄が描かれる．
［41·56，第2章］

口絵27—逸身家に現存する杯

口絵26—逸身家に現存する法被

両替商の経営

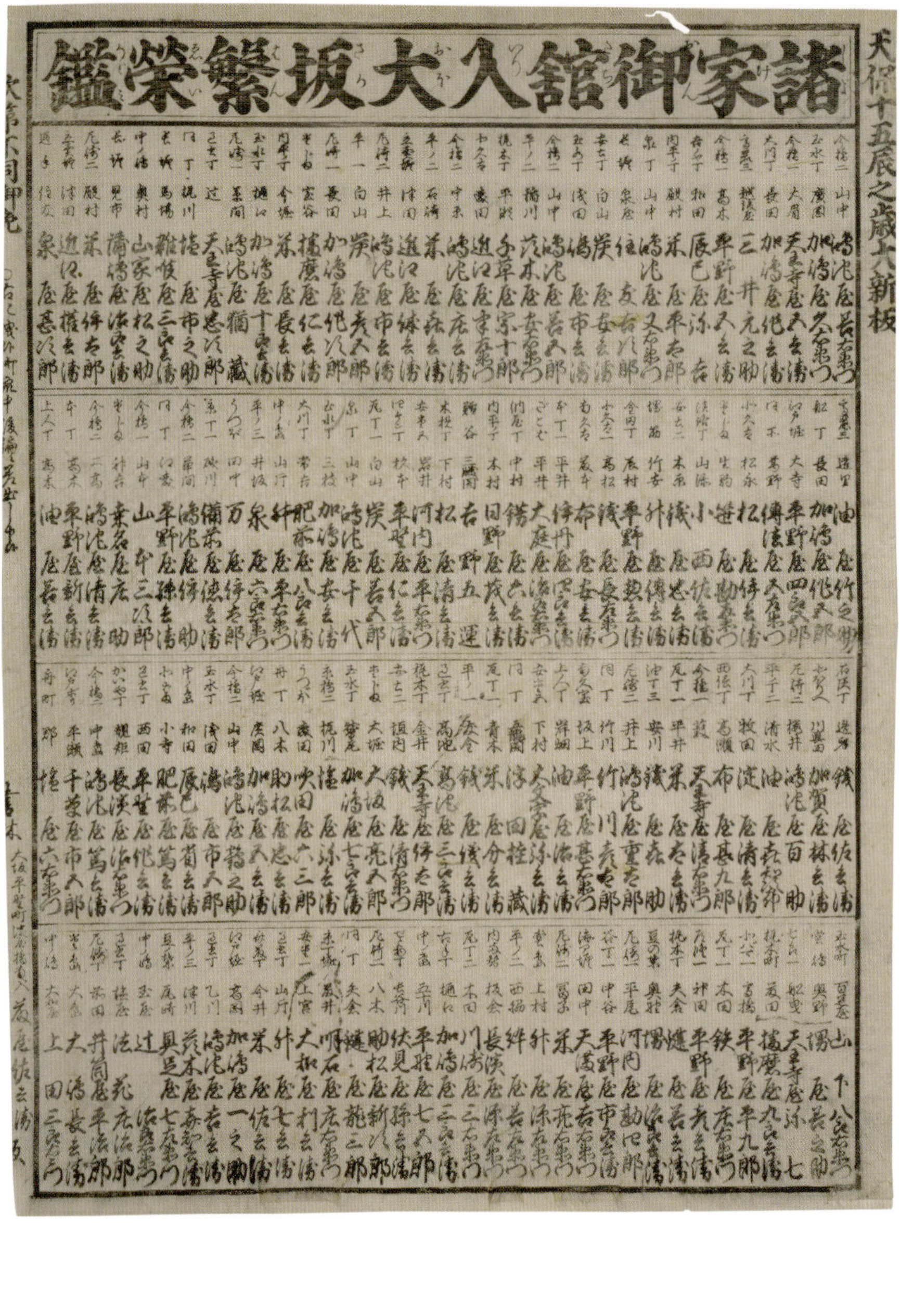

天保十五辰之歳六月新板

諸家御館入大坂繁栄鑑

口絵28―諸家御館入大坂繁栄鑑　天保15年(1844)　大阪歴史博物館蔵
諸藩蔵屋敷に館入りしている商人番付．3段目右端に「石灰丁　逸身　銭屋佐兵衛」の名が見える．
[5・14]

口絵30

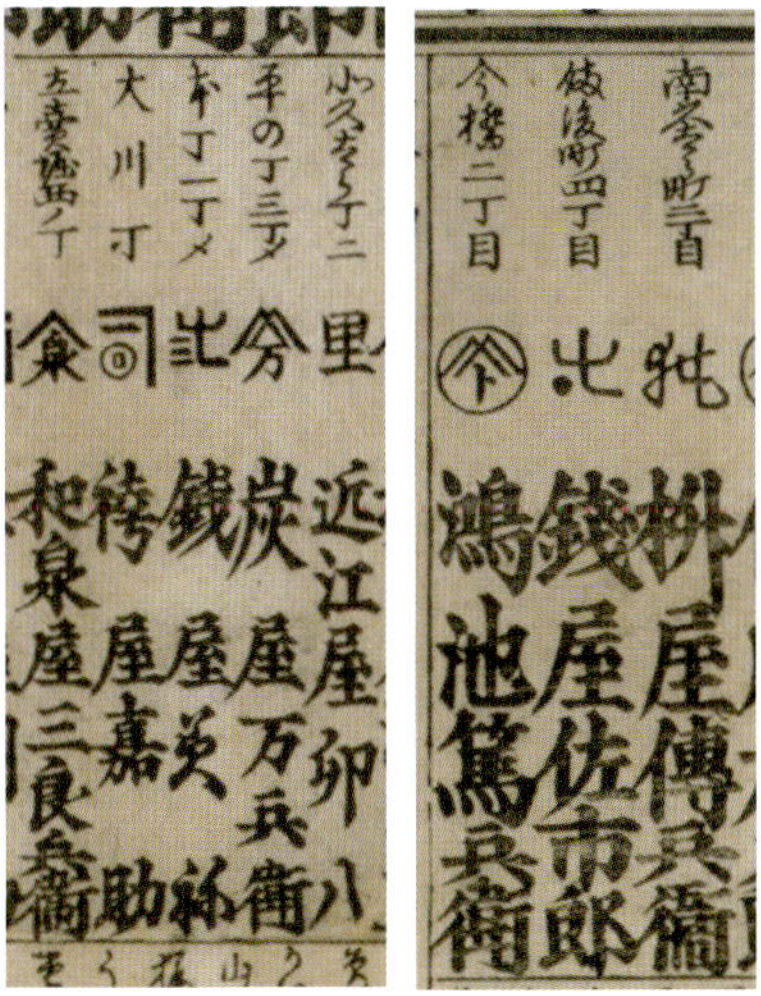

口絵29

口絵 29―「浪華両替取引手柄鑑」より　嘉永５年(1852)　大阪歴史博物館蔵

口絵30―手形に押された店印〔3-43-6-3〕

銭佐一統の店印．右・銭屋佐市郎（本家備店）中央・銭屋みね（別家銭屋宗兵衛）左・銭屋市兵衛（別家）［36］

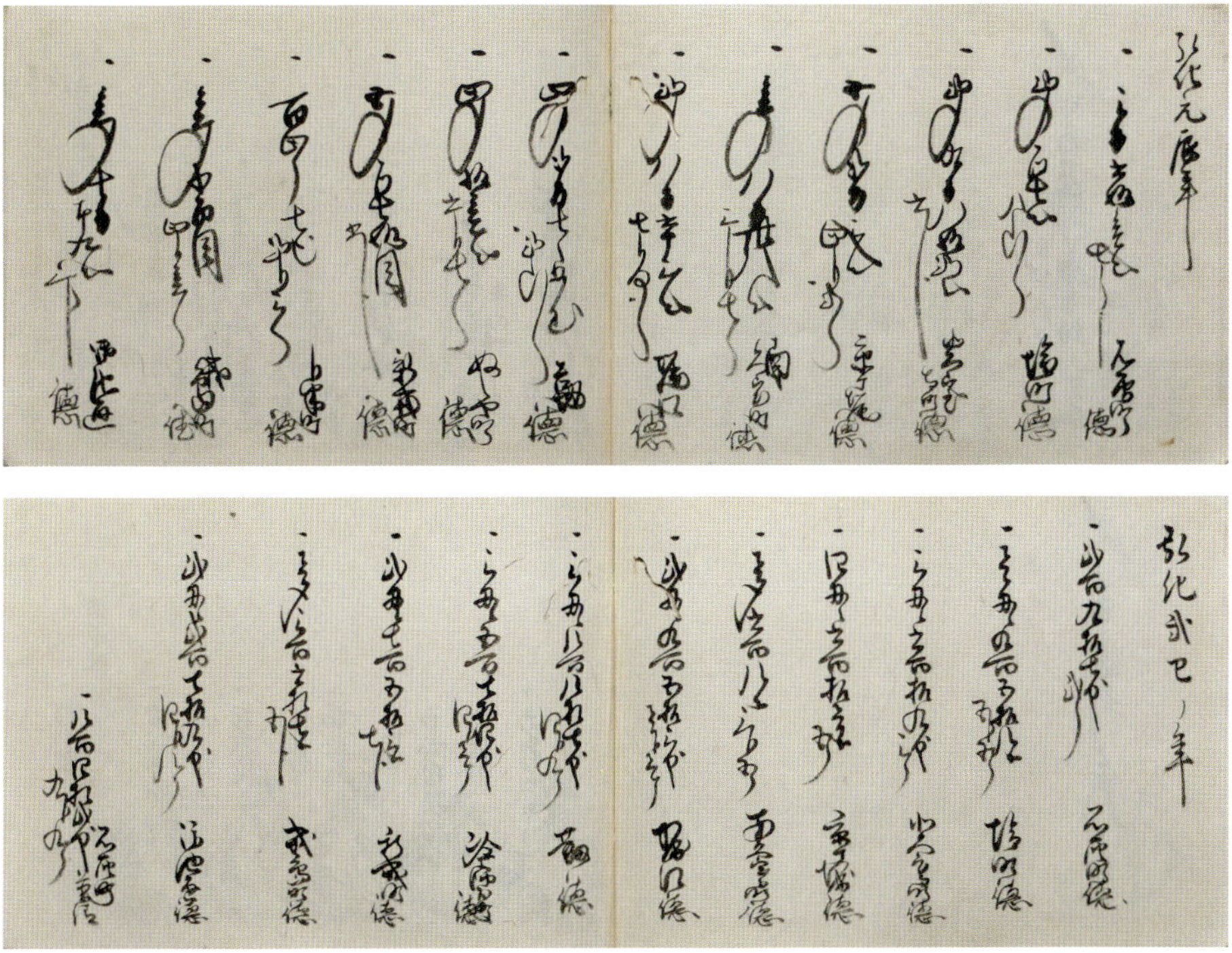

口絵31―家徳扣　〔8-4〕　文政8年(1825)～明治32年(1899)

銭佐が所持した掛屋敷経営に関する帳簿．弘化元年（1844）と2年の間で筆跡が異なり，3代佐兵衛から4代に筆者がかわったとみられる．［7･12･34･51，解題9，第1･5･6章］

両替商の経営

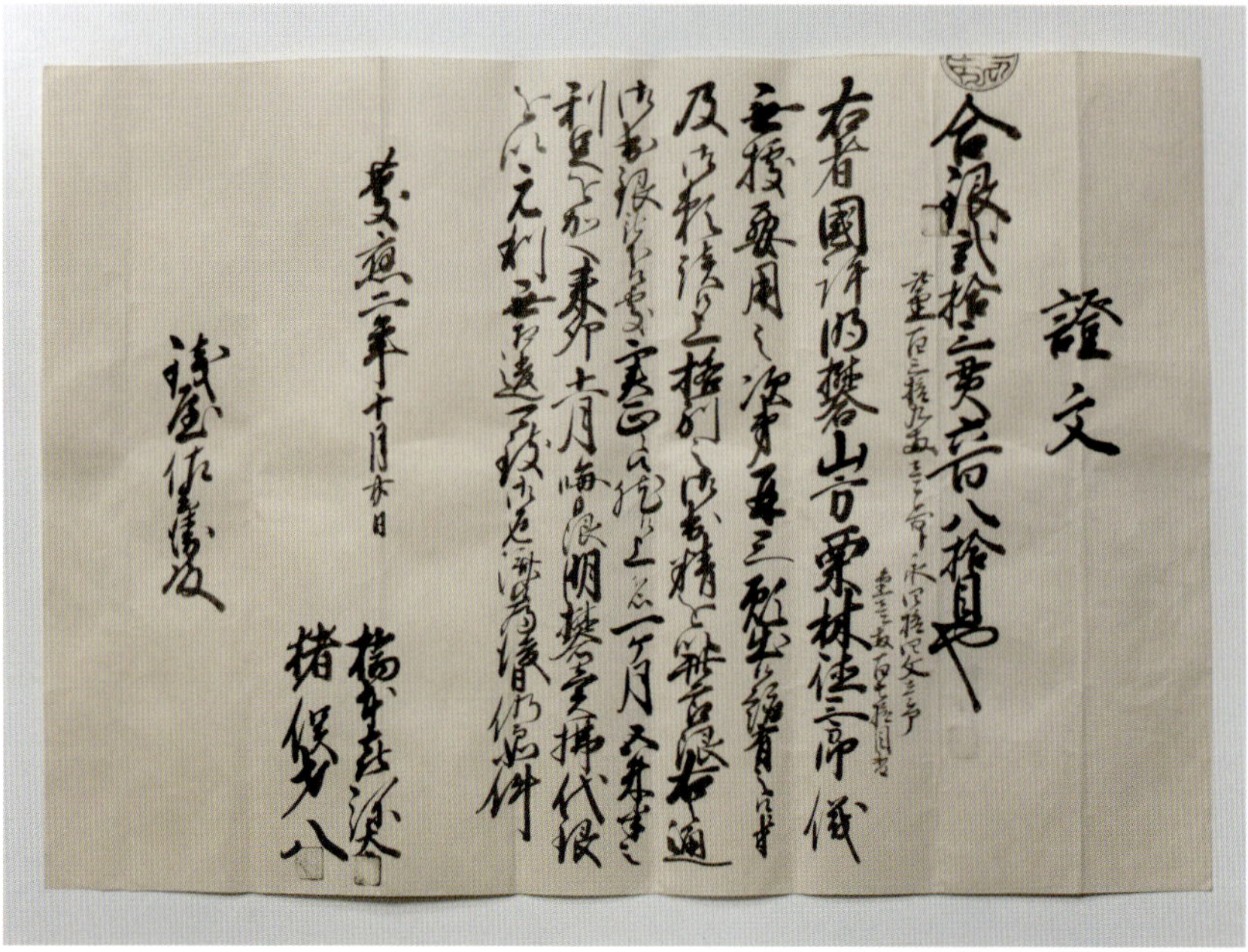

口絵32―明礬山方の借銀証文　〔9-3-2〕　慶応2年(1866)
銭佐は熊本藩の仕法替えにより，明礬の流通に関わるようになった．［43，第9章］

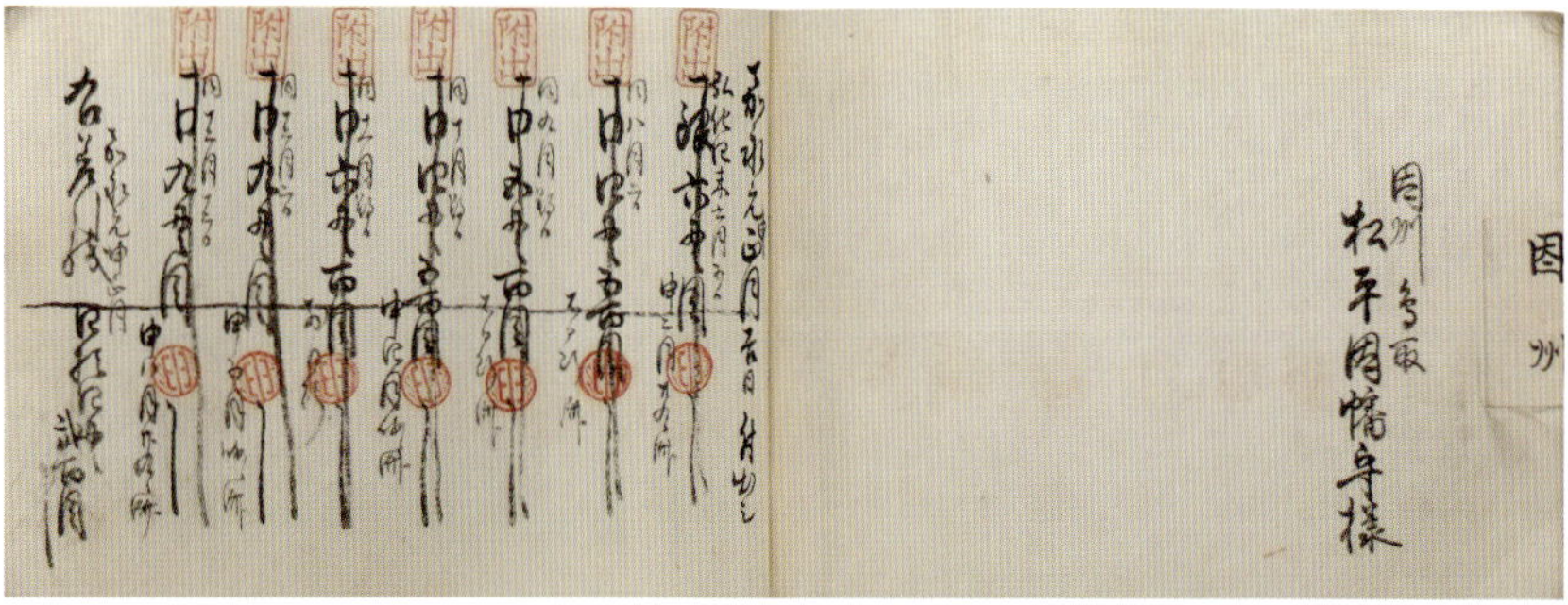

口絵33―諸家貸　〔7-1〕　嘉永元年(1848)～明治32年(1899)
大名家への貸付帳簿．写真は因州鳥取藩の部分．［解題6，第10章］

逸身銀行

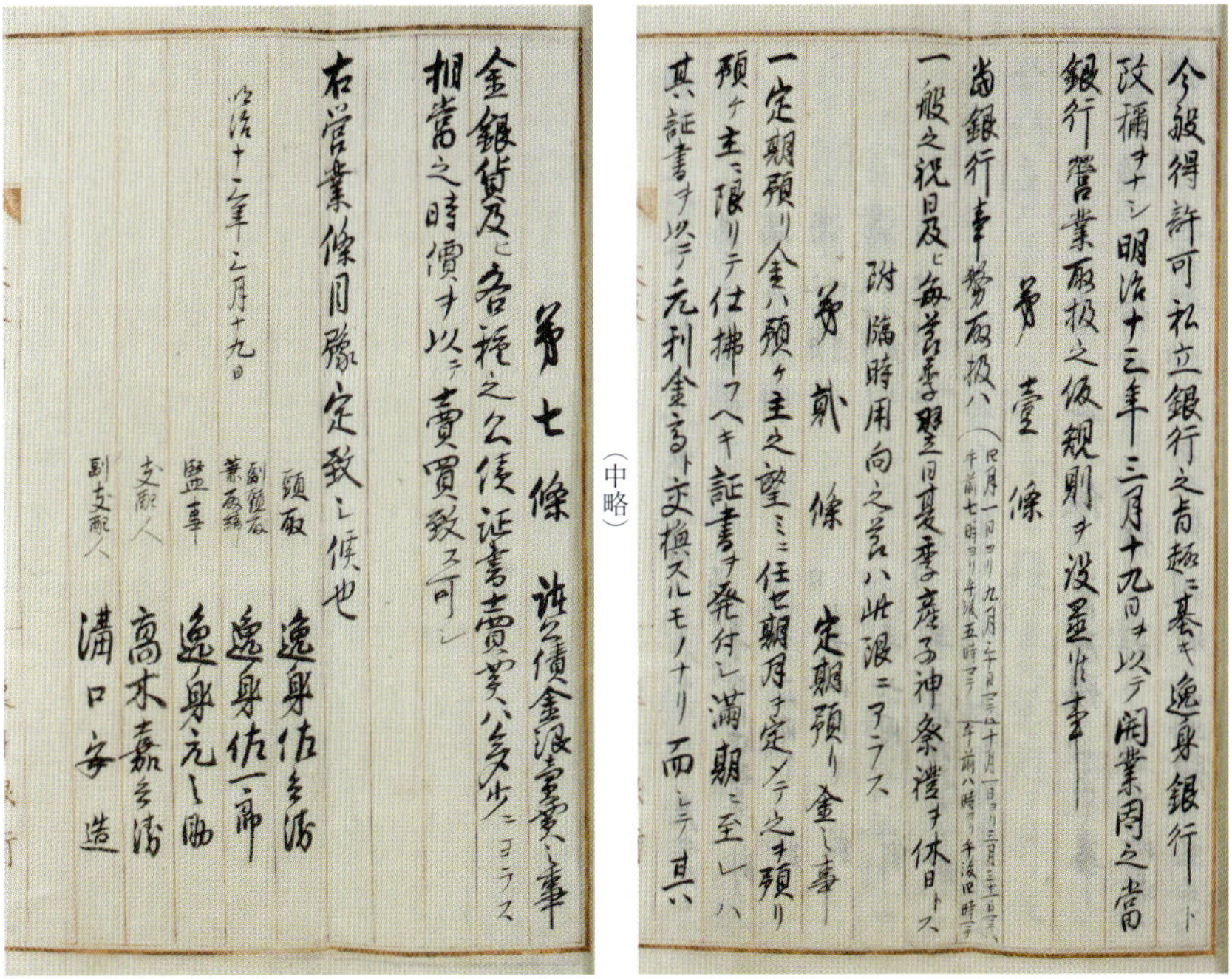

今般得許可私立銀行之旨趣ニ基キ逸身銀行ト
改稱ナシ明治十三年三月十九日ヲ以テ開業因之當
銀行營業取扱之假規則ヲ設置ル事
第壹條
當銀行事務取扱ハ（四月一日ヨリ九月三十日マテ午前七時ヨリ午後五時マテ　十月一日ヨリ三月三十一日マテ午前八時ヨリ午後四時マテ）
一般之祝日及ヒ毎年季聖日夏季産子神祭禮ヲ休日トス
附臨時用向之義ハ此限ニアラス
第貳條　定期預り金之事
一定期預り金ハ預ケ主之望ミニ任セ期月ヲ定メテ之ヲ預り
預ケ主ニ限リテ仕拂フヘキ証書ヲ発行シ満期ニ至リハ
其証書ヲ以テ元利金高ト交換スルモノナリ而シテ其ハ

（中略）

第七條　諸公債金銀売買ノ事
金銀貨及ヒ各種之公債証書売買ハ多少ニヨラス
相當之時價ヲ以テ賣買致ス可シ
右営業條目假定致シ候也
明治十三年三月十九日
頭取　逸身佐兵衛
副頭取兼支配人　逸身佐一郎
監事　逸身元之助
支配人　高木嘉兵衛
副支配人　溝口安造

口絵 34

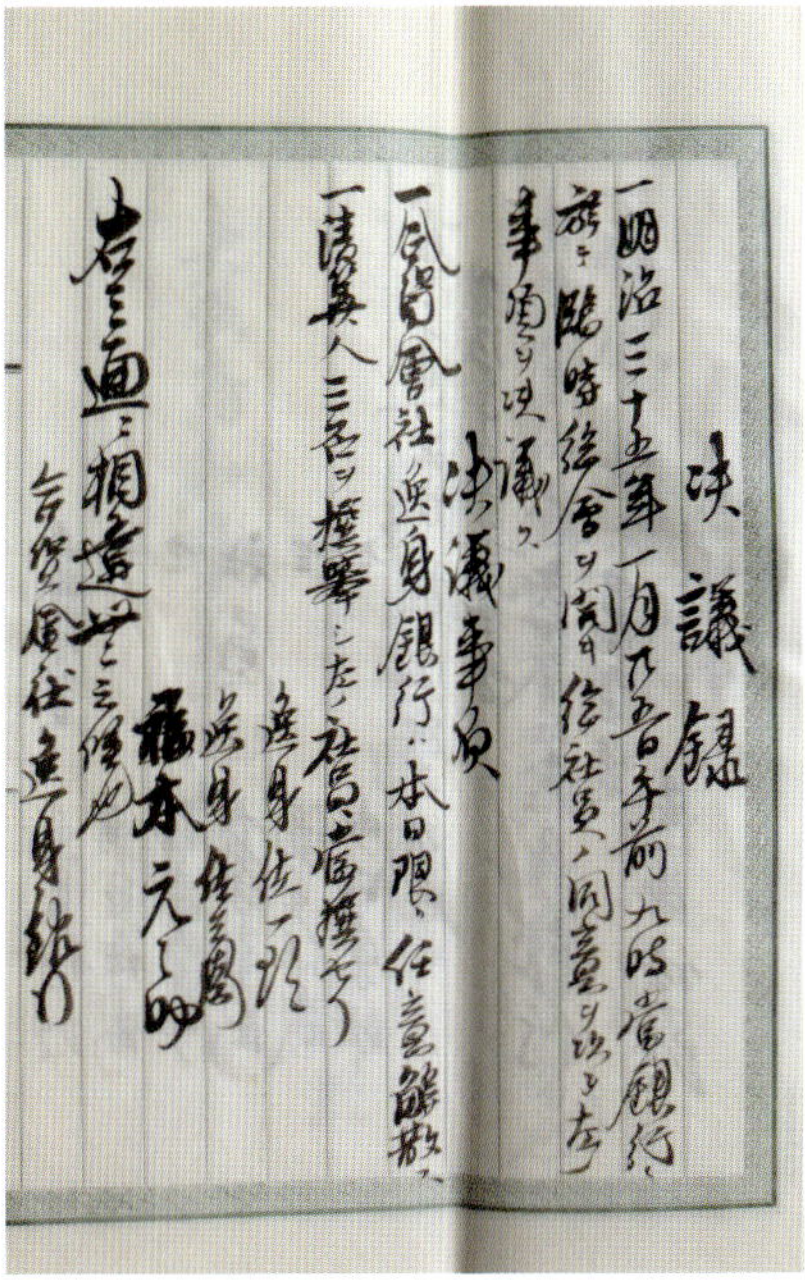

決議録
一明治三十五年一月廿五日午前九時當銀行樓上ニ於テ臨時総会ヲ開キ総社員ハ同意ヲ以テ左ノ事項ヲ決議ス
決議事項
一合資會社逸身銀行ハ本日限リ任意解散ス
一清算人三名ヲ撰挙シ左ノ社員當選ス
福本元之助
逸身佐一郎
逸身佐兵衛
右之通ニ相違無之候也
合資會社逸身銀行

口絵 35

口絵 34
逸身銀行仮規則書　廣海家文書〔ZA034-5-7〕
貝塚市郷土資料室寄託　廣海家蔵
逸身銀行は，1880年3月19日大阪で2番目の私立銀行として開業した．これは開業にあたって得意先の1つ貝塚・廣海家に配布されたもの．［第7章］

口絵 35
逸身銀行解散届〔2-19-2〕明治35年（1902）
逸身銀行は，1902年1月25日の臨時総会で任意解散することを決定した．［第7章］

銭佐と丹後屋・泉屋

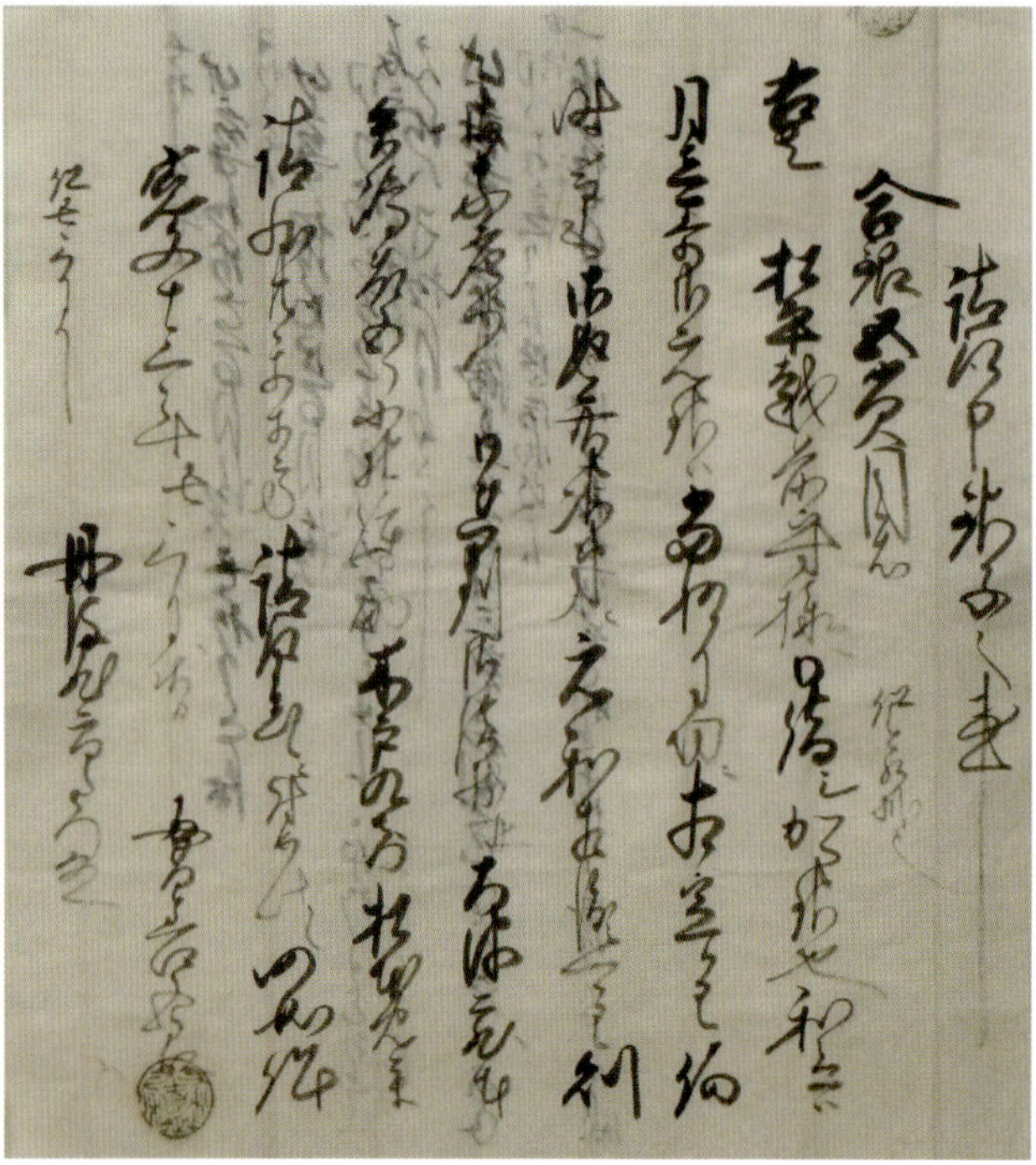

口絵 36
逸身家文書に含まれる京都・野々口家の借銀証文〔2-14-2-3〕寛文13年(1673)
3代佐兵衛娘ラクの嫁ぎ先である京都の縮緬問屋野々口家(丹後屋)の文書．［69，第3章］

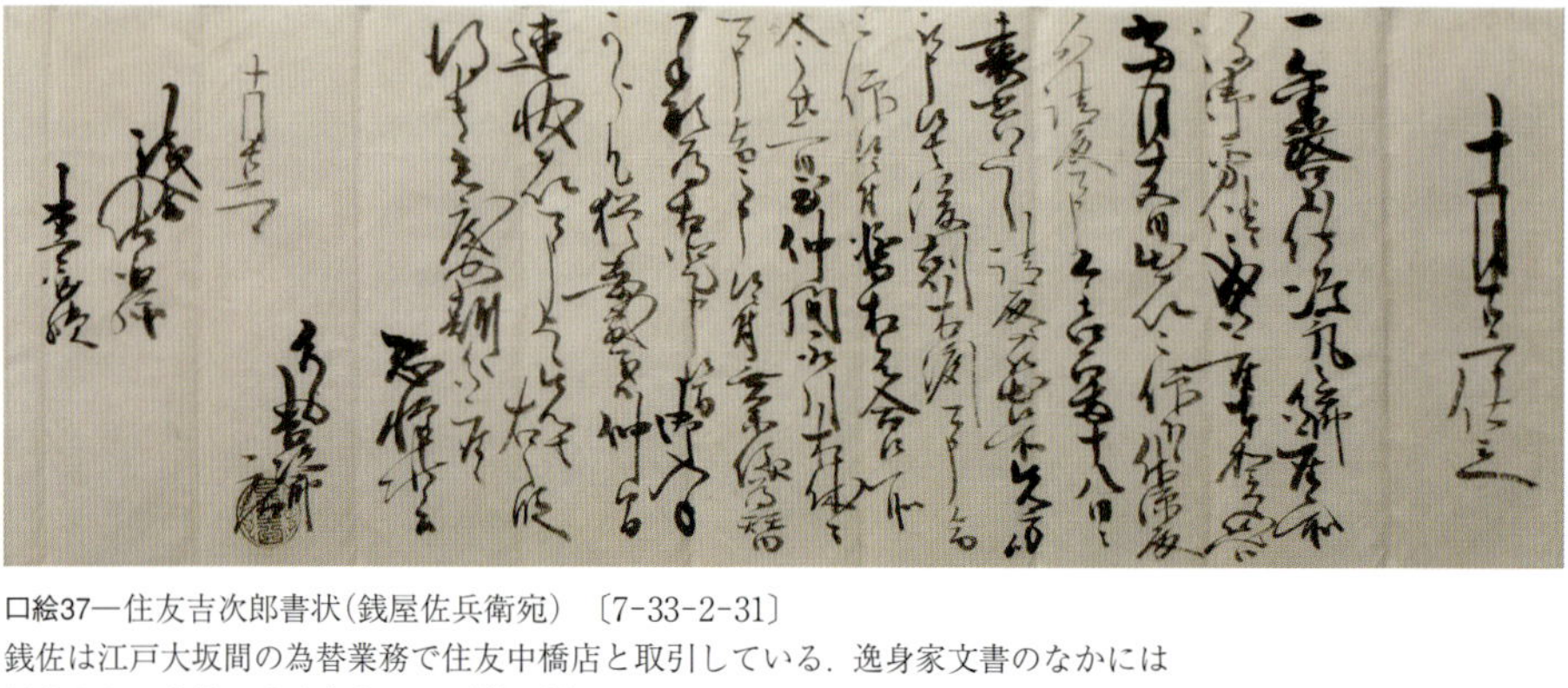

口絵37—住友吉次郎書状(銭屋佐兵衛宛)〔7-33-2-31〕
銭佐は江戸大坂間の為替業務で住友中橋店と取引している．逸身家文書のなかには同店からの書簡が多く含まれる．［第8章］

序

本論集『両替商　銭屋佐兵衛』第1・2巻は、逸身家に残された稀有な史料群を素材として、二〇〇四年六月以来実施してきた、十年余に及ぶ共同調査・研究の成果として刊行されるものである。逸身家文書は、西洋古典学の第一人者・逸身喜一郎氏のもとに伝来した二五〇〇点ほどの新発見の史料群である（史料群の来歴や発見の経緯については、第1巻第一章で詳述）。逸身氏のご先祖は、かつて大坂で有力な両替商であった銭屋（逸身）佐兵衛家である。逸身家文書は、その一部に一七世紀のものも含まれるが、大半はほぼ一九世紀前半から二〇世紀初頭にかけてのもので、近世大坂の両替商として成長してゆく銭屋佐兵衛店が、近代に入り一八八〇年に逸身銀行へと継承され、一九〇二年に取り付けによる破綻・任意解散へと至る、ほぼ一世紀近くにわたる史料群である。この逸身家文書を対象とする現状記録調査は、東京大学日本史学研究室において実施され、史料細胞現状記録などの成果を、『大坂両替商逸身家文書現状記録調査報告書』（ぐるーぷ・とらっど3　二〇〇六—二〇一〇年度科学研究費補助金・基盤研究（S）「16—19世紀、伝統都市の分節的な社会＝空間構造に関する比較類型論的研究」（研究代表者＝吉田伸之）、二〇一〇年三月。以下、「報告書」）に一括して掲載した。

二〇〇九年度以降、共同研究が本格的に始まる中で、逸身家文書に関連する史料群の調査も進展し、その中で、古書店から石灰町の人別帳を購入したり、大阪商業大学商業史博物館佐古慶三教授収集文書の「銭佐日記」に出会うことができた。そして銭屋佐兵衛家の「中興の祖」とされ、中核的な存在である四代宝房に関する史料がもっとも豊富に残ることが確認されたのである。これらを踏まえ、逸身喜一郎氏は、ご専門の西洋古典学において駆使されてきたプロソポグラフィの手法、すなわち、「個々の人物の階層や家柄、姻戚関係、出身地域に着目し、その人間関係から歴史を読み解こうとする方法」（第1巻第一章・注1）を適用し、四代佐兵衛の評伝を軸に、逸身家の歴史についての包括的な叙述を目指すこととなった。こうして著された大作が第1巻『四代佐兵衛 評伝』に他ならない。また、共同研究参加者による個別研究は、相互のテーマや素材の重複を一部に含みながらも地道に進められ、その端緒的な成果は、まず「報告書」に掲載された。その前後、新たに八木滋氏、中川すがね氏、須賀博樹氏のご参加を得て、二〇一〇年頃までに、個別研究全体のとりまとめについての見通しを得た。そこで、『四代佐兵衛 評伝』と、逸身家文書を素材とする個別研究成果『逸身家文書 研究』をそれぞれの巻に編集し、二〇一四年度日本学術振興会科学研究費補助金（研究成果公開促進費）を得られることとなって、東京大学出版会にお願いし、刊行が実現する運びとなった次第である。

本論集、第1巻は『四代佐兵衛 評伝』（以下、「評伝編」）である。この大部な本文部分は、前述のように逸身喜一郎氏による単著となっている。この評伝は、四代佐兵衛の生涯を軸に、銭屋（逸身）佐兵衛家の歴史を、全七章七七節にわたり、二〇世紀初頭の逸身銀行破綻までを描ききる。そして逸身家の家族、親類、縁戚、奉公人、出入り層など、第1巻所掲の人名索引にあるように、二〇〇名を超える多数の人びとについて、逸身家文書などの記述や、墓碑銘、さらには伝承を照合し、それぞれ個人の同定を達成、あるいは肉薄したものである。一読してすぐ納得できるように、氏の努力によって、歴史の闇から掬い取られた人びとは数限りない。こうしてこの評伝は、大坂両替商の一事例研究というレベルに留まらず、近世・近代移行期を通じ、金融に関わった個別経営が、大坂島之内を舞台にどのように生成、発展、展開、破綻の過程を歩んだのかを克明に辿る一つの全体史といえるものである。ここでは、氏の本来の専門分野（西洋古典学）で用いられてきたプロソポグラフィという手法を駆使し、その有効性を実証している。

こうして日本史学に対しては、対象とする史料群へのアプローチにおいて、所与のものとしてある自己の関心から部分を限定的に切り取るような手法を根底から批判し、素材の史料群に現れるあらゆる人びとを、可能な限り詳細に、具体的に、また包括的に同定しつくす、というスタンスの重要性を提起しているといえるのではなかろうか。

また第1巻では、まず冒頭の口絵部分にカラー写真による銭佐（逸身家）関係の解説を試みた。この部分は「報告書」冒頭で掲げた口絵を基礎に、その後の調査研究を踏まえながら、八木滋氏が新たに編集し解説を施したものである。また、「評伝」本論に続いて、「評伝編」や「研究編」で頻繁に用いられている逸身家文書を中心とする基本史料（群）一〇点を取り上げ、これらについて、史料写真を添えて簡潔な史料解題を付した。これは、逸身家文書の史料群としての特質やその階層構造を知る上での手がかりともなろう。また、巻末部分に、「評伝編」「研究編」の叙述を理解しやすくするために、主要な逸身家系図（担当・逸身氏）、関係地図（担当・八木氏）、四代佐兵衛年表、人名索引、（以上は、小松、八木、逸身の各氏による）を収録した。

本論集第2巻は『逸身家文書 研究』（以下、「研究編」）と題し、一〇編のモノグラフで構成した。これらを第Ⅰ部「イエと社会」、第Ⅱ部「経営の展開」第Ⅲ部「商いの実相」、の三つの部に編集した。

第Ⅰ部「イエと社会」は、両替商・銭佐のイエが、都市社会・大坂の中で、あるいは同族団結合などにおいて、どのような位相・位置にあったかを検討する四つの章で構成する。

第一章「都市大坂における銭佐の社会的位相」（吉田伸之）は、島之内の石灰町を本拠とする銭佐が、巨大都市大坂においてどのような社会的位相にあったかを、「銭佐日記」なども用いながら、石灰町の社会＝空間、掛屋敷経営、普請方という三つの局面から検討する。

第二章「「ええじゃないか」と銭佐」（竹ノ内雅人）は、逸身家文書中の「天照皇大神宮御降臨諸事扣」の史料紹介を通じて、最幕末期における銭佐店と周辺社会との関係をスケッチする。そこでは、店舗内の諸構成主体や出入集団などの存在が抽出され、第一章後半の内容と相補い合う形となっている。

第三章「逸身家文書のなかの「野々口家文書」」（杉森哲也）は、京都の丹後縮緬問屋・丹後屋（野々口家）に関する一群の史料が、逸身家文書の中に伝来した経緯を検討し、同家に嫁してその後本家に戻った三代佐兵衛娘らくが丹後屋の家業に関わり、その後逸身家に戻った事由を見る。

第四章「逸身家の婚礼」（小松愛子）は、逸身家文書全体の二割近くに及ぶ婚礼関係史料に注目し、幕末期から明治中期にかけての六件の婚礼事例を精緻に分析する。ここでは、逸身家に関わる婚礼儀礼が、縁談段階から詳細に検討され、縁組み相手の選定、婚礼儀礼における統括者＝総元締の役割、婚礼によって織りなされる諸関係の構造など、新たな事実解明が豊富に提供される。

第II部「経営の展開」の三つの章は、両替商としての銭佐が明治期以降逸身銀行へと展開する、金融を軸とする経営の諸過程を段階的に扱いながら、その経営構造の特質を解明する。

第五章「銭屋佐兵衛の本両替経営」（中川すがね）は、執筆者による近世大坂の本両替研究の一環として、商業金融を基盤として有力な本両替へと成長する銭佐の経営を、一八世紀後半の初代段階から、独立した経営主体として活動を活発化させる三代の時期、天保八年頃までを中心に解明する。そこではいくつかの決算帳簿が分析に供され、本両替、領主金融、家屋敷経営などの推移を見る。

第六章「幕末維新期における銭佐の経営」（小林延人）は、第五章を受けて、弘化年間以降明治十年代にかけての銭佐の両替商としての経営実態を分析する。ここでは大名貸が幕末期にいたる過程の中で経営に占めた比重、また大名貸の蓄積や掛屋敷経営をも軸とする経営基盤が、維新期以降の経営に継承されつつ、近代の銀行資本へと転身する上で、どのような条件を付与したか等が検討される。

第七章「逸身銀行の設立・展開とその破綻」（中西聡）は、逸身銀行の設立から、経営展開、そして破綻の経緯を検討し、近代前期大阪における旧両替商を系譜とする銀行に関する事例分析とする。そこでは、縁戚関係を核とする銀行のネットワーク、近世以来の商人ネットワークを活かした積極的な紡績金融や、コルレスポンデス網の形成、さらには逸身銀行の経営破綻のいきさつなどが明らかにされる。

第Ⅲ部「商いの実相」では、銭佐の経営の具体的な有り様を、類業の両替商との交流や、大名貸、藩の国産仕法との関わりなどから、その実態に迫る三つの論考を集めた。

第八章「銭佐と住友江戸中橋店」（海原亮）は、住友江戸中橋店からの書簡約一二〇点が逸身家文書の中に含まれる事実に注目し、住友側に残された関連史料も併せて、文政期後半、住友の同店と銭佐との書簡でどのような情報が交換されたかを分析する。そして江戸での貨幣改鋳と引替、江戸定飛脚宿嶋屋の「正金不着」事件、江戸本両替升屋源四郎休店一件などをめぐる情報交換から、両替・為替業務での結びつき以外に濃密な取引関係が存在したことを明らかにする。

第九章「熊本藩国産明礬と銭佐」（八木滋）は、逸身家文書に含まれる関連史料から、銭佐と熊本藩国産明礬との関わりを追究し、明礬という商品をめぐる、熊本藩、産地＝山方、大坂における和明礬会所（近江屋五郎兵衛）、明礬商人、からなる流通システムの実態を明らかにする。その中で、銭佐の熊本藩への大名貸、藩の明礬流通仕法を担う蔵元としての銭佐の関わり、明礬売買構造の実態、などに迫る。

第一〇章「銭佐と因州鳥取藩」（須賀博樹）は、「銭佐日記」や「諸家貸」などの分析を通じ、幕末維新期において、銭佐が鳥取藩（因州藩）を対象に行った大名貸の実態解明をめざす。そこでは、大坂商人の連合（組合）によるリスクの回避、「御差別」という藩からの返済システムによる信用の存在などが見いだされ、藩の京都での政治活動を支えた大坂両替商による融資の特質を見る。

以上、第1巻『四代佐兵衛 評伝』、および第2巻『逸身家文書 研究』収録の一〇編の論考による成果は、とりあえず以下の点にあるように思われる。

1　三井や鴻池、住友など、三都を股にかけ全国的に展開する超巨大化を遂げた一握りの豪商ではなく、大坂を拠点とし、近世後期に顕著に成長し、有力な「金融資本」（両替商）へと展開した家と経営に関する貴重な事例研究が、一挙にまとめて提供されること。

2　逸身喜一郎氏による『四代佐兵衛 評伝』は、大坂両替商に関する前例のない達成であり、前述のように一つの全体史叙述にほかならない。また、第2巻収録の諸論考は、こうした評伝の全体史叙述にとっての基礎をなし、これを補い、またその不可分の一翼を構成する。他方で評伝は、第2巻の諸論考にとって、必ず参照すべき前提であり、「評伝編」で発見・発掘された論点や、喚起された問題関心を展開する、という関係にある。「研究編」に収録した諸成果には、歴史学における分野史、すなわち経済史、経営史、都市社会史などにおけるそれぞれのディシプリン間の微妙な差異が見られる。しかし共同研究の取り組みの中で、こうした差異は部分的にではあれ乗り越えられ、また相互の成果を共有し参照し合う関係が端緒的ではあるが構築されたことは重要である。

3　またプロソポグラフィという研究法・叙述法についていえば、これは大量の「最適史料」を残す武家・貴族・豪農商などを対象とする歴史研究にとっては勿論であろうが、むしろ、近世から近代前期を生きたふつうの人びとの歴史を辿る上で、極めて重要かつ有効な方法ではないかと考える。歴史叙述における細密画の達成は、私見によれば、こうした民衆レベルにおいて一段と深い意味を帯びるのであり、プロソポグラフィは、まさに歴史社会を精緻に描く上で、重要な分析手段を私たちにもたらすように思われる。

4　さらに編者の関心に引きつけて、都市社会史という視点からみるとき、新たに浮上した課題や論点群は相当量に及ぶ。例えば、銭佐の婚礼関係から見えてくる大坂や京都、さらには周辺社会との関係は、近世後期における大坂の存立基盤の一部ともいえるものであって、単なるイエの儀礼に留まらない意味を帯びる。また、普請方の構造は、豪商（大店）と都市社会（民衆世界）との接点として注目されるが、これを京都や江戸との類例との間で比較類型論的に把握する上で一つのきっかけを得た。また、銭佐の大名貸が、債務者である藩の国産仕法と深く結びつき、明礬（熊本藩）・砂糖（土佐藩）などを介して、大坂市場への参入にとって不可欠の条件であることが示され、両替商が全国市場に関わる構造の一端が明らかにされたことに興味が惹かれる。

さて序文の最後に、個人的な感慨を若干記すことをお許しいただきたい。かつて、職場の同僚であった逸身喜一郎氏からご相談を受け、大阪市中心部の上本町のご親戚宅に残されていた銭屋佐兵衛家旧蔵史料群と出会うという幸運を得た。すぐにこれを東京大学に搬送し、院生学生諸君と数年にわたって現状記録を実施し、報告書にとりまとめることができた。この間、史料群との出会いから今日まで、丸一〇年が経過した。これまでの史料調査の中でも特異な経験をさせていただいた。この調査においては、とかく陥りがちな史料調査唯一主義（史料調査のみに明け暮れて満足し、研究を疎かにする古文書フェチ）に堕さぬよう、調査報告書完成前後から新たなメンバーを得て共同研究を開始し、逸身家文書研究会として再組織した。そこでの旺盛な研究成果がまた逸身氏を「刺激」し、こうして逸身氏は膨大なエネルギーと情熱をもって、四代佐兵衛を中心とするプロソポグラフィ研究に邁進されたのである。こうして、日本史学の狭い「専門性」はある意味で軽く乗り越えられ、逸身氏ははるかな高みに到達されてしまった。驚嘆するとともに、感慨を覚えざるを得ない。こうしたことが可能となったのは、逸身氏がご自身のルーツに関して強い愛着と関心を掻き立てられたことが基礎にあったのだろうが、それ以上に、逸身家文書という単一の素材をめぐる研究交流と、異なる学問分野間における共同の営みとが、そうした高みへと氏を誘ったのだと思う。これはきわめて稀な達成であるとともに、多分野・異分野間における研究の交流・共同という営みに、あらたな足跡を印すことになったといえるのではないだろうか。

本論集の完成に際し、特に次のお二人に感謝したい。小松（武部）愛子さんは、今回の調査・研究、さらには論集刊行などの全過程で司令塔兼事務局の役割を担い、逸身家文書の現状記録調査段階から、逸身家文書研究会としての共同研究、また論集刊行までの事業進行を一貫して管理された。他方で新たな史料群をいくつも発見、これをメンバーに提供し、さらには逸身喜一郎氏の評伝執筆にあたっては、史料解読や分析などで多大な貢献をされた。唯一人、逸身氏と「古い大坂」の心性を世代を超えて共有する八木滋氏は、逸身家文書の大阪歴史博物館への寄託に尽力され、また新たな史料群へのアプローチや共同研究の推進力となり、さらには現在、本論集の校正段階で、大阪歴史博物館の特集展示「両替商　銭屋佐兵衛」企画を精力的に担当されている。

こうした、多分にわがままで特異な企画を実現することができたのは、ひとえに東大出版会・山本徹氏のご厚意とご尽力によるものである。記して謝意を申し述べる次第である。

本書を、誰よりもまず逸身娩子さんに捧げさせていただきたい。喜一郎氏のご母堂である娩子さんは、史料調査の早い段階から私たちの作業を見守り続け、また貴重なお話を聞かせてくださるなど、大きな励ましを与えてくださった。ついで、かつて銭屋佐兵衛家に生まれ、暮らし、働き、あるいは類縁関係を結び、またこの家と店に奉公し、出入りし、そうすることで逸身家文書にその名を刻むことになった、今は亡き全ての人々に本書を捧げる。

吉田伸之

目次

第六章　退隠の後……295

凡　例

一　本書『両替商　銭屋佐兵衛』は全二巻からなる。第1巻「四代佐兵衛　評伝」は四代銭屋佐兵衛の評伝を軸とする銭屋佐兵衛家の全体史である。これに巻頭口絵、一〇本の史料解題と付録を添えた。また第2巻「逸身家文書　研究」には、逸身家文書を素材とする一〇本の研究論文を収録し、巻末に全2巻の総索引を付した。

二　本書で逸身家文書（逸身喜一郎氏所蔵、大阪歴史博物館寄託）を引用する場合は、〔　〕内に史料番号を記した。また、本書で『報告書』と略記した場合は、『大坂両替商逸身家文書現状記録調査報告書』（二〇一〇年）を指す。

三　第1巻・巻頭口絵における記号は、それぞれ以下の内容を示す。
［　］　第1巻「四代佐兵衛　評伝」の節番号。
［解題○］　第1巻所収の史料解題の番号。
［第○章］　第2巻所収・研究論文の章番号。
〔　〕　逸身家文書（逸身喜一郎氏所蔵、大阪歴史博物館寄託）の史料番号。

四　第1巻の付録は、以下のように構成される。
・系図（Ⅰ 逸身家、Ⅱ 逸見源兵衛家、Ⅲ 奥野治兵衛家、Ⅳ 野々口市郎右衛門家ならびに岩佐孫兵衛家、Ⅴ 溝口丈助家、Ⅵ 高木嘉兵衛家、Ⅶ 笹部専助家、Ⅷ 桑原清兵衛家）
・関係地図（1大坂近郊、2大坂三郷、3島之内、4墓域図）
・年表
・人名索引

五　第1巻付録の人名索引は、「四代佐兵衛　評伝」研究の過程で明らかとなった、銭佐家族、別家、別家家内、手代らについて、明らかとなった出来事を中心に、それぞれ年代順に記すものである。詳細は、人名索引・凡例を参照されたい。なお、人名索引で取り上げた人名は、原則として、第2巻所収・総索引ではとりあげなかった。

第一章　はじめに

一　史料と方法

この評伝は四代銭屋（逸身）佐兵衛（文化五（一八〇八）年—明治二四（一八九一）年）ならびにその周囲にいた人たちの考え方と行動を、古代ローマ史研究で始まり発展したプロソポグラフィ（人物誌）の手法にならって描出してみようとする試みである[1]。四代佐兵衛は父祖からひきついだ両替商銭屋（銭佐）を幕末期まで着実に発展させ、明治になってからは逸身銀行を設立した。逸身銀行の絶頂期を祝い、当人にとって幸いなことに、彼の死後一〇年目にあたる明治三四（一九〇一）年に起きた銀行の破産を見ることなく八四歳で死亡している。戒名は宗善院泰栄日大。本人とは無縁な数え方になるが、一九世紀の始まりから終わりまでをほぼ生き抜いたことになる。その息子の五代佐兵衛は過去帳に父を「中祖」として記した（口絵3）。四代佐兵衛は私の五代前の逸身家の当主である。つまり次頁冒頭に描いた系図の概略が示すように（詳しい系図は巻末の系図I参照）、私の曾祖父（六代目佐兵衛）の祖父にあたるが、別な数え方をすると私の祖父（七代目佐兵衛）のふたりの祖父の——このふたりは自分たちの娘と息子とをいとこ結婚させた兄弟なので——両方の父であって、そのせいもあってその記憶は僅かではあるが家族の中で「宗善院さん」として伝承されている。いいかえればオーラルヒストリーがたどりつくのは彼までである。写真はない。

四代が死亡した明治二四年は、社会の様相がようやく江戸時代とは変わり始めた頃にあたる。明治維新の変革を銭

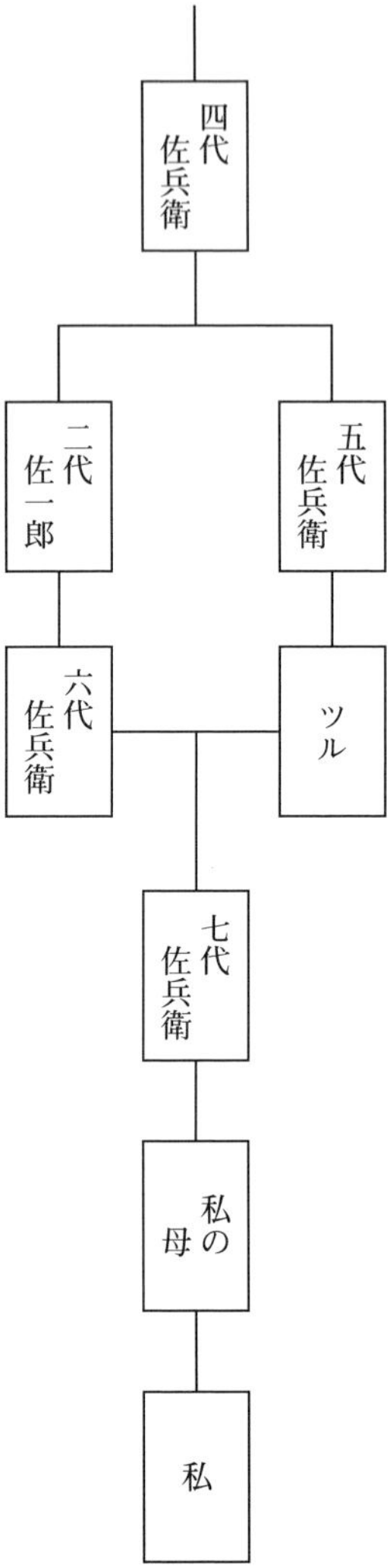

佐はくぐり抜けたが、佐兵衛もそのイエも、彼の存命中に、その姿を大きく変えたようには見えない。

銭佐は三井や鴻池とはちがい、ふつうの大店である。その経営分析は本書第二巻の「研究篇」の諸論文を参照されたい。本稿が重点的に扱うのは、四代佐兵衛を中心としたイエ、すなわち家族や奉公人のありようである。

この評伝は次にあげる史料に基づいている。

・逸身家文書。この文書の来歴を略記しておく。私の祖父（七代目佐兵衛）は一九三四年より大阪市天王寺区堂ヶ芝町二四番地（現・堂ヶ芝二丁目九番）に居住していたが、その家が終戦直前（一九四五年六月）に、城東線（現・大阪環状線）桃谷駅に隣接していたため強制疎開の対象となり、取り壊されることになった。その際、この文書の入った木箱四箱は、祖母の実家である上本町九丁目の田中家（花月庵）に、仏壇や他の道具類とともに運ばれた。そのまま同家に保管・放置されていたが、二〇〇三年一〇月に私と弟によって再発見された。文書群は私の同僚であった吉田伸之氏の指揮の下、調査され、目録が作られた。その報告が『大坂両替商・逸身家文書現状記録調査報告書』

(二〇一〇年)である。調査報告書刊行後、さらに何点かが逸身の家の中で「発見」され追加された。その中には「本店銀控帳」のように、[2]調査報告書に訂正をせまる重要なものが含まれている。ただし本稿では調査報告書の錯誤をいちいち記載しない。この文書群は調査報告書の整理番号に従い、以下、たんに〔0–0〕と記すこととする。

・大阪商業大学商業史博物館所蔵の佐古慶三教授収集文書(以下「佐古文庫」)の「銭佐」関連史料。[3]これには嘉永五年から明治二年までの――ただし途中で抜けるところがある――「日記」が含まれている(F–10–01からF–10–20まで)。以下、文脈から誤解のおそれがない場合には、たんに「日記」と記す。この日記は翻刻され、大阪商業大学から一部はすでに刊行された。[4]日記を書いているものは店の者である。その階層はおそらく手代であると推測できるが、本当のところは分からない。筆跡はしょっちゅう変わっているが、それほど人数が多いようにもみえない。

---

(1) プロソポグラフィ(prosopography)を簡単に言うと、法制史やイデオロギーから出発するのではなく、個々の人物の階層や家柄、姻戚関係、出身地域に着目し、その人間関係から歴史を読み解こうとする方法である。プロソポグラフィはさらに次の点でも特徴づけられる。著名な人物の伝記が往々にして行うように、中心にすえられたひとりの人物の行動の一貫性を重視するあまり、その背後に一貫した考え方を求めたりはしない。逆に個人を捨象して、たとえば「商人階級」といった抽象度を高めた階層から事件の説明をすることを避ける。つまりあくまで少数の個々人に着目するものの、その事件の意味するところ、ないしそのときの行動を支えた考え方は、彼らの周囲の人物たちとの相互関係から見えてくるものとして把握される。だから正確にいえば、本評伝は一九世紀の大坂の一両替商家の様相をプロソポグラフィによって描出するひとつの例であって、銭佐を材料とするだけではなく別の家々も同じように叙述して、はじめて近世末期の大坂の商人たちが作り上げている社会の様子がみえてくるだろう。プロソポグラフィの成功例は、古代ローマの共和政が崩壊して帝政になる過程を描出した、Ronald Syme, *The Roman Revolution*, Oxford 1939である。同書は私を含む六人によって訳出された(『ローマ革命――共和政の崩壊とアウグストゥスの新体制』(上下)二〇一三年、岩波書店)。

(2) 「銀控帳」については、本書「史料解題5」参照。銭佐の銀控帳には石灰町の本店のもの〔8–5, 8–7〕と備後町の店(備店)のもの〔2–54. 7–39〕とがある。以下、両者を「本店銀控帳」「備店銀控帳」と記す。

(3) 佐古文庫内の銭佐関係資料の「銭屋」が逸身家の「銭佐」であると最初に同定したのは八木滋氏である。

(4) 『銭屋I』(『大阪商業大学商業史博物館史料叢書』第八巻、同博物館編集(責任編集　池田治司)、二〇一三年)。実際の刊行は二〇一四年三月であった。

日記以外の佐古文庫内の史料については、引用するたびに番号を記す。

・大坂島之内の石灰町の家持借家人別帳。(5) 三冊現存しており、(6) そのうち嘉永三年のものは逸身家文書を構成する〔7-2〕。どうして銭屋佐兵衛家が所蔵していたのか、その経緯は分からない。(7) 文化三年ならびに文政一二年の二冊は、調査報告書刊行後に古書店で発見され購入された。古書店（中尾松泉堂書店）に至るまでの来歴は不詳である。大坂の人別帳は各町ごとに毎年一〇月に新たに作成され、各家の成員が家族ならびに奉公人ごとに記される。さらに各月の出入りが月ごとに添え書きされていく。以下、「文化三年人別帳」のように略記する。

・除籍謄本二通。一通の戸主は六代佐兵衛。もう一通は二代佐一郎。

・仏壇にまつられた位牌。仏壇は「逸身家文書」ともども戦災を免れた。

・五代佐兵衛が作成した過去帳（以下「過去帳」）。仏壇の抽斗に入っており戦災を免れた。五代佐兵衛が転記していることは最初の頁に、同人の名前である「宝備」とあることで確認できる(8)（口絵12参照）。三部構成になっており、「先祖」「親戚」「別家はじめ特に縁の深い奉公人など」で分かれている。「先祖」の部は戒名と没年月日の列挙であって、俗名はない（他の二部には、簡単な注がある）。しかし記載の順序は必ずしも死亡年代順でないので、その配列の規則を読み解くことが人間関係の同定につながる。

・妙徳寺の墓石。妙徳寺――人別帳の記載にもとづけば「京妙顕寺末　生玉筋中寺町　妙徳寺」――は大阪市中央区（旧・南区）中寺一丁目にある日蓮宗の寺である。逸身家代々の菩提寺である。戒名そのものだけでなく墓地内での墓石の配置もまた、人物の同定に意味を持っている(9)（口絵13ならびに巻末墓域図参照）。

・精霊棚の塔婆。精霊棚とは盆の時にだけ特別に設置する台で、そこに仏壇内にある位牌とは異なる、板に書かれた特別の位牌（塔婆）を並べて供養する（口絵11参照）。二〇一四年六月現在、一四三枚が残る。直系の先祖のみならず、親類、さらには別家のひとたちの塔婆も交じっている。

・「明治四十一年調査　大阪三郷旧家略系調」（以下「旧家略系調」）。大阪市史編纂所蔵。「逸身氏略系譜」が「大阪市」の用箋にタイプで打たれ、他の家の系譜と一緒にまとめられている(10)。

・その他、「両替商番付」など参考にした史料はその都度、典拠を指示する。

これら諸史料にあらわれる人名をいわばジグソーパズルのピースにして、佐兵衛の生涯の再構成をこころみたのがこの評伝である。この方法は、ときに登場人物の中に必ず犯人がいる推理小説を扱うがごとき穽に陥る惧れがある。

---

(5)「家持借家人別帳」については、本書「史料解題2」参照。

(6) 他にもう一冊、文化一一年のものが、逸身家にあったのかもしれない。ただし現存するのは表紙だけで、他はすべて欠落している〔9–10〕。

(7) ただしこの「嘉永三年人別帳」は町内の家持に留まり、後半部、すなわち借家に住んでいるひとたちの分は欠損している。

(8) この「宝備」の意味が五代佐兵衛の名前であることは、文書の発見まで母も私も知らなかった。細筆で記された筆跡は、その後、他の史料によって同人のものと追認できる。

(9) 妙徳寺の境内の墓地の中に、逸身家の墓地は特別に土塀で囲まれている。巻末の「墓石配置図」参照。囲いはさらに奥と手前とに区分され、奥が本家、手前が別家（含　銭屋源兵衛家ならびに福本元之助家）である。本家の部分の中央には、「本山開基」の碑があり、そこには「逸身建立」とある。あとで（三五節）推量するようにこうした墓地の整備は当初からではない。少なくとも現在のように墓石を配置したのは、三代佐兵衛、もしくはその意向をうけた四代佐兵衛であると考えられる。

(10) この史料はたまたま大阪府立大学経済学部に保管されていたが八木滋氏によって発見され、二〇一二年一月の研究会においてはじめて報告された。来歴は不明であるが逸身家の部分はその内容から、六代佐兵衛の情報にもとづき、市史編纂にたずさわっていた人物によって記録されたと推測される。これによりそれまで不明であった事実がいくつか判明するとともに、私の推測の裏付けがなされ、それまで重ねてきた推測方法がまんざらでもなかったことも確認された。いちばん重要な特色は、従来、知ることのできなかった諸人物の生年月日が記載されていることである。引用のもとになった、しかし今日にまで伝わらない何かしらの史料が、この当時に存在したことをうかがわせる。この失われた史料は妙徳寺の過去帳であった可能性が高い。妙徳寺の過去帳は、大阪大空襲で妙徳寺が罹災したときには運び出されたものの、持ち出された先である堺の寺が空襲にあって焼失した。
　他の史料との不整合が少なからず見いだされる。それらが六代佐兵衛の誤認、ないし故意による隠蔽であるか、それとも史料蒐集者の書き間違い、ないし省略によるものかは現段階では不明である。史料全体の来歴をふくめ精査する必要がある。

このことを自覚してあたらなくてはならない。

この一般論としての問題点とは別に、さらに私固有の問題がある。ジグソーパズルの比喩を続ければ、私がここで行っている作業は、完成すればどのような絵になるかを知らされることがないままにジグソーパズルのピースとピースをつなぎ合わせていくようなものといえる。そして本稿は、そうしたピース群の固まり（本稿での「節」にあたる）がそのまま並べられた状態のままであり、パズルはいまだ完成していない。節と節とを結びつける理屈が欠けているので、一枚の絵になっていないのである。このことの原因は、私が日本近世史の門外漢であることによる。

歴史研究者ならば、たとえどれほど禁欲的であってもすでに論文を書く前に大きな絵を想定している。事実の積み重ねは、大きな絵を裏付ける適切な例を探す試みと双方向的に合致する。したがってピースの固まりと固まりとをつなぎ合わせるとき、具体的な事例がなくとも、蓋然性の高い、妥当な推論を用いて絵を描くことが許されるし、かつそれが求められている。それは研究者が長年、様々な一次史料を読み、二次文献を批判的に整理する過程ではぐくまれ体得するものである。しかるに私にはその素養が根本的に欠けている。

あるいは伝記や小説ならば、人間はこうした状況にあってこのように動くであろう、という共通了解を想定し、それにもとづいて史料の間隙を埋めるかもしれない。しかし私は意識してそれを排したつもりである。なぜなら私は、佐兵衛なり周囲の人物たちの行動規範は現代のそれとは相当に異なっていたと考え、それをできることなら客観的に押さえてみたい、と思っているからである。一例をあげれば、すべての人間が死ぬものであっても死に対する意識――自分の死への怖れや他者の死への哀れみは社会によって異なる。家族や結婚についての意識も同じである。普遍的な人間像を安易に想定してはならない。では佐兵衛の心性はどのようなものであったか。これについては最終節で、かなり自由に想像を交えて考察する。

以上のことから私がかなり執拗に、「私」ということば、あるいは「推論」ということばを本論で繰り返していることが説明できよう。人文学の分野は、根本において演繹と帰納だけで成り立たない。しかし論理はつねに指向している。専門分野であれば、「常識」としていちいち「これは蓋然性の高い想定である」といった表現を交えなくとも、論を推し進められよう。私が人文学の別の分野の専門家ではあっても（正確にいえば私の対象は歴史研究に近接しているけれどもなお）歴史研究の専門家ではない。だから歴史研究の専門家ならばいちいち自分の立場に戻らなくても客観的に想定を事実として記せるところでも私はいちいち、自分では正しいと思うこの想定は蓋然性の高い推論たり得るかどうかを提示しておかなくてはならない。そうすることで、将来、たとえ私の推論が乱暴で間違っていることが判明しても、本稿で明らかにした諸事実までもが崩れることがない、と希望するからである。

史料についていえば、この評伝は私の目にとまった（もっと正確にいえば読むことができた、ないし読んでもらった）面白いところだけを点描しているにすぎない。さらに私の方法では、史料を――「日記」の場合とりわけそうであるが――文脈から離れて、あるいは書かれた意図と無関係に読むことも必要になる。そうすることで史料がある人物についての情報を提供してくれることがあるからである。それゆえもっと時間をかけて読めば、記述の細部に訂正をせまる事実や、推論を補強する材料が見つかる可能性は高い。ただし大筋において間違いはないと思うので、この段階での発表を決断した[11]。

こうした省察からこの評伝のスタイルができあがった。書き始めた頃には、私は本文には事実のみを記すことに徹してそこにいたった論証は注に回していたが、推論の根拠ないし限界をも本文中に明示するやり方に途中で変更した。推論の過程そのものが記録と発表に値すると思ったからである。仮にもし私の方法が日本史の研究者に新鮮（ないし

(11)　もし「日記」（あるいは帳簿や手紙のたぐいも含めて）の翻刻を電子化して検索をかければ、私が見落としている情報を網羅的に集めることができるだろう。しかし日記その他の「校訂本」の作成はおそろしく大変であろう。校訂による損失もある。校訂の過程でいったん捨てられた読みは電子検索からはずれてしまう。さらに筆跡による違いも失われる。

奇異）にうつる部分があったとしても、それはそれで異なる分野の専門家間の、単に比較に留まらない交流となるだろう。さらに付言すれば私のこの評伝が、社会史、地域史、経済史にいささかなりとも貢献できれば望外のしあわせではあるものの、私自身の試みとしてはあくまで家族史（イエの歴史）の枠を超えることのないようにした。いいかえれば四代佐兵衛を中心にすえた人間関係に光をあてることを第一義としている。四代佐兵衛の行動のうち、どこまでが世間の常識に従っておりどこからが当人のパーソナリティによるのかを判断するためには、同時代の他の同じような立場の人物群と比較検討しなくてはならない。さらに佐兵衛と接触したはずの他の家や他の階層との関連、ひいては社会の変動との相互関係が本来ならば問題になる。しかし私にはそのような知識が大幅に欠けている。今後の課題とするとともにご寛恕を請いたい(12)。

本評伝はある程度まで時代に沿って、しかし関連事項はまとめる、という形式で進める。年代だけで進めるとひとつの項目についての論旨が不明確になる。さりとて天保時代と明治中期を一括することも乱暴である。よって親類や別家のように複数の節にまたがるものもある。人名が多数でてくるので、読者の便宜を図って、説明を煩瑣とも思われるくらい繰り返した。

二百人ちかい副次的人物を知るために詳しい索引を用意した。索引の参照先は事項（節）になっており、事項は節の番号順ではなく、当該人物に起きた年代順に並べてある。よって家族や別家や別家家内、あるいは有能な手代の個々人について索引にそってたどってもらうことにより、断片をつなぐ本評伝の節の並べ方とは違った、新たな見通しをえられるかもしれない。

索引の参照先はページではなく「節」の番号にした。当該人物の重要な行動は「節」単位でまとまっているからである。そのため「節」番号は、章をまたいで通し番号を採用した。その他、索引の特徴については索引の凡例を参照されたい。

系図にはこの評伝で行った推測の過程が大幅に反映されている。とりわけ銭佐（逸身家）以外の親類ならびに別家の系図は、すべて私の論証ならびに推定によって復元されたものである。四つの別家の系図を眺めるだけでも、銭佐に固有のイエのありかたと、かつおそらく同時代に共通するイエ意識とがみえてくる。

吉田伸之氏を中心とする「逸身家文書研究会」のメンバーの方々には、文書の翻刻にはじまり、ことばの説明、両替商や江戸時代の大坂の様態などの情報など、ありとあらゆるレベルで助けられている。本稿で要所要所で引用している前記紹介にはあげなかった諸史料は、その存在を含め内容の報告もメンバーの方々の教示によるが、本来なら記すべき謝意を多くの場合、省略させていただいた。ただし次の三人の方への特別の感謝だけは記録しておきたい。八木滋氏は新たな史料を見つけ出してくださったのみならず、細部にわたって私の弱点をやんわりかつ厳しく指摘してくださった。研究会メンバーのうち私を除けばただひとり大阪の市中で生まれ育った氏と少し前の時代の大阪弁で話すことにより、ほとんど忘れていた半世紀前の大阪の社会を思い出させていただいたことにも感謝する（半世紀前の記憶は一五〇年前への想像力の支えとなるのだから）。大阪商大で日記の翻刻を分担している須賀博樹氏は、原稿のコピーを私に見せてくださった。日記がなかったなら、この評伝はきわめて貧しいものになっていただろう。字を読むのにきわめて苦労する私に、日記の翻刻は得難い助けとなった。

小松（武部）愛子氏には個々の文書の読み方のみならず（いちいち記さないが、多くの——ほとんどの——史料の筆耕のお世話になっている）、史料の取り扱いやら目の付け所の指摘、それをめぐっての議論、さらに研究会の運営にいたるまで、ありとあらゆることがらでお世話になった。そもそも武部氏が先頭に立って、吉田氏のイニシアチヴと推進計

(12)　本評伝は日本史学や経済史の二次文献をほとんど参照していない。二次文献を公平に判断する見識に欠けていると思うからである。

画にもとづき史料をすべて整理してカタログを作り、写真撮影まで指揮していただいたおかげで本稿にまでたどり着けた。そして八木氏ともども一度ならず本稿全篇を通読して、さまざまな誤りを訂正して下さった。

他の、言及しきれなかった人たちにはお許しを請いたい。感謝はことばでいいつくせない。研究会のおかげで忘れ去られていた人たちが歴史に蘇ったのである。

第二章　家督相続前後（天保四年まで）

四代佐兵衛の生まれ。父親の三代佐兵衛の業績、および三度の結婚。備後町店出店のいきさつの考察。先祖たちの同定、ならびに（従来、よく分かっていなかった）銭屋源兵衛家の位置づけ。かつての本家であった銭屋弥助家との本家別家の清算。退隠後も三代は店を監督する。

一　父母ならびに祖先

四代佐兵衛は父三代佐兵衛・母トミから、文化五（一八〇八）年六月一七日に大坂島之内の石灰町《いしばいまち》に生まれた。佐兵衛を襲名する前は、悦治郎と名乗った。(1) これはしばしば逸身家の長男に与えられる名前である。トミという母の名前は「文化三年人別帳」によってはじめて確認された。(2) トミは佐兵衛が三歳（数え年、以下同様）のときに死亡しているので佐兵衛に女親の記憶はない。(3) 母親と早く死別することは、出産が命がけであった時代には珍しいことではないともいえようが、とはいえ父の三代佐兵衛、長子の五代佐兵衛、さらに孫の六代佐兵衛にいたるまで四代つづいて母親を知らないことは特筆に値する。(4)

四代佐兵衛が銭屋の家督を相続したのは、天保四（一八三三）年正月六日のことである。(5) ときに佐兵衛は二六歳。(6) 退隠に伴い、父三代佐兵衛は佐治兵衛と名乗る。佐治兵衛は歴代の佐兵衛が退隠後に名乗る名前である。ただし以下の記述の中では簡便さを優先して、文脈から三代佐兵衛であることが容易に分かる場合、佐治兵衛を襲名する前であっても遡って佐治兵衛と記すこともある。

家督相続のとき倅の佐兵衛は二六歳であったが、もう一方の当事者である父の佐治兵衛は何歳であったか。佐兵衛は明治期まで長生きしたために戸籍で生年が判明するけれども、佐治兵衛の生年が記録された史料は、「旧家略系調」の発見までまったくなかった。没年は過去帳や位牌から分かる(信證院成栄日實・安政六(一八五九)年七月二日没)。以下、生年についての考察を、まずは「旧家略系調」の発見以前の段階での、私の推測から始めさせてもらいたい。これには理由がある。ひとつには私が推測を重ねてたどりついた結果が「旧家略系調」と一年しか異なっておらず、それゆえ生年の推測の根拠とした他の推測もまた確実視されうること、さらにここで採用した私の推測方法は他のいくつかの推測と共通した方法によっているので、方法を明示しておくことが有意義であると判断するからである。

私は、家督相続時に佐治兵衛は五〇歳(天明四(一七八四)年生)であった、とひとまず仮定した。倅の年齢に鑑みても隠居するにふさわしい年齢である。五〇歳はきりのよい数字であるが、ただしこのことだけが根拠ではない。

彼の生母の観月院妙輝日性は天明七(一七八七)年九月一〇日に死んでいる。だから彼は遅くともそれ以前に生まれていなければならない。観月院が生母であるとする根拠は、二代佐兵衛(知見院了證日覚)と一緒に並べられて位牌と墓石(五輪塔)に祀られていることによる。さらに「文化三年人別帳」には、佐治兵衛は文化三(一八〇六)年にすでに結婚しており娘もひとりいると記載されている。とすればいくら若くともこの年に二〇歳になっていたであろう。生年を天明四(一七八四)年とすれば二三歳という計算になる。まずは妥当である。文化三年はまた、佐治兵衛が年末の決算である「本店銀控帳」(7)を、自筆で記入し始める——いいかえれば名実ともに店の経営の実権を握る、最初の年でもある(後述九節)。誕生を天明四年よりももっと遡らせて推定すれば、結婚ならびに「銀控帳」の記入開始時点の年齢を遅く想定できるが、そうすると今度は退隠が遅くなり、さらには死亡年齢が八〇歳に近づく。

ここでもうひとつ生年決定を補強する材料がある。推測を重ねることになるが、戒名の類似性にもとづく二代佐兵衛の夫婦関係の想定である。逸身家では常信院と常光院（初代）、信證院と本證院（三代）、宗善院と宗喜院（四代）、のように、夫婦の戒名は一字を共通させる。ところで妙徳寺の逸身家墓地には、知光院妙悟日達信女と刻まれた、単独の、ただし子供ふたりの名前を側面に刻んだ角柱墓（巻末墓域図⑧）がある。私は、この知光院は二代佐兵衛（知見院了證日覚）の最初の妻であり、三代佐兵衛の母の観月院は二番目の妻であると考える。推測の根拠は、知見院と知光院という戒名の類似であり、没年である。知光院は天明元（一七八一）年六月に没している。知光院の死亡に際して、二代佐兵衛は知見院という戒名を一緒に与えられたのであろう。ただし二代はそのあと再婚した。そして知見院と一緒に五輪塔に祀られているのは後妻の観月院であって、それは三代佐兵衛の生母であったことによる（後述するように（三五節）現存しているこの墓石をふたりの亡くなったかなり後に建てたのは、おそらく晩年の三代佐兵衛の意向を汲んだ孫の四代佐兵衛である）。三代佐兵衛の生年の推測に話を戻して天明元年死亡の知光院を先妻とすると、父親が三代佐兵衛の生母の観月院を後妻に娶ったのは天明二年ないし三年、三代佐兵衛の誕生はいくら早くても天明三年となり、

（1）「文政一二年人別帳」には「倅　越次郎」とあるが、のちの子孫に代々与えられる幼名にならい、ここも悦治郎と書く。
（2）以下、女性の名前は、当該史料の書き方を明示する必要がある場合を除いてすべてひとつのカタカナ書きに統一する。実際には仮名遣いその他、かなりの揺れがある。
（3）本證院妙軌日成（文化七年八月一六日没）。没年は過去帳ならびに位牌によって確認される。以下、とくに断らない限り、諸人物の戒名ならびに没年は過去帳による。
（4）三代については後に本節で論じる。六代は明治五年に生まれ、母は明治六年に死ぬ。五代については正確には同列に扱えない。事情は複雑である。後述一四節参照。
（5）除籍謄本上欄記載。
（6）除籍謄本。文化五（一八〇八）年生。歴代の当主は佐兵衛を名乗るが、それぞれの佐兵衛には特別のときにだけ使用される「固有名」がある。四代は宝房であったことが後の史料で確認されるが、五代佐兵衛宝備《たかのぶ》ならびに六代佐兵衛宝護《たかもり》が家督を相続したときにはそれぞれ「宝備家督一件諸事控」[4-10-1]ならびに「宝護家督一件諸事控」[4-11-0]が記された。しかし（仮称）「宝房家督一件諸事控」は残存していない。
（7）「本店銀控帳」[8-5]。文化三年から筆跡が変わっている。以後、同じ筆跡が続く。

天明四年の誕生という推定は辻褄があっている。

先述したように以上の推測が間違っていなかったことが「旧家略系調」によって裏付けられた。「旧家略系調」によると三代佐兵衛は天明三年三月一四日生である（私の推測は一年遅かった）。ただし「旧家略系調」には、二代の妻についても三代の母についてもなにひとつ記述されていない(8)。とまれ今後は「旧家略系調」に従い、天明三(一七八三)年生まれとする。

逸身家の当主は一代ごとに、妻とともにひとつの五輪塔に祀られている。初代佐兵衛（常信院）と常光院（巻末墓域図①）、二代佐兵衛（知見院）と観月院（②）、三代佐兵衛（信證院）と本證院（③）、の三基の五輪塔はまったく同型である(9)。同じ大きさの五輪塔であるが、四代佐兵衛とその妻の宗喜院が祀られている五輪塔とは微妙に形が違う。自らの死が遠くないことを知った父の意向に従って、四代佐兵衛は三代佐兵衛の晩年（私の推測では嘉永四(一八五一)年、佐治兵衛六九歳、佐兵衛四四歳の年・後述三五節参照）に、曾祖父母、祖父母、父母の三代のために、五輪塔を同時に建てた。その際、妙徳寺に多額の寄進をすることにより、境内に逸身家のための一角を確保して、かつ「本山開基」の碑(⑲)まで自分たちの墓域に取り込む形で、おのれの意向で墓石をあらたに作りなおし現存のように再配置した、と想像できる。古くは「銭屋佐兵衛」と土台の石に刻んだ墓が一基しかなかった（この土台は乳幼児で死亡した九人の子供たちのための角柱墓（⑭）に再利用されている(10)）。

佐兵衛は自分の生母を父親と同じ墓に祀ったように、父親の生母（観月院）を祖父と一緒に祀った。思えば複数の妻がいる場合、誰を夫と並べて葬るかには儒教倫理のごときものが反映されているといえる。同じことが他の墓にもいえる。すなわち三基の五輪塔が建てられたときに整備されたその他の角柱墓も、没年順ではなく長幼の順が守られて並べられているのである。一例をあげれば、後述することになる三代佐兵衛の娘のヱミは、三番目の妻であるリヤウよりも先に死んでいるにもかかわらず、その墓石は母よりも下位に位置する。四代佐兵衛は序列概念に厳しかった。

墓の配置しか推論の根拠はないが、二代佐兵衛は観月院の死後、さらに妻を娶ったようである。了縁院妙到日地信女（寛政八（一七九六）年六月六日没）を単独で祀っている角柱墓（9）が、知光院の墓の右隣（下位）に位置して建てられている。[11] さらにその右隣には後述するように（五節）三代佐兵衛の後妻がふたり続く。

三代佐兵衛は退隠してからなおも丸一六年以上生き続け、かなり年下の三番目の妻よりも長生きし、安政六（一八五九）年に七七歳で往生する。八四歳で死亡する四代佐兵衛はおそろしく長命であったが、その父親もまた長命であったのである。

三代佐兵衛は若年時から苦労を重ね、銭佐を発展させた人物である。その父の二代佐兵衛は五〇歳で没した。[12] 短命とはいえないが、残された倅からすれば早い死であった。三代は、二代がかなり歳をとってからもうけた倅であって、父が死んだときいまだ一四歳でしかない。[13] それだけではない。二代佐兵衛は三代佐兵衛の生母が死去したあとさらに後妻をめとっていたが、その義母（了縁院）も同年六月に、さらには祖母までもが同じ年の八月に死亡している。[14] 三

（8）「旧家略系調」はすべての当主の妻についての記述がない。しかし四代佐兵衛以降の当主については「母ハ……」と記している。ところがこの記述すら三代には省略されているのである。

（9）これがまったく同型であることは、近世の墓石を考古学の対象としている小原紗貴氏によって確認された。

（10）もしこの「再利用」を重視するなら、乳幼児の中でいちばん先に死んでいる寥焉孩女（文化四（一八〇七）年五月二三日没）の死亡時に五輪塔が作られたことになる。しかし「再利用」された角柱墓と五輪塔を同じ年の制作と必ずしも考えなくてもよいのではないか。

（11）「旧家略系調」は了縁院について推測できることは記していない。

（12）知見院了證日覚・寛政八（一七九六）年五月二一日没。生年は延享四年であると「旧家略系調」は記している。父の初代佐兵衛（常信院善栄日光・正徳元（一七一一）年生・安永七（一七七八）年没）が銭佐を開店した延享元（一七四四）年の三年後に生まれた。二代が最初の妻の知光院を亡くした天明元（一七八一）年には三五歳であった。「本店銀控帳」の安永元（一七七二）年の葉に記載されている「こんれい入用」の婚礼が二代の婚礼であるなら、そのとき二代は二六歳である。

（13）「旧家略系調」は二代には、三代より前に早世した倅がいたことを記している。これは知光院から生まれたのであろう。三代は二代の再婚後、すぐに生まれた計算になる。いずれにせよ二代は初代の一八年後に死亡するが、三代佐兵衛の死亡は二代の没後、六三年経ってからである。

代佐兵衛は身内をすべてなくした。先に記したように三代佐兵衛自身が年末に「本店銀控帳」を自分で記し始めるのは、一〇年後の文化三年になってからである。となれば誰かがその間、後見人となって店を運営し、代判を務めたはずである。さもなくば銭佐は継続しえなかった。では少年佐兵衛の後見人は誰であったか。私はのちほど仮説をひとつ提案する（九節）。

中川すがね氏の考察によると三代佐兵衛が経営をしていた文化文政期は、大坂の商業が発展した時代であるという。その波に乗ったこともあるのだろうが、佐兵衛は彼の力量で銭屋を飛躍的に発展させた。二代佐兵衛死亡前年の寛政七(一七九五)年の年末にあった銀の残高（「有銀」）は六四二貫余りであったが、それが四代に家督を譲る前年の天保三(一八三二)年年末には四〇六七貫余り、六倍強の増加である[15]。

六百貫から四千貫とは今日でみればどれくらいのオーダーか。当時の貨幣価値については研究者が様々な値を提案しているが、私なりに規模をおおざっぱに推測してみる。銀四〇貫あると、家族ならびにおよそ三〇人弱の奉公人の一年分の生計がまかなえる[16]。また島之内に、現在の寸法で数えた約二〇〇坪の土地と屋敷が買える[17]。さらに娘に着物や道具が詰まった簞笥五棹、塗長持三棹、木地長持二棹など豪勢な支度をしてなお釣りがでたであろう[18]。それぞれの物価変動がちがうからこれから先はなんともいえないが、少なくとも桁数でいうなら六千万円が四億円になったわけで、六百万円が四千万円になったのではない。実際には一億が六億あたりか[19]。子孫には四代佐兵衛の陰に隠れてしまってなんら口承されなかったけれども、銭屋の発展は三代によるところが非常に大きい。詳しくは第2巻第五章の中川すがね論文を参照されたい。

三代佐兵衛自身が年末に銀控帳を自分で記し始める文化三(一八〇六)年は、たまたま人別帳の残存している年である。人別帳はその年の一〇月に新しい帳面に記される。ところで「文化三年人別帳」には、「佐兵衛病身に付き」、銭屋勘兵衛が代判している。この時の病が何にせよ（言い逃れの可能性も大である）自身が店の経営をまかなうようになるまでの苦労は、実質上の当主として店を運営したあとにも劣らず大きかったであろう。こうした苦労を倅の悦治郎（四代佐兵衛）もたびたび聞かされたであろうし、成功者であった父から家督を譲られることになった倅には、かなりの覚悟が求められたろう。しかし四代佐兵衛にもまた満を持するところがあった。それは家督相続後四年目に始まる銭佐の改革に見て取れる（後述六節以下）。

三　家督相続時の銭佐ならびに石灰町

延享元（一七四四）年に初代佐兵衛が創業した[20]銭屋（以下、銭佐）は、九〇年後の三代佐兵衛の退隠のときに、すでに

---

(14) 初代佐兵衛の妻として、同じ位牌ならびに五輪塔に祀られている常光院妙栄日是である。寛政八（一七九六）年一〇月一七日没。
(15) 「本店銀控帳」〔8-5〕。なお寛政八年の合計額は、上に張られた色紙に邪魔されて読めない。
(16) 「本店銀控帳」の「世帯」の数値。さらに後述する証文「為後年定置証文之事」〔2-43-1〕には、後妻のリヤウが佐治兵衛の没後、三人の奉公人と生活するのに必要な金額が銀五貫目と想定されている（一、我等相果候後、おりやう存生ニ候得者、致剃髪候而隠居暮方下女弐人子供壱人、此賄料壱ヶ年銀五貫目ツヽ可被相渡事）。こちらの数値をもとにすると、四〇貫は、家族八人奉公人二四人の賄い料に匹敵することになり、ほぼ同じである。
(17) 天保五年に購入した島之内塗師屋町の屋敷が、表口一五間半、裏行二一間半、土蔵三カ所で、銀八二貫四百匁の値段である。当時の大坂の一間は、六尺五寸であった。
(18) 「為後年定置証文之事」〔2-43-1〕の「一、娘共縁附仕付之儀者、荷物拾壱荷より拾三荷迄、此銀高三拾貫目、此規定を以取計可被致事」参照。嫁入りの荷物については一七節参照。
(19) 銀六〇匁＝金一両で換算すると、銀六〇〇貫は一万両である。一両を一〇万円とすれば一億円になる。
(20) 銭佐の創業年は逸身家に残された系図による。この系図のオリジナルは戦災で焼失した。ただし分家のひとつにコピーがあったので（書写した人物は、逸身眞之助（二代佐一郎の子の道之助の子）であり、しかもその学校時代という）、母がふたたび写しなおしたものである。「旧家略系調」もまた延享元年としていることから判断すると、系図のオリジナルに延享元年とあったであろう。いっぽう「本家銀控帳」〔8-5〕の開始年は、卯年（すなわち延享四年）正月である。後者を信頼すべきかとも思うが、いちおう系図をもとにする。

かなりの規模の両替商になっていた。銭佐は島之内の石灰町《いしばいまち》にあった。石灰町は明治以降に南隣の道仁町その他と合併して南綿屋町と名前を変えている。銭佐は南綿屋町四六番地（現　島之内一丁目一二番）にあった[21]。

石灰町は島之内の東側、すなわち東横堀川から数えて三本目の通りの両側に面している（地図参照）。この南北に貫く筋を、安政三年の水帳絵図では綿屋町筋と記しているが（口絵24）、慶応期から明治初期の史料では「板屋橋筋」と呼ぶ慣習があったことが確認できる[22]。板屋橋は長堀川にかけられた、船場と島之内を結ぶ橋のひとつである。昭和三九年に長堀川が埋められるまで使われていた（戦前には市電の停留所もあった）。この板屋橋筋の、島之内の北から数えて三本目の通りとなる（明治から昭和後期の町番整理が行われるまでの名称で示せば）旧「大宝寺町の通り」を越えて、四本目の通りにあたる「清水町筋」に行くまでの途中から（すなわち旧・大宝寺町東之町から旧・南綿屋町に変わる境界線で）、石灰町が始まる。石灰町はその先、清水町筋を越えて五本目の通りの「周防町筋」にいく途中で終わり、そこから南は道仁町となる。このように書くと長く見えるが、実際は一ブロック分余りでしかない。

安政三年の水帳絵図に従って間口を足し算すれば、清水町筋から北側は二一間、南側は三二間半となる。奥行きは東西とも二〇間である。銭佐は清水町筋から南側の部分の、板屋橋筋の東側に居を構えていた。ただし丁内の家を次々に買い増していっている（詳細は三四節）。「水帳絵図」については史料解題1を参照。

銭佐から菩提寺の妙徳寺へ行くためには東横堀川を渡ることになる。清水町筋には今も昔も橋はなく（周防町筋の橋も比較的新しい）から、少し北に上って九之助橋を渡ったか。またのちに佐兵衛の妻のトヨが堂島にある実家に船で行ったりすることが日記で確認できるが、そのときも東横堀川から乗船したであろう。

後述するように（一〇節）初代銭屋佐兵衛は銭弥（銭屋弥助）の別家として出発した。その本家は板屋橋筋を北上して長堀川を渡ってすぐの塩町二丁目にあった。本家別家の縁はおよそ百年後に解消し、親類となるが、近隣であったことは変わらない。

銭佐の家は同じ丁内の家とくらべても相当に大きかった。人別帳によると、すでに文政一二(一八二九)年一〇月に店で暮らしている奉公人の数は、下人二〇人[23]、下女八人、乳母三人、下男三人の合計三四人である[24]。さらにこのほかによそで所帯を構えて通っている通いの手代ないし別家がいたかもしれない[25]。

この頃の銭佐の相対的な大きさを示す史料として、文政八(一八二五)年の「浪華持丸長者控」(大阪歴史博物館蔵)がある。この番付では、島内の銭屋佐兵衛が東前頭三六枚目に位置している。大関、関脇、小結が東西それぞれに一店ずつあるから単純計算でいえば大坂で七七位の大店である。この数字は両替商だけに限った順位ではない。

家督相続の天保四年に戻る。相続の二ヶ月後の三月八日に佐兵衛は石灰町の年寄役に任じられている[26]。おそらく家督相続以前の段階から町内の有力者のあいだで予定されていたこととはいえ、佐兵衛の社会的責任の具体的な現れである。彼は年寄になったことで生じる金品の収支を細かに記録(「年寄一件要用控」)に留めはじめた[27]。記録をきっちり残す性格であったことは、後年遺憾なく発揮される。「年寄一件要用控」が天保一〇年にまで及んでいることから、

---

(21) この番地は〔4-11〕その他で確認できる。除籍謄本の数字である「七拾九番屋敷」は、番地とは異なる付け方をしている(これは後述する備後町の店についても同じ)。なお銭佐は初代が開業した時には石灰町の別の場所にあって、その後石灰町内で移動したかもしれない。詳細は第2巻第一章の吉田伸之論文参照。

(22) たとえば「御降臨諸事控」や明治八年の「婚礼諸事控」。しかしこの名前は「心斎橋筋」のように残ることはなく、「南綿屋町の筋」に取って代わられたようである。

(23) 人別帳の常として「手代」と「子供」は区別されていない。しかし下人のリストのうち先に並んでいる「〇兵衛」を手代、そのあとに続く「〇吉」と「〇松」を子供とみなすと、手代は八人、子供は一二人である。

(24) 「文政一二年人別帳」。この数字を「文化三年人別帳」の数字(下人一八人、下女六人、下男一人)と比べてみると、僅かしか増えていないことが分かる。

(25) いわゆる「通い別家」が確認できるのは、嘉永期以降のことである。嘉永・安政年間の別家や手代については三六節以下で、慶応・明治初期については五九節で論じる。

(26) 「年寄一件要用留」〔2-50〕。

(27) 「年寄一件要用控」、ならびに「町内格式帳」〔2-51〕の内容と性質については、第2巻第一章の吉田伸之論文参照。

佐兵衛は少なくとも天保一〇年までは年寄であった(28)。町内の会所には、他町と同様に、「丁代」と「下役」があわせて二名いたことが、その名前ともども最幕末期には確認できる。さらに町には「起番」という警備担当の者が雇われていたし（四一節）非人の垣外が警備の一翼を担っていた（二五節注16）。

天保五年九月作成の、私の判断では佐兵衛の筆跡による「町内格式帳」〔2-51〕の控が残っている。これは石灰町の町掟である。帳面最後には家持と、家守の署名がある。ただし同じ筆跡で、かつ押印もされていないので、この帳面は正本ではない。この署名群から、天保五年には石灰町には年寄の銭屋佐兵衛以外に、一〇名の家持がいたことが分かる。その名前はすでに吉田伸之氏によって表にまとめられているのですべてを出すことをここでは省略するが、後代、明治三（一八七〇）年の銭佐の婚礼の折にも付き合いが続いている、大源（天保五年当時の当主の名前に従えば――以下同様――大和屋源治郎）・塩庄（塩屋庄右衛門）・大七（大坂屋七兵衛(29)）・三文（三宅文昌）・石吉（石灰屋吉治郎）の五軒は、残存の人別帳を遡れば、文化三（一八〇六）年にも文政一二（一八二九）年にも一貫して、当人、ないし先代の名前がみつかる。簡単にいえば石灰町の半数の家は、少なくとも六五年間、同じ町の中に居続けている。さらに安政六年に銭佐が三宅屋から家を買ったり（三四節）、石灰屋が自分の家の借家人に家を売る例を勘案すれば(30)、地域の流動性はあまりない、というか、よそ者はそう簡単に入ってこられない、といってよいだろう(31)。

四　リヤウ（三代佐兵衛の三番目の妻）

家督相続の翌天保五（一八三四）年七月、父佐治兵衛はそれまで長いあいだ内縁であったリヤウをようやく本妻に直す。これもまた家督相続以前の段階から父子のあいだで予定されていた事柄であったろう。佐治兵衛は最初の妻トミを文化七（一八一〇）年八月に亡くし(32)、さらには翌文化八（一八一一）年九月、桑名屋（神吉）庄助の妹と再婚したものの(33)、その妻も文化一三（一八一六）年一一月に亡くしている。[34]その後、退隠にいたるまで結婚しなかった。ただし下女のリヤウとはかなり早い時期から懇ろになった。このことは後述する人別帳の記載によって確認される。三代佐兵衛は自分が当主であるうちは、リヤウを妻に直すことはしなかった。当主が下女を娶ることは体面上、具合が悪かったのであろう。退隠後に本妻に直すにあたっても、ひとまず親類の綿屋（西岡）長右衛門の娘にして西岡家から嫁いでくるという形をとるのである。[35]

すでに知光院ならびに了縁院を二代佐兵衛の妻たちであるという推測を紹介したが、妙徳寺には、もはや祀られて

（28）ただし東京大学法学部法制史資料室所蔵「大阪石灰町人諸届書」には、年寄銭屋佐兵衛宛の状で、天保一一年のものが見つかる。

（29）大坂屋七兵衛は史料そのものには「大和屋七兵衛」となっている。残存の三冊の人別帳や他の史料と総合してこれは誤記と判断してよい。ただし字の間違いということもありえそうにないから、むしろ日常の呼称は「大七」であって、それを佐兵衛が「大和屋」の略と勘違いしていたことを示唆する。

（30）「日記」慶応三年八月一九日記載の町内廻章「然者丁内石灰屋吉次郎殿所持東側間口三間裏行廿間、右家屋敷此度丁内同人借屋井筒屋槌五郎へ代銀五貫目ニ而売渡（以下略）」。このことは水帳絵図の付箋によっても確認できる。

（31）〔2-49-8〕は町内の綿屋正兵衛が、酒に酔って狼藉をはたらいたことを謝っている詫び状である。宛先は銭屋佐兵衛を含む三名。この史料が書かれたのは寛政元（一七八九）年と、かなり古いことが気になる。二代佐兵衛の時代である。長期保存に格別の理由があるのだろうか（もっとも〔2-49〕は「諸方雑古証文入」と記入されているとおり雑多である）。なお綿屋は文化三年の人別帳の綿屋善七が子孫にあたるなら、その頃まで石灰町の家持であった。この綿屋が親類である八尾の綿屋西岡家の関係者なら話はおもしろいが、根拠はない。

（32）本證院妙軌日成。過去帳ならびに位牌に命日の記載がある。「旧家略系調」が「摂津国矢田郡兵庫江川町京屋善兵衛ノ女」と記載している。京屋（藤田）善兵衛家とはのちのちまで親戚づきあいがある。後述一九節。

（33）「桑名屋（神吉）庄助妹貰受候縁談一条書付」（文化八辛未九月）〔1-7-0〕。後述五節。

（34）究竟院妙乗日法信女（文化一三年一一月一九日没）。この女の同定については後述する（五節）。

（35）「為後年定置証文之事」〔2-43-1〕第二条に「一、おりやう儀是迄段々訳合茂有之候得共、此度相改綿屋長右衛門殿娘ニ相定、本妻ニ相直、致隠居候間、其方始一統相心得可申事」とある。綿屋（西岡）長右衛門は古い親類である。初代佐兵衛の頃に遡る可能性がある。後述八節の注59。

いる者が誰であるかが分からなくなってしまっていた墓石がすくなからずあった。とりわけ逸身家墓域の東側に並んでいる八基の古い角柱墓は戒名だけの存在で、それが誰なのか、文書発見以前にはまったく分からなくなっていた。そのひとりである成證庵智榮日良がリヤウであるとする同定が、以後、多くの人物の解明の突破口になったので、以下その手順を、史料の発見の順序に沿った形でここであらためて記録しておくことにする。

リヤウを本妻に直すにあたって佐治兵衛は、佐兵衛と証文（「為後年定置証文之事」〔2-43-1〕）を交わした（口絵17）。財産のことで諍いを避けるためである。リヤウ自身も取り決めに異議のない旨、署名している。さらにこの証文には銭屋源兵衛ならびに別家衆八人が連判して証人となっている[36]。

天保一二（一八四一）年に作成された、佐治兵衛の娘ラクの「婚礼諸用控」〔1-3-2-18〕に含まれる「家族書」には、「新宅」の佐治兵衛の「妻」として「りやう」が書かれている。しかしリヤウが、佐治兵衛と一緒の墓に祀られている本證院ではありえない。本證院は文化七（一八一〇）年に没しているからである。

ところで大阪商業大学所蔵の佐古文庫には「成證庵智榮日良遺物控」（安政五年一一月）が含まれている〔F-10-47〕。さらに同文書の銭佐の「日記」の一冊〔F-10-11〕の安政五年一〇月四日の項には

「今暁寅上刻、新宅御家様御儀、此程ゟ御病気之処、御養生不為叶、終御死去被遊ニ付（以下略）」

という記述がみつかった。そして過去帳を確かめると、成證庵智榮日良は安政五年一〇月四日が命日であったのである（口絵20）。このようにしてリヤウの同定が確定した。

「文政一二年人別帳」が発見され購入されたのはこのあとのことである。それには佐兵衛と倅の越《（ママ）》次郎と嫁のユキのあとに四人の娘が書かれている。さらに下女の欄の筆頭に「りやふ」が見つかった（口絵18）。娘をつぎつぎに産んだものの、リヤウはあくまで世間的には「下女」であったことが、この人別帳により確認された。

四人の娘たちの名前は年の順に、ヌミ、シカ、ラク、タイという[37]。このうちラクは文政九（一八二六）年の生まれで

あることが、後の史料で判明した[38]。さらに「旧家略系調」はシカ、ラク、タイの生年月日を記述している。それによればシカは文政七(一八二四)年、ラクは前述の史料同様に文政九(一八二六)年、タイは文政一〇(一八二七)年の生まれである。しかしヱミについては名前も含めてなんら書かれていない[39]。あたかもはじめからいなかったかのように。

文政一二(一八二九)年の一〇月の段階で乳母が三人いる。シカ、ラク、タイのそれぞれについていたのであろう。乳母といってもシカはすでに六歳になっている。乳母という名前から、必ずしも乳幼児であると考える必要がないのだろう。子供それぞれを世話する専属の奉公人が、乳母と呼ばれ続けられたと見るべきである。

しかも佐治兵衛の妻に直ったとき、リヤウはまだ子供が産める年齢であった。証文の第五条には「是迄は勿論向後男子出生致し候共、」という記述がある。現に後述するように、少なくともふたりの子供が（さらにリヤウ以外から子供ができなかった、とすればもうあとふたり、計四人の子供が）このあと生まれてくると考えられる。となればこのおりリヤウは三〇歳代前半か。とすれば佐治兵衛より一五歳以上年下であり、いっぽう佐兵衛との年の差は一〇歳以下となる。

---

(36) 勘兵衛・市兵衛・林兵衛・宗兵衛・七兵衛・定七・亦兵衛・新八。

(37) もうひとりコズへが文政一三年正月に出生したことが同人別帳の書き込みから読める。ただしコズへは幼児のうちに死んだと思われる。さらに精霊棚位牌に「和久（わく）」と添え書きされている春亮智近嬰女（天保五年四月廿六日没）、同じく「はる」の桂顔亮萎嬰女（天保三年九月一三日没）、俗名不詳（コズへか？）の献用妙珠嬰女（天保六年八月一六日没）の三人の女子もまた、三代佐兵衛とリヤウの、幼くして死亡した子供であったと思われる。これら三人の戒名は同じ墓石の同じ面に並べられている。過去帳には後に死亡した人物が先に記述されているから、このあたり、リヤウの子供が生年順にならんでいると想定すると辻褄があう。後述二〇節。

(38) 京都室町三条「役行者町文書」J-2ならびにJ-29。京都市歴史資料館蔵。後述一六節。

(39) 嫁入り支度をするほどの年齢まで生存した（後述）ヱミの記録がないにもかかわらず、奇妙なことに早世したコズへは名が記録されている。ヱミについての省略は、「旧家略系調」の史料価値に疑義を抱かせる。正確にいえば、ヱミについては言及するに値しないと六代佐兵衛、もしくは記録者が判断したか、単なる書き落としなのか、そういったことに疑問を生じさせるのである。ヱミについては後述するように独立した角柱墓がある。

産後の肥立ちが悪かった前妻ふたりと異なり、リヤウは丈夫な女であった。[40] 家督相続にあたり佐兵衛には多数の異母妹が任されたのである。先に述べた「為後年定置証文之事」〔2-43-1〕第三条には

一、おりやう出生之子供者右訳合茂有之、殊ニ多人数之事ニ付、祝義不祝儀共諸入用相減、諸事手軽可致事

とある。退隠と正式な婚姻とをセットにすることに始まるこうした一連の措置には、新たに当主となる倅の四代佐兵衛の意向もはたらいたかもしれない。

四人の娘たちの母親がリヤウでない可能性も考えなくてはならない。しかし少なくともシカとラクは、それぞれの戒名がリヤウの墓石の側面に刻まれているのでリヤウが産んだ娘である。[41] ヱミは、次節であつかう桑名屋（神吉家）から嫁いできた究竟院（佐治兵衛の二番目の妻）から生まれたのではないかと推測したい。ヱミの墓石〔12〕はリヤウの右隣（下位）にあるが、その側面にタイの戒名が刻まれている。タイの戒名が姉たちのようにリヤウの墓〔11〕の側面ではなくヱミの墓の側面に刻まれたのは、タイは桑名屋に嫁いでいるので（後述一六節）、桑名屋の縁で結びついているからではなかろうか。ヱミを究竟院の娘であるとすると、ヱミとタイは異母姉妹であると同時に、ヱミの母の兄の倅（すなわち従兄弟）の妻がタイだから、義理の従姉妹でもある。[42] この四姉妹については、のちにラクの結婚について叙述するところ（一六節）であらためて論じる。

五　究竟院（三代佐兵衛の二番目の妻・神吉家との縁組み）

その前に三代佐兵衛の二番目の妻について記しておく。三代佐兵衛が最初の妻をなくしたあとに再婚したこと、そしてこの妻が過去帳の究竟院妙乗日法信女（文化一三（一八一六）年一一月一九日没）であることは次のような手順で証される。

「桑名屋（神吉）庄助殿妹貰受候縁談一条書付」（文化八辛未九月（一八一一））という史料がある〔1-7〕。これには婿の名前も嫁の名前も記載されていない。しかし史料〔1-7-7-1〕の、庄助から送られた土産の目録から判断するに、佐兵衛が婿であったことは間違いない。

桑名屋庄助　嫁土産

一、上下一具　佐兵衛様
一、扇子一箱　御同人様
一、羽二重壱疋　御同人様
一、袴地壱端　吉兵衛様
一、扇子一箱　直太郎様
一、和紙五束　おひさ様
一、時服　壱　悦次郎様

佐兵衛は、筆頭でかつ他の人物に比して圧倒的に多くの上等なものをもらっている。ヒサについては後に推測をする（九節）。悦次郎《ママ》はのちの四代佐兵衛である(43)。実はこの土産の目録史料〔1-7-7-1〕は、史料〔1-7-1〕の中の目録の

(40) トミ（本證院）は娘トセを産み、その後に悦治郎（四代佐兵衛）を産んだ。先述したように悦治郎出生後、二年して死亡している。トセもまた幼児のまま死亡。究覚院はシウと、私の推測が正しければヱミを産み、その直後に死亡。もちろん死因は産後の肥立ちの悪さとは別である可能性も残る。

(41) ラクについては後ほど詳述するが、戒名が、堪誉院慈忍栄因信女（明治一三（一八八〇）年五月一四日没）と同定できる。この堪誉院の名がリヤウの墓石の側面に彫られている。同じ墓石の、ラクとは反対側の側面に刻まれた「釈妙光」（過去帳により、嘉永三（一八五〇）年七月四日没）は、消去法によってシカと推定される。一六節参照。

(42) タイの夫は桑名屋庄助である。この庄助が究竟院の兄の庄助の倅であると想定するのが妥当であるが、確証はない。後述一六節。

(43) 吉兵衛については、注59を参照のこと。直太郎は現段階では不詳。ただしもし後述（九節）のヒサについての推測が正しければ、

控え(と思しきもの)とは少しずれがある。これについてもヒサについての推測のところで説明する。

三代佐兵衛に嫁入りしてきた女の名前は判明していない。ただし彼女が結婚五年後に死亡したことの推測は次による。

現存する「過去帳」は、ある時点で五代佐兵衛によって新たに書き直されたものである。そこには必ずしも没年順に記載するのではなく、人間関係を分かり易くするために整理し直そうとする意図があちらこちらでうかがえる。信證院(＝三代佐兵衛・一八五九年没)の直後に最初の妻の本證院(一八一〇年没)が書かれ、ひとつおいて成證庵(＝リヤウ・一八五八年没)が記載されている。本證院と成證庵のあいだには究竟院(文化一三(一八一六)年没)が並べられている(口絵20参照)。過去帳と同じように墓石もまた、究竟院は成證庵の左(上位)に隣接している。そのさらに上位にあるのは二代佐兵衛の妻の知光院と了縁院である。よって究竟院を三代佐兵衛の妻で桑名屋から嫁いできたとするのが妥当な推測である(44)。

桑名屋・神吉庄助の生業は不明である。両替商ではない。天保一五(一八四四)年の「諸家御館入大坂繁栄鑑」(大阪歴史博物館蔵)の二段目後から四番目に読める(銭屋佐兵衛は三段目筆頭、口絵28)。そして桑名屋とはさらなる縁組みにより(三代佐兵衛とリヤウの娘のタイが嫁ぐ)、親類づきあいは長く続く(後述一六節)。

六　備後町への出店

家督相続後の銭屋佐兵衛家は着実に発展していった。天保七年の「大塩の乱」も乗り越えた。天保八(一八三七)年の「大坂市中施行番附・天保八年浪花施行鑑」には前頭一七枚目に、「二百〆　石灰丁　銭屋佐兵衛」とある(45)。この施行《せぎょう》とは、大塩の乱のあとの復興のための醵金である。表紙に「天保年鑑浪花太平記」〔4-31〕と書かれた冊子は大塩の乱に関連する触書の写しであるが、もし私の観察が正しければ、これはきわめて丁寧に書いた四代佐兵衛の字である。

家督相続してから四年目の天保八（一八三七）年、佐兵衛は大きな改革に乗り出す。すなわち備後町への出店と、銭佐の本家であった銭屋弥助家との本家・別家関係の清算ならびに親戚づきあいの確認、さらに別家一統の整理である。

まずは九月の備後町への出店について。「本店銀控帳」〔8-5〕天保九年の頁には

此度備後町へ佐一郎名前ニ而致出店、酉十二月両替商売仕似相譲り、本宅者銀貸付斗

という記述がある。すなわち両替業は備後町に切り離し、やがては大名貸に著しく傾斜する銀貸付は石灰町で行う、という分業である。後年、銭佐では備後町の店のことを「備店」と称す。よって本評伝でも以後、「備店」と記す。

備後町は船場にある（地図参照）。銭佐の店は、明治以前の名称は備後町四丁目、明治以降の改正で東区備後町二丁目二一番地（現　中央区備後町二丁目二番）にあった。島之内の石灰町からすれば、金融の中心への進出である。明治一三年に逸身銀行を設立したのもこの場所であった。

「家徳控」〔8-4〕の天保八酉ノ年には、次のような出費が計上されている。これにより店の大きさがみてとれる。

一、四拾貫目　備後町四丁目　表口拾間　裏行廿間　土蔵四ヶ所　役弐ツ
一、五貫目　同　附物代
一、弐貫百拾七匁八り　同　帳切諸祝儀

記載された位置からしてヒサの婿となる予定の、将来の二代源兵衛である可能性が浮上する。

（44）究竟院の墓石の側面には養苗孩女が刻まれている。この娘は「命名書　文化十癸酉年三月廿一日未之申刻出生女子　金性　脩（シウ）」〔1-7-3-1〕により名前と生年が分かる。

（45）大阪城天守閣蔵。岡本良一編『江戸時代図誌・第3巻・大坂』（筑摩書房、昭和五一年）一五六頁、図版二九九。

この土地の大きさで四拾貫目は安すぎるように見えるが（前掲二節に物価の比較のために記したように、天保五年に購入した島之内塗師屋町の屋敷が、表口一五間半、裏行二一間半、土蔵三カ所で、銀八二貫四〇〇匁である）、これは後述するように、売り主の銭屋源兵衛にはこの先、毎年、八貫目が払われるからであろう。

「本店銀控帳」に対応して「備店銀控帳」〔2-54〕の最初の頁の最初の項目には、次のように記されている。(46)

天保八丁酉九月吉日

入銀三百貫目　本家ゟ入銀幷商業仕似せ譲来、天保八丁酉九月ゟ店始

さらにこの項には後代の追記として次の二項目が、前記の「入銀三百貫目」の横に小さな文字で記載されている。

内　百五拾貫目　天保十五甲辰正月　元手銀ニ成

　　百貫目　天保十五甲辰正月　戻し

これは天保一四年の年末の「引残」の計算の後に

天保十五甲辰正月　一、銀百五拾貫目　本家ゟ元手銀成

と照応している。以上を総合すると次のような事態が想定できる。

備店開店にあたり、まず「入銀」として銀三〇〇貫が本家から借用された。この「入銀」は非常時の保証とでもいうべきもので、年ごとの実際の収支には組み込まれない。しかしそのうち一五〇貫は天保一五年正月に結局、元手銀に組み込まれた。それとともに一〇〇貫は本家へ返済された。残り五〇貫はそのまま「入銀」扱いである。この五〇貫が三〇〇貫の六分の一になることを記憶されたい。

「入銀」は無償で貸与されたのではない。備店は本店に毎年、「入銀」に対して利子を払っている。「銀控帳」の用語にしたがえば、「本家利払」である。

「本家利払」は備店の利益の多寡にかかわらず定額である。開店翌年の天保九年から天保一四年までは銀二五貫二

〇〇匁（ただし閏年は二七貫三〇〇匁）である。閏年には平年の額を一二で割って一三倍した値になっている。三〇〇貫に対して月額二貫一〇〇匁であるから、月利は〇・七%、年利に換算すると八・四%である。

「本家利払」は天保一五年から大幅に減額される。天保一五年から元治二年までは四貫二〇〇匁（閏年は四貫五五〇匁、ただし弘化三年は閏年であるにもかかわらず平年並みの四貫二〇〇匁）である。この値は、天保一四年までの値である銀二五貫二〇〇匁（閏年は二七貫三〇〇匁）のきっかり六分の一である。これは前述したようにもともと三〇〇貫であった「入銀」が五〇貫になったことによると考えられる。つまり利率には変更がないが、「入銀」が減額されたからである。以上、天保九年から元治二年までの総計は二五二貫三五〇匁になる。

その他に天保八年の開業の年には三七貫五五七匁三分九厘の利益を全額、本家に渡している（ただし「世帯」その他の諸費用は本家持ちである）。項目は「本家渡」であって「本家利払」ではない。さらに天保一〇年にも定例の「本家利払」とは別に二〇貫目が「亥年分本家渡」として計上されている（ただしこの項の頭に押されている印は「亥」ではなく「子」である）。そしてこの二項を先の総計に合計すると、三〇〇貫になることからこれにもとづき小林延人氏は『調査報告書』（二三三頁）の中で、「慶應二年までに創業時に本家より借り入れた三〇〇貫を返済し終えている」とかつて記述した。たしかに勘定はあう。しかし「利払」はあくまで「入銀」に対する利息であって、返金ではなかろう。

さらに家賃がある。本家利払とは別に、「備店銀控帳」は毎年銀五貫目を、石灰町の本家に家賃として、この先二八年間にわたって計上し続けている[47]。いっぽう本家の家賃収入を記した「家徳控」〔8-4〕にも、天保九年から元治二

(46)　以下、「本店銀控帳」〔8-5〕「備店銀控帳」〔2-54〕（そして文脈で分かる場合にはたんに「銀控帳」）と記すことになるが、ともに表紙には「銀控帳」としか記されていない（他は開始の年次など）。「備店銀控帳」の裏表紙には「銭屋」とある。

(47)　家賃を最後に払った年（元治二年）の翌年が、本家利払のなくなる慶応二年である。この年に備店は独立性を高めたか。もっとも今日の慣行にしたがえば、もし慶応二年に備店の所有権を佐一郎に動かすならば、佐一郎はたとえこれまで毎年家賃を払っていても、ここであらためて買い入れのための金を出すべきであろう。しかしそれはない。今日の表現をつかえば、備後町の不動産は佐一郎に贈

（一八六五）年まで毎年五貫目きっかり（端数なし）の「備後町徳」が記載されている。両者は整合している。備後町の「不動産」は石灰町の佐兵衛の所有とみなされた。

家賃の金額に閏年は勘案されていない。「家徳控」の他の家賃には年ごとに端数がある。実際には家賃に滞納その他、様々な事情が反映しているのであろう。このことを考慮すると、この「備後町徳」は形式的であり、帳簿間の移動でなかったか、と想像させる。

さらに後述するように備後町店をもともと所有・経営していた銭屋源兵衛にも、毎年銀八貫目が払われる。備後町は、開店からしばらくは、自分だけの儲けに専念できない構造であった。帳簿上は別けられていても、事実上は佐兵衛が、ただしおそらく父佐治兵衛の意向を汲んで、石灰町と備後町の双方を経営していた、備店から利払を求めたのは佐治兵衛の意向であった、と私は想定する（名前人の佐一郎が傀儡であったことは後述する）。つまり佐治兵衛は家督は譲ったものの、まだまだ経営から退いたわけではなかった。しかし備後町の店は倅に任せ、両替商としての訓練をさせた。後に佐兵衛の倅の卯一郎や孝之助がそうするように、佐兵衛は毎日のように石灰町から備後町に通勤していたのかもしれない。なるほど備店と本店は、今日でいうところの「別法人」扱いされているようにみえるが、少なくとも設立当初は備店をほんとうの意味で独立採算させる意図は佐治兵衛にも佐兵衛にもなかった（さらに付け加えると第四三節で論証をこころみるように、佐兵衛が家督を倅に譲る明治四年まで、さらにある意味では逸身銀行が破産する明治三四年まで、帳簿の上では別店舗であっても実質はひとつの財産として管理されていた）。むしろ銭佐の別部門が場所を違えて営業している、という感覚である。「本店銀控帳」の記述にしたがえば、備後町に「両替商売仕似《しにせ》相譲り、本家は銀貸付斗り」となる。だからこそ開業の年の天保八年には、儲けはすっかり本家に渡されているのであろう。

事情が少々変わるのは天保一五年である。このときから佐兵衛は備店に「内部留保」を考えはじめた、といってよい。後述するように天保一五（一八四四）年、すなわち改元があった弘化元年は、本店の「大算用」や「銀控帳」を佐治兵衛が記載している最後の年でもある。佐兵衛は石灰町の本店の経営に本格的にたずさわる。そこで佐兵衛は備店は備店なりに独自の金を蓄えて、石灰町の本店と切り離すべきである、という考え方にもとづき、「入銀」の半額を「元手銀」に当てる一方、残りの三分の二を本家に戻す、という方策をとった。弘化元年末の佐治兵衛の「引退」については、後でまとめて考察する。

天保八年の出店に際して佐兵衛は異母弟を佐一郎と名乗らせ[48]、名代にあてる。この佐一郎は後の（逸身銀行倒産時の）逸身佐一郎（幼名孝之助）とは別人であることに留意されたい（この人物が、過去帳ならびに墓石の、履信院宗義日守（嘉永四（一八五一）年一〇月廿九日没）であることの同定については後述する（二〇節））。初代佐一郎の存在は、逸身家の伝承からは完全に消えてしまっていた。この佐一郎の生年は不明であるが、おそらく佐兵衛より二〇歳くらい、年下である。「文政一二年人別帳」に倅は越次郎以外、記載されていないので、出生は早くとも文政一三（一八三〇）年一〇月以降のことである[49]。先述した、リヤウを妻に直すにあたってしたためられた証文の一項「是迄は勿論向後男子出生致

与されるのである。慶応二年に佐兵衛は退隠の準備を始めた。この頃の状況については、後述四七節。

(48) この人物の幼名は不明である。母もリヤウかどうか確認できない。「旧家略系調」にある「男　豊三郎早世」がこれに該当するかもしれない。しかしこの豊三郎が佐一郎であるとは書かれていない。のみならず「旧家略系調」は、四代佐兵衛次男、すなわち（二代）佐一郎をもって「銭屋佐一郎ノ祖」と記している。あたかも初代佐一郎の存在を抹殺するように。「旧家略系調」の「報告者」の六代佐兵衛の実父が二代佐一郎であり、かつ「旧家略系調」が書かれた明治四一年に逸身銀行はすでに破産していたが、頭取であった二代佐一郎はいまだ存命していたこと（死亡は明治四二年）、さらに初代佐一郎の母がリヤウでなかったかもしれないこと、こうしたことごとを考慮すると、六代佐兵衛が初代佐一郎を意図的に言及しなかった可能性はじゅうぶんある。あるいはのちの家族内伝承がすでにできあがっており、六代佐兵衛は初代佐一郎についてなにひとつ、祖父（四代佐兵衛）や養父（五代佐兵衛）実父（二代佐一郎）から教わっていなかったのかもしれない。なお「佐一郎」という名前であるが、「旧家略系調」は三代佐兵衛の幼名が佐一郎であると記している。

(49) ただしもし出生後、石灰町に居住していなかったのならば文政一二年より早く生まれた、と想定することも不可能ではない。文政一二年の人別帳には、佐兵衛の屋敷のみならず町内の銭佐の借家にもそれらしき人物が記載されていない。とりわけもしこの佐一郎となる倅の母親がリヤウでなかったとするなら、人別帳に記載されていなくても当然であろう。佐一郎の母がリヤウか否かについては後

し候共、隠居相続并分家等致させまじく、我等相果候後は、其方存寄次第相片付申すべき事、」もいまだ佐一郎が生まれていないことを示しているのかもしれない。備店の経営以外のところで佐一郎の名前が確認できる最初の史料は、天保一二(一八四一)年九月、三代佐兵衛の娘ラクが嫁入りするにあたって作成された「婚礼諸用控」の「家内書」の、親類・銭屋佐一郎という記述である〔1-3-2-18〕。

過去帳の記載からも、佐一郎がかなり後に生まれたことが推測される。履信院はヱミ以下の娘たちのあとに記されている。四番目の娘のタイの生年が文政一〇(一八二七)年、それより後となれば、文政一三年以降の生まれはじゅうぶんに考えられ、とすれば名代とはいえ、天保八年の出店時にはいまだ一〇歳に満たない少年である（幼児であった可能性すらある)。天保一四(一八四三)年の段階で佐兵衛が代判をしている史料も、逸身家文書以外に見つかる。[50]そもそも年末に備後町店の一年間の決算をして、「備店銀控帳」を記すのも佐兵衛であることが、筆跡で確認できる。佐一郎は事実上、傀儡であった。

先の話となるが嘉永四(一八五一)年にこの佐一郎は石灰町の借家のひとつに戻り、同年に死亡する。先代佐一郎と交代するようにして、四代佐兵衛の二男の孝之助が（二代）佐一郎となって分家する。時に孝之助は一〇歳である。そのように後の戸籍謄本には記されている。

しかしながら佐古文書の中の日記によれば、安政年間のみならず慶応年間になってもなお、孝旦那（すなわち孝之助）は石灰町から備店へ通勤している。備店への通勤は、孝之助の兄の卯一郎（のちの五代佐兵衛）も同じである。また嘉永七（一八五四）年正月の大坂町奉行所に当てた願書〔2-42-3〕でも手代の丈助が佐一郎の代判をつとめている。その丈助は本家の仕事にも積極的に関わっているし、石灰町に家をもっている（二一節）。安政期の備店の経営については後に記すことにするが、佐一郎を名目にして佐兵衛と丈助の指揮下にあった通い別家の嘉兵衛や専助、清兵衛が日常業務を担っており、実際の運営は本家と一体であった。

銭佐は備店を出すにあたって、銭屋源兵衛の得意先を引き継いだ。三井文庫所蔵の「判鑑帳」（D654–32）は得意先（仕《し》似《にせ》）の印影届の集積であるが、そこには銭屋源兵衛宛のものと銭屋佐一郎宛のものとが一緒に区別されることなしに添付されている。(51)

七　本店の大名貸ならびに貸家経営

備店出店後しばらくして石灰町の本家は大名貸に積極的にのりだすことになる。両替業は備店に切り離したのである。「本店銀控帳」には先の引用に続き「茲に因り右勘定、尤諸屋敷貸付・家賃は別勘定也」とある。石灰町の本店の営業項目は大名貸以外にもある。家賃収入があったし、すでにこの時期から商品の取引にも関与していたかもしれない。

銭屋は大名貸を、佐兵衛が家督を相続した天保四年以前にもすでに行っていた。銭佐は新興の両替商である。大名貸の状況については第2巻第六章小林延人論文参照。

銭佐の大名貸の実態を知るために重要な史料はふたつある。(52)「諸家徳」〔7–36〕と「諸家貸」〔7–1〕である。「諸家徳」は、文政二年から新たに記入が始まった帳簿であって、年ごとに金額と藩の名前が、「徳」と「入用」に分けて

にあらためて考えるが、リヤウである可能性は低い、と私は考えている。

(50) 天保一四（一八四三）年正月の奉行の達に「両替屋銭屋佐一郎代判佐兵衛外百八拾三名」という記述がみられる（『大阪市史』第四、一六四七頁、達2089）。

(51) この史料は最初に中川すがね氏によって紹介された（中川すがね『大坂両替商の金融と社会』一一三頁）。私も実見した。史料の来歴は不明であるが、連番の銭屋の「通札合」（D654–33）が昭和一五年に取得と記録されているので、おそらくこの年に購入されたとみなしうる。なお「通札合」もまた前掲の中川すがね氏によって細かく分析されている（同一一二頁）。

列記されている。私は「徳」とは、その年に当該藩から入った利息ならびに扶持米であり、「入用」とはなんらかの経費とみた。そして最後に合計金額が記される。それぞれの「徳」の金額は、毎年、最初に書かれている高鍋藩の場合、ざっとみたところ二〇貫ないし三〇貫である。他はもっと少ない。もし私の理解が正しく、かつ利息が想定できれば貸付額もある程度まで計算できるかもしれない[53]。史料解題7も参照のこと。

天保四年の高鍋徳、岡部徳（岸和田徳[54]）、島原徳、小田原徳、蒔田徳、伯太徳、妙法院徳、（以下略）といった順序は、もちろん返済が終わった藩はこの帳簿から姿を消すし、そのいっぽう新たに貸出があった藩が登場してくるわけであるけれども、基本的にそれ以前もそれ以後も同一である。これから想像するに、各藩ごとの帳簿が別にあって、それを年末にまとめたのが「諸家徳」か。

「諸家徳」とは別に「諸家貸」〔7-1〕がある。「諸家貸」は、各大名ごとのいまだ返済されていない債権の記録といってよかろう（口絵33）。史料解題6を参照。

それぞれの藩と交わした証文はひとつひとつ包まれて、さらに一〇通ほどがひとつの箱に入れられていた（〔9-1-0〕ほか）。現存する箱は九つあり、慶応など幕末期のもののようであるが、おそらく文政期にもさほど違った様相ではなかったろう。箱の上には「福壱　阿波」のごとく記されている。このうち「阿波」の部分は紙を貼り付けてあるから、おそらく箱をしまっておく場所が固定されており、藩の名前がそのつど変更されたのではなかろうか。もっともこれら史料が発見された段階では、箱に書かれた藩の名前と、中に入っていた証文その他とはまったく一致していなかった。

証文は借金が返済されたならば当然ひきかえに先方に渡されたであろう。だから残っている証文は（「不渡り」になったものを除けば）基本的に写しである。

後に関係が深くなる土浦藩や土佐藩は、「諸家徳」をもとにしてながめると、つきあいができたのは遅いことがわかる。土浦藩は天保一一年、土佐藩は安政六年が初出である。西国の藩がおのずと多くなっている。東国といっても土浦藩は大坂城代をつとめているし、小田原藩は摂津や河内に所領がある。

おそらく大名貸の実態の把握には、たんに帳簿の分析のみならず、個別の事例からも調べなくてはならないであろう。大名ならびに大名屋敷とのつきあいは、「日記」からも読み取れる部分がある。のちに肥後藩と土佐藩について描写をこころみる（四三節）。

大名家とのつきあいにあっては家督相続後も、三代佐兵衛がまだまだ重要であった。たとえば天保六年から七年にかけて庭瀬藩の勝手方改革のため手代の斎助を銭佐から派遣しているが、それに関して先方から出された手紙は、銭屋佐治兵衛と銭屋佐兵衛の連名宛になっている（〔7–43–1, 7–43–8–1–1〕など）。

家賃についていえば、文政八年から記帳が始まる「家徳控」〔8–4〕が重要な史料になる（口絵31）。原則、石灰町徳、塩町徳、北久宝寺町徳、のように家屋敷からの収入が金額とともに列挙され、つづいて石灰町普請、塩町普請、のように出費もまた列挙され、最後に合計が記される（ただし嘉永三年からは各土地ごとの収支の合計があらかじめ計算され「引残徳」となる）。ところどころ出費には、新たに購入した家屋敷が、「表口一五間半、裏行廿一間半、土蔵参ヶ所（天保五年の塗師屋町の例）のように含まれる。時折、家屋敷を売ることもある。

これをみると銭屋は天保四年から積極的に屋敷地を購入しはじめている。天保四年に一軒（靱）、天保五年に三軒（石灰町、塗師屋町、戎町）、天保六年に一軒（戎町）、天保八年の備後町は別に考えるべきだろうが、天保九年に三軒

(52)　正確にいうと文政二年正月に書き始められたが、同年一二月に再度、記入される。その後は年末に記されるので、事実上は文政元年度から帳簿は始まっている、といってもよかろう。
(53)　佐古文庫「旧藩貸上明細取調書」（F–10–32）には利息が藩名と貸出金額に付されている。「旧諸藩貸上金総斗」（F–10–33）、「諸藩貸上書訳」（F–10–34）も同様である。
(54)　弘化三年まで「岡部」と書かれていた岡部家岸和田藩は、弘化四年以後、「岸和田」と名前を変えて記される。理由は不詳。

（卜半町、戎島町、阿波座三丁目）、天保一〇年に一軒（北久宝寺町四丁目井池すし東北角、これは以後、帳簿には井池と記される）が数えられる。石灰町内の売買については別に記す（二一節）。

この帳簿を精査すれば、たんに銭佐の経営のみならず、市中の屋敷ならびに土地の値段も分かりそうである。さらに佐古文庫の日記にも家賃の取り立てや家守の入来など、関連項目が散見する。不動産経営の実態の把握も大名貸とおなじように多角的に調べるべきであろう。

八　銭屋源兵衛

備後町四丁目にはもともと銭屋源兵衛の両替店があった[55]。銭屋佐一郎は銭屋源兵衛のあとを引き継いだ[56]。すなわち店舗とともに取引先も継承する。

先にも記したが、興味深いことに天保一四年まで毎年八貫目が、銭源に賄料ないし出勤料として備店から支払われていることが「備店銀控帳」に記されている。平年も閏年も定額である。備店が本店に払う利払いが月額計算であったことに比べると、年俸制といえばそれまでだがやや異様である。さらにこの銭源への賄料は、他の通い別家への給料とは別立てである。これらの処理と、銀八貫目というかなりの金額を勘案すると、銭屋源兵衛の店は銭佐に買収されたものの、源兵衛はその後も同店ではたらき続け、それとともに買収の代金が将来にわたって支払われるという契約ができていたのであろう。先述したように備後町の屋敷の購入にさいして支払われた金額が安すぎることがそれを裏付ける。

「本店銀控帳」によれば、弘化四年にはさらにまとまった多額の金額が銭屋源兵衛宛に計上されている。これについての分析は二四節で行う。

天保八年当時の銭屋源兵衛家の当主は三代源兵衛である（系図Ⅱ参照）。先代の二代源兵衛は文政一三(一八三〇)年閏三月に死亡しているから、三代源兵衛が当主について久しい(57)。同人は八尾の西岡吉兵衛家から婿養子に来ている(58)。綿屋（西岡）吉兵衛ならびに綿屋（西岡）長右衛門は、銭佐の古い親類である(59)。ふたつの西岡家は、逸身の側の史料ではつねに対になって扱われている。三代佐兵衛が内縁であったリヤウを本妻に直すにあたりしかるべき家の娘にしたわけであるが、それが西岡長右衛門の家であった。銭佐が銭源の得意先ならびに店舗を継承するにあたっては、銭源当主の生家との関係も影響したであろう。銭源の店舗を足がかりにして船場に進出するという計画を、佐治兵衛ないし佐兵衛は長年あたためていたのかもしれない。

---

(55) 文政七年の「大阪両替手形便覧」（三井文庫、D654-56）。中川すがね『大坂両替商の金融と社会』一一三頁。

(56) 三井文庫所蔵「判鑑帳」（D654-32）によると、天保七年までの宛所が銭屋源兵衛の印判雛形と、天保一〇年一一月以降の銭屋佐一郎のそれとが同一である。

(57) 逸身家の過去帳には、銭屋源兵衛家の初代は家内の部に、二代から四代までが親類の部に記されている。その上欄の書き込みから以下のことが分かる。二代源兵衛は「和州窪田助右衛門ヨリ養子」に来た。妻ヒサ（久）から娘がふたり生まれる。ヒサは文政一一(一八二八)年一〇月二日に、二代源兵衛は文政一三(一八三〇)年閏三月廿八日に没している。姉娘アイ（阿以）の婿養子が三代源兵衛である。しかしアイは天保一五(一八四四)年二月に死亡、源兵衛はアイの妹のクニ（久爾）と再婚するが、クニもまた弘化四(一八四七)年九月に死ぬ。三代源兵衛自身はその後、さらに妻キンを京都四条通北川善四良より娶り、安政六(一八五九)年七月一〇日まで長生きする。キンは文久三(一八六三)年七月に死亡。なお四代源兵衛は、三代とアイの子供である。明治一〇年七月五日没。

(58) 過去帳上欄に「三代逸身源兵衛　八尾西岡吉兵衛ヨリ養子」とある。

(59) 綿屋（西岡）吉兵衛ならびに綿屋（西岡）長右衛門が親類として記載されている史料は、現在のところ天保一二年の親類書までしか遡らない。しかし逸身家と西岡家の関係は、かなり親密である。もし約八〇年昔、宝暦一二(一七六二)年の家質証文〔2-37〕に出てくる石灰町屋敷の南隣の綿屋吉右衛門と北隣の綿屋吉兵衛がもし八尾の綿屋西岡吉兵衛の祖先であったなら（この時代の佐兵衛は初代佐兵衛（安永七(一七七八)年没）である）、そしてこの両家の屋敷を西岡から買得したのならば、西岡とのつきあいは銭屋創業時にまで遡ることになる。ただし綿屋吉兵衛は家質証文と同名であるが、長右衛門の名は家賃証文にはない。吉右衛門である。

　さらに三代佐兵衛が桑名屋神吉庄助から嫁をもらったときに、神吉家から土産をもらっている人物のひとりに吉兵衛がいる（前述五節）。この吉兵衛を綿屋吉兵衛と同定することは強引にすぎるか。

そもそも備後町の銭源は、当初から銭佐一統のひとつと扱われていた。それは後述するように(一一節)、別家の銭屋勘兵衛、同市兵衛、同林兵衛と一緒に「手当金」を積んでいたことからみてとれる。それどころかもっと深いゆきがかりがありそうである。時代は三代佐兵衛が、父親も祖母も義母も、身内をすべてなくした寛政八(一七九六)年に遡る。

九　初代源兵衛ならびに娘のヒサ

逸身佐兵衛家の過去帳では、初代逸身(ママ)源兵衛は「先祖」として扱われている。よって初代源兵衛はなんらかの血縁のある親類と推測できる。記載の順序は三代佐兵衛よりも前である[60]。文化四(一八〇七)年没。佐兵衛家の誰の代で分かれたのかは不明である。逸身家に伝わる系図にも、なんら記されていない[61]。

中川すがね氏によれば、文政五(一八二二)年の「大阪両替手形便覧」が現在のところ両替商としての銭屋源兵衛の初出史料である。このあと引用する銭佐が与えた元手金の記述は文化九年(一八一二)年なので、齟齬はない。それではすでに文化四年七月一七日に没している初代銭屋源兵衛は何を生業にしていたか。私は、初代源兵衛が、父母をなくした幼年の三代佐兵衛の後見人であったと考える。先述したように三代佐兵衛が銀控帳を自分で記すようになるのは文化三年二四歳の年以来のことである。いっぽう三代佐兵衛は一四歳で、父だけではなく祖母も義母をもなくしている(二節)。彼が一〇代の頃に銭佐の店を運営するには後見人がいたはずである。この後見人が、親類の初代源兵衛であった可能性はじゅうぶんにあるのではないか。さらに一〇年後の、初代源兵衛の没年(文化四年)と、三代佐兵衛の独立とが符合する。文化三年の暮れにすでに初代源兵衛は弱っていたのであろう。そして翌年、三代佐兵衛が二五歳のときに初代源兵衛が死去したため、佐兵衛は名実ともに独立した。

以上の推測は、傍証ではあるが史料によっていくぶんか裏付けられる。「寛政十弐申七月両替騒動の節書もの也」という表題が記された、紐付きの包紙〔2-18-4-2-0〕が、一連の状をくるんでいる。その中には銭屋佐兵衛と銭屋源兵衛の連名に宛てられたものもある（〔2-18-4-2-10〕および〔2-18-4-2-20〕）。また源兵衛に宛てられた状も、銭屋市兵衛や銭屋勘兵衛のものにまじっていくつか混じっている。寛政一二（一八〇〇）年は銭源が単独で店をひらいているとするには早すぎるので、少なくともこの史料は、銭屋源兵衛という人物が銭屋佐兵衛一統のもとにあったことを証する。

もうひとり後見人の可能性を考えなければならないのは、文化三年の人別帳に「佐兵衛病身につき」代判をしている銭屋勘兵衛であるが、私はその可能性は少ないと考える。勘兵衛は寛政九（一七九七）年に南瓦屋町に両替店を開いている。[62]銭佐の別家である。[63]二代佐兵衛が死去しているのは寛政八（一七九六）年である。もし銭佐の後見を務めることが決まっていたら、翌年に自分の店を出すだろうか。むしろ後見として逸身源兵衛が来たため、それをしおに彼は独立したと考えた方が筋が通る。人別帳の代判についていえば、源兵衛は翌年の七月に死去している。人別帳が記さ

(60)　慈山院玄亮日泰（文化四（一八〇七）年七月一七日没）。妻の慧光院妙唱日然大姉（寛政一一（一七九九）年七月一九日没）が、初代源兵衛と同じ墓石に祀られている。慧光院も過去帳で先祖として扱われている。なお銭源の菩提寺は銭佐と同じ妙徳寺であるが、「本家」の囲みの外の、別家などと一緒に祀られている。銭源一統の古い墓石群は、近年、墓石上部を残す形で整備された。同家の子孫は、逸身ではなく逸見と書いてイツミと発音している。

(61)　この系図は初代佐兵衛の祖父ないしその少し前から信憑性が高い。そして細かな注記がこのあたりにだけ付されている。初代佐兵衛の父が源右衛門といい、弟に源之介がいるから、このあたりで分かれたのかもしれない。

(62)　南瓦屋町水帳・南瓦屋町四丁目水帳絵図（大阪市立中央図書館所蔵）によると、銭屋勘兵衛は寛政九年九月に、銭屋徳兵衛所有の屋敷の約半分を買い請けた。残り半分は享和四（一八〇四）年に徳兵衛が破産、家質取主石灰町銭屋佐兵衛が受け取るべきところ、直接、丁内銭屋勘兵衛に譲渡している。銭勘は文化一〇（一八一三）年ならびに天保八（一八三七）年に代替わりをしている。

(63)　銭屋勘兵衛家の墓は、妙徳寺の別家衆の墓地群の北西角に位置する〔49〕。対称の位置である南西角は銭屋市兵衛家の墓である〔26〕～〔29〕。勘兵衛と市兵衛が別家の中で一位と二位を占めたことは、おりやうを妻に直すにあたって認められた証文に連判している別家の順序からもみてとれる。

れるのは一〇月で、すでに源兵衛も衰弱していたので銭屋勘兵衛が代判した。こう考えれば、勘兵衛が後見であったと考えなくても辻褄はあう。銭屋勘兵衛については、後にあらためてとりあげる。

銭源と銭佐との密接な関係は、初代源兵衛の娘であり二代銭屋源兵衛の妻であるヒサの処遇から垣間見られる。「本店銀控帳」の文化九（一八一二）年の欄には「銭屋源兵衛殿・同ひさ殿元手銀」として一五〇貫が与えられている。さらに文政元（一八一八）年にも出費として

一、七拾五貫三百十八匁九分弐り　銭源殿七拾貫目家敷　残り元手八拾貫目　都合渡ス

とある。一五〇貫だけをみてもきわめて高額である。

どのような商いを始めたのかは明示されてはいないが、おそらくこれが両替商としての銭源の始まりではないか。過去帳の注記によればヒサは初代源兵衛の娘であり、二代源兵衛は「和州窪田助右衛門ヨリ養子」にきた(64)。両者に「殿」の字がつけられ、かつ元手として渡された金額が他の別家に比べて格段に多いことは、ふたりが身内であり、一五〇貫は身内への援助であったのだろう。さらにもし私の先の推測があたっているならば、父親源兵衛に世話になったことへの返礼でもある。

ヒサという名前も無視してはなるまい。私が銭源開業と推定する文化九年の前年の文化八年に、桑名屋庄助の妹が三代佐兵衛に嫁いできた。そのときのおみやげが「おひさ様」にも渡っている（五節）。このヒサが、銭源のヒサである可能性が浮上する。ヒサがいつ婿養子を迎えたか分からないが、もし「元手」を与えられた年（三代佐兵衛結婚の翌年の文化九年である）であったとするなら、ヒサは、ヒサの父が亡くなった文化四年から文化九年までのあいだ、銭佐に寄寓していたのかもしれない。ヒサは父に先立ち母も亡くしており(65)、婿養子をとるからには兄弟もいなかったはずで、となるとヒサには頼るものが銭佐以外にはいなかった。

ここで桑名屋庄助の土産についての史料間の齟齬について記す（五節）。先に引用した史料〔1-7-7-1〕は、おそらく

桑名屋から土産そのものと一緒に進呈された目録そのものであると思われる。これに対して、史料〔1-7-1〕は、嫁入り行列の手順などと一緒に記された冊子である。これは事前に双方の家で話し合っていた取り決めだろう。もしそうだとすると土産も合意のうえでなされるのである。それともすべてが終わった後の記録なのだろうか。〔1-7-1〕中で予定された土産は大筋において、〔1-7-7-1〕の目録と変わらないが、次の二点で相違する。〔1-7-1〕では

・「袴地壱端　吉兵衛様」が抜けている。

・「おひさ」がもらうものが、「和紙五束」ではなく、「壁羽二重壱疋」である。

和紙と羽二重とでは値段も著しく違う。「おひさ」が羽二重をもらいそこねるいかなる事情があったのか。和紙五束という量は、勘兵衛や市兵衛など別家衆の家内がもらっている和紙二束より量は多いとはいえ（五節では記さなかったが、土産は別家などにも渡っているのである）、基本的には奉公人扱いである。対して羽二重は娘扱いといってよかろう。どちらの史料が実体を反映しているかと考えることによって、事情は二通り、推測できる。

最初に可能性の低い推測から記す。桑名屋は〔1-7-7-1〕の目録そのものには記さなかったものの、実際にはヒサには羽二重を用意した、と想定してみる。つまり銭佐からは、ヒサには和紙でよい、との提案があったけれども、桑名屋はそれでは可哀想だと考え、結局ヒサは土産とは別に羽二重をもらった。〔1-7-1〕は形式とは別の、実際の記録である。しかしもしそうであったとすると、逆に吉兵衛はもらえるはずであった土産を取り上げられたことになる。それはないのではないか。

これよりも可能性の高い推測に従えば、このようになる。桑名屋はヒサを佐兵衛の妹であるかのように扱って、それにふさわしい待遇をしようとした。それが事前の取り決めないし桑名屋の提案であった。しかし銭佐はそれを辞退

(64)　窪田は姓ではなく地名か。大和平群郡に窪田村がある。
(65)　初代源兵衛の妻は寛政一一（一七九九）年に、夫より先に死亡している（注60）。

した。なぜならば翌年、彼女は婿を取ることになったが、同時にそれは銭屋源兵衛出店を意味する。銭源は銭勘や銭市よりも少しは格付けが異なるけれども、つまるところ別家扱いをしなくてはならない。だから別家の家内と同様の処遇を求めた。桑名屋はそれを了解したけれども、出したものをひっこめるわけにもいかず、代わりに吉兵衛に袴地を贈ることで応えた。私はこのように想像する。(66)

ところが「旧家略系調」の記述ではヒサの位置づけが前記の推測と異なる。「旧家略系調」には三代佐兵衛の妹として

「女子　久子ト称ス　養子分家ス　銭屋源兵衛ノ祖」

と記載されている。しかしこれは過去帳の記述と齟齬をきたす。私はこの記述には何らかの思い違いが混入していると考える。繰り返しになるが過去帳では初代源兵衛は「先祖」であり、ヒサと二代源兵衛は「親類」である。二代源兵衛が養子であること、ヒサはその妻であることが明記されている。むしろ私が推測したように、両親をなくしたヒサが婿養子を迎えるまでのあいだ、三代佐兵衛の「妹のようにして」銭佐にいたことを反映しているのではないか。血縁関係を別にすれば当たらずとも遠からずである。「旧家略系調」にデータを提供した六代佐兵衛は、子供の頃から銭源との関係をそのように聞かされていた。そしてそれをそのまま伝えたのではなかろうか。現行の「過去帳」を記載したのは六代佐兵衛の養父の五代佐兵衛である。過去帳のほうに古い確かな記述が残っていると考えてもよかろう。(67)

一〇　かつての本家――銭屋弥助

家督相続後に実施されたいまひとつの改革は、銭屋（織田）弥助家との本家・別家の解消ならびに親戚となること

の取り決めである〔2-34〕。ただし銭佐は銭弥の別家であり銭弥は銭佐の本家であったという記憶は、逸身家からはすっかり失われていた。

史料〔2-34〕の書き手も宛先も不明である。かつ写しであって原本はない。全文を引用する。本来、名前が記されていた部分は縦線である（実際の縦線の本数は、本評伝では反映していない）。

一札

一、其元殿義我等方別家ニ而有之候処、先年ゟ相続向之儀ニ付、厚世話ニ相成候ニ付而者、親類同様ニ相心得罷在候処、尚亦此度我等方家名取続為手当過分之銀子御渡被下、慥ニ受取、不相替御懇情之段々忝致大慶候、右体相続方之義ニ付、格別御配慮相成候段、我等先祖亡霊ニおゐても本懐可被存義ニ候上者、右之規模を以、先年其元殿方先祖より別家之節取置有之候仕分証文差戻し、本別之廉相解、改而兄弟之致契約、相互ニ親類之礼節を尽、此上者無疎意通合可申義、我等初親類別家一統相談得心之上取極候所実正也、然ル上者自今以後前顕之通親類之因を取結、幾久睦敷いたし、決而異論等申懸間敷候、勿論此義ニ付脇ゟ故障妨申者更ニ無之候、為後日親類約定夫々連印証文差入申所、依而如件、

天保八丁酉年十一月

母
代判ニ付

(66)この吉兵衛は、八尾の綿屋吉兵衛であるとするのが、私のとりあえずの想像である。大和平群郡窪田村にある助右衛門の生家は、八尾の西岡家となにがしかの関係があったのではないか。そして桑名屋と西岡とのあいだにも。

(67)「過去帳」は嫁にいった娘もすべて「先祖」として扱っている。しかるにヒサは「親類」である。このことも「旧家略系調」よりも私の仮説の正しさを示す証左になりうる。

この書き手を銭屋弥助の母に当てはめてよいことが以下から証される。まず銭弥が銭佐の本家であるとする史料がふたつある。ひとつは〔2–18〕の封筒の表書きにある「塩町弐丁目本家銭屋弥助殿店休ミニ付（以下略）」ならびにそこに入っていた〔2–18–3〕の通帳の表書き「塩町本家銭屋弥助様方店方差支之節（以下略）」の「本家」という記述による。もうひとつは「本店銀控帳」の天保一〇年に特別の出費として記されている、つぎに引用する二項目である。

一、五拾貫目　本家銭屋弥助殿親類相成、為元手銀出也、

一、百貫六百六拾四匁九分七り　同人是迄貸

ここにも「本家」と明示されている。「親類相成」の表現は、史料〔2–34〕を想起させる。多額の金銭があらたに贈与され、かつ借金が棒引きされていることは、銭弥と銭佐の実質上の地位が、ついに逆転したことを示している。

さらに銭屋弥助家は妙徳寺が菩提寺であるけれども(68)、他の別家衆のように囲みの中に入っていないことも、本家と考えれば説明がつく。

〔2–34〕を織田家にあてはめることによって、さらにこの史料とは別の、織田家が後年しるした日記に写されている明治になってからの送籍証にもとづくと、つぎのような様子がよみとれる(69)。

先代弥助は天保八年より少し前に死んだ。先代には倅がなく、文政四(一八二一)年に阪上家から養子を迎えていた。これが天保八(一八三七)年直前に相続した弥助である。この弥助は文化一一(一八一四)年の生まれであるから、相続のときには二三歳に満たなかった。大店の家督相続には金がかかる。しかるに銭弥は、かつてと違って金がなかった。そこで先代の妻は銭佐に援助をたのんだ。天保一二年のラクの婚礼に際して作られた「親類書」には織田弥助の名前しか書かれていないから、彼女もまた家督相続のあと少しして死亡したのかもしれない。

別家

銭屋・織田弥助は寛政期以前に遡る両替商であり、[70]番付によれば銭佐より上位である。かつて銭弥は銭佐よりはるかに大店であった。文政八（一八二五）年の「浪華持丸長者控」（前述したように、これは両替商だけが記載されているわけではない）では東前頭一六枚目である（銭佐は東前頭三六枚目。一六枚目は番付一段目に大きな字で書かれているが、三六枚目は二段目で字が小さい。いかにも格が違う）。その居所の塩町二丁目は船場とはいえ旧・大阪市南区で、石灰町からいえば長堀川の板屋橋を渡ったところである。四丁しか離れていない。文政・天保期には十人両替であったけれども、しかし天保一四年正月の「大阪両替手形便覧」を最後に番付から姿を消す。同年九月の「大阪持丸長者鑑」にもない。

かつて初代佐兵衛は銭弥（銭屋弥右衛門）に寄寓した。[71]そして銭佐が石灰町に開店するにあたって面倒をみてもらった、その恩義が長く続いていたのであろう。しかし本家の銭弥は文政一一（一八二八）年五月にはいっとき休店し、その折りには銭佐ともども取り付けにあうのではないかとの風評がたった。この際、銭佐が営業を一部肩代わりすることで難を逃れたようである。[72]しかし結局のところ、銭弥はもとのように勢いを回復できなかった。本家と別家の関係が解消され、親類へと（銭佐からみれば）格上げされたのは、天保八年に銭佐が銭弥の相続に際して多額の援助をしたことが直接の契機である〔2-34〕。その後、店は閉鎖され、経営は銭佐がすべてではないにしろ引き継いだ。重要な書類は銭佐の管理に渡った。[73]しかし織田家は存続し、逸身との親類づきあいはその後も長く続く。[74]

（68）菩提寺についての言及が、弥助の日記（次注）に見られる（明治三年閏一〇月二五日、娘マツを養子に出す際に妙徳寺によって作られた「人別送り一札」の写し、ならびに明治一一年七月六日、「長男分家御願」に際しての「送籍証」の写し）。銭屋弥助家の墓石は、私が調べた限り、もはや妙徳寺の境内にない。ただし「銭屋弥七」家の墓がある。別家の一か。

（69）佐古文庫 F-10-21 の日記。この日記は銭佐のものではなく、織田弥助のものである。送籍証の写しは明治九年一月一八日付である。

（70）銭屋弥助については、中川すがね『大坂両替商の金融と社会』の付表と、同氏の報告にすべて負う。

（71）逸身家の系図にもとづく推測である。ただし中川すがね氏の追跡では、銭弥の当主は弥助と弥兵衛で、弥右衛門はでてこない。銭屋弥右衛門としては、大阪商工会議所所蔵の寛保四（一七四四）年の久太郎町組の記録に本両替として出てくるが、弥助との関係は不明。

（72）〔2-18〕。とくに〔2-18-3〕は、銭弥の取引先のうち、銭佐が扱った控えである。

一一　銭屋勘兵衛・銭屋市兵衛

銭佐はそれまで本家として奉っていた銭弥と天保八年についに対等になった。しかしすでに家督相続と同時に佐兵衛は別家一統との関係も改めている。「手当金元帳」〔7-38〕という帳面から次のようなことが判明した。

三代佐兵衛は文政三年の正月から、銭屋源兵衛・銭屋勘兵衛・銭屋市兵衛・銭屋林兵衛と一緒に手当銀を集めていた。毎年正月に前年の分として（だから文政三辰年には「卯年の分」として）、佐兵衛が銀三〇貫、源兵衛が一〇貫、勘兵衛と市兵衛がそれぞれ五貫、林兵衛が二貫五〇〇匁を出して、それを行司が預かる。初年度の行司は勘兵衛であった。以後、行司はローテーションで回るが、佐兵衛が行司になることはない。佐兵衛が本家であることを悪用して、流用されないための歯止めだったのかもしれない。

年間五二貫五〇〇匁ずつ蓄積された手当金は使われることなく、文政八年までに総額三一五貫になった。しかし文政九年から林兵衛は抜けて、それまで六年間に出した総額一五貫を返却してもらっている。ただし利子はついていない。

その後も他店は以前と同様に天保三年まで手当銀を出していたが、天保三年のおそらく年末に、銭源・銭勘・銭市はそれまでの総額をすべて引き出す。すなわち銭源は一三〇貫、銭勘と銭市は六五貫を受けている。これにも利子はない。

その後も銭佐は単独で慶応二年までそれまで同様に三〇貫ずつ手当銀を積むが、これはここでは関係ない話である。興味深いことは、手当銀「組合」の事実上の解散が、天保四年の銭佐の三代から四代の家督相続と軌を一にしていることである。

たんに年号の一致だけではない。筆跡からみて、天保三年末の最後の決算まで「手当銀元帳」を記しているのが三代であり、

此年ゟ一統中の分ハなし

と、四代は天保四年正月に書き始めるのである[75]。

「手当銀」とは、緊急時に助け合うための基金である、と考えられる。銭佐主導で始めているが、銭佐以外の家が交代して行司になっていることからみても、銭佐だけの判断では処理できない仕組みであった。それが解散されるということは、銭佐は以前のように別家の面倒をみない、という意思表示であったろう。そして事実、銭源は銭佐に「吸収合併」させられ、銭勘と銭市はやがて閉店への道をたどる。

銭屋市兵衛家は銭屋勘兵衛家とならぶ古い別家である。二代佐兵衛が死亡する前年の寛政七年八月に、菊屋町に出店している[76]。ちなみに銭屋勘兵衛の南瓦屋町への出店は先に述べたように二代佐兵衛死亡の翌年の寛政九年であった（九節）。

銭屋市兵衛は、寛政七年五月に当主が死亡した銭屋武兵衛がいた借家（清水屋宇兵衛支配借屋）のあとに入った。この間のいきさつは菊屋町の人別帳から読み取れる[77]。

(73)　後年に密となる銭佐と住友との関係は、銭佐が銭弥からひきついだものと想定できる。住友との取引関係を示す最も早い史料である〔2-18-3〕は、銭屋弥助宛である。第2巻第八章の海原亮論文参照。
(74)　リヤウの形見分けの着物が、織田家の女性にも渡る。さらに明治三年に、佐一郎婚礼祝い状が届いている〔1-2-10-2〕。
(75)　正確にいえば、ここで大きく変わる筆跡を、それぞれ三代と四代の筆跡と想定する、というべきであろう。とはいえ三代が毎年同一人に書かせていたというより、三代自身が書いた、と考えたほうが話は単純である。同じことが四代にもいえる。よって以下、これらの筆跡を、三代の筆跡と四代の筆跡とする。後述一二節参照。
(76)　「銭市銀控帳」〔2-2〕。この銀控帳は裏表紙に「銭屋」とのみ記されている。『現状記録調査報告書』作成の段階では、銭佐本来の銀控帳〔8-5〕が未発見であったため、銭佐のものと想定されていた。これが銭屋市兵衛家の銀控帳であると最初に同定したのは、中

銭屋武兵衛もそもそもが銭佐の別家であった。寛政六年三月に石灰町の銭佐から移っている。[78] 武兵衛死去の後、「相残ル諸色残らず并下人定助共」、石灰町の銭屋佐兵衛に引き取られている。そして市兵衛が「石灰町銭屋佐兵衛方ゟ移住」。市兵衛の下人に定助の名がある。これが武兵衛の下人と同一人物であると断定はできないものの、市兵衛は武兵衛の店を継承したであろうから、当座の役に立つことを期待されたであろう。しかし一〇月には暇を出されている。

天保八年から銭屋市兵衛は、石灰町に借家を借り、本家の銭佐に家賃を払っている。[79] さらに銭屋勘兵衛も天保七年と一〇年に、店を担保にして銭佐から借金をしている（〔2-49-11〕ならびに〔2-49-12〕）。天保期が不景気だった影響が大きいだろうが、本家は従来よりも別家に対して厳しい姿勢を取り始めたとも考えられる。佐兵衛は銭弥、銭源、銭市、銭勘と、一統の整理に一挙に踏み出したのかもしれない。

「本店銀控帳」の項目は年間を通しての最終決算しか書かれていないし、さらに項目が少ないため、いかなる出費がどの費目に計上されているかが、瞥見しただけでは分からない。さらに実際の支払った年よりも後に損金として計上されることもある。ただし天保にはいってからの「世帯」として計上されている額は、それまでよりかなり増えている。この一統の整理にかかった費用の分析は専門家に任せたい。

一二　家督相続後の先代佐兵衛

ここまで私は、備店出店ならびに銭弥との別家関係の解消、さらには銭勘や銭市との関係を弱くすることを佐兵衛の計画として記してきた。しかしこれは先代の佐治兵衛の考えるところであって、佐兵衛はそれに従っただけという可能性も残る。なぜなら佐治兵衛は隠居したといえども、天保一五（一八四四）年（年末に改元があり弘化元年である）までの一一年間は、どうやらまったく店の経営に参画しなかったわけでもなさそうだからである。

すなわち佐治兵衛は弘化元年まで毎年年末に、その年の締めくくりとして石灰町本家の「本店銀控帳」〔8-5〕を自分の手で記している。[80] さらに「大算用」――これはすべての帳簿の数字をまとめた帳簿である。史料解題4参照――の場合には、弘化元年一二月と弘化二年正月を最後に、弘化二年一二月からは佐兵衛に代わっている。[81]「大算用」や「銀控帳」を記す人物が店の長としての権威をもっていたと想定するならば、佐治兵衛が「本店銀控帳」から完全に離れる弘化元年末まで、さしづめ今日にたとえれば社長は退いたが会長となって、経営に参画していたと考えた方がよいのかもしれない。[82] ちなみに店の奉公人は佐治兵衛を「大旦那」、佐兵衛を「当旦那」と呼んでいた。[83] 大名貸の帳

川すがね氏である。銭屋市兵衛家の展開については、中川すがね「江戸後期の本両替について――銭屋市兵衛を例に」『愛知学院大学人間文化研究所紀要　人間文化』二八、二〇一三年、参照。

(77)「寛政六年南組菊屋町家持借屋宗旨人別帳」（大阪府立中之島図書館蔵「菊屋町文書」〔1-73〕）。阪本平一郎・宮本又次編『大坂菊屋町宗旨人別帳』第四巻（吉川弘文館、一九七四年）に収録されているが、今回、八木滋氏が原本で校訂した。

(78)「寛政五年南組菊屋町家持借屋宗旨人別帳」（大阪府立中之島図書館蔵「菊屋町文書」〔1-72〕）。以下、前掲注参照。

(79)「銭市銀控帳」（〔2-2〕）この銀控帳は、調査報告書刊行の段階では銭佐のものであると誤認されていた）。銭市が休店するのは嘉永二年であるが〔2-42-4-1〕、しかし安政三年の水帳絵図によれば、石灰町に屋敷を所有している（後述二一節）。

(80) 一一節ですでに述べたように、正確にいえば、文化三年から弘化元年までの「銀控帳」の筆跡は同一であるけれども、それを三代佐兵衛の筆跡と同定してよいかどうかは別問題であろう。三代佐兵衛の筆跡を確認するための史料は少ない。「銀控帳」の字は、癖が強い。史料〔2-49-18-3〕ならびに〔2-43〕を三代佐兵衛の直筆とすれば、おそらく同じであると思うが確信はない。さらに文化二年以前の筆跡は、初代源兵衛が三代佐兵衛の後見をしていた、という私の想定が正しければ、初代源兵衛のものとなる。

(81) これも正確にいえば、四代佐兵衛の字と断定はできない。ただし天保一三年および弘化二年以降の銀控帳の筆跡は、天保四年に「手当銀元帳」に新しく「此年ゟ一統中の分ハなし」と書き始める人物の筆跡である。四代佐兵衛の手であると考えるほうが素直である。

(82) 天保一五年が弘化元年と改元されるのは、年末一二月二日である。備店の「銀控帳」の記載では天保一五年であるが、この年末に「入銀」の半分を「元手銀」へ変更し、同時に備店から本店への「戻し」があった。佐兵衛は名実ともに両店の経営者となったこの年に、両店の位置づけを考えた。

(83) 目下のところこれらの呼称が確認できている最古の例は、天保一二年の、ラクの婚礼に際してしたためられた覚書である。安政の

簿である「諸家徳」も、さらには地所ごとに家賃収入と修繕費用とを年末に記した「家徳控」の筆跡も「銀控帳」に倣っている（口絵31）。すなわち弘化元年までが佐治兵衛、弘化二年から佐兵衛のものである。[84] いっぽう「備店銀控帳」を記しているのは、前述したように開業当初から佐兵衛である。備店から「本家利払」が毎月払われていることを勘案すると、佐兵衛は備店だけ経営を委ねられたものの、佐治兵衛の監督下にあったとする推測もなりたつ。

佐治兵衛と佐兵衛の連名宛に出された書状もある（前述七節。ほかに「天保七年八月、板倉摂津守書簡」〔7-43-15〕）。これも佐治兵衛が実質上の責任者であると社会的に認知されていたことのあらわれか。とすれば佐兵衛は有能ではあるものの、いまだ父親に頭の上がらない倅とする絵が浮かぶ。

もっともそれとは逆に、「銀控帳」その他の記帳をすることは最終確認であって、実質を伴わない儀礼上の役割だけだったとも考えられる。この場合、父親をたてている若い当主の姿が浮かび上がる。しかし前記ふたつの図柄を相反するものとして考えないほうが実際に即しているのかもしれない。

おそらく若い佐兵衛は佐治兵衛の了解をとりながら、己の考える改革に乗り出した。いっぽう佐治兵衛のほうも、すべてを新しい当主のせいにすることで、世評を受け流したのかもしれない。このあたりがふたりの関係だったような気がする。

佐兵衛は備店の経営（両替）は任された。そして世間的には石灰町にある銭佐の当主としてふるまった。しかしながら石灰町の実際の経営（大名貸や屋敷貸）はまだまだ佐治兵衛の判断によるところも大きかった。佐兵衛は一一年間、当主としての訓練を実地に受けていたのであろう。

そしてついに佐治兵衛が引退するのが、還暦を迎えた天保一四年の翌年、弘化元（一八四四）年甲辰の年の年末である（「大算用」を基準にすれば翌年の正月かもしれない）。この後は実質的にも隠居することになるのである。

一三　古文書の整理

備後町に出店した段階で、佐一郎店はすでに両替商としての規模はかなり大きかった。翌天保九(一八三八)年二月刊の「浪花両替手柄競」[85]には、(備後丁)銭屋佐市郎《ママ》が、西前頭二枚目に位置づけられている。単純に数えれば大坂で第一〇位の両替商ということになる。なお同番付には銭屋左《ママ》兵衛は東の頭取の七番目(頭取の中では末位)、銭屋源兵衛はそれに続く世話人筆頭にあげられている。銭屋弥助は西の頭取六枚目である。

改革の目途がたった天保九(一八三八)年初春、三一歳の佐兵衛は百年近くに渡る銭屋の古文書を整理して、なにがしかの感慨があったのか、「御先祖様御苦労思出候疇昔の諸書物」との書き入れのある袋をつくって、中に史料を保存する〔2-41〕[86]。佐兵衛は自身、記録を残すとともに、記録の保全にも意義を認めた人物である。これはまた佐兵衛の自己規律と関連していたと想定してよいだろう。すなわち祖先崇拝によって自分の行動を律するのである。そして後述するように佐兵衛の腹心である手代の丈助は相当に「メモ魔」である。本人の資質もあろうが、主人の四代佐兵

「日記」の中では頻出する。

(84) ただし「銀控帳」も「家徳控」もともに、途中天保一三年だけ佐兵衛の手になる。この年末、佐治兵衛は病気であったのか。翌年末には復帰しているが、この病気が店の経営参画を断念させる一因であったかもしれない。しかし佐治兵衛はまだまだ健康であった。安政六(一八五九)年に死亡する。安政期の日記には、しばしば本家を訪れているし、孫娘を連れ出したりしている様子がうかがえる。

(85) 三井文庫蔵(D654-59)。その後の番付については、嘉永五(一八五二)年三月刊「浪華両替取引手柄鑑」(大阪歴史博物館所蔵)を、三六節で引用する。

(86) ただし今回の史料発見時に袋の中に入っていたのは、寛延元(一七四八)年十月吉日の「酒賣帳」の表紙だけであった。なお寛延元年は銭屋創業の延享元年の四年後にあたる。宝暦一二年一二月の「家質証文之事」〔2-37〕および翌宝暦一三年二月の「家質証文之事」〔2-36〕も、本来、この袋に入っていたのかもしれない。石灰町の家屋敷を抵当にして借金をした記録である。

衛から記録の重要性をたたきこまれたからであろう。

第三章　佐治兵衛・佐兵衛の体制（天保年間）

倅卯一郎（のちの五代佐兵衛）の誕生と奥野トヨとの結婚。異母妹ラクの丹後屋への嫁入り。ラクの姉妹たちの処遇。備店名前人の異母弟佐一郎の同定と位置づけ。石灰町に所有した屋敷。

一四　倅卯一郎誕生ならびに嫁トヨ

備後町出店ならびに一連の改革に引き続き、佐兵衛にとって大きな事件が起きる。天保九（一八三八）年四月一一日、倅が誕生した(1)。のちの五代佐兵衛である。家内伝承では退隠後の名前に従い「佐九郎さん」と呼ばれているこの人物は史料の多くに卯一郎という名前で登場するので、今後本評伝では卯一郎と呼ぶことにする。ただしこの倅は一四歳の嘉永四（一八五一）年九月に卯一郎を名乗る前は市之助とも呼ばれていた。「嘉永三年人別帳」には、嘉永四年九月にの記載がある。

同家倅　銭屋市之助　〆壱人并諸式とも　丁内右佐兵衛借屋ゟ引取ル、但同宗同寺旦那
右市之助名改　卯一郎

卯一郎の母親は除籍謄本の読み方によって、翌年、佐兵衛が結婚するトヨとも、あるいはもはや名の分からない女性とも、いずれの可能性も考えられる。六代佐兵衛が戸主になっている除籍謄本の、佐九郎の上欄にはつぎのように記載されているからである。

「天保拾年正月日不詳父母正婚ニ付嫡出ト認ム」

さらに除籍謄本の佐治兵衛（この佐治兵衛は四代佐兵衛を指している）の妻トヨの上欄には

「天保拾年正月日不詳大阪府北区堂島北町平民奥野治兵衛長女入籍」

とある(2)。

「父母正婚ニ付嫡出ト認ム」とは、父母から生まれた子供であったけれども、結婚していなかったので、当初は嫡出ではなかった、と読むべきか。それとも別の女が産んだ子供であったけれども、父が正妻を娶るにあたり、父母の嫡出子と認定されたのか。正確にいえば、これから生まれ出る子供（ないし生まれたばかりの男児）を嫡出とするという条件が、結納の段階で合意されていたのか。

もし卯一郎がトヨの子供であるなら、トヨは天保八年から実質的に嫁入りしていたが、子供が生まれたあとの年始になって婚礼をあげたことになる。となれば、もし子供が（特に男子が）誕生しない場合、この結婚は初めからなかったことにする、という約束がなされていたと考えなくてはならない。しかし私は後者、すなわちトヨではなく妻にならなかった女に産ませた子供ではないかと想像している(3)。

ただし佐兵衛の結婚直後に嫡出と認められたという除籍謄本の記述は間違いない。後述する天保一二年の婚礼にあわせて作成された家族書において、このとき四歳の卯一郎は「倅　卯一郎」として紹介されているからである。銭屋が対外的に名乗るときには卯一郎であった。その一方で「嘉永三年人別帳」の記述にもとづけば、本家に引き取られる嘉永三年までこの倅は市之助と石灰町内で呼ばれていた。ふたつの名前が、立場と建前に応じて併存したと考えなければならない。

倅がまるで出世魚のように名前を変えることは不思議ではないにせよ、原則、幼名→佐兵衛襲名→退隠して佐治兵衛、というのが標準である。次男の佐一郎も幼名は孝之助しかもっていない（ただし佐助だった可能性もある。二二節）。

子供の段階でまずは市之助と名付けられつつ（「市」は「一」に通じる）、卯一郎というもっと仰々しい名前が与えられるのは、この倅の資質をつねづね吟味していたからではないか。それ以前に夭逝する可能性はじゅうぶんにあった。つまり市之助は（比喩的な意味での）試験に合格したから卯一郎と呼ぶことが許された。これについては二二節であらためて考える。

卯一郎誕生の九ヶ月後の天保一〇（一八三九）年正月に、佐兵衛は堂島北町堺屋（奥野）治兵衛の長女キクを娶った。キクは結婚に際してトヨと改名する。(4) 銭佐では嫁入りに際して、娘時代の名前を捨て、新しい名に変えるのが慣例であった、あるいはこのあと慣例となった。(5) このときの婚礼に関する史料は残存していない。ただし「本店銀控帳」天保一〇年末には、「お豊引取婚礼入用」として、銀七貫七四一匁が特別に計上されている。(6) トヨは除籍謄本によると

（1）このあと引用する除籍謄本の記述による。
（2）「旧家略系調」は「堂島堺屋治兵衛妹」と記す。このことも「旧家略系調」の記述の信憑性を疑わせる例である。系図Ⅲ参照。
（3）母は「佐九郎さん（＝卯一郎）は妾の子供である」と、私の祖母から聞いたという。ただしその伝聞が嫁に来た祖母よりもっと遡るものなのか、それとも戸籍の記述からの憶測であるのかは不詳である。さらに四代佐兵衛には福本元之助という、これは間違いなく妾腹の子供がいるから、艶福家であったとする先入見もあったろう。そもそも伝聞には次のように誤った憶測も含まれている。すなわち「佐九郎は妾腹であったから佐一郎よりも先に生まれたにもかかわらず佐「九」郎と命名された」云々。実際には五代佐兵衛が退隠して佐九郎を名乗るのである。そのとき四代佐兵衛はいまだ存命で佐治兵衛を名乗っていたから、佐治兵衛というわけにはいかず、佐九郎という名が考案されたのである。あるいは母は、妙徳寺の墓地の、もはや誰が祀られているかが分からなくなっていた墓石を指して、「宗善院が外で作った子供たち」といったこともある。実際は、今回の調査で確認されたが、それは二代佐兵衛の妻であり、三代佐兵衛の妻子であった。
（4）精霊棚の塔婆に宗喜院の俗名として「キク」とある。宗喜院とは四代佐兵衛の妻であり、その命日は除籍謄本のトヨの死亡年月日と合致する。銀控帳天保一〇年の頁に「お豊引取、婚礼入用」と記載されているから、結婚と同時にトヨに改名したことが確実である。しかるにキクと死後にまでわざわざ書かれているということは、なんらかの理由で、ふたつの名前を併用したと思われる。私の母は「宗善院の妻の愛用の抹茶茶碗には菊の花の模様があり、それは名前がキクだからである」と聞かされていた。
（5）キクがトヨに、シゲがハタに、サトがタイに変わったように、私の祖母アイが七代佐兵衛に嫁ぐときにも名前を変えるべきかと伺いをたてたが、そのままでよいと舅の六代佐兵衛に了承された、という話をその後、母が思い出した。

文政五(一八二二)年生まれであるから、一八歳。三二歳の佐兵衛より一四歳年下の妻である。

トヨの生家の奥野家の生業は不明である。天保一五年の「諸家御館入大坂繁栄鑑」(大阪歴史博物館蔵)に、四段目右から二番目に堂嶋奥野堺屋善之助、そのさらに九つうしろに「豆の葉・奥野・堺屋治良兵衛」というのが読めるが(口絵28)、後者は奥野治兵衛の本家にあたる、と考えられる。[7] 後年(明治三年)、佐兵衛とトヨの子供の孝之助(二代佐一郎)が結婚するとき、奥野善之助ならびに奥野治良兵衛が連名で祝を送っているからである。[8] 逸身家の過去帳によれば、トヨの父は二代奥野治兵衛として記されており、初代奥野治兵衛は文政一一年に死亡している。初代とあることは、この奥野家はトヨの祖父の代で分家したらしい。

卯一郎にはスエという乳母がいた(後の例から判断するに、銭佐の場合乳母というのは、乳を飲ませる女というより養育係である)。「過去帳」に「佐兵衛宝備乳母壽栄六十七歳死去」という注記とともに記載されている釈尼妙雲(明治一五年一二月二日没)である。卯一郎は後年に至るまで、自分を育ててくれた乳母を大事にしている。[9] そもそもこの「過去帳」を編纂したのは卯一郎、後の五代佐兵衛(宝備)当人であった。この「過去帳」の記述から計算すれば、卯一郎の誕生の天保九(一八三八)年に、スエは二三歳という計算になる。

ところで三年後の天保一二年、ラクの婚礼にあたり家内書が作成されるが、そこには下女も名をあげられている。そして下女の筆頭に「すへ」とある。これがただちに、以前卯一郎の乳母であった女と断定できないが、その可能性はじゅうぶんある。

空想でしかないが、もしかするとこのスエが卯一郎の実母ではなかろうか。佐兵衛は下女に「手をつけた」。そして子供が誕生したあともスエは下女として働き続ける。思い出されるのは、三代佐兵衛の子供をつぎつぎに産んだリヤウが、やはり下女の筆頭であった、ということである(前述四節)。

もしもスエが卯一郎の母であるなら、トヨはスエがなおも下女として働き続ける家に嫁いできた。ありえないことではなかろう。しかし数年のちに（遅くとも嘉永三〈一八五〇〉年より前に）スエは奉公をやめている。「嘉永三年人別帳」に下女スエの名はない。ただしこの人別帳から同時に、卯一郎自身がその年になるまで石灰町の借家にいたことが分かる。そもそもなぜじゅうぶんに広い屋敷があるのに、一四歳の倅を市之助という名前で、同じ石灰町内の借家にすまわせなくてはならないのか。この借家にはスエもいたのだろうか。もしもスエが卯一郎の生母であるなら、いったいいつ、卯一郎は母と別れたのであろう。あるいはいつ、卯一郎は自分の母が誰であるのかを知ったのであろう。

卯一郎の母であったにせよなかったにせよ、スエはその後生家に戻って結婚して、娘を生んだらしい。過去帳にはスエに先だって（過去帳は縦書きだからスエの右側に）「左之すえ実家相続養子夫八右衛門」という注が付された「釈諦道（明治四年五月一九日没）」が記載されている。後年卯一郎（五代佐兵衛）が過去帳にこの人物まで記したということは、スエの実家の事情を知らされていたこと、すなわちスエとのつきあいは長く続いていたことをうかがわせる。

一五　子供の死亡率（三代ならびに四代佐兵衛の場合）

佐兵衛は初婚ではない。トヨよりもまえに嫁をもらったことがあった。[10] その名をユキという。ただしユキとは離縁

（6）後述するが、安政六年の卯一郎の婚礼には倍の一五貫六四三匁かけている。

（7）中川すがね『大坂両替商の金融と社会』の付表によれば、大豆葉町の堺屋次郎兵衛（治郎兵衛）は本両替である（三九九頁）。堺屋治兵衛なる非本両替もいるが（三九七頁）、ただし住所が立売堀で、これは堂島ではない。

（8）〔1‒2‒10‒7〕の書状、ならびに「祝至来物控」〔1‒2‒7〕の筆頭。

（9）過去帳に乳母が記載されている例は、あと一例ある。卯一郎の弟の二代佐一郎（孝之助）の乳母タミである。この女性については六〇節参照。

（10）「文政一二年人別帳」。

した。もし死別したのなら墓石があってしかるべきだが、それらしい墓石は残っていない。もちろん離縁の理由は分からないが、子供が生まれなかったから、という説明も成り立つ。佐治兵衛には佐兵衛の他には倅が後年までひとりしか生まれなかった。それを目の当たりにしたから、佐兵衛も倅をもつことに執着したとも想像できる。

結婚後すぐにトヨは男子を妊る。ただし子供は生まれたものの、すぐに死ぬ。(11) 佐兵衛はわざわざ墓を建てることはしなかったが、その倅の戒名を、自分と同じ母から生まれた姉のとなりに刻む。(12) すでに父親の子供たち（異母弟なり妹）が祀られている墓が一基（巻末墓域図⑭）あったが、その四面（実際には西面は最後まで空白のまま残されるので三面か）のどこに刻むかに関しては選択の余地があった。そのひとつの面（北面）にはハルとワクと、それにおそらくコズへの戒名がすでに刻まれているので、すでに「満席状態」である。東面には寥焉孩女（文化四(一八〇七)年五月二三日没）が祀られている。この女子は没年から、「文化三年人別帳」に記載されているトセ、すなわち三代佐兵衛の最初の妻トミの産んだ娘で、四代佐兵衛の同腹の姉にあたる。南面には観解嬰子（文政六(一八二三)年十月一二日没）の名が刻まれていた。この男子は、過去帳では自省庵（ヱミ）と釈妙光（シカ）の間に記載されているから、父は三代佐兵衛であろう。(13) 母はリヤウとみるのが妥当である。佐兵衛は倅と並べるのにこの異母弟よりも、死亡年齢はずいぶんかけ離れているけれども、東面の同母姉を選んだのである。ここにも佐兵衛の血統概念がみてとれる。

ところでいったい子供はどれくらい育つものなのか。一般論として乳児死亡率が高かったことは容易に推測できる。

先述した墓石とその北側の墓石（⑮）には、一二基あわせて合計一八の乳幼児ないし児童の戒名が刻まれている。過去帳と照合すると、死亡年は文化四(一八〇七)年から明治八(一八七五)年にわたる。ただしこれらの一八名以外にも、この期間に女子がふたり死亡している。うち究竟院の娘のシウ（脩）は母親と一緒に祀られているし、(14) 佐兵衛の長女で一二歳で死亡したタウ（稲）は、新しい墓石（⑯）をたててもらっている（智孝院妙慧童女。元治元(一八六四)年七月四日没）。(15) その他、死亡率をいうなら、成人した子供たちの数を考慮しなくてはならない。

死亡率はともかく、まずは性別。一八名の乳幼児のうち水子がふたり含まれており、これの性別は分からないが、残りの一六名のうち男子は五名で、女子が一一名。シウとタウを加えると女子は一三名。偶然か、それとも理由があるのかは分からないが、ともかく三代にしろ四代にしろ、この家に倅はめずらしかった。

子供たちが何歳で死亡したかは、生年が不明である以上、計算できない。戒名には「嬰子・嬰女」が多く、「孩子・孩女」も少しいる。「嬰子・嬰女」は生後一年以内あたりで「孩子・孩女」はさしずめよちよち歩きの頃か、と勝手に憶測していたが、どうやら差異はないらしい。

父親は誰か。四代佐兵衛がトヨと結婚したのが天保一〇（一八三九）年である。三代佐兵衛がそのあとも子供をもうけた可能性はもちろんあるが、それにその子供の母親がリヤウでなかったかもしれないことも考慮しなければならないけれども、この年を三代と四代との境にしてまずはよかろう。これには次にあげる傍証がある。

先にも記したが過去帳は必ずしも死亡年度の順ではない。しかし履信院宗義日守（嘉永四（一八五一）年十月二九日没）のあとに献用妙珠嬰女（天保六（一八三五）年八月一六日没）と死亡年が遡行するのを最後に、おおむねこのあとは年代順になる。履信院は初代佐一郎で父親は三代佐兵衛、献用妙珠はあくまで消去法での推測であるが、「文政一二年人

---

(11)　これは過去帳に記載されている「稚玄孩子・天保一一年七月三日没」を佐兵衛とトヨとのあいだに生まれた子供である、と想定したうえの記述である。

(12)　稚玄孩子は、寥焉孩女と同じ墓石の同じ面に並べられている。ワクとかハルといった異母妹たちの同定については、二〇節を参照。

(13)　「旧家略系調」にある「男　豊三郎早世」がこれかもしれない。

(14)　養苗孩女。精霊棚の塔婆一枚に同女と一緒に「文化十酉六月十七日　釈栄亢　釈清正（「清」ではなく「月」が「日」になった字体）が右に書かれている。このふたりが誰でいかなる事情かは不詳。

(15)　「繰り出し位牌」の裏面に、「稲女行年十二才」と刻まれていること、精霊棚位牌に「俗名稲」とあることで、智孝院が「稲」であることがわかるいっぽう、安政六（一八五九）年、ハタが嫁入りに際して、土産をもってきた者のリストに、「佐一郎」と「いつ」との間に「たう」の記載がある。タウ（稲）は、「日記」にでてくる（姉）娑であることになる。

別帳」に記載の翌年正月に生まれたコズへと想定されるので、ここまでが三代佐兵衛の子供と考えられる[16]。献用妙珠の次に過去帳に記載されているのが、先に私が四代佐兵衛とトヨの子供と想定した稚玄孩子（天保一一（一八四〇）年七月三日没）である。だからここに三代と四代の子供の線を引く。

その二年後の天保一三（一八四二）年五月六日、佐兵衛とトヨに孝之助が生まれている（除籍謄本）。のちの二代佐一郎である。孝之助のつぎにやや詳しいことが分かる子供は、かなり間があいた嘉永六（一八五三）年生まれの娘のタウまでない。もちろんその一一年の間にも、子供が生まれ亡くなったことであろう。過去帳にもとづく私の計算では五人の乳幼児が次々に生まれ死亡した[17]。今日の目からすればなんともすさまじい数字である。

さらにタウのあともトヨは、四代佐兵衛の子供を安政三年二月、安政四年二月、安政六年九月、とたてつづけに産んでいることが、佐古文庫の「日記」から分かる。これらの子供については後述する（二五節）。いっぽう四代佐兵衛の倅の卯一郎（のちの五代佐兵衛）が岩佐ハタと結婚するのは安政六（一八五九）年正月である。そこでこのあとの子供たちは卯一郎が父親と仮定する。ただし四代佐兵衛はまだまだ妻以外の女から子供をもうける。後に尼崎紡績などで活躍する「三男」の福本元之助が生まれるのは慶応二（一八六六）年、佐兵衛五九歳の倅である。

以上を総合するとつぎのようになる。三代佐兵衛は一二人の子供をもうけた。うち成人したのは悦治郎（＝四代佐兵衛）、ヱミ、シカ、ラク、タイ、初代佐一郎の六人である。しかしそのうち四人は、父親である三代佐兵衛よりも早死している。

いっぽう四代佐兵衛は一五人の子供をもうけた。成人したのは卯一郎（＝五代佐兵衛）、孝之助（＝二代佐一郎）、福本元之助、イツの四人、比較的長生きしたのはタウ（一二歳）、残りの九名が乳幼児で死亡している。

大名家と比較するのは大げさに過ぎるだろう。それでも家の経営からも、あるいは儒教倫理においても、倅をもうけることへの執念は、三代・四代いずれの当主にも顕著であるし、実際たとえ生まれても成人にまで達してくれるかどうかはかなり危うい状況であった。

逸身家は、初代から七代まで婿養子をとったことはない。六代は形式的には五代の養子になるが、五代の弟の倅、つまり甥である。しかもおそらく母親をなくした直後から引き取っている。第二章冒頭に「(三代から六代まで)四代つづいて母親を知らないことは特筆に値する」と記したが、多くの商家と違い、一度も婿養子をとらなかったことも特筆に値するのかもしれない。[18]

一六　ラクの嫁入り、ならびに姉妹たち

天保一二(一八四一)年、佐兵衛は異母妹ラクの嫁入りを采配する。ラクはこの年、一六歳であった。ラクの年齢の決め手となったのは、嫁入り先の野々口家があった京都室町三条の役行者町のふたつの文書(京都市歴史資料館所蔵)である。「役行者町文書」(J-2)は、元治元(一八六四)年の「宗門人別改帳」で、それには浄土宗知恩院末・善惣寺《ママ》の檀家として「丹後屋らく」が記載されている(すでに夫が死亡しているため、ラクが筆頭である)。大坂の人別帳と異なりこの人別帳には、「三十九歳」と年齢が記載されている。さらに「役行者町文書」(J-29)はラクが大坂に戻ったときの送籍証で、これにより明治六(一八七三)年に四八歳であることが分かる。これらの史料からラクは文政九(一八二六)年生まれであると計算できる。[19]

(16)　過去帳には献用妙珠としか書かれていないが、墓石には嬰女がついている。

(17)　過去帳に記載されている順に従って、戒名と命日とを記す。宣亮孩子(天保一四年八月二五日)、亮珠智賛嬰女(弘化三年九月一四日)、見成智勝嬰女(弘化三年八月五日)、如縁智遭嬰女(弘化四年九月二九日)、示教嬰女(嘉永二年八月二七日)。二番目の亮珠智賛と三番目の見成智勝が没年順でない、ということは、過去帳が兄弟姉妹内で生年順になっているからであると考えられる。

(18)　私の父は例外である。ただし銀行はとっくの昔に破産していたから、父は八代目佐兵衛を名乗ることを拒絶した。

ラクの婚礼は銭佐にとって京都への足がかりとなる第一歩である。丹後屋（野々口）市郎右衛門をきっかけにして、誉田屋（矢代）庄兵衛、平野屋（岩佐）孫兵衛、戸倉嘉兵衛、と姻戚がつながっていく。ラクの婚礼はなかなか賑々しい。婚礼の準備のあれこれを記録した書類が残っている。史料「縁談一件留」〔1-3-0〕は大きな袋であり、その中にはさらに「阿楽縁談　京都野々口氏掛諸書類」〔1-3-2〕と記された袋その他が入っていた。「文政一二年人別帳」に名が載っているヱミ、シカ、ラク、タイの四姉妹のうち、こうした記録が残っているのはラクだけである。

他の姉妹たちは結婚したのかしなかったのか。結婚したにもかかわらず記録が失われた可能性もある。げんに佐兵衛とトヨとの婚礼の記録はない。しばらくこの答えは見つからないままであった。

「旧家略系調」の発見によってこの疑問はかなり解消された。この史料のおかげでシカとタイもまた結婚したことが初めて判明した。シカは京都二條誉田屋（矢代）庄兵衛に、タイは北区堂島船大工町桑名屋（神吉）庄助に嫁いでいる（いうまでもないが、この住居表記は明治以降の表記である）。桑名屋庄助とはタイの父親である三代佐兵衛の、二番目の妻（究竟院）の生家であった（五節）。三代佐兵衛の妻は死亡したが、銭佐は同じ家に今度は娘を（といっても母親が異なっているので血筋はつながらない）嫁がせた。究竟院は桑名屋庄助の妹であって銭佐に嫁いできたのは文化八（一八一一）年のことである。タイの夫の庄助は、この庄助の倅だろう。孫の可能性も残るがいずれにせよ子孫である。「本店銀控帳」の弘化三（一八四六）年の欄には、「於笑・於鹿・於楽・於大四人仕付諸入用」として「百九拾三貫廿七匁壱分九り」が「徳入帳かしより付替」られている。[20] つまりそれまで「貸方」に計上されていた金額が、ここで四人分まとめて「損金」扱いされた。ひとりあたり銀五〇貫ちかい値で、おおむね一年分の「世帯」のまかないに匹敵する、きわめて高額である。

そのうちタイについては史料が残っている。「於たい仕拵衣裳手道具帳」〔1-7-2〕である。外側の袋には題名ともども松竹梅の模様が色刷りであしらわれており、中に「天保十一庚子年十二月十九日」という日付がついた、同名の帳面が入っている。[21] 天保一一年といえば、ラクの結婚の一年前である。この目録に記された品々は壮観であるが、ラクの嫁入り道具とくらべてみると基本的には同じであり、あきらかに嫁入りの品々で、簞笥や長持ごとの順に記載されている。松竹梅の模様といい、タイはラクに先立ち嫁入りしたと考えるのが妥当にみえる。

タイは文政一〇(一八二七)年一一月の生まれであるから、「於たい仕拵衣裳手道具帳」が書かれた天保一一(一八四〇)年に、タイは一四歳になったばかりであった。かなり若い嫁入りであった。

翌年ラクが結婚したとき、婚礼にあたって家族書が相手の野々口家にあてて記されたが、[22] それによるとシカのみが、父親の佐治兵衛ならびに母親のリヤウと一緒に記されている。つまり姉のシカは未婚であった。タイ、ラク、シカと、年齢の順とは逆に、若い娘から結婚していった。どのような理由が働いたのかは分からない。ひとつ考えられるのは、娘たちが初潮を迎えていたかどうかである。子供を産むことが嫁の最大の役割であった時代であるし、かつ今日より栄養状態が悪かったわけで、初潮が遅かったはずである。

シカは遡ること文政一一(一八二八)年に、銀四貫目に相当する「債権」を、「仕分料」として父からもらっている〔2–49–18–4〕。なんらかの理由で、この娘は嫁入りできない、あるいはしないほうがよい、とかなり若いときに父親が判断したのか。結婚は四人姉妹のうちいちばん遅かった。

---

(19)「旧家略系調」が発見されたのはその後のことである。そこには「女子　名　良久　文政九年十一月廿三日生　京都三條丹後屋市良右衛門へ嫁ス」とある。史料は整合している。
(20)「徳入帳」は散佚して残存していない。初期段階で「支出」ではなく「貸与」として計上された理屈も分からない。
(21)「於たい仕拵衣裳手道具帳」〔1–7–2〕は、「「文化八辛未九月堂嶋舟大工町」(桑名屋〈神吉〉庄助殿妹貰受候縁談一条書付入)」〔1–7–0〕の袋の中に入っていた。「旧家略系調」発見以前の段階では、まさかタイが桑名屋に嫁入りしたとは考えつかなかったので、いつの時点かは分からないが書類整理のときに紛れ込んだのであろう、と想像するしかなかった。しかし実際には紛れ込んだのではなく、同じ桑名屋関係ということで、既存の袋の中にわざわざ入れられたのであった。
(22)「婚礼諸用控」〔1–3–2–18–1〕にその写しがある。

ラクの家族書には長女のヱミが記載されていない。ラクよりも先に、他家に嫁入りしていたのであろう。いっぽうこの家族書と同時に作成された親類書には当主の名前だけが記されており、嫁の名は書かれていない。だから親類書からヱミの婚家は探れない。ただし私は銭佐と同規模の本両替の、尼ヶ崎町一丁目の河内屋(平尾)勘四郎ではないかと想像している。これについては後述する。

四人の娘はみな、過去帳に先祖として記されている。また妙徳寺にも祀られている。話を複雑にしたのが、妙徳寺にある彼女たちの墓石ならびに戒名の違いである(どの娘も嫁入りしたことが判明した今となっては説明がつくが、当初は謎めいていた)。

ヱミ　自省庵妙円日浩信女(23)　リヤウの墓の右に建てられた独立した角柱墓
シカ　釈妙光(24)　リヤウの墓石の南側の側面
ラク　堪誉院慈忍栄因信女(25)　リヤウの墓石の北側の側面
タイ　釈智覚(26)　ヱミの墓石の側面

最年長のヱミは歴代の佐兵衛の妻たちに匹敵する待遇といってよい。成證庵(リヤウ)の右隣に独立した一基が与えられている(12)。単に既存の墓石に戒名を刻むだけではなく自前の墓が妙徳寺に建てられていることを説明づければ、離縁して戻ってきたのかもしれない。さもなければ婚家の墓に入っているわけで、戒名が既存の墓に刻まれるだけでもよいはずである。

「自省庵」という「院」ではなく「庵」という号は何を意味するのか。逸身家のなかでは、リヤウ(成證庵)とこのヱミだけに「庵」がついている。リヤウのように、誰かの後添えとして結婚したのだろうか(27)。あるいはこの戒名もまた離縁を示唆しているのかもしれない。少なくとも夫婦でセットになっている墓石に、「庵」のついた戒名はつかないのではないか。

「旧家略系調」には妹たちと違ってヱミの記載がない。「旧家略系調」がヱミを無視しているのも、かんぐればたんなる誤りではないのかもしれない。離縁されて戻ってきたので、他の三人の娘たちのように嫁ぎ先をあげるわけにいかず、結果として名前すら省かれたのかもしれない。

ラク以外の三人は長生きできなかった。ラク（明治一三（一八八〇）年没）はもちろんのこと、母のリヤウよりも先に死んでいる。ヱミは弘化二（一八四五）年、すなわち「仕付諸入用」が「付替」された前年に死亡している。生年が不明なので、何歳で死亡したかは分からない(28)。シカは文政七（一八二四）年に生まれ嘉永三（一八五〇）年に、二七歳で死亡した。タイは文政一〇（一八二七）年に生まれ嘉永六（一八五三）年に、これまた同じく二七歳で死亡している(29)。

一七　嫁入りの荷物

婚礼は物いりである。娘たちの父親の佐治兵衛は、佐兵衛との証文〔2-43-1〕で

(23) 精霊棚の塔婆に「俗名　笑」とあることで同定できる。
(24) シカを「釈妙光」とするのは消去法による。リヤウの墓石に刻まれる可能性のある人物は他に考えられないからである。
(25) 精霊棚の塔婆に「俗名　速」とあることで同定できる。婚家の暖簾を手代に譲り帰坂するとき、ラクはハヤと名を変えている。
(26) 精霊棚の塔婆に「俗名　大」とあることで同定できる。
(27) さらにヱミの死亡は弘化二（一八四五）年で、リヤウ（安政五（一八五八）年死亡）よりも一三年も早い。にもかかわらずリヤウよりも下位に墓石がある。リヤウの分として一基分の土地を確保して建てられたか、あるいはリヤウの墓もこのとき一緒に建てたか。むしろそれよりも後に、おそらく三代佐兵衛の没後に、墓石のおおがかりな再配置ないし新たな建立があったとみたほうがよかろう。
(28) ヱミの母を究覚院とする想定が正しいとすると（四節）、究竟院が嫁いで来たのは文化八年九月で文化一〇年三月に娘を亡くしているから、ヱミの誕生は文化一〇（一八一三）年から究竟院死亡の文化一三（一八一六）年の間となる。したがって二九—三二歳である。
(29) 佐古文庫の日記には嘉永六年の記述が含まれるが、この時期はのちにくらべてきわめて簡略であって、タイが死んだ八月二〇日の記述はない。

一、娘共縁附仕付之儀者、荷物拾壱荷ゟ拾三荷迄、此銀高三拾貫目、此規定を以取計可被致事、

と細かく定めたけれども、実際はどうか。

史料〔1-3-2-21〕は、ラクが持って行った嫁入り荷物について、野々口市郎右衛門がしたためた「覚」、すなわち受取書である。そこには、「琴一面、屛風一双、衣桁一架、小簞笥二棹、簞笥五棹、塗長持三棹、木地長持二棹」が書かれている。塗長持には蒲団や裲襠《うちかけ》が、木地長持には道具類が入れられる。

さらに史料〔1-3-3-2〕は「天保十二辛丑年九月吉日　衣装手道具」と記された目録で、最後の頁に「於楽分」とある。先述した「於たい仕拵衣裳手道具帳」〔1-7-2〕は、これと筆跡がまったく同一である。ただし記載順序はわずかに異なるが、それはタイの分が、簞笥や長持ち毎に記載されていることによる(五棹の簞笥は、それぞれ鶴亀松竹梅と名付けられ、中に入れられた着物も詳しく書かれている。長持も同様である)。細かな比較は別にして両者はほぼ同一といってよい。「荷物拾壱荷より拾三荷迄」という記述はたんに数量だけではなく、荷物の規模、ひいては嫁ぎ先の格式を示しているとみるべきであろう。簞笥と長持の合計が一二であるからそれに衣桁(琴か?)を加え、一三荷と称したか。婚家のほうがこれだけの荷物を受け入れるとなると、蔵がないと収まらないであろう。

そしてこれだけの着物その他は、「銀高三拾貫目」には収まりきらないような気がする。時代が少し下がるが、安政四年の結納のさいに用意された緋紋縮緬・浜縮緬・紅絹・白羽二重それぞれ一疋ずつの値段(京大丸払)だけで、あわせて銀一貫一二四匁になる(「卯一郎婚礼諸入用控」〔1-6-1〕)。結納であって嫁入り衣装ではない。これと嫁入りの着物の枚数などは計算の一材料として使えても、総額を計算するにはあまりにも他の要因が多すぎる。とはいえやはり銀控帳の仕付料の、平均すれば五十貫弱に相当するのではないか。

それに婚礼にかかる費用は、荷物だけではない。たとえば先方の家族や奉公人への土産や祝儀もあるし、それも嫁入りのときのみならず、花帰り(結婚直後の里帰り)の際にも必要である。さらに聟入りの儀がある。

一八　野々口家

ラクの嫁ぎ先の、京都三条室町の丹後屋野々口家は縮緬問屋である。詳しくは第2巻第三章の杉森哲也論文を参照されたい。逸身の過去帳ならびに精霊棚の塔婆から野々口家の家族関係についてつぎのことが分かった。

ラクの夫は一一代野々口市郎右衛門安親である。戒名は超譽勝心宗因であることが、逸身家の過去帳および精霊棚の位牌で分かる。文政二(一八一九)年生まれなので、[30]ラクより七歳年上である。一一代という数字は、逸身家の過去帳に記されている。[31]彼の父は野々口市郎右衛門元嘉、母はリクという。[32]リクは、ラクが嫁ぐ前の天保九(一八三八)年に死亡している。父の一〇代市郎右衛門が死亡するのは安政六(一八五九)年七月である。

ラクには子供は生まれなかったらしい。そこで結婚七年後の弘化五(一八四八)年(＝嘉永元年)、夫の姪を養女にとった。逸身の過去帳の親類の部には、香譽蘭室栄薫禅定尼(元治元(一八六四)年一一月一二日・没)が次のような注記と共に記載されている。

「宗因姪　実妹シン　岩佐氏江入嫁妊娠ニ付、里方野々口氏ニテ安産之儘養女、俗名ラン　十七才死去」

宗因、すなわちラクの夫の一一代市郎右衛門には妹シンがいた。シンは岩佐家に嫁入りしていた。出産するため実家

---

(30)　ラクの結婚にあたって聞き書きが、系図の形で残っている〔1-3-2-9〕。そこにラクの夫の市郎右衛門の生年が記されている。さらにそれによれば、一一代の父は「住山氏・名葉屋四郎介」から野々口婿養子に来た。ただし家付きの妻は死亡した。一一代の母は一〇代が再々婚した相手の「富田奈らや次郎右衛門」の娘である。

(31)　注記として「十一世野々口市良右ヱ門　安親　ハヤ　夫」とある。ハヤは後述するようにラクが改名した名前である。

(32)　一〇代市郎右衛門は過去帳の親類の部にある(住譽光月宗山居士)。精霊棚の塔婆のひとつに、これと並べて桊誉照月寿山大姉が祀られており、そこに「俗名リク」と記載されている。

の野々口家に戻り、そこで無事に娘を産んだが、その娘はそのまま野々口家の養女となった。赤児はランと名付けられ、ラクは夫の姪にあたるその娘を我が子として育てたわけである。ところがランは一七歳で死亡する。

結婚後二一年たった文久二(一八六二)年二月六日に、ラクの夫の一一代市郎右衛門は没する。野々口家の菩提寺は、役行者町文書によって京都市中京区六角大宮西入ルにある善想寺であることが分かっていた。[33] 私はこの評伝が印刷にかかっていた二〇一四年六月に同寺の野々口家の墓を訪れた。そして養女のランには婿養子が迎えられたと想定することがもっとも妥当であると考えるに至った。

もはや善想寺に野々口家の墓は二基しか残っていない。うち一基は一七世紀にまで遡ると考えられる。[34] しかしもう一基のほうは昭和六〇年に新しく建てられたものである。このときいくつかの墓石が整理され、おそらく比較的新しい人物だけが拾い出され新しい墓石に刻まれたらしい。一一代市郎右衛門（ラクの夫）の両親の戒名（前掲注32）を探したけれども見つからない。[35] ラクの夫・ラク・ランの戒名は、この新しい墓石に刻まれている。

墓石下段には次のように戒名が並べられている。

超誉宗因居士
湛誉栄因大姉
清誉宗準居士
香誉栄薫大姉
（あと二名あり）

逸身家の過去帳、さらに妙徳寺の墓石によれば、ラクの戒名は堪誉院慈忍栄因信女である。善想寺は浄土宗の寺であって妙徳寺は日蓮宗であるから、生家に戻ったラクを祀るにあたって戒名が少々変えられたけれど、超誉宗因居士の隣の湛誉栄因大姉がラクであること、そしてひとつ措いた香誉栄薫大姉がランであることも間違いない。となればラクとランの間に刻まれた清誉宗準居士を、ランの夫であったと想定するのがもっとも妥当である。もしランの兄ないし弟であったなら、逸身家の過去帳や精霊棚に書かれていたはずだから。

この夫はどうやらランより先に死亡した。推論の根拠は三一節で述べる。夫と婿、そして養女とをたて続きに失ったラクは、しばらく野々口家の当主としてがんばるのであるが[36]、慶応四年ないし明治二年に手代の吉兵衛に店を譲る。そして明治六年に逸身家に戻ってくる。これについても節を改めて記述する（六九節）。

ラクは「京奥様」として、佐古文庫中の「日記」にしばしば登場する。また「野々口おらく」「同おらん」は、成證庵の形見分けにあずかっている。

一一代市郎右衛門の妹が岩佐家に嫁いでいる縁によって、野々口家は岩佐の娘を卯一郎の妻にするよう引き合わせる。ハタである（二九節）。ハタはランの姉である（系図Ⅳ参照）。また明治三年の孝之助の婚姻に際しても、ラクは紹介の労をとっている。

(33)　役行者町文書J-2には善物寺とある。
(34)　この墓の側面には「野々口氏」とある。さらに裏面には、墓石上段に刻まれた三名の没年が記されているが、それぞれ寛文一二（一六七二）・寛永一〇（一六三三）・貞享四（一六八七）である。
(35)　この墓石は上島四郎氏が昭和六〇年二月に建てた旨、側面に記されている。上島氏と野々口家の関連については不明。
(36)　ラクには新たに少なくとももう一度、養子が探されている。慶応二（一八六六年）年の次の「日記」の記述は新たな養子の存在を示唆しているように読めるからである。
慶応二年九月二六日「孝旦那様、供皆助・岩助、野々口様御養子御入家ニ付御越之事、并ニ大仏・誉田屋・大倉、夫々時候見舞与して蒲鉾差出し申候事」
その年の二月三日から六日まで佐兵衛は「京都丹市」へ出かけているが、その用件はこのことがらみか。

一九　ラクの婚礼のときの親類

婚姻に際しては先方に自分たちを紹介しなくてはならない。同時にそれは親類の結束をはかる機会でもある。今日の結婚式とは違って祝言の場に家族以外の親類が立ち会うことはないけれども、親類にはあらかじめ縁談の了解をとるべく書状が出されるし、それに答えて親類も了解ならびに祝いの書状をよこす。そして相手方にも誰が親類であるかが、結納に際して伝達される[37]。今後、親類として結びつく面々である。

ラクの婚姻にさいして佐兵衛は以下の面々を親類として、野々口家宛てにしたためた。「婚礼諸用控」〔1-3-2-18-1〕の中に記された「親類書」の控の順序にしたがうと、銭屋・逸身佐一郎、銭屋・逸身（ママ）源兵衛[38]、銭屋・織田弥助、逸身佐右衛門、綿屋・西岡吉兵衛、西岡長右衛門、境屋・奥野次兵衛、河内屋・平尾勘四郎、桑名屋・神吉庄助、奈良屋・池田伊兵衛、(今村屋)今村長兵衛、の一一名である。この順序は重要である。それは、佐兵衛を中心にした、血縁上の、あるいはそれ以上に心理的な距離の順番を表している。

逸身佐一郎と逸身源兵衛についてはすでに述べた。両者はセットとなって銭屋の備店をいわば人格化している、といえる。その次に来るのが両替商であった織田弥助である。織田家はもともと逸身家からすれば本家であったが、近年、本家別家の関係が清算され、親類となった。このことは先述した（一〇節）。

先祖の恩義にもとづく親類から、佐兵衛の連想は遡る。そこで親類書には、織田弥助に続いて逸身佐右衛門が記される。この人物には屋号はなく「播州加佐村」とだけ記されている。加佐村は現・三木市に位置する。系図によれば逸身家初代の富寿は佐右衛門と称した。親類書の佐右衛門はおそらくその本家筋の子孫であろう。天保期にはまだルーツと縁が切れていなかった。安政期に至っても、なお交渉がある[39]。

親類書のつぎの項の、綿屋・西岡家についてもすでに述べた（八節）。これまた相当に古い時代からのつきあいである。天保一二年当時では、ラクの母であるリヤウの、形式的には「実家」とされていることが特に重要であろう。堺屋・奥野治兵衛は佐兵衛の妻のトヨの生家である。ひとつとんで桑名屋・神吉庄助は佐治兵衛の二番目の妻の生家であったが、前年に新たな婚姻関係がラクの妹のタイが嫁ぐことによって生じた。とすれば堺屋と桑名屋との間にはいった河内屋はヱミの嫁ぎ先であったかもしれない。ラクのもうひとりの姉のシカはやがて誉田屋庄兵衛に嫁ぐことになるが、この時点ではいまだ結婚していない。

尼ヶ崎町一丁目の河内屋・平尾勘四郎は古い本両替である[40]。天保九年の「浪花両替手柄競」には、東頭取として銭屋佐兵衛のすぐ右側に位置している。ただし河内屋勘四郎家はある時点で逼塞したようである[41]。同家と銭佐とのつきあいもあるところでなくなる。のちに検討する（仮称）「文久の親類書」には河内屋の名がない（三二節）。ヱミが河内屋に嫁いで、かつ離縁された、という、先にたてた（一六節）仮定と辻褄が合う[42]。

親類書の最後のふたりのうち、奈良屋・池田伊兵衛は、文化三年の人別帳から、石灰町にある銭屋佐兵衛が所有する借家に住んでいることが分かる。同年一〇月現在では、家族以外には、下人が四名、下女一名の所帯だから、銭佐

(37)　「覚え」には、結納の手順やその折りに出された料理の記録のあとに、親類書が記されている。結納のときに手渡されたからである。
(38)　この源兵衛は三代である。二代はすでに死亡している。
(39)　日記、安政五年一二月六日「加佐村伊兵衛様御越御滞留」安政六年三月晦日「加佐村伊兵衛様へ京之返書出ス、みの屋飛脚へ」。厳密にいえば、佐右衛門ではないけれど。
(40)　中川すがね『大坂両替商の金融と社会』の付表二八二番。
(41)　中川すがね『大坂両替商の金融と社会』の付表によれば、最後にでてくるのは嘉永五（一八五二）年。
(42)　校正最終時になって、尼ヶ崎町一丁目の人別帳が、断続的ではあるものの大阪大学経済学部にあることが判明した。これによってヱミの存在、あるいは動向が確認できるかもしれない。ただしヱミが結婚に際して改名していればその限りでない。

に比べれば小さな家である。生業は不明。商いをしていたのであろうが両替商ではない。ただ古い取引先であることが銀控帳から分かる(43)。さらにラク婚礼の際の「親類書」の住所は道仁町と記されているから、家持になったのか。道仁町は石灰町の目と鼻の先である。

宇和島町の今村屋長兵衛は、同町の今村屋儀助となんらかの関係があるかもしれない。宇和島町今村屋儀助は「大阪商工銘家集」（弘化三年刊(44)）に、「宇和島はし南詰　梅花・水油諸国諸油積下シ所　今村屋儀助」として登場する。

池田・今村両家とも親類づきあいは長く続く。とりわけ今村は佐古文庫の日記からみると、しばしば銭佐を訪れている。単なる親戚ではなく、商売上のつきあいがからんでいそうである。

以上のリストは先述したように「婚礼諸用控」〔1-3-2-18-1〕の中に記された「親類書」の控にもとづく。しかし実際に野々口家に渡された親類書はこれよりも詳しかった、と考えるべきであろう。婚礼の二ヶ月後の一一月一四日に野々口市郎右衛門が佐兵衛に宛てた目録〔1-3-3-1〕が残存している。これはおそらく「聟入り」の際にもってこられた土産の目録である。ここに記された人物は次のようになっている（敬称ならびに品名略）。

佐治兵衛・おりやう・佐兵衛・おとよ・おしか・卯市郎・逸身佐市郎・逸身源兵衛・織田弥助・奥野治兵衛・奥野おせい・平尾勘四郎・平尾おたい・西岡長右衛門・西岡吉兵衛・藤田善兵衛・逸身佐右衛門・神吉庄助・池田伊兵衛・今村長兵衛(45)

奥野治兵衛ならびに平尾勘四郎の、おそらく妻とおぼしき女性の名前があげられている。このふたりの女性は白縮緬をもらっている（同家の男性は、他の親類と同様に扇子と和紙だけ）。奥野と平尾の家を別格にするためであろう(46)。

さらに、藤田善兵衛の名が加えられている。「旧家略系調」の発見により、三代佐兵衛の最初の妻で四代佐兵衛の生母であるトミが、兵庫江川町の京屋善兵衛の女であることが判明した。ただしトミは四代の生母とはいえ、佐兵衛が三歳のときに死別しているのみならず、三代はその後、二度、結婚している。控から藤田善兵衛の名前が落ちたのは、単なる誤りか。それとも逡巡のあとに加えられたのか。

兵庫の京善は、現存する史料にもとづくかぎり、大坂ではない町の商人との最初の縁組みである。常識的にいって遠隔地との縁組みは物いりである。銭佐は享和ないし文化の初めにかなりの資産をもっており、規模を拡大する野心もあったと考えてよい。ただし兵庫は、銭佐のルーツである播州加佐村と大坂とを結ぶ経路上にあることも考慮すべきであろう。

織田弥助の例からみられるように、親類とは、必ずしも血の繋がった家どうしだけではなさそうである。たがいに世話をし世話になったという意識にもとづく長いつきあい――さしづめ「親類づきあい」――をしている家々の当主が、「親類書」にしたためられている。どうやら逸身家は初代ならびに二代佐兵衛のときにも、養子にいった倅、嫁に行った娘は少なそうである。分家も、おそらく銭屋源兵衛と佐一郎以外にない。西岡吉兵衛と西岡吉右衛門の両家とのつきあいも、もしも石灰町での隣人という関係で始まったのならば（ただし仮にそうであったにせよ、隣人となるま

(43)　銀控帳文政七年のページに、天保二年以降に付された注として、つぎのようなものがある。
「文政十二己丑年九月廿九日、奈良屋伊兵衛年来世話致為謝義白銀二千枚参、外ニ銀八十〆目為冥加参、十年居置、十一ケ年返銀致ス約束、尤利足なし、天保弐辛卯年十一月十六日戻ス」。
これを読んでもらった中川すがね氏の言を記しておく。「なぜ文政七年のところに文政一二年の事項が記載されているのか、ちょっとわかりません。奈良屋は三井文庫の銭屋佐一郎判鑑帳のなかに寅年の振手形があり、もとは銭屋佐兵衛の得意先だったと思われます。無利子で貸付をうけるのは銭佐にとって有利ですので、謝礼・冥加としての意味合いがあることは確かですが、その背景はまだわかりません」。
(44)　『大阪経済史料集成』一一（大阪商工会議所刊）、五三八頁。
(45)　このあとに別家ならびに家内（個々の名前をあげて）、手代衆、子供衆、女中、男衆、と続く。
(46)　もしラクの姉のヱミが平尾家に嫁いだとする私の仮説が正しいなら、ここにヱミの名があってしかるべきである、という反論が可能かもしれない。しかしそれに対しては、平尾勘四郎とおたいは、ヱミの夫の両親である、と考えればよい、という再反論が可能である。あくまで家と家とのつきあいが主であり、姉妹の関係は従なのである。それよりもむしろ気になるのは、ラクの妹のタイが嫁いだ神吉庄助の家の女性が、平尾家の女性ほどに遇されていないことであろうか。

でに何らかの縁がすでにあったのだろうが)、姻戚関係はなかったかもしれない。[47]

これはまったくの想像であるが、銭佐の優秀な手代が他家の婿養子に入ったら、その後その家は親類扱いされることになってもおかしくないだろう。取引先に男子がないために後継者がいなくなれば、商売そのものの存続が危ぶまれるのみならず、現当主ならびにその妻の老後の面倒をみる人間もいなくなる。そうした場合、娘に婿をとったり、あるいは婿嫁両養子というケースが考えられる。そこで本来なら別家を興してもおかしくない手代が婿に入ったら、その後の同家との関係を「親類扱い」という待遇にしてもよさそうに思われるのである。池田伊兵衛、今村長兵衛と銭佐とはそういう事例ではなかろうか。

二〇　孝之助、ならびに初代佐一郎

のちの佐一郎、幼名孝之助が生まれるのは、トヨとの結婚から三年たった天保一三(一八四二)年五月六日である。[48]佐古文庫の日記の記述では「小〓様」、卯一郎が元服して「若旦那」と呼ばれるようになった後は、「小」の字を省き「〓様」として記される。[49]そして安政五(一八五八)年三月の元服以後は「孝旦那様」となる。[50]「孝之助」の発音はタカノスケではなくコウノスケであった。[51]

孝之助にはタミという乳母がついた。タミは後年、備店の眴女となる。[52]

孝之助の誕生の翌年の天保一四(一八四三)年、佐兵衛は備店の独立性を高めるべく、前述したように(六節)備店に「入銀」としてあった銀三〇〇貫のうち銀一五〇貫を元手銀とする一方、一〇〇貫は本店に返却する。よって天保一五(一八四四)年からは備店から本店への利払は、それまでの六分の一と大幅に減額された。

さらにその翌年の天保一五(一八四四)年(すなわち弘化元年)は、佐治兵衛が完全に引退する年である(一二節)。ときに孝之助は三歳。その決断にこの孫も一役買ったであろうか。もし孝之助が健康で利発ならば、父親の佐兵衛は将来の算段をしたかもしれない。分家は物いりである。佐治兵衛退隠の際、リヤウの件で佐兵衛と交わした証文［2-43-1］に

一、是迄者勿論向後男子致出生候共、隠居相続并分家等為致間鋪、我等相果候後者、其方存寄次第相片付可申事、

という一条があるほどである。

実際にはその六年後の嘉永四（一八五一）年五月、一〇歳の孝之助は佐一郎となって備後町に「分家」する。[53] ただし分家といってもあくまで建前のうえのことである。いいかえれば佐一郎が後年、明治になってから戸籍を作成するにあたって自らそれを「分家」と呼んだわけだけれども、実態は必ずしもそうではない。孝之助はその後しばらく、元服後もなお、石灰町から通勤している。[54] 同じように卯一郎もまた、けっこうな頻度で備店に出勤している。ただし卯一郎と孝之助が同時に出勤することはない。店を実際に経営しているのは佐兵衛であり、佐兵衛に仕事を委任されて

(47)　三井文庫所蔵の「通札合」（D654-33）には、銭佐の取引先に「北船場　綿屋吉兵衛」という項がある。これが西岡吉兵衛であるなら、西岡は大坂市中にも店を持っていたかもしれない。

(48)　佐一郎除籍謄本。

(49)　「〓」という字は、漢字「男」に「幼」の字をかんむりにした、合わせ字である。同じく「幼」かんむりの「女」という字も使われている。これらの字の読み方についての想定は、二二節参照。

(50)　日記、安政五年三月二七日「〓様御元服あそばされ候」。

(51)　日記には「幸旦那」と誤記されていることがある（例　安政五年九月四日、同九月二七日）。

(52)　過去帳には「佐一郎様乳母タミ　備店奥上畑女　善行院妙壽日遠信女　明治二十一年三月十四日」という項がある。タミが備店の畑女となることが確認できる初出は、明治八年の家内書である。明治三年に結婚するまで佐一郎は本店におり、備店に奥はなかった。なお過去帳に乳母の名が記載されているのは、卯一郎と佐一郎のふたりだけである。

(53)　佐一郎除籍謄本。

(54)　「日記」には「孝旦那備店御出勤　供〇〇」という記載が頻出する。

いる別家の丈助である。丈助がいつから代判を務めるようになったのかはいまだ未確認であるが（古くは佐兵衛代判であった）、ひとつの予測では、佐治兵衛が完全に引退し、佐兵衛が石灰町にかかりきりになる弘化二（一八四五）年がひとつの目安であろう。そして丈助の代判は慶応三（一八六七）年になっても依然として続いている。「日記」の慶応三年九月三日

夕五ツ時前惣年寄ゟ差紙　石灰丁　銭屋佐兵衛　備後町四丁目　銭屋佐一郎代判丈助　右御用之義有之候間、明四日五ツ半時麻上下用意御奉行所へ可被罷出候（以下略）

がいかなる用件であったかは分からないが、すでに佐一郎は二六歳であるにもかかわらず丈助が呼ばれている。代判は恒常的であった[55]。

形式とはいえ孝之助は分家したことになり、その名前は「嘉永三年人別帳」の基本部分には記載されていない。あくまで書類のうえであるが一〇月以前に備後町四丁目に佐一郎となって移っていったことになっている。明治以降の戸籍にある嘉永四（一八五一）年五月とは、実は先代佐一郎（改名して佐五郎）が備後町から石灰町に戻された月日である[56]。同年九月には佐五郎は佐次郎にさらに改名する。いったん本家に戻ったものの、さらに町内の屋敷に移る[57]。

初代佐一郎が佐五郎に、そして孝之助が二代佐一郎になるという襲名の背後にある事情は何なのか。ひとつはいくら丈助が実務にあたるといっても、腹違いの弟の佐五郎は当主の任に堪えないという佐兵衛の判断があったのかもしれない。しかしそれにもまして佐五郎の健康状態の悪化が原因ではなかったか。

佐五郎は、石灰町に戻った直後に死亡する。戒名は履信院宗義日守信士（嘉永四（一八五一）年一〇月一九日没）である。初代佐一郎、すなわち佐五郎を履信院に同定する手続きは消去法でしかない。以下、それを記しておく。

過去帳には天保一二年（二代佐一郎出生の年）以降に死亡した成年男子、あるいは戒名が童子で終わる少年まで範囲を広げても、該当者は一名、すなわち履信院しかいない。さらに佐五郎が履信院であることは、墓石の位置からも推

測できる。履信院の墓⑬は、墓地東側の一連の墓群の最南端に位置する。究竟院（＝三代佐兵衛の二番目の妻・一八一七年没）、成證庵（＝三代佐兵衛の三番目の妻のリヤウ・一八五八年没）、自省庵（＝三代佐兵衛の娘のヱミ・一八四五年没）、と並んだ最後が履信院である。成證庵の墓石には堪誉院（＝三代佐兵衛の娘のラク・一八八〇年没）と釈妙光（同シカ・一八五〇年没）の名が側面に刻まれている。また自省庵の墓石には釈智覚（＝同タイ・一八五三年没）がいる。これらのことから、履信院が三代佐兵衛の倅、すなわち四代佐兵衛の異母弟であった、と推測してもよかろう。さらにヱミ・シカ・ラク・タイの四姉妹より年下であるとみてもよいかもしれない。少なくともヱミは年長であることは確実である。「文政一二年人別帳」には、三代佐兵衛には悦次郎、すなわち四代三兵衛以外に倅がいない。四姉妹ならびに翌年正月に生まれるコズへだけが記載されている。それでは初代佐一郎になる倅は、新しい人別帳が作成される文政一三年一〇月以降に生まれたか。ただしもしコズへが過去帳の献用妙珠であるとするなら（その可能性はかなり高い）、その順序が気にかかる。

過去帳の順序はつぎのようになっている。没年は西暦に換算して記す。

自省庵（ヱミ）　一八四五
観解嬰子　一八二三

(55)「佐一郎代判丈助」という記述は安政から慶応まで頻出する。たとえば近江屋久兵衛閉店に関する状（安政四年・史料〔2-32〕）など。

(56)「嘉永三年人別帳」五月の項に「弟佐五郎、備後町四丁目銭屋佐一郎代判丈助方ゟ引取、同家ニ成ル」とある。この佐一郎は孝之助と考えなければならない。つまり「嘉永三年人別帳」が始まる嘉永三年九月までに孝之助が佐一郎、先代佐一郎は佐五郎と改名しており、翌四年五月に佐五郎は石灰町に移転した。

(57)「嘉永三年人別帳」九月の項に「弟佐五郎名改佐次郎」「右佐次郎義佐兵衛ゟ丁内持掛屋敷譲り受、右家屋敷へ引移住宅ニ成ル」とある。

釈妙光（シカ）　一八五〇
釈智覚（タイ）　一八五三
春亮智近嬰女（ワク）　一八三四
桂顔亮萎嬰女（ハル）　一八三二
履信院（初代佐一郎）　一八五一
献用妙珠（コズへ？）　一八三五

さらに小さい字で、釈妙光と釈智覚との間の下欄に

此処江堪誉院

とある。堪誉院はラクであるから、ラクがシカとタイの間に生まれたことを記したのであろう。

ヱミ、タイ、ワク、ハルは、精霊棚の塔婆に俗名が書かれている。私の判断では同じ筆跡である。そこで私は彼女たちの母であるリヤウが、自分の生んだ娘たちの俗名を記したのではないか、と想像する。

そしてさらに想像をふくらませてみる。履信院と献用妙珠は母がリヤウではないのではなかろうか。もし過去帳の順序に規則がなかったなら推測は無意味であるが、ワクとハルは「文政一二年人別帳」にでてこないから、文政一三(一八三〇)年一〇月以降の生まれである。しかるにコズへは記載されている。コズへのほうがワクとハルより年長のはずである。とするならば、コズへより年長の履信院は人別帳の書かれた文政一二年にはすでに生まれており、かつ父親と一緒に居住していなかった、という推測がなりたつのである[58]。

リヤウが初代佐一郎（履信院）を産まなかったのではないかという憶測の根拠をさらに探せば、天保五年に認められた、何度か引用しているリヤウを妻に直すにあたって認められた証文〔2–43–1〕の、これは始めて引用する次の条をあげることもできるかもしれない。もっともこれは「外倅娘」という、それだけ抜き出せば意味がよく分からない

部分の読み方にかかっている。証文にはつぎのようにある。

一、外倅娘者其方を我等同様相心得、申付候儀相守候様申置候間、万事可被申付事、

「其方」は四代佐兵衛、「我等」は隠居した父の三代を指している。そこでもしこの「外倅娘」が、イエの外《そと》にいる倅と娘、すなわち銭佐で育てられていない倅と娘の意味であったならば、三代佐兵衛の胤ではあるものの銭佐から排除された男女がいることになる。あるいは「ほかの倅と娘」の意味であったなら、この条まで言及していない倅と娘、結果的にはやはり銭佐のイエで育てられていない倅と娘だろう。いずれにせよ倅に限って考えれば、それに該当する者はやがて初代佐一郎となるべき倅だろう。以上の想定が正しければ、彼はすでにこの証文が書かれたときに産まれており、どこかで育てられていることになる。ただし彼を三年後（天保八年）に開店する備店の名前人とするかどうか、すでにこの段階で佐治兵衛と佐兵衛の親子が計画していたかどうかは、この証文の埒外であって分からない。

事情はなんであれ家族内伝聞は初代佐一郎の存在を「隠している」。このことは「旧家略系調」が彼については一切言及しておらず、二代佐一郎（＝孝之助）を「佐一郎家の祖」と書いていることでいっそうその感を強める。初代佐一郎については触れたくない事情があったのかもしれない。

二二　石灰町の屋敷その他

初代佐一郎についての推論をまとめたため、佐一郎死亡の嘉永四年にまで叙述が進んでしまったが、ここでもういちど天保一五年（一二月二日改元、弘化元年）に戻る。何度も記しているようにこの年の年末の帳簿の記載が、三代佐

(58)　厳密にいうなら、コズへの母がリヤウでないという想定を受け入れても、そのことは履信院の母がリヤウでないことを意味しない。履信院をリヤウはハルの後に生んだ可能性が残る。

兵衛の最後の記帳である。彼の生年は天明三(一七八三)年癸卯の年なので、甲辰すなわち、還暦の年の翌年末をもって彼はすっかり引退をした。

引退した佐治兵衛はどこに暮らしていたであろうか。すでに家督を譲った天保四年正月から、あるいはリヤウを正式に妻に直した翌天保五年から、彼は別の屋敷に移ったと考えてよかろう。いくら佐治兵衛が隠居してもなお実権をすっかり離さなかったにせよ、屋敷は当主に譲ったとみるのが自然である。天保一二(一八四一)年、ラクの婚礼の家内書には、佐兵衛とリヤウとシカは「新宅」にいる、と書かれている。奉公人の名前もいちいち記されているから計算すると、その新宅では下女七人、下男一人が働いている。下女七人がいるといえば、たんに離れ座敷というよりも、それなりの構えの家であったろう。

天保一四年、「家徳控」にはこの年の支出として、まず、八貫余が「本宅普請」、続いて四貫余が「新宅同断」と記され、そのあとに「石灰町入用」などが続く。「石灰町入用」とか「石灰町普請」は毎年のように支出があるが、「本宅」「新宅」の文字がみえるのはこの年だけである。あとで示すように石灰町には他にも所有する屋敷があるし借家もある。

さきにたてた私の想定にもとづけば、天保四年の正月に家督を相続したあとの佐兵衛は、備店で両替業を営み、かつ石灰町の本店で大名貸その他の経営にたずさわっている佐治兵衛の手助けをしている。この様相は二〇年後の安政期の佐兵衛と倅たちに匹敵する。佐古文庫の日記をみると、時代は一世代下がっているのだが(そしていまだ家督は佐兵衛にあるのだが)、佐兵衛のふたりの倅である卯一郎(「日記」では「若旦那様」)と孝之助(「孝旦那様」)は、石灰町から備店へ交代して通っているいっぽうで、佐兵衛は各大名への「式日廻礼」に卯一郎を連れて行ったりする。これと同じように、天保期に佐兵衛は備店に通いつつ、ときに当主として式日廻礼に行ったのであろう。となればこの時期、佐治兵衛は石灰町の本店に詰めていたのであろう。佐治兵衛は五〇歳代とはいえ相当に頑健な人物であったろうから、毎日、離れたところから通ってもおかしくないが、佐治兵衛の屋敷もまた店に近かった、と考えた方が理に適う。

これまた「日記」によると、六〇歳をこえて完全に引退した佐治兵衛（「日記」では「大旦那様」）もリヤウ（「御家様」）もかなり頻繁に本店を訪れている。このことからもふたりは石灰町の別屋敷に住んでいた、と想定してもよいのではなかろうか。そもそも「御越」と書かれること自体、店とは別の屋敷であったことが前提になる。

もっとも「嘉永三年人別帳」では、「父佐治兵衛」「母りやう」も佐兵衛とトヨと一緒に並べて書かれている（口絵19）。倅たちの名はない。するとこの年には、同じ屋敷に移り住んでいたのかもしれない。あるいは別屋敷の「新宅」であっても人別帳には並べて記載されるのか。そもそも人別帳は実態の反映なのか。疑い出すときりがないけれども。

銭佐は石灰町に屋敷をひとつならず持っていた。三四節で詳述するが安政三（一八五六）年の石灰町の「水帳絵図」（口絵24）によると、銭屋佐兵衛は六ヶ所の家屋敷を所有している。ただしその多くは弘化二年以降安政六年にかけて買われたものであって、佐治兵衛が退隠した天保四年に所有したと考えられるのは、安政三年の「水帳絵図」にもとづいて石灰町全域に便宜的に振った番号で示せば（第二巻吉田論文図1）、次の四ヶ所だけである。

⑥	弐役	表口	六間	裏行	弐拾間
⑬	壱役	表口	五間	裏行	弐拾間
⑮	壱役	表口	六間	裏行	弐拾間
⑯	壱役半	表口	九間	裏行	弐拾間

銭佐の中心は間口九間の⑯である。⑮は⑯と一体化して運用されていた可能性がある。証拠とするには弱いけれども、⑮の隣の⑭が「町内南隣」と「家徳控」に記されている（三四節で引用する）。⑬は天保一二年に銭市に売却される。とすれば佐治兵衛がリヤウと暮らしていた屋敷は、残された⑥かと思われる。

銭佐の中核の間口九間の⑯の屋敷は天保一二年の段階ですでに二階屋であった。しかもその二階は屋根裏のようなものではなく、客を通すことが可能な広さならびに天井の高さがあったことがうかがわれる。このことはラクの婚礼の「聟入りの儀」の記録によって読み取れる〔1–3–2–15〕。

天保一二年、ラクは京の野々口家に嫁入りした。婚礼のしきたりとして、花聟宅で行われた祝言のあと、しばらくして花嫁宅にて聟入りがある。この儀式に際して野々口家の面々が石灰町を訪れ、ほとんど祝言同様の式が行われた。儀式そのものは大座敷にて行われるのであるが、野々口家の面々は到着後、まず二階に案内されることが手順としてしたためられている。

補足すれば、安政六年の卯一郎の婚礼にあたっても花嫁側に用意された場所が「二階休息所」であったことが、同婚礼の役割分担表によって分かる〔1–6–3–17〕。ちなみにこの役割分担表には「二階休息所（前）」ならびに「二階休息所（後）」と担当が示されているから、最低でも二部屋あったことが証される。[59]

また日記にはしばしば来客を「池の間」に通して応対したことが書かれている。大勢の客でないことから、庭の池に面した、かつ通りやすい部屋かと想像できる。明治一一年の「御聟入当日道具組」〔1–1–18〕によれば、飾り付けをする（いいかえれば他人の目にとまる）部屋として、「店の間・玄関・池之間・西之間・仏間・東之間・次之間・大座鋪・次之間、二階の東之間・西之間・次之間・表座しき」があった。

さらに穴蔵もあった。そこには銀の現物が保管されている。安政二年の「日記」につぎのような記事がある。何をどうしたのか細かなところは分かりにくいがそのまま写しておく。

一〇月一五日「早朝表蔵ゟ銀百貫目出ス、穴蔵中、若旦・常七、上、孫助・房吉・徳吉・嘉助〆六人、五ツ時銀百貫目入、備店ゟ使安松、人足五人、内之分与引かへ、直様表蔵へ運、喜七・孫介・房吉・徳吉・八助〆五人」

島之内鰻谷の住友には穴蔵があったことが確認された。[60]同じようなものが銭佐にもあったわけである。銭佐の穴蔵は、内部に男二人が入れる大きさであることが分かる。卯一郎と一緒に穴蔵の中に入った常七（恒七）は、出入方ないし下男から出世した別家である（三六節）。力持ちであったろうが、しかし信頼されていたからこそ穴蔵に入れた。一四節で、卯一郎も孝之助も「嘉永三年人別帳」には記載されていないことを指摘した。人別帳が居住の実態をどれだけ反映しているのか疑わしいが、もし同人別帳を文字通り受け入れれば、ふたりは幼少の段階から親元から離れて居住したと考えられる。石灰町内にこれだけの屋敷があるなら、娘と違って倅は、親と離れて暮らし、しつけられる、というのが慣わしだったのかもしれない。大家族制であることは間違いないが、銭佐程度の店であるなら、文字通り「一つ屋根の下」に三世代は同居していなかった。

二二　名前と呼称

これまで三代佐兵衛とか四代佐兵衛というように、私は歴代の佐兵衛に数字を付して区別してきた。もちろんそうした数え方を当人たちも意識しなかったことはなかろうが、それが文字になって残っていることはない。佐兵衛は当主の名前である。いわば社会的役割を表した名前である。しかしもし佐兵衛が自分を父佐兵衛と、あるいは退隠したあとに倅の佐兵衛とも区別しなければならないとき、なんと称したか。

そうした名前がある。諱にあたるものである。四代の場合、宝房という。ただし滅多に使う名前ではない。これまで私が史料の中で見いだしたのは、「本店銀控帳」の明治四年の欄に書かれていた「宝房宝備代替り家督諸入用」の

(59)　時代は四六年も下るが、明治二〇年の「地券書換願」によれば、南綿屋町四拾六番地には居宅三棟があり、「此平坪　九拾六坪二階坪　参拾弐坪五合」とある。四拾六番地は⑯のみならず⑭⑮を合わせた番地であると考えられるし、明治年間にさらなる増改築があったろうが、二階坪として三二坪余が明記されていることは留意してよい。

(60)　大阪市文化財協会『住友銅吹所跡発掘調査報告』（一九九八年）。

記述と、四代佐兵衛が晩年の自筆の書に「宝房」と署名していることの二つしかない。さらに佐古文庫所蔵の「石灰町水帳絵図」の銭屋佐兵衛の押印が、家督相続に伴って「宝房」から「宝備」に変更していると読めた。

宝備《タカノブ》は五代佐兵衛、六代は宝護《トミモリ》である。これらの名前も、「家督一件諸事控」の表書きにあるから判明した。あとは過去帳にあった「宝備」という署名ぐらいのものである。この名前は誰かに呼ばれるための名前ではない。あえていえば歴史的に同定されることを期待した場合に使う名前である(61)。

佐兵衛を襲名する前には幼名がある。四代は悦治郎、五代は卯一郎、六代は悦治郎である(62)。七代も悦治郎であった。しかもそのうえ五代は市之助とも呼ばれていた（上述一四節参照）。卯一郎も悦治郎も対社会的な名称である。佐兵衛が自分を佐兵衛と名乗る相手には「倅の卯一郎」と紹介したようにみえる。

先にいったん市之助と命名された倅が、ある段階から卯一郎となった、と書いた。「〇之助」という名前は、生まれた男児にまず与えられる名である。後代まで下がりすぎる例となるが、四代佐兵衛が五九歳でもうけた男子は元之助であり、佐一郎の子供たちは豊之助(63)、道之助、箭之助という。のみならず別家の倅も、嘉兵衛の倅が嘉之助、清兵衛の倅が清之助、である。ひょっとすると（二代）佐一郎（幼名孝之助）にも「佐之助」だった時期があったかもしれない。彼の倅で、やがて六代佐兵衛となる人物の除籍謄本の奇妙な記述「明治拾弐年五月壱日大阪府東区備後町弐丁目平民逸身佐助長男入籍」は、佐一郎の書き誤りではなく、本当に「佐助」であったことを示しているとでも想定しないと説明がつかない（戸籍が書き誤るか？　もっとも現代と違ってありそうな気もしなくはないが）。

退隠したあとは佐治兵衛となる。三代、四代、ともに佐治兵衛を名乗った。佐治兵衛もまた、役割を社会的に表す名前である。五代は退隠後、佐九郎と名乗ったが、退隠時に先代佐治兵衛がいまだ存命であったので、佐九郎が考案されたと思われる。

佐一郎は備店を出すにあたって考案された当主の名前であろう(64)。二代佐一郎が備店に入り、「追い出された」初代佐一郎は佐五郎、ついで佐次郎になったわけだが、あれは何か。なぜ二度も改名したのか。病回復の「げんかつぎ」なのだろうか。

家族ないし店の奉公人は四代佐兵衛を何と呼んだか。基本的には「旦那様」である。発音はダンサンだったろう。ただし区別しなくてはならないときには「当旦那様」となる。隠居した佐治兵衛が「大旦那様」、将来、佐兵衛となるであろう卯一郎は「若旦那様」、佐一郎（孝之助）は「孝旦那様」である。

ただし「若旦那様」はあくまで元服後の呼び名であって、それまでは「㚑様」である。「㚑」は一字で記す。「幼」を冠に「男」を脚にする。実際の発音はおそらく「ぼん」とか「ぼんぼん」であったろう。実際、日記のひとつ（嘉永五年一一月一八日の項）には「兄ぼん様」という記述が見つかる。これは卯一郎のことである。孝之助は元服前には「小㚑様」である。発音は「こぼんさん」であると想像しうる。

嫁入りに際し妻は生家の娘名前を捨てて新しい名前を与えられる。これは名前の種類がもともと多くないので、夫の母や姉妹と同一にならないように、さらには下女の多い家にあっては混乱を避けるという実際的な理由なのか。それとも奉公人と同じように、新しい名前を付与することに、古い家を捨てて新しい家の成員になるという象徴的な意味があったのか。もっとも誰もが自分の名前に、現代のようにこだわりがなかったからとも考えられる。

「日那様」に対応する呼称が「御寮人様」（日記には「御両人様」と書かれることもある）である。発音はゴリョンサン

(61)　「旧家略系調」から初代佐兵衛以下の名前が判明した。群方（初代）、信長（二代）、煕房（三代）。さらに二代佐一郎は「宝豊」である。群方と信長は系図に書き込まれていた。
(62)　「旧家略系調」によれば、三代の幼名は佐一郎である。この記述にもとづくならば、本評伝で初代佐一郎と呼んでいる履信院は二代佐一郎、そして二代佐一郎「宝豊」は三代佐一郎、ということになるが、そうはしない。
(63)　戸籍の整備に伴い、豊之助は「豊之輔」と名乗る。しかし助と輔とは、古くは区別されないまでに揺れる字である。
(64)　しかし「旧家略系調」にもとづくならば（前注62）、そうでなくなる。

である。安政期の日記で「御寮人様」といえばトヨをさす。御寮人は奥の序列で最高位にいることを示す。「大旦那様」の妻（すなわちリヤウ）は「御家様」と呼ばれている。さらに卯一郎の嫁入りしたハタは「御新造様」と記される。また京都の野々口家に嫁いだラク（ハヤ）は「京奥様」あるいはたんに「奥様」になっている。

ただしこの呼び名は安政年間のことであって慶応二年には変化している（安政七年正月から慶応元年一二月までの六年間の日記は欠損しているので、変化を追跡できない）。この時期になるとトヨは「御寮人様」ではなく「奥様」となり、かわってハタが「御寮人様」と呼ばれるようになっている。慶応二年の諸変化については後述する。

娘たちは日記の中で「娑様」である。「娑」は「嫍」同様、一字で記す。「幼」を冠に「女」を脚にする。四代佐兵衛の上の娘（タウ）は、最初はたんに「娑様」であったが、次の娘（イツ）が生まれると「姉娑様」となり、「小娑様」と区別された。さらにもうひとり娘が生まれたときに、「小娑様」は「中娑様」に「昇格」した。実際の発音は「娑様」は「いとさん」もしくは「とうさん」、「小娑様」は「こいとさん」もしくは「こいさん」、「中娑様」は「なかいとさん」であったろう。「ごりょんさん」にしろ「いとさん」にしろ、大坂の発音では「さ」は「は」に近い、しかし「は」ではない音だったろうが。

第四章　佐兵衛「ワンマン体制」の確立（弘化から安政まで）

三代の実質的引退。本店備店双方の新しい体制づくり。二男孝之助（のちの佐一郎）ならびに妹たちの動向。銭源へ貸した金の清算（のちの「別家化」への伏線）。リヤウと三代の死。卯一郎の婚礼。京都にできた親類。この時期の別家の同定。丈助の役割。手代・子供・下男・普請方などの仕事内容の推測。石灰町の屋敷の増加。妙徳寺の占有墓域。肥後藩や土佐藩との、従来の大名貸とは異なった関わり。

二三　本店と備店・ふたつの銀控帳

弘化元（一八四四）年、甲辰の年の年末に、あるいは（「大算用」の筆跡交代を基準にすれば）翌年の正月に、佐治兵衛は経営から引退した。弘化二年の正月、佐兵衛は三八歳になった。

このさき佐兵衛は石灰町と備後町のふたつの店を、事実上ひとりで経営することになる。佐兵衛には事実上、兄弟はいないに等しい。異母弟初代佐一郎は傀儡であった。ただし当人がいつまでも傀儡にとどまることを潔しとしなかったかもしれない。佐一郎も成人する。その生年は分からないし、そもそも母親がリヤウであるかどうかも分からないけれども、彼が石灰町に戻される嘉永四（一八五一）年には元服をしていただろう[1]。その能力も性格もなにひとつ分からないから確かなことはいえないけれども、やっかいな存在になりつつあったかもしれない[2]。

ともあれ彼は亡くなり、佐兵衛は次男の孝之助を佐一郎とした。二代佐一郎はいまだ一〇歳である。備店の当主はふたたび傀儡となり、それがこの先しばらく続く。

備店は分家という位置づけであるけれども、「分家」ということばに惑わされてはならない。だいたい分家ということばからはついつい、本家の長兄に対してさほど年齢差のない弟が、本家を支え、ときには対抗すべく展開していくもののように思わされてしまうが、銭佐にはそういう先入見はまったく通用しない。分家といいながら、じつは佐兵衛の仕事の別部門なのである。

弘化、嘉永、安政、慶応、さらに明治四年の家督相続までの四半世紀にわたって佐兵衛は「ワンマン体制」を築き上げる。ふたりの倅は成人してもまだまだ頼りにされていない。この間、佐兵衛の腹心となったのが別家の丈助である。丈助はすでに嘉永三年の佐一郎交代のときに、備店の代判をつとめていたことが分かる（「嘉永三年人別帳」[3]）。丈助がどれだけ重用されたかは、この評伝の中でこれから何度も記すことになるが、彼の地位を示すものとして新たに導入された制度についてここでふれておく。

備店の名前人として倅の佐一郎をすえた三年後の嘉永六（一八五三）年に、佐兵衛は店の運営に新体制を導入した。そして主人になりかわって店に責任をもつ役職を明確にする。責任者として選ばれたのは、丈助、嘉兵衛、清兵衛の三人である。三人は「御主人様」宛に誓約書を提出した（「誓言之事」・口絵15〔2-49-4-1〕）。佐兵衛は嘉兵衛と清兵衛にはもっぱら備店の業務を担当させて、丈助はつねに自分の傍らにおいた。

本店と備店との関係は銀控帳からも読み取れる。なるほど備店と取引をしている者たちは、銭屋佐一郎（佐市郎）宛に印章を届けているし[4]、ふたつの店はそれぞれの銀控帳をもっているので、外面上はあくまで別個の店である。しかし両者の会計は事実上一体化していた。このことは次のようなことからもうかがえる。ひとつは備店が本店の毎年の経費の一部を支出していると思われること、もうひとつは臨時経費のうち、経営に関わる費用は備店が、狭義の家の内部の経費は本店が計上することである。さらに特殊な個別事例であるが、銭源に貸した借金の清算を、銭源から備後町の店を引き継いだ備店ではなく本家がしており、しかもそれに備店からすでに払った給料も合算して計算していることも、本店備店の会計が実質ひとつであることの証左といえる。これについては次節で改めて論じる。まずは経費の一体化について。

「備店銀控帳」の支出を精査すると「固定費」が多いことに気づく。年ごとにかかった費用が変化する項目は三つしかない。「世帯」「家格」「割済出費」である。「固定費」のうち「本家利払」「家賃」「銭源出勤料」についてはすでに言及した。それ以外にもさらに二項目、固定費がある。

ひとつは天保一四年から慶応元年まで、毎年一〇貫五〇〇匁が「給料」として計上されている。この言い方は正確でない。むしろ一〇貫五〇〇匁が固定されており、そこにたいていは「給料」と名前が付されている、というべきである。「給料」はそのように書かれる頻度がいちばん多い名称であって、「仕法」となっている年度、ならびに「同仕法」とある年度もある（この「同」の字はその項の右に記された項目から「本家へ」と読める）。「給料」とあるから、実際に備店の通い別家ないし手代に払われた金額の名称であると想定すると、二三年もの長きにわたって金額が変化しないのはあまりに奇妙である。それに平年と閏年との区別もない。実態が反映されているとは思えない。

（1）　どんなに遅い出生を想定するにせよ備店開店の天保八年に佐一郎は生まれていなくてはならない。これでも一五歳という計算になる。しかし生まれたばかりの新生児を備店の店主にするだろうか。実際はこれより年長であろう。過去帳の記載順序にもとづいて、初代佐一郎（履信院）の生年ならびに母親の推測を二〇節でこころみた。
（2）　初代佐一郎の実務能力と必ずしも直結するわけではないが、徳山屋敷の福田儀平とのあいだの金銭トラブルは弘化四年（もしくはそれ以前）に佐一郎が貸した金を原因にしている。それが解決するのは嘉永七年である（[7-3-1] にまとめられた一連の史料）。銭佐側にたって福田儀平と交渉しているのは別家の又兵衛であるが、その間に佐一郎は代替わりしている。
（3）　「嘉永三年人別帳」五月の項の「弟佐五郎」（すなわち初代佐一郎）の移動に関して、「備後町四丁目銭屋佐一郎代判丈助方より引取」とある。この項はすでに初代佐一郎の動向を記述するところで引用した。
（4）　三井文庫所蔵の「判鑑帳」。

もうひとつは弘化三年から慶応二年まで、これも毎年、ただし金額ははるかに大きい四〇貫が「仕法」として計上されている。これも名称に揺らぎがある。たとえば「本家仕法」のように。しかも前期項目（すなわち「一〇貫五〇〇匁」）に与えられた名称が「仕法」とあった場合には、この項目には「別手当」と記されていたりして、いちおう重複は避けられてはいるものの、名称が重視されているとは考えにくい。そもそも「仕法」の意味が不明である。とはいえこれに対応する項目が「本店銀控帳」にないことも考え合わせると、なにかしら銭佐全体の特別の支出ないし将来の投資にそなえたものではなかろうかと想像させられる。おそらく現存しないけれども、「仕法」の詳細を記した帳簿があったことだろう。

いっぽう「本店銀控帳」をみると、固定費ではなく年ごとに変動する項目には、「世帯」のほかにもうひとつある。これは嘉永元年までは「家格」、翌年からは「月銀給料」と名称が変更される。帳簿にそっていいかえるなら、嘉永二年からは「家格」という項目が消失し、「月銀給料」という項目が新たに登場する。備店では毎年定額の費目であった「給料」が、本店ではなぜ変動するのか。かつ嘉永二年からそれまでの「家格」を押しのけるようにして新しくたてられるのか。[5]いっぽう「備店銀控帳」には「家格」という項目がずっと残り続けるのである。

以上をまとめる。備店には固定費（毎年一〇貫五〇〇匁）の「給料」と、変動費（九貫―一九貫）の「家格」があり、本店には変動費（一〇貫―二〇貫）の、当初は「家格」と呼ばれのちに「月銀給料」に名称変更した項目があった。そこで実際に支払われたであろう給金について考える。

そもそも給料をもらえるのは誰なのか。昭和戦前期の風習から推し量っても、ほとんどの奉公人は給料らしい給料をもらえなかった。毎日の食事と住む場所が与えられ、盆と正月に着物を作ってもらえば、あとは駄賃程度のはずである。男の場合、人別帳でいう「下人」のうち、銭佐が家内書で記すところの「子供」がこれにあたる（大坂では「丁稚」という用語はない）。さらに「下男」は人別帳で「下女」の次に書かれるくらいであるからなおのことそうであろう（「下男」は力仕事を主として、店の表には姿をみせない者であると想定する。ただし主人や手代の供をしてでかける。荷物運びならびに護衛でもあろう。大阪方言でいう「おとこし」である）。女の場合、「下女」とひとくくりにされるが、戦前の「上女中」「下女中」のように差異があったかもしれない[6]。しかしたとえ長年つとめた「上女中」であっても、「給料」という項目から支払いがあったとは思いがたい。仕事の量と贅沢さには雲泥の差があり身分差は歴然としていても、主人の娘が給料をもらわなかったのと同様である。こうした「子供」「下女」「下男」にかかる費用は「世帯」の中に含まれていたと考えてよかろう。もちろん誰がつけていたかは別にして、石灰町・備後町それぞれの「世帯」にかかる費用は、毎日ないし節季毎にそれぞれの帳面につけられていたであろう[7]。

となれば「人別帳」のいう「下人」のうち「手代」と、「通い別家」とが、費目はともかく給料をもらった階層であろう。これを前提にして考える。

「家格」とは店の運営のためにかかる費用であろう。そこには今日の分類によれば「人件費」や「交際費」や「物品費」が含まれており、年ごとに変動するのは当然である。日記から想像するに「交際費」はたいそう大きかった。親類のみならず別家との祝儀不祝儀や盆暮れの挨拶のみならず、大名屋敷の役人の「着歓」「餞別」をはじめとするつきあい、あるいは他の店とのつきあい、まさに「家格を維持する」ための金であったろう。

そしてここからつぎのようなことが推定できる。「本店銀控帳」から「家格」という項目が消えた段階で、「人件費」と「交際費」その他が分けられた。そして備店が毎年計上している一〇貫五〇〇匁は、本店に給料の補助として渡された。これと本店が計上する「月銀給料」を合算した金額が、実際に本店備店双方で働いている手代や通い別家

（5）　正確にいえば、嘉永五年の項には「月銀給料都而家格の分」、嘉永七年には「月銀給料家格の分」と書かれている。
（6）　「賄女中」という用語が明治以降には使われている。これはふつうの下女より格上である。
（7）　家族内伝承によると四代佐兵衛は「しまつ」にうるさいひとであったという。「しまつ」とは大阪方言で倹約節約の意である。

の給料にあてられる。いっぽう店の経営に必要な金のうち「食費」や「光熱費」や「子供と下女の人件費」はそれぞれの「世帯」に計上される。ただし従来「家格」として計上されていた費目のうち「給料」を除いたものは備店が計上する。

臨時経費のうち経営に関わる費用は備店が、狭義の家の内部の経費は本店が計上する。手代に払った「元手銀」(これの性格についてはのちほど改めて述べる)はおおむね備店であるが、(8)葬式はじめ寺にかかる費用は本店がもつ。時代が少し遡るが、天保一四年に佐兵衛・佐一郎連名で課された「御用金」は、備店が三年にわたって計上している。またさらに時代は下るが、佐一郎の婚礼の費用は本店がもっている。ただし経営に関わっていても明治二年の通商司為替会社への身元金は本店が計上している。(9)

以上、推定の細部は違っているかもしれないが、要するに二つの店の経費は一体化して運営されていた。こう読み取ることは間違いないと考えられる。

二四　銭源の借金の清算

いまひとつの経費一体化を示す材料は、銭屋源兵衛との貸借関係の清算である。前述したように(六節)、天保八年に備後町に店を開設するにあたり銭佐は銭源から店を譲り受けた。それから一〇年後の弘化四年、本店(備店でないことに注意)の銀控帳にはつぎの特別項目が計上された。最初の三項目は頭が下げられているので支出、あとの二項目は収入である。

一　弐百貫目　銭屋源兵衛殿元手銀渡

一　八拾貫目　右同人殿是迄仕来候
　　　　　　両替商売休店ニ相成
　　　　　　其後本家店ニ相成ル
　　　　　　酉十一月より昨未十月迄
　　　　　　中年拾ヶ年之間
　　　　　　壱ヶ年銀八貫目ツヽ
　　　　　　勤料として有之候〆高

一　拾弐貫三百廿六匁
　　　　　　右同人殿宅替候家代
　　　　　　右休店ニ相成候節
　　　　　　家代として金弐百両遣シ候代

一　四拾九貫三百卅三匁三分弐り

（8）ただし主として備店で働いていた手代が元手銀をもらうようになるから、元手銀の出所が備店という考え方も成り立つ。本店から出ている元手銀は明治二年の常七しかみあたらない。
（9）銭屋佐兵衛が通商司為替会社の頭取並に選ばれたから、と理屈づけられるが、そもそも佐一郎が選ばれるはずがなかったことも勘案されねばならない。明治二年の佐兵衛は四代佐兵衛である。

右八拾貫目之内
備店ゟ六ヶ年二月分
備店ゟ渡ス分

〆弐百四拾弐貫九百九拾弐匁六分八り

一　八拾七貫六拾九匁九分八り
銭源殿是迄年々利足
利勘定者別帳ニ有

まずは支出第二項目と収入第一項目にかかわる分。銭源には天保八年一一月より年八貫目の給料を渡すことに約束された。そして備店（これは本店ではない）の銀控帳には天保一四年末までそのように計上されている。正確にいえば、天保九年一二月には「酉十一月」からの分「九貫三三三匁三分二り」、つまり八貫を一二ヶ月で割った額の一四ヶ月分が払われた。翌年の天保一〇年には「八貫目」になり、そこには「拾ヶ年之内壱ヶ年分　銭源給料亥年分」という註がついている（亥年は天保一〇年を指す）。その後こうして毎年八貫目の支払が続くが、まだ一〇年が経っていないにもかかわらず天保一五年からは払われていない（正確にいえば銀控帳に計上されていない）。それがまとめて八〇貫目、弘化四年に払われた。ただしすでに備店から払った分がある。これが収入第一項目の「四拾九貫三百卅三匁三分弐り」である。

実際に銭源がどのように金を受け取っていたかは別として、帳簿の上では「酉十一月より昨未十月迄」つまり天保八年一一月から弘化四年一〇月まで、すでに備店から支払った分も含めてすべて本店から払ったことにする。そういう考え方にもとづいた計算である。つまり銭源が、六年二ヶ月分備店からすでにもらった金を全額本店に返却させ、その代わり一〇年分を本店が支払う、という決着である。しかし本店は返却された六年二ヶ月分を備店に渡していない。

支出第一項目の二〇〇貫には「元手銀」という名がつけられているが、実際になにかしら店を始めたのではなさそうである。むしろ長年の関係に鑑みた贈与は一般に、「元手銀」と称されると思われる。

支出三番目の項目の「家代」が奇妙である。たしかに銀控帳のうえでは本店備店双方とも銭源に対する「家代」はこれまで支出されていない。だから弘化四年になって、一〇年遡るかたちで「金弐百両」を払ったとしても辻褄があっているようにみえる。しかし先述したように「家徳控」から天保八年に四五貫（うち五貫目は「附物代」）が支払われている。なるほど四〇貫はおそらく備後町の土地の値段としては安価であるが（八節）、この支払先はふつうに考えれば銭源であったろう。要は今度の金二〇〇両は、過去に遡っての追加とみえる[10]。

以上〆二四二貫余の金額が出るが、しかしそこからなお八七貫以上の「是迄年々利足」が差し引かれている。八七貫もの利息が出るというのは、よほど多額の金を多年にわたって借りたことになる。いつ、どれだけの金額を、いくらの利率で銭源が借金したかは不明であるが、かりにひとつの可能性として三つの未知数のうち利率と借用期間をつぎのように仮定してみる。利率は備店が本家利払としている利率である月利〇・七%を適用し、かつ単利とする。借用期間は、給料八貫目の支払が止まっている年である天保一五年の正月からとし、以後、弘化四年末まで（途中に閏年が一回あるから四九ヶ月）利息をいちども払わなかった、とする。その場合、一五三貫強の借金をしたという計算結

(10)　相場を反映して、金二〇〇両が銀一二貫三二六匁と、金一両＝銀六〇匁換算より銀三二六匁多く換算されている。

果になる。(11)二代源兵衛は文政一一年、三代源兵衛は安政六年に死亡しているから、この借金をしたのは三代である。三代源兵衛は銭佐の古くからの親戚である西岡家から婿養子に来ている。二代源兵衛の娘の結婚相手として彼を選んだのは、三代佐兵衛であったろう。(12)

以上をまとめると次のようなことになる。天保八年、銭源から銭佐は店を引き継いだ。その折り、四五貫の家代が払われ、それとは別にむこう一〇年間、毎年八貫ずつ「給料」として払われる契約が結ばれた。しかし六年たった天保一五年に銭源は二五〇貫強の借金をした。その代わりとして年八貫の給料は利息相当分として払われなくなった。

そうした状態が四年続いたけれど、天保八年一一月から丸一〇年がたった弘化四年末に、天保八年にじゅうぶん支払わなかったこともかんがみて銭佐は銭源に新たに贈与する、という名目で借金の清算が行われた。それが銀二〇〇貫の元手銀であり、かつ「家代」としての金二〇〇両である。さらに一〇年間払うことになっていた銀八貫も残余の分が払われた。その代わり借金の利息は取り立てられた。

以上が佐兵衛がたてた理屈である。いいかえれば実際には一五五貫強の銀を与え、さらにそれまでの借金を棒引きしたのであるが、それでは筋が通らない。銭源にも立場がある。他の別家や親類にもしめしをつけないとよくない。そこで考案されたのが上記の理屈であった。三代源兵衛は安政六年、三代佐兵衛と同じ年に死亡する。その倅である四代源兵衛は、親類という格を維持しつつも、実質的には銭佐の別家と同様の仕事を銭佐で行うことになる。

銭源との関係をすっきりさせる以上の方策は、あきらかに佐治兵衛の実質引退に伴う本店備店の関係再調整の一環である。二代源兵衛を婿養子にしたヒサは、佐治兵衛の妹のような関係であった。(13)弘化三年に佐治兵衛の娘たち(佐兵衛の異母妹たち)の「仕付料」を「本店銀控帳」につけかえたように、佐治兵衛の「妹」の一族にかかった費用を損失に計上して、帳簿の上で自分がどれだけの金額を相続したかを明示させた。別ないいかたをすれば、佐治兵衛の時代の帳簿をすっきりさせたかったといえる。

二五　佐兵衛の娘タウとイツ、ならびにその他の子供たち

孝之助が生まれたあと、トヨにはたてつづけに五人の子供が生まれたが、どの子も小さいうちに死んでしまった（二五節）。しかしそのあと嘉永六（一八五三）年に生まれた娘は一二歳まで育った。仏壇中の繰出位牌の一に、「智孝院妙慧童女、元治元年七月四日没、稲女行年十二才」とある。この「稲」の字を「たう」と読んだことは、安政六年に卯一郎が嫁ハタを娶った際の、土産の目録〔1-2-23〕にも言及されていることで確認できる。

タウは佐兵衛にとって、実質上初めての娘であった。外出するときに一緒に連れ出すこともある。

安政四年四月九日「旦那様・姉娶様・きく・九助、阿弥陀池江植木御覧ニ御越」

安政六年一〇月一二日「当旦那様・若旦那・姉娶様、供きく・九助、妙徳寺御会式ニ御参詣」

供としてキクの名がいつもみえることを記憶されたい。彼女はタウの乳母（養育係）なのであるが、やがて逸身家に重要な役割を果たすことになる（七一節）。

タウは父母のみならず祖父母にも可愛がられたようにみえる。

（11）　未知数の設定を変えて金額を二〇〇貫と仮定すると、前記利率で八七貫の利息が生じる期間は、六二ヶ月強となる。

（12）　過去帳からつぎのことが分かる（八節注57）。二代源兵衛とヒサには、娘は少なくともふたりいたが倅はなかった。そこで姉娘のアイに婿養子をとって三代源兵衛とした。このアイが死亡したのが天保一五年二月である。その後、三代源兵衛はアイの妹のクニと再婚するが、そのクニの死亡するのが弘化四年九月である。たまたまであろうが銭佐の銀控帳の銭源にからんだ年と奇妙に符合する。銭源は天保一二年には淡路町通りの中舟場町に住んでいる。日記には、三代源兵衛が「淡路丁旦那様」と記されているが、中舟場町が淡路町なので「淡路丁」とはここのことか。さらに四代目になってから本町に移っている。

（13）　「旧家略系調」は実際にヒサを妹としているが、これが間違いであることは九節参照。正しくは、佐治兵衛が世話になった親戚（初代源兵衛）の娘、というべきである。系図Ⅱ参照。

安政四年三月二三日「稲娑殿、きく・はる、大旦那様、桑名屋御客御隠居御一統さま、花見ニ御越、供半七・七介・三介」

安政六年正月一〇日「大旦那様・姉娑様・小娑様、舩ニ而戎さま江御参詣被遊候、供勝兵衛・永吉・くら・菊・元・竹・松・七介・三介参り候」

そもそも可愛がられたからこそ、位牌に俗名と享年が記されて悼まれたのであろう。俗名や享年が刻まれた位牌は、逸身家ではきわめて異例である。さらに付言すれば一二歳という年齢は、戒名にあるように「童女」ではあるけれども、この当時には嫁入り（すなわちイエの新たな発展）も視野に入る時期である。タウの叔母にあたるタイが桑名屋庄助に嫁いだのは、一四歳のことである。

タウが生まれた三年後の安政三(一八五六)年、おそらく二月に、さらに娘が続いて生まれる。後に平池家に嫁ぐことになるイツ（慈）である。

イツの誕生の頃の様子は、佐古文庫の日記からうかがうことができる。関係項目を箇条書きにする。

安政三年二月一八日「娑様、乳母きく・供市松、高津行」

二月二三日「小娑様祝配り」

二月二八日「姉娑さま・小娑さま、乳母きく・もと、鬼子母神参詣、供八助・又吉」

三月三日「小娑さま初節句、別家衆家内招」

この年、母親のトヨは三五歳である。推測するに、一八日（「娑様」とあって「姉娑様」でないことに注意。まだ妹が生まれていない）に陣痛がはじまったか。四歳のタウは乳母のキクに連れられ、氏神である高津神社にお参りする。出産は無事であった。二三日には親類や別家や近所に内祝いの祝儀をしている。そして二八日には、鬼子母神に初参りをする。新しい赤ん坊にはモトという名の乳母がついた。三月三日の桃の花の節句には、別家衆の女たちも集まって賑やかに祝いをする。

この娘は無事に育ち、安政四（一八五七）年一一月三日には祝い事がある。「慈姿様御髪置ニ付御宮参り、供もと・かつ・孫助・真吉・九助〆五人、外源六[14]」。そして「御髪置ニ付、大旦那様・御家様御越成され候」。「御髪置」は、「幼児が頭髪を初めてのばす時にする儀式」との由（『日本国語大辞典[15]』）。

さらに安政五（一八五八）年一一月二七日にも祝い事がある。「小姿様御被初ニ付、高津宮・妙徳寺御参詣」。このときにも供には男が孫介ほか四人、女は乳母のモトほか一名の、けっこうな人数である。ということは荷物があったのだろう。「御被初」（カズキソメ・カツギソメ）は、外出に被衣をかぶらせる儀式（日本国語大辞典）という[16]。

さらにトヨはイツを出産した一年後の安政四（一八五七）年二月に男子を産む。子供は宣治郎と命名されたけれども、五ヶ月後の七月に死亡する。過去帳の「修廣嬰孩　安政四年七月朔日（没）」がこの子供である。ちなみに過去帳には「智孝院妙慧童女」（これはタウである）と「修廣嬰孩」とのあいだに印をつけて「此処へ本照院」と書き込まれている。本照院とはイツのことであるから（イツは嫁入りするまでに成長する）、後代、イツが亡くなった後で兄弟姉妹の順が分かるように記したのであろう。

たまたま「日記」に記録されただけという可能性もあるが、宣治郎についてはは、タウやイツに比べて祝の記事が多い。久しぶりの男子誕生だからか。

（14）この源六は垣外の者であることが、「御降臨」のときに記された史料〔4–38–1〕に「垣外　源六」とあることから確定できる。垣外の者が宮参りのときに他の非人から「悪ねだり」をされないように付いていくのである。垣外については塚田孝『都市大坂と非人』（日本史リブレット40、山川出版社、二〇〇一年）同『大坂の非人』（ちくま新書一〇三四、二〇一三年）参照。

（15）『日本国語大辞典』には公家は二歳、武家・民間では三歳にすることが多いなど、と記されているが、イツの場合、生後一年九ヶ月で行われている。

（16）『日本国語大辞典』は五―七歳の頃の一一月の吉日を選んで行われる、とあるが、イツは三歳である。一一月はその通り。

安政四年二月四日「御寮人さま暮六ツ時御安産御男子出生」
同五日「境屋旦那様御越」(トヨの父が外孫の誕生を祝に来たのである)
同六日「境治様ゟ御祝持参ニ付手代壱人供壱人来ル」
同二八日「御安産之祝餅」(餅を搗いてあちこちに配った)
四月二三日「家根清来ル、普請方ゟ小翦様初節句祝[17]持来ル、供伊助」
同二九日「小翦様初節句御祝賦り　但、粽一連ツヽ」
五月二日「八尾綿吉・綿長両家へ、安産祝餅并初節句粽弐運《ママ》、中忠ゟ之日雇ニ持セ遣し帰りニ端物拾疋取戻り持参[18]」
五月五日「宣治郎様、初節句ニ付一統中江御酒飯被下候」(節句にあたって別家衆が集まった)
しかしこの子もまた死ぬ。生後五ヶ月である。
七月朔日「宣治郎様今九ツ時御病死被遊候」
同二日「宣治郎様御葬式夕七ツ半時、墓所千日」(今日の「千日前」には、明治以前に火葬場があった)
同三日「葬式算用跡仕舞　丈助・恒七・孫助・勝兵衛」
同六日「修廣嬰孩様一七日逮夜相勤事」(「一七日」は初七日のことである)
同七日「当旦那様翦様供真吉、御寺参詣之事」

さらにこのあと安政六(一八五九)年、トヨは女子を産む。名前はヒロ(廣)という。これにともない、イツは「中婜」と呼ばれるようになる[19]。

九月二日「御寮人様今暁六ツ半刻御安産、御女子御出生被遊候ニ付一統中へ回章ニ参ル、使隅吉」
同二九日「廣婜様、安産餅賦り、隅吉・永吉・九助・七助・東助」

一〇月二日「今日廣媝様、御宮参り候へ共、少々御不例ニ付、代参孫介供九助、高津宮妙徳寺へ参詣致候」

宮参りにも行けないほど、もともと弱く生まれついた子供であったのか、この娘は翌年、死亡した。ただしこの期間の日記は残存していないので推測による。まずは明治三年の戸倉との婚姻に際して作成された「家内書」〔1-2-5〕に、ヒロの名が載っていない。さらに過去帳には、妙至嬰女（万延元（一八六〇）年九月一五日（没））という女児が記載されている。

トヨは文政五（一八二二）年生まれであるから、この子供が生まれたときには満年齢で数えると三七歳、今日の基準からしても相当な高年齢出産であった。おそらくこれがトヨの最後の出産である。ただし佐兵衛は外で子供をもうける。慶応二年に生まれる、将来の福本元之助である。

二六　孝之助の成人

孝之助（将来の二代佐一郎）は安政三（一八五六）年に一五歳となる。そこで「角入《すみいれ》」をする。「角入」とは「元服二、三年前の男子が前髪の額ぎわ両隅を剃り込むこと」である。(20)

四月八日「𡢽様角入祝赤飯配り」

孝之助は嘉永四年に備店へ「分家」したことになっている。とはいえ実際の仕事をするにはまだまだ幼い。日記か

---

(17)「家根清」は屋根屋である。大工、左官、手伝と一緒に普請方を構成する。一同の祝儀をまとめて彼がもってきたのである。

(18)「仲忠」という出入方がいる。人足を提供する「親分」である。出入方については四一節参照。

(19) 例、同年一〇月六日「旦那様若旦那様御新造様姉媝様中媝様、成證庵一周忌ニ付妙徳寺御参詣」

(20)『大辞林』（角（スミ）を入れる）。『日本国語大辞典』では「角入髪」の項に、「元禄時代、男性の半元服の髪型。一四歳になった少年が、前髪の額を丸型から生えぎわどおりに剃ると角型になるところからいう」とある。孝之助は一五歳である。

らも働いているようにはみえない。もっとも嘉永五年から六年にかけての日記は店の仕事の備忘録という色彩が強く、安政期、とりわけ慶応期の日記ほどには人々の動きが克明に記入されていない。その後、日記に欠落があり、安政二年一〇月から始まる日記では、一一月一六日に孝之助が備店に行っていることが分かる(「舅様備店江御越、供市松」)。しかしこの後定型文のようになる「舅様備店出勤、供……」が頻出するようになるのは、一二月になってからである。孝之助がいよいよ本格的に働き始めたか。

そして安政五(一八五八)年三月二七日「舅様御元服あそばされ候」となる。孝之助を基準にするかぎり、元服は(数え年)一七歳の春の行事である。卯一郎も角入ならびに元服の儀をしたはずであるが、孝之助の年齢をスライドさせるとそれぞれ嘉永五年と七年に該当し、その時期の日記は嘉永五年の一一月九日から翌六年一一月二三日までの、ただし毎日の記述ではなくとびとびになったものが一冊だけしか残っていない。よって同人の角入や元服の記事はない。ただし記事の一つに

嘉永五年一一月一八日「才助、兄ぼん様ヲ連、庭瀬振舞御出之事」

というものがある。大名屋敷へ目通りをさせたか(21)。

二七　リヤウの葬式

安政五(一八五八)年、三代佐兵衛の妻のリヤウが亡くなった。まわりの人々の様子は、日記からかなり克明に読み取ることができる。

リヤウが亡くなったのは一〇月四日である。ただしその一一日前の(この年の九月は三〇日)九月二三日の日記に「大旦那様御家様御越」とあるから、元気といえるかどうかは別にして、病に臥せってはいなかったらしい。もっと

も夏の頃から体調はよくなかったようで、三〇節で述べるように銭佐は婚礼の延期を申し出ている。しかし九月二八日の夜半すぎに、リヤウの実の娘で京都に嫁いでいたラクに危篤の報せが行っている。ラクは翌日深夜にやってきた（往復の時間を入れてほぼ二日かかっている）。

九月廿八日　「三介夜八ツ時頃ゟ京都江御使ニ参ル」

九月廿九日　「京都丹後屋奥様・娶様・おつなどの・忠兵衛殿、三介同道ニ而、夜四ツ時頃ニ御越被成候」（この「娶様」は、ラクの養女ラン（夫である市郎右衛門の実の姪）である。このときには一一歳である）

十月四日　「今暁寅上刻、新宅御家様御儀此程ゟ御病気之処、御養生不為叶終御死去被遊ニ付、諸親類様方御越被遊候」

この日、三助がまた京都へいく。丹後屋と誉田屋に知らせるためである。[22] 親類一統ならびに別家には廻状がまわる。のみならず諸屋敷方へも知らせている。遠くの親類である兵庫の京善[23]と加佐村伊兵衛へは急ぎの書状が出され、八尾綿吉、綿長（西岡家）へは使が遣わされる。西岡は形式上、リヤウの親元にあたる（四節）。

翌五日、ラクの夫が京都から来て七日まで滞在している。葬式が行われたのは六日だろうか。ただしこの日の日記に特別な記載はない。

八日になるとつぎの記事がある。

「明六ツ時逮夜相勤申参り、使又吉」

（21）この才助が、天保六年から七年にかけて庭瀬藩の勝手方改革のため銭佐から派遣された手代の斎助（七節）と同一人であるならば、斎助は一八年間継続して、庭瀬藩担当ということになる。しかしそれは余りに長すぎるか。
（22）丹後屋はラクの嫁ぎ先の野々口家、誉田屋はシカの嫁ぎ先の矢代家である。
（23）京屋藤田善兵衛は、佐兵衛の生母のトミの生家であった。

これの意味するところは、夜明けとともに親類などに初七日の逮夜の報せをして回った、ということか。そして九日に

「初七日逮夜相勤、親類幷一統中他家客来有之候」

で（一統とは別家衆を指す）、一〇日には家族が妙徳寺に参る。

「当旦那様・若旦那様・孝旦那様、供丈助・三介、御両人《ママ》様・奥様、供その・いく・九介、御寺御参詣被成候」

「奥様」とはラクのことである。「大旦那様」の名がないのは、夫は参らぬものとされていたためなのか[24]、それともすでに病に臥せっていて動けなかったか（彼は翌年、死亡する）。

一〇日には「惣敷餅（＝葬式餅?）」が注文され、一一日には「会式志くバり」もされている。こんにちの「会葬御礼」にあたるものか。

そのあと初七日と同じように、「逮夜の知らせ」「逮夜の勤め」（僧が来て法要をする）「妙徳寺参詣」（家族が妙徳寺にまいる）は、七日ごとに繰り返される。ただし記録の細かな差異は事実の反映なのかそれとも単なる書き落としなのかは区別がつかない。たとえば一〇月一六日の「二七日逮夜」に「妙徳寺様」、同二三日の「三七日逮夜」に「妙徳寺様御代僧」（代理の僧であろう）とありながら、一一月朔日の「四七日逮夜」と同三日の「月忌逮夜」には「妙徳寺御聖人様幷御所化様」とあるけれども、「おしょけさん」のお供がある日とそうでない日があるとは思えない。書き落としないしは省略であろう。いっぽう一〇月一六日の

「二七日逮夜御営在之、妙徳寺様初御親類様一統中御参詣在之、幷ニ出入方之外、家根清江御酒御膳被下候」

というのは、この日は特に、葬式とそのあとの手伝いをねぎらって、出入方に酒と飯が振る舞われたというように読める。「家根清」は普請方であるが、他の普請方は（もちろん葬式にはやってきたであろうが）とりたてて手伝わなかったけれども彼だけは出入方なみに働いたようである。ちなみにラクも「二七日」を区切りとしたようで、翌日の一七

日に京都に帰っている。

逮夜の法要は一一月八日の「五七日」で終わっている。

「五七日此処ニ而尽七日取越御逮夜物佛事御勤被遊候而、妙徳寺御聖人様初メ御親類一統中出入方普請方参詣被致候事」

という書き方からは、この日も大勢のひとが集まったことが分かる。「尽七日」は四十九日の満中陰を指すから、繰り上げて五七日をもって忌明けとしたのであろう。したがって「六七日逮夜」という記事はなく、それ以前の一一月一二日に

「当旦那様、忌明礼ニ御出被遊候、供九介、幷勝兵衛忌明礼ニ参り候」（勝兵衛は手代である。それほど気を遣わなくてもよい家々を、単独で回ったか）

「隅吉・三介、満中志くバりニ参り候」

とある（「満中志くバり」はこの日だけではなくしばらく続く）。大名屋敷関係はかなり遅れて届けられてもいる。

「季吉、土浦江加藤様中村様江満中陰志持参リ候」（一一月一三日）

「季吉、土浦江満中陰志持参ル」（一一月二七日）

「勝兵衛・三介、伯太江忌明の礼ニ参り幷満中陰志持参リ候」（一一月二八日）

もちろん忌中のあいだでも仕事は行われている。店の者ではすでに

「蒔田屋敷御国元行書状持参、使季吉」（一〇月九日・「初七日」の日）

「恒七、鎰卯・平甚江利銀済《ママ》促ニ参り、金利家賃銀持参致候」（一〇月一一日）

---

(24)　野辺の送りの記載が残っていたなら、慣習についてもう少し詳しく分かったことであろう。

という記述があるし、佐兵衛についても、土浦屋敷から一〇日に殿様が一三日暁に駕籠にて出立されるとの報せをうけたので、見送りに行っている。この時の「土浦の殿様」は土屋寅直で、嘉永三年から八年間にわたって大坂城代であった。この出立は城代の交代に伴うものである。

「土浦御殿様御出立ニ付、当旦那様、丈介《（ママ）》、供又吉・九介、夜五ツ時頃ゟ舟ニ而網島鮒卯迄御越被成候」（一二日）

「当旦那様丈助、土浦御鋪《（ママ）》敷御見立ニ御越、供文吉・九介依之茶舩ニ而」（一三日）

だから七日七日の行事とはいえ仕事の合間にできることで、それほどおおごととは思わなくともよいのかもしれない。妙徳寺と石灰町は歩いて一五分ほどの距離である。聖人《しょうにん》が来るにせよこちらから参詣するにせよ、簡単といえば簡単である。それに忌中の解釈もかなり柔軟のようである。すでに一二日に

「丈介、土浦御屋鋪江忌明御禮ニ行」

とある。しかしそれにしてもこれだけの法要は、やはり丁寧なことには違いない。

二八　佐治兵衛の葬式

リヤウに続くようにして佐治兵衛（三代佐兵衛）が亡くなったのは、翌年、安政六年七月二日のことである。とはいえ日記の記述はリヤウに比べて簡単である。一年がたっていないことなのでことさらに書かなかったのか。ただし葬式についてだけはリヤウと異なり、明示されている。

「大旦那様、今日御葬式」（七月二日）

この日の記事はこれしかない。おそらく店の者たち全員が、あれこれ忙しかったのであろう。真夏なので葬式も急い

だのかもしれない。あくまで想像でしかないが急死だったのではないか。後述するようにラクが父親見舞いに来たようにみえない。半年前には元気そうである。正月一〇日に孫娘ふたりをつれて「十日戎」、おそらく今宮戎まで船遊びをしている（二五節）。三月一五日には佐治兵衛の最初の妻であり佐兵衛の生母の本證院の五十回忌の仏事が営まれている（佐治兵衛が出席したかどうかは分からないが）。

佐治兵衛の葬式以後は

「初七日逮夜相勤申候」（七月六日）

「又吉・三介、御親類御一統忌中ニ付入用持参り、御屋敷江傘下駄取ニ参り」（七月七日）

「堺治（＝奥野治兵衛）・兵庫善（＝藤田善兵衛）様、下駄取ニ参り」（七月八日）

夕立でもあったのか。どうも慌ただしかったようである。

これに加えるに、三代銭屋源兵衛が七月一〇日に死亡する。

「淡路丁旦那様御病気之御養生不相叶、終御死去被遊候、尤正巳之刻」

京都へも（野々口、矢代、ならびに後述する岩佐）、親類へも別家へも、店の者たちが手分けして知らせにいく。とはいえ卯一郎は備店へ出勤している。銭源の葬式は七月一二日に行われ、佐兵衛と卯一郎が参っている。いっぽう同じ日に孝之助は妙徳寺へ参詣している。

京都からは知らせに行った季吉を通して香奠が届く。どうやらラクは、母の時とは違い大坂に来なかった。というのは野々口の舅の具合が悪かったかららしい。

七月二七日は「四七日逮夜」の日であるが、

「京都丹後屋御隠居元嘉様御死去ニ付、為御知之別使ハ参り朝五ツ時　即刻当旦那様・孝旦那様・孫介、供九助、葬式ニ付御上京」

立て込んでいるときには立て込むもので、翌二八日に八尾から西岡がやってくる。

「八尾綿吉様若旦那様御越、酒飯出ス」

そしてどう解釈してよいのか分からないがなんとなく滑稽なのが

「三介・季吉、京都丹市様江孝旦那様御羽織持参ル」

孝之助の喪服に問題があったけれども、急いでいたのでとりあえずそのまま出かけたのか。それとも暑い最中で羽織なしで出かけてしまい、奉公人があとでそれに気づいて追いかけたか。とまれ留守中にも佐治兵衛の「月忌逮夜」の法要は親類に通知されているし、「五七日逮夜」のみならず「六七日逮夜」も行われ、八月二〇日には「大旦那様五十日ニ付」家内一同揃って、妙徳寺に参詣している。

安政五年、つまりリヤウが亡くなった年の暮れ、銀控帳には「寺勧化成證庵葬式入用共」として四貫二〇七匁七分三厘が、そして安政六年、佐治兵衛の亡くなった年には「仏事葬式入用」として六貫九一四匁二分八厘(他に「勧化入用」として一〇七匁四分)が計上されている。一ヶ月ないし一ヶ月半分の世帯の費用に相当する金額である。

二九　卯一郎と岩佐ハタの婚礼

安政六(一八五九)年の正月、つまりリヤウが亡くなって三ヶ月あとではあるが佐治兵衛存命中に、卯一郎に岩佐ハタ(機)が嫁いでくる。父親の名前は平野屋岩佐孫兵衛[25]、母はシン[26]。シンは一一代野々口市郎右衛門(宗因)の妹である。岩佐家に嫁いで、孫太郎、シゲ(ハタの嫁入り前の名)、ラン、孫三郎を産んだ[27]。ランは実家の一一代野々口市郎右衛門と(逸身から嫁いだ)ラクとのあいだに子供が生まれなかったため、養女に出した。今回の縁談をラクの立場からみれば、夫の実妹の娘を、兄(四代佐兵衛)の長男に嫁がせるというものである（系図Ⅳ参照）。野々口市郎右衛門からすれば、姪を妻の実家に嫁がせるわけで、それゆえ市郎右衛門とラクは実際にあれこれ仲介の労をとる。

岩佐ハタは弘化元（一八四四）年一〇月一日生まれで、(28) 嫁ぐ前の名前はシゲであった。嫁いできたときには一六歳である。先に言ってしまうと彼女はたいそう長命で、大正一二（一九二三）年七月二三日に八〇歳で没している。つまり私の祖母が、ハタの孫にあたる七代佐兵衛に嫁いできたときにいまだ存命であって、祖母が大姑にいじめられた記憶

---

(25) 孫兵衛は退隠して孫右衛門と称する。「過去帳」の「五世佐兵衛　妻機　実父岩佐氏孫右衛門ト云　釈宗順　慶応三年六月二十日」は退隠後の名を記した、と考えられる。孫兵衛が孫右衛門に改名したあとも、しばらく倅の孫太郎が孫兵衛を襲名しない。その間のいきさつについては銭佐も把握できなくて、丈助が平野屋の別家の仁助に問い合わせた手紙〔1-6-3-7-2〕およびその返答〔1-6-3-7-1〕が残っている。ただしこのふたつの手紙には日付はあるが年は書かれていない。私の記述は安政六年との想定による。これらの手紙には桑名屋の悔やみが言及されているので、桑名屋（庄助か？）の死亡年が確認されたならば、年代が確定できる。

(26) 過去帳には「機子母野々口氏　岩佐孫右衛門妻スガト云　釈尼妙須　明治二十二年一月三日」とある。結論からいえば明治二年から八年のあいだにシンがスガと改名したと考えるのが、諸史料を整合させるもっとも簡単なパズルの解である。シンならびにスガについては以下の史料がある。

〔1-2-11-31〕（仮称）文久の親類書（後述三一節）「岩佐孫太郎・父孫右衛門・母しん」

〔1-2-5〕（〔1-2-11-25〕と同一）　明治二年「岩佐孫兵衛・妻かつ・母しん」

〔1-4-2-1〕　明治八年「岩佐孫兵衛・妻かつ・母すか」

「過去帳」「宗因姪　実妹シン岩佐氏江入嫁妊娠ニ付、里方野々口氏ニテ安産之儘養女、俗名ラン　十七才死去　香譽蘭室栄薫禅定尼　元治元年十一月十二日」

さらに「卯一郎婚礼諸入用控」〔1-6-1〕の一三頁以下には、聟入の節の土産にかかった費用がしるされているが、そこには（品名その他は省略、金額と宛名のみ引用）孫三郎様（三九匁）おしんさま（一一六匁）孫太郎様（五八匁）「内蔵様」（意味不詳・隠居の意味らしい）孫兵衛様（一四〇匁）おかうさま（五〇匁）野々口おらんさま（一〇四匁五分）とある。金額からみても、聟入りの時点でハタの母親の名前がシンであるとするのが妥当であろう。

(27) この順序がいちばんありえそうな想定である。孫太郎は遠からぬうちに家督相続をするからそれなりの年齢である。ランは野々口の養女になるが、シゲが生まれていたからであろう。孫三郎は昭和に生存している。

(28) 佐兵衛除籍謄本。

は母を通じて私にまで伝わる。

祖母から母へ伝わる口承によると、岩佐家は「みくるまがかり」であった、という（それを理由に「えらそうにしていた」）。この「みくるまがかり」ということばから、なにかしら御所と関係がありそうだと想像はしていたものの、公家だとすると岩佐には平野屋という屋号がついており、さらに商人である野々口家の親類であることとの不整合は疑問であった。それについては杉森哲也氏の説明で合点がいく。氏のことばをそのまま引用する。

「なお、「みくるま掛」というのはよくわかりませんが、あるいは駕《か》輿丁《よちょう》と呼ばれる禁裏出入の特権商人のことを意味しているようにも思います。駕輿丁とは、本来は天皇の輿をかつぐ役職の人々を意味しますが、中世に駕輿丁座という特権商人の座となり、近世になっても形式的に維持されて株化します。岩佐家はその株を入手し、駕輿丁という由緒と禁裏出入の特権を獲得していたのかもしれません」。

京は都というだけで大坂より格上であった。銭佐が岩佐家と縁続きになりたがったのは、商売の発展を期待してというより、むしろ京都から嫁を迎えるということそれ自体が、銭佐の上昇志向と合致する、見栄のよい出来事であったからであろう。

卯一郎とハタとの婚礼については袋に入った諸史料が残されている〔1-6〕。さらに後に佐一郎が戸倉タイと結婚するにあたりこの婚礼の手順を参考にしたので、そちらの書類〔1-2〕の中にも今回の婚礼関係の史料の写しが混ざっている。[29] ただしいちばん重要な手がかりを与えてくれる「婚礼諸事控」が、他の婚礼とはちがって残存していない。いっぽう佐古文庫のこの期間の日記が残存しており次のような記述が読めるので、本節では日記の記述に他の史料をもとに注を付ける。[30] 婚礼行事の流れについては本節では概略にとどめて、詳細な記録が残っている明治三年の佐一郎の婚礼を紹介するところ（六一節）で詳述することにする。おそらくそのとき行われた諸行事は、このときも同じ手順で行われたはずである。[31]

逸身家が嫁を迎えるのは久しぶりである。四代佐兵衛トヨを娶ったのは二〇年も前のことである。その間に佐兵衛の異母妹が四人、嫁入りしているが、嫁が嫁いできたことはない。おまけに卯一郎は跡取りであるから店にとっても事件である。婚礼にあたって祝言の日はいうまでもなく他にも店が閉められたと思われる日も少なくない。別家はその妻たち――その多くはかつて銭佐で下女として働いていた――も手伝いに来る。(32) あるいは出入方や普請方にも見廻りの用事があてがわれ、一族郎党あげての行事となる。以下、日記に従い、日取りを示す。丈助が認めた「卯一郎婚礼諸入用控」〔1-6-1〕は、六一節で史料に沿って紹介するような結納から聟入りまでのすべての行事の流れが分かり、かつ諸人物の同定がなされた現段階で読めばきわめて面白い史料であるが、紹介を断念する。

安政六年正月二一日　「若旦那様御嫁迎ニ付荷物参り候」。たんに荷物を受け取り運び入れるだけではない。先方が主催する行列がある。そのあと仲人と御使者を迎え接待しなくてはならないし、人足にも祝儀を渡す。「甚句料」が計上されているから〔1-2-18〕、甚句も歌われたことが分かる。

同二三日　（日記は日付と天気だけで空白）

(29)　このように断定してよいものはつぎの二点である。①〔1-2-18〕の「寿」。「岩佐之節写戸倉氏江申合之下書ニ仕ル、尤張紙之通直し候事」の添え書きがある。②〔1-2-23〕の「寿」。小さく「写」とあるもの。②は本来、「婚礼諸事控」〔1-2-5〕（明治三年の佐一郎とタイとの婚礼）ないし「佐一郎婚礼諸祝儀控」〔1-4-2-1〕（明治八年の佐一郎とミヤとの婚礼）に対応するものであったろう。混在したと推定できる他の史料については、後述。

(30)　これらの日それぞれの手順の指示は〔1-6-3-3〕、役割については〔1-6-3-17〕が詳しい。

(31)　「佐一郎婚礼諸事控」を読んでからこの婚礼に関する史料を読むと類推により分かるところが増す。この婚礼も明治三年の佐一郎の婚礼もすべてを仕切っているのは丈助であるが、役割表ひとつをとっても明治三年のほうが微に入り細を極めた書き方になっている。

(32)　佐古文庫の「成證庵智榮日良遺物控」（F-10 47）は、婚礼の二ヶ月前に書かれている。〔1-6-3-17〕の役割分担と同名の人物は同一人物と考えてまずよいだろう。もちろん仕事の内容や、同一の業務を担当している者たちの序列を考慮する必要はある。婚礼当日に「二階休息所」を担当しているタカ、ヒデ、タケは、それぞれ銭屋専助母、銭屋丈助妻、銭屋嘉兵衛妻、とみて間違いない。

同二四日「御新造様御入輿被成候」。この日が祝言当日であった。

同二五日（日記は日付と天気だけで空白）。この日は「部屋見舞」であった。別家等の女たちが新しい花嫁にご挨拶に訪れる。

同二六日（日記は日付と天気だけで空白）。「御里開」ということで、花嫁一行がいったん生家に帰る。逸身の側からも供がつく。

同二八日「御新造様御里帰り目出度相済申候」。史料〔1-6-2-17〕はこの日を「御花かへり之節」と書いている。この史料を書いた丈助は、「花帰りを済ませて戻ってくる」の意味で、もしくは「婚家に戻ること」の意味で「御花かへり」ということばを使っている。

花嫁は祝言をあげたあと、一度、生家に戻り（「御里開」）、すぐまた婚家へ戻ってくる（「御花帰」）。おそらくこれは花嫁の生家と婚家とが遠くないところで行われた婚礼の次第を残した古い慣習であるが、その由来についての想定は六一節で行う。

京と大坂のあいだの移動には舟を使ったであろうが、それにしても花嫁が京と大坂のあいだをこの日程で一往復半することは不可能ではないにしろあまりに大儀である。そこでのちの孝之助（佐一郎）が京から花嫁を迎えるときには、事前に花嫁一行のために、銭佐の近所に家（「旅宿」）を用意している。おそらくこのときも実際にはそうした方便がとられたのであろう。

同二九日「丹後屋旦那様・奥様、岩佐御新造様、堺屋御陵（ママ）□様、今村長兵衛様、銭屋源兵衛、銭屋弥助様御越被遊候」。親戚が招待され、花嫁とひきあわされている。とはいえ遠方のひとたちは来ていない。八尾の綿吉（西岡）は前日に断りの使者が来ているし、兵庫の京善には翌日、飛脚を出してお土産を渡している。

同二月朔日「御両人様・御新造様御新宅江御越、供お中様・おうの様、季吉・三介」。この日初めて、花嫁は姑に連れられて、夫の祖父に挨拶に行っている。リヤウはすでに亡くなっている。供をする下女は、ハタが連れてきた女たちである。

親戚への挨拶はまだまだ続く。

同二月一六日「若旦那様供九介、此程之御婚禮之御挨拶ニ御親類中江御越」

同一七日「婚礼相済候ニ付御祝赤飯配り、又吉・季吉・隅吉、九助・三助、むし物賦り、又吉・季吉・隅吉、九介・三介」

同二〇日「当旦那様御駕ニ而若旦那様、供九介御同道ニ而、八尾両家へ御婚禮御挨拶ニ御越」

石灰町から八尾の中心部まで直線距離でも約一〇キロである。実際の道のりは三里以上あったろう。遠くはないけれど往復では一日仕事になる。しかも花嫁が出向くわけでもない。挨拶とはいえ、ご丁寧なことに思える。それほどに西岡とは大事な関係であったらしい。

先に桑名屋庄助の妹が三代佐兵衛に嫁入りしたときのお土産を転記した（五節）。ハタの土産はつぎの通りである（〔1-2-23〕。「婚礼之節」の土産のみ。内容にそって書き改める）。事前に一連の事項のひとつとして逸身と岩佐の双方でこの土産物が取り決められたのは、かなり前のことである。だからその時点ではリヤウはまだ存命であった。

佐治兵衛　御扇子（五本入・一箱）、松魚（一〇　一箱）、羽二重（一端）
佐兵衛　御扇子（五本入・一箱）、松魚（一〇　一箱）、羽二重（一端）
リヤウ　御扇子（五本入・一箱）、羽二重（一端）
トヨ　御扇子（五本入・一箱）、御帯地（一筋）
卯一郎　御扇子（五本入・一箱）、御袴地（一具）、松魚（一〇　一箱）
佐一郎　御扇子（五本入・一箱）、龍門絹（一反）

タウ　御扇子（五本入・一箱）、御帯地（一筋）
イツ　御扇子（五本入・一箱）、御帯地（一筋）
源兵衛　御扇子（五本入・一箱）、松魚（一〇　一箱）、和紙（五束）
御親類　御扇子（五本入・一箱）、和紙（五束）
（このあとに別家衆や奉公人が続く）

あきらかに格式張っているし、金額もかさんでいることがみてとれる。銭屋の社会的地位の上昇が理由の一つ、さらに岩佐家が京都であることも理由であろう。

　これとは別に卯一郎は、さらに「御聟入之節」に上下一具と小袖をもらうことになっている。この「御聟入」は三月二九日に行われている。同日の日記。

「当旦那様・若旦那様・御寮人様・御新造様・孝旦那様、京都方御むこ入ニ付御越被遊候、供常七・勝兵衛、京うの殿・中殿、内その・まき・東助・九介、大工萬助・髪結おうの参り候」

常七は別家、勝兵衛は手代、東助は出入方、九助は下男である。さらに大工までいる。髪結は分かるが、どうして大工が同行するのか。たんに荷物運びや護衛のみならず甚句もうたうのだろうか。

「御聟入」とは、つまるところ先方（岩佐家）の親戚に対して、銭佐が挨拶をする儀式である。のちのもっと詳しい記録（とりわけ銭佐のほうから嫁入りをさせた平池家との婚礼記録）をみると、「御聟入」は「花嫁御入輿」と対をなす行事である。

　年末に銀控帳には「卯一郎婚礼入用」として、一五貫六四一匁九分一厘が計上された。結納から聟入りまでのすべての費用である。[33]

三〇　結納から婚礼まで

実はこの婚礼までにはずいぶん時間がかかっている。婚礼に先立つ二年前の安政四年一〇月に、ラクの嫁ぎ先の野々口市郎右衛門から丈助宛に、つぎのような岩佐側の意向を示す手紙が届いた〔1-6-3-18-2-1〕。

「（前略）今般不束之娘預御懇望、大慶之至奉存候、早速御請可申上処、乍失敬宜鋪御辞退申上度本意ニ候得とも、折角厚思召之程難黙止、乍併先一応御本人様御談被下候上、御答申上度候得者、十一月五日ゟ十日迄之内、東洞院下拙宅ニ而御談被下度様被申候（後略）」

一度は縁談を断ったようにして、しかし見合いを提案する、というやりかたは、ある種の交渉術とみなしてもよいのか。それともほんとうに気乗りのしない話であったが、野々口の説得に応じたのであろうか。

いずれにせよこれに呼応して一一月五日から九日にかけて、卯一郎と卯一郎の両親が、丈助その他を連れて京都に行っている。一一月五日の日記。

「当旦那様・御寮人様・若旦那様、京都江御越、供丈助殿・おひて殿・その・東助・三助、留主中泊りニ出勤、又兵衛殿、并清兵衛・弥七泊り番ニ来ル」

日記には理由が書かれていないが、これが見合いであることは丈助が記した「卯一郎婚礼諸入用控」〔1-6-1〕によって確証される。(34) 佐兵衛も丈助もこれほど長い間留守をすることはめったにない。だから備店から清兵衛が来るのみ

(33) ただし「卯一郎婚礼諸入用控」〔1-6-1〕には「都合　拾五貫六百廿三匁七分四り」とある。
(34) 〔1-6-1〕、巳年一一月一三日の項「一、同（＝銀）弐百三拾六匁八分七り　旦那・御寮人・若旦・丈助・ひて・その・東助・三介、見逢之節、五日夜舟ニ而上京、九日昼舟ニ而下坂、諸入用」。

ならず、独立した別家の又兵衛までもが留守番に来る。孝之助では頼りにならぬと見える(35)。

丈助は銭佐を代表する折衝役である。妻のヒデも一緒なのは、何らかの役割を期待されているからである。この役割が儀礼的なものであるのか（例　御寮人に代わって先方の女に御挨拶をする場合があるかもしれない）、それとも実質的なものなのか（例　女の眼で嫁にふさわしいかを確かめる）は決めがたい。おそらく儀礼と実質の両者を兼ねているのだろう。さらに両家の直接の接触は、避けるようにできているから、今後、女の立場で交渉ごとが生じた場合（例　嫁入りにあたって連れてくる下女に関する交渉）に備えての顔見せもあったろう。明治三年の佐一郎の婚礼にあたってはヒデが京都に行ったかどうかの記録はないので、連想しがたい。ただしそもそも婚礼の下交渉は格が相応する男女で行うものでもあったようである(36)。ひとついえることはトヨの世話ではない（その役割はソノがやったであろう。ソノはこの時期の、上位の下女である(37)）。一行が舟で帰ってくるのは九日である。あしかけ五日の大仕事である。

「京丹市」（すなわち丹後屋野々口市郎右衛門）からは手紙が頻繁に来るのみならず使者として手代もやってくる。一月一六日には丈助がまた上京している。

かくして結納にまでこぎつける。一二月一六日の日記に次のようなふたつの記事がある。

結納御祝詞ニ付、一統中家内共出勤被致候、

丈助、供萬助・三助、結納持参被致上京仕候、

「一統中家内共出勤」ということは、別家衆が妻もしくは母をも連れてやってきて、祝をしたということである。後の婚礼の史料から推し量れば、別家の当主ならびに家内の名前をあげた廻状があらかじめ回された。

いっぽう、野々口市郎右衛門から一二月二二日付で結納無事終了の祝詞ならびに結納祝儀品受納御礼が届いている［1-6-2-8-1, 2］(38)。しかしそこからが順調にいかなかった。

おそらく祖母のリヤウが病に伏せったのであろう。逸身家は婚礼の延期を申し出た。岩佐との仲介にたった野々口

からその返答として、「来春では遅すぎる、霜月ではどうか」という趣旨の手紙が丈助宛に翌安政五年九月一六日付で寄せられた〔1–6–3–15〕。そこには自分たちの父親も病身であるからという文言がある。この老人は野々口の父親にとどまらず花嫁の祖父にあたる。しかしリヤウが同年一〇月四日に死亡するので、忌中になってしまう。結局、婚姻は逸身側の申し出た日程になった。

三一　（仮称）「文久の親類書」

結納に際しては「家内書」「親類書」「別家書」が相手方に渡される。他の婚礼の記録から判断すると婚礼に際しては「婚礼諸事控」が認められ、それには「家内書」など先方に渡した書類の写しが記されることになっていた。よって「婚礼諸事控」はプロソポグラフィにとっては重要な史料である。ところが卯一郎の「婚礼諸事控」は散佚したらしく見あたらない。

しかしこの安政六（一八五九）年の婚礼より後に作成された「親類書」「別家書」の下書きが残っている〔1–2–11–31〕。

（35）　前項と同日に、留守中、普請方六人が毎晩二人ずつ泊まりに来たため、銀二七匁（金百五拾疋代）を払った旨、計上している。ちなみにこの帳面は金で払った場合、金額を記したあとに換算して銀で記入するため、レートが読める。

（36）　明治八年の見合い（これは大坂の、石灰町の近く（生玉）で行われている）には、すべてを仕切る嘉兵衛とは別に、手代の祥造と賄女中のキクが供をしている。明治一一年のイツの婚礼の下交渉には、手代の徹造と賄女中のキクが聞き合わせをしたことが明示されており、かつ両者は見合いの供をする。

（37）　ソノは、実際の婚礼の「御荷物之節」には忠兵衛の下についての「道具方」であり、「婚礼当日」は三助を供にした「迎女」をやり、そのあと三人の下女を率いて「家具方」筆頭となる。単純な比較はできないが、「迎女」を明治三年の婚礼でやるのは、序列三位のツルである。しかもツルは見合いの供をしている。

（38）　この野々口の書状は『現状記録報告書』所収の目録では安政五年と考えられているけれども、安政四年としなくてはならない。

いったい誰の縁談のために作成されたか、それ自体が興味深いのみならず、そこに記された親類や別家の面々の名前が彼らの動静を調べるのに役立つことが期待される。ところが日付が入っていないので、作成時期がすぐには特定できない。

この史料〔1—2-11-31〕は〔1-2〕の包みの中から発見された。〔1-2〕は、明治三年の佐一郎と戸倉タイの婚礼の婚礼関連の史料群をまとめたものである。しかし〔1-2-11-31〕はこの婚礼以前のものであることがすぐに分かる。この婚礼の「婚礼諸事控」〔1-2-5〕が残されていてそこには先方に渡した親類書が写されているが、両者は内容が一致しないからである。

いっぽう〔1-2〕の包みの中には、安政六年の卯一郎の婚礼に際しての書類が一部、含まれていた。本来、卯一郎の婚礼関連の書類は〔1-6〕の包みの中の書類と一緒にまとめられていたはずだが、それにもかかわらず、明治三年の佐一郎と戸倉タイの婚礼の折、婚礼の手順や心付けの金額などを参考にするため使われたからである。たとえば〔1-2-18〕の「寿」とした帳面には「岩佐之節写、戸倉氏江申合之下書ニ仕ル、尤張紙之通直し候事」と、これが安政六年の婚礼の記録の写しであることが明示されている。他にも同様の史料がある。(39) だから〔1-2〕の中に安政六年の婚礼の史料が混入していることは間違いない。それでは〔1-2-11-31〕は、安政六年の卯一郎の婚礼にあたって作成された「親類書」と「別家書」の写しのように思えるがそうではない。

この「親類書」を精査すると、これは卯一郎と岩佐ハタの結婚以降のものであるとしなくてはならないことが分かる。それは次の三点による。

① 平野屋岩佐孫太郎・父孫右衛門・母シンが親類になっている。嫁が岩佐家から嫁いでくるのに、すでに岩佐家が親戚であるとはどう考えても奇妙である。

② 〔1-2-11-31〕は下書きであって、書状の裏面に書かれているが、その表面は岩佐シン（ハタの母）から逸身トヨ

(佐兵衛の妻・卯一郎の母)に宛てられた書状である。[40]

③ 逸身源兵衛・母きんとある。キンを母にする源兵衛は四代である。しかるに三代源兵衛が亡くなるのは卯一郎の結婚(安政六年一月)後の同年七月一〇日である。[41] もし卯一郎の婚姻にさいして書かれた親類書の下書きであるなら、当主として三代源兵衛が記されなくてはならないはずで、したがってキンは「母」ではなく「妻」と記さないとおかしい。キンは文久三(一八六三)年七月に死亡している。

さらに個々の名前を他の史料から分かる情報とを組み合わせることで、より年代を狭められる。

④ 奥野治兵衛の母れん

レンは初代治兵衛の妻で、元治二(一八六五)年正月死亡している。[42] 佐兵衛の妻であるトヨの父の二代奥野治兵衛

(39) 史料〔1-2-18〕の帳面は心付や酒飯料などが書上げられているが、中には嫁入りのさいの土産のリストもあって、そこに列挙された土産をもらっている逸身の家族の名前からもオリジナルが間違いなくリヤウが死亡する安政五年以前に作られたことが判明する。そして実際に戸倉が参考にすべく貼られた付箋があちらこちらに残っている。同じく〔1-2-24〕にも「当方より戸倉氏江差出候申合之写」とある。さらに〔1-2-23〕はそのように明示されていないが、付箋が貼られていることから〔1-2-18〕と同様の帳面であることが分かる。

(40) もっとも岩佐シンはすでに卯一郎の婚礼まえから逸身家と交際があった。シンは野々口ラク(すなわち三代佐兵衛の娘のラク)の夫の一一代野々口市郎右衛門の実妹であり、かつラクの養女のランの実母である。岩佐シンはラクの母のリヤウの形見分けを、すでに安政五年にもらっているのはその関係かもしれない。といっても結納をすでに交わしていることを考慮すべきであろう。しかしいずれにせよ他家との婚礼ならばいざしらず、これから娘をもらうことになる婚姻の親類書に、シンを親類として記すことはありえない。

(41) 逸身家過去帳、親類の部。

(42) 明治三年の「親類書」には「奥野てい」が記されているが、このテイは二代治兵衛の娘であることが逸身の過去帳から分かる。トヨが治兵衛の長女と除籍謄本に記載されているので、テイはトヨの妹ということになる。ただしこの過去帳には初代治兵衛、その妻、二代治兵衛、テイが記されてはいるものの、二代治兵衛の妻、すなわちテイとトヨの母は、名前も命日も書かれていない。野々口市郎右衛門の「聟入り」に際して土産をもらっている奥野セイは、二代治兵衛の後妻で、トヨとテイは祖母に育てられたらしい。テイは明治一一年二月没。明治三年の親族書には奥野家の当主としてテイの名のみある。ということは、テイが婿養子をとるのはこの先のことである(明治八年には「奥野治兵衛」が記されている)。トヨとテイには兄弟の幸助がいて、これが本来ならば跡取りと期待されてい

は慶応四年閏四月に死亡している。

しかし二〇一四年六月に野々口家の菩提寺を訪れ墓石を確認したおかげで（一八節）、この「親類書」作成の上限下限のいずれもがかなり狭まった。

⑤

野々口市郎右衛門・母らく

ラクが母とされている以上、この市郎右衛門はラクの夫の一一代市郎右衛門ではありえない。いっぽう一八節で過去帳を引用したように、ラクは養女のランをとったほどであるから、倅が生まれたとは考えにくい。さらに逸身家の過去帳には、ラクの夫（一一代市郎右衛門安親）のみならず、その父、娘のランまでもが記載されているから、もし倅が生まれかつ死亡したのであったなら、その戒名は過去帳に記されてしかるべきであろう。となればこの親類書に記され、かつ墓石で確認できる男子はラクの娘ランの婿養子ということになる。

いっぽう役行者町文書のひとつである元治元(一八六四)年九月の宗門人別改帳（J-2）には、ラク、(死亡二ヶ月前の)ラン、手代の吉兵衛と金兵衛しか記されていない。婿養子にあたる人物は書かれていない。離縁させられたとは考えられない。かりに離縁させられたのなら墓石にランと並べて祀られなかっただろう。よってこの婿養子はランより前に死亡し、戒名が与えられた、と考えなくてはならない。

ランは死亡した元治元年に一七歳であった。一四歳で結婚したとしても、それは万延二年(＝文久元年）のことである。いっぽう一一代市郎右衛門は文久二年二月に死亡している。婿養子を取ったのが同人の生前であったにせよなかったにせよ、〔1-2-11-31〕が作成された上限は、一一代の死亡後の文久二年二月となる。いっぽう下限は先述の③から文久三(一八六三)年七月となり、範囲はこの一年半たらずの間である。いったい誰の縁談のためにか。

当然考えられる該当者は孝之助である。孝之助は文久二年に二一歳になっている。そしてどうやら孝之助は表だった記録にはのこっていないけれども、実はこの時期にいちど婚礼をしたにもかかわらず、ただちに縁組みを廃棄したらしい。これについては後述する（四七節）。

たとえ孝之助の見合いのためでないとしても、この「親類書」と「別家書」は上記一年半の期間の親類ならびに別家の名前を伝える史料であることは間違いない。とりあえず今後これに言及するときには（仮称）「文久の親類書」「文久の別家書」と呼ぶことにする。いうまでもないが便宜上の命名である。

三二　（仮称）「文久の親類書」に書かれた親類

安政六年の婚礼のために作成された親類書は残存しないので、「文久の親類書」より前の親類書は、天保一二年のラクの結婚の時のものまで遡る。ふたつの親類書を比べてみると、つぎのような差異がある。天保一二年の親類書には当主の名前だけしか記載されなかったが、「文久の親類書」では、妻、父、母、が記されている。もしそれらが記載されていない場合には、（一部を除いて）すでに死亡しているとみなされうるだろう。掲載順序も意味があるかもしれないので、その順番どおり転記して注をつける。なお妻とあって名がないのは、史料そのものに名が書かれていないことを示している。これは下書きであって、書き手がそのときには思い出せなかったのであろう。

①　銭屋逸身源兵衛・母きん　これが四代源兵衛であることは先述した。

②　加佐村伊兵衛・妻ふさ　加佐村の逸身佐右衛門の倅か。(43)

た。しかるにこの幸助は安政五年五月八日に死ぬ。佐兵衛は葬式のみならず小橋まで野辺送りに行っている。日記のこの日周辺を参照せよ。

(43)　加佐村伊兵衛は上段に書き加えられ、線が引かれている。後から挿入されたと見える。なお「播州」と書くつもりであったか（「摂州」の迷いが出たか?）、「扌」だけが加佐村の右肩にある。

③ 丹後屋野々口市郎右衛門・母らく　先述。

④ 境屋奥野治兵衛・母れん　先述。

⑤ 桑名屋神吉源次郎・祖母ふさ　この源次郎と、佐兵衛の異母妹タイの夫であった庄助との関係は不明である（一六節）。タイは嘉永六年に死亡している。タイの夫の庄助も安政三年に再婚したにもかかわらず（三三節）、最近、亡くなったらしい。源次郎に関していちばんありえそうな推測は、庄助とタイの倅であって、いまだ庄助を襲名していない。

⑥ 京屋藤田善兵衛・妻（空欄）・母さち　四代佐兵衛の生母であるトミの生家である（一九節）。京善にはリヤウが亡くなったときにはすぐに知らせがいくし、佐治兵衛の葬式には京屋善兵衛当人が来ている。また安政六年には本證院（四代佐兵衛の母）の五十回忌の法要が営まれ、善兵衛一族がよばれている（後述四四節）。

⑦ 平野屋岩佐孫太郎・父孫右衛門・母しん　先述。(44)

⑧ 誉田屋《こんだや》矢代庄兵衛・妻たね・母たか　佐兵衛の異母妹シカの嫁ぎ先である（一六節）。シカが亡くなったのは嘉永三年で、その後、庄兵衛は再婚したとみえる。誉田屋は冷泉町にあった西陣織物中買である。そして誉田屋庄兵衛は一統の本家であった。商家同族団としての誉田屋一統と冷泉町とに関しては、杉森哲也氏の論考がある。(45)

⑨ 西岡吉兵衛・妻ます・父儀兵衛・母てい　この「吉兵衛」が天保一二年の吉兵衛と同人か、それとも家督相続が行われ、退隠後に儀兵衛と名前を変えているのかは不詳。

⑩ 西岡長右衛門・妻れい　天保一二年の長右衛門と同人か、それとも家督相続があったかは不詳。

⑪ 藤田善治・妻（空欄）初出。京屋善兵衛参照。

⑫ 藤田善右衛門　妻（空欄）初出。

⑬　織田弥助・妻すを　一〇節参照。
⑭　池田伊兵衛・母やそ　天保一二年の伊兵衛と同人か、家督相続があったか不詳。
⑮　今村長兵衛・妻とわ　天保一二年の長兵衛と同人か、家督相続があったか不詳。
「文久の別家書」に記されている別家衆については、三六節で論じる。

三三　リヤウの形見分け

ハタが嫁いでくる前年である安政五年の一一月、リヤウが亡くなって一ヶ月後に「形見分け」が行われた。「成證庵智榮日良遺物控」（佐古文庫F–10–47）は、銭佐の親類にもまして、別家の女性たちの同定に役立つ史料となった。なぜなら翌年の安政六年正月に行われた婚礼の花嫁からの土産の記録（写）〔1–2–23〕には、「別家家内衆」とひとまとめにされて金額の総額のみ記され個々の名前はあげられていないし、また「婚礼役割定」〔1–6–3–17〕には名前しか

（44）　結論をあらかじめ予想すれば、そもそも当主が孫太郎、父が孫右衛門、という事態は、本来、当主が名乗るべき孫兵衛の名を孫太郎がいまだ襲名していない短い期間があったわけで、その時期がいつ、どれくらいの期間続いたのか、という問が解ければよい。ただしこれが込み入っている。安政六年の聟入りにはハタの祖父がいまだ健在であった。お土産が「ご隠居様」「御当主様」「孫兵衛様」に贈られているからである。老人がなくなり孫兵衛が孫右衛門を襲名しても孫太郎は孫兵衛を襲名していない、というのが逸身の了解であって、ほんとうはどうなっていたのかを伝える岩佐側の史料はない。その間の事情を丈助は知りたがっている（上述二九節注25で言及した〔1–6–3–7–2〕。岩佐の別家からの手紙は問いにはっきり答えていない）。さらに手紙の中では桑名屋の葬式に言及されているが、その葬式は桑名屋庄助は、安政三年に再婚しているにもかかわらず（三三節）、ここで問題にしている親類書では桑名屋源治郎が当主になっており、しかも祖母フサの名前がある。
（45）　杉森哲也『近世京都の都市と社会』（東京大学出版会、二〇〇八年）第七章「商家同族団と町――京都冷泉町・誉田屋一統を事例として」

書かれていないから、ある女名前が別家の家内なのか、もしそうならば誰の妻なのか、それとも下女なのか、といった類の、要するに何者かを示す情報がない。しかし「成證庵智榮日良遺物控」には別家の女が別家ごとに記されている。そこで上であげた史料群を、さらに明治三年の「婚礼役割定」〔1-2-13〕とも組み合わせることで、それぞれの別家の家族関係のみならず、婚礼に果たす別家の女たちの重要な役割が見えてきたのである。その成果については三六節にまわすことにして、本節ではまずは親類の女性たちについて記しておく。

この「遺物控」は形見分けとして配られた、リヤウの着物や帯の記録である。形見は親類の女たちのみならず、別家の妻たち、下女や乳母にも分けられた。配り主は佐兵衛で、親類には一軒ごとに「演」と書かれた口上の写しがあるところをみると、店の者が持参して、目の前で着物を確認したのだろう。佐兵衛の妻のトヨや娘のタウとイツの名がないのは、配るわけではないからあえて書く必要がないということか。佐兵衛はどこそこの家の女にも配慮せよ、との指示を出したかもしれないが、実際に着物をひろげ、この着物を誰にあげるかを決定していったのは、トヨと、リヤウの娘のラクのふたりの両方、またはいずれかであったろう。ラクは「二七日」の法要を済ませて京都に帰っているから、もしラクの意向が反映されているのなら、それまでに決めてしまわなくてはならなかった。

着物ないし帯をもらった親類の女たちの名前を記録しておく。史料には着物や帯の描写が一点ごとに続くが省略する。注記は他の史料から確認された事実である。

銭源　おきん　三代源兵衛の三番目の妻。
野々口　おらく　リヤウの娘。
野々口　おらん　ラクの夫の姪で養女。この年には九歳である。
神吉　おふさ　当主庄助の母(三二節参照)。
神吉　おとよ　リヤウの外孫娘(後述)。

神吉　およね　リヤウの外孫娘（後述）。
神吉　おかう　庄助の後妻か（後述）。
織田　お素袍《スホ》　銭弥の当主弥助の妻。
織田　およし
今村　おとわ　当主長兵衛の妻。
西岡　おてい　当主吉兵衛の母。
西岡　おます　当主吉兵衛の妻。
西岡（新宅）　おれい　西岡長右衛門の妻。
奥野　おれん　トヨの実家の当主治兵衛の母。
奥野　おてい　同治兵衛の娘。トヨの妹(46)。
岩佐　おしん　野々口から嫁いだラクの義妹(47)。
矢代　おたか　「文久の親類書」によれば、誉田屋当主庄兵衛の母。

このあと別家の女たちが続く。それは三六節で引用する。

野々口のつぎにあげられている神吉とは桑名屋庄助の子孫である。佐治兵衛の二度目の妻の生家であった。さらに佐治兵衛とリヤウの娘のタイが嫁にいった（しかしタイのほうが両親より先に亡くなった。嘉永六（一八五三）年没）。この神吉家の女性たちがリストの上位に並べられているのは、後者の理由からである。三代佐兵衛とリヤウの血がつながった外孫もいる。タイの夫の庄助が、タイの死後、再婚したことは「日記」のつぎの記事から分かる。

---

(46)　トヨが長女であることは、除籍謄本で確認される。奥野家の家族関係については系図Ⅲ参照。
(47)　卯一郎と結納を交わしたいる岩佐ハタとの関係については二九節参照。

安政三年四月一一日「桑名屋御寮人様初御越ニ付、御家様・女中弐人・手代壱人・下男壱人付添御越、内、大旦那様御家様・當旦那様御寮人様・若旦那様・舅様、御同席。」

神吉家に最近嫁いできた嫁が、姑(「御家様」)に連れられてやってきた。ハタが銭佐に嫁いで来たとき、夫の祖父である佐治兵衛に紹介したのが姑のトヨであったように(二九節に引用した安政六年二月朔日の「日記」)、新しい嫁の紹介をするのは姑と決まっていた。正式なご挨拶であり、銭佐では家中総出で出迎えている。そのあとの接待についてもかなり詳しい記述がある。この嫁はタイの死亡後、庄助が娶った後妻と考えられる。タイの倅(源次郎／源治郎)とすると、タイが嫁いだのが天保一一(一八四〇)年なので、結婚するには若すぎる。(48)

このあと引用する日記から分かるように翌年に娘がふたり銭佐を訪れている。これは先妻タイがのこした子供(佐治兵衛とリヤウにとっては外孫)であろう。よって成證庵の「形見分け」のリストに記載されている神吉家の女性四名のうち、フサは庄助の母、残りは庄助の後妻とふたりの娘と確定する。そしてもらった着物から推測するに、先に名があげられているトヨとヨネとが娘であって、カウは後妻とみてよい。(49)

桑名屋との実際のつきあいも多かった。神吉家が住んでいるのは堂島船大工町というからそれほど石灰町に近くはないけれども、「日記」の残存している安政年間をみても両家のつきあいは、幼い娘たちの往来もあったように密である。目に留まった記事をあげる。

安政四年三月二一日「桑名屋姉娑さま小娑さま御越、供乳母共六人」

安政四年三月二三日「稲娑さま、きく・はる、大旦那様、桑名屋御客御隠居御一統さま、花見ニ御越(以下略)」

ふたりの娘が乳母とともに訪れてきた。あくまで想像であるが、タウは同じような年齢の又従姉妹たちと遊んでもらい楽しかった。この年タウは五歳である。そこで翌々日、一緒に花見をする約束をして別れるのである。その日には祖父が孫娘に付き添っていく。佐治兵衛はすっかり隠居したようである。

三四　屋敷の購入

先に（二一節）佐治兵衛の居所を推測するにあたり、銭佐が石灰町に所有していた家屋敷について少しふれた。銭佐は弘化二年以降、積極的に町内の家屋敷を購入していく。

佐古文庫には安政三（一八五六）年の石灰町の「水帳絵図」がある（E-6-14・口絵24）。この絵図をおこした図（第二巻第一章吉田伸之論文図2）を、石灰町全域に便宜的に振った番号ともども参照されたい。銭屋佐兵衛は六ヶ所の家屋敷を所有している。ほかにもう一ヶ所、銭屋市兵衛の名義になっているが、事実上、銭佐の所有といってもよいものがある（⑬）。さらに後述するように安政六年に丈助に買い与えられる⑭も金の出所は銭佐であるので、まずこれらも含めて全八ヶ所を列挙する。(50)

⑥	弐役	表口　六間	裏行	弐拾間
⑬	壱役	表口　五間	裏行	弐拾間
⑭	壱役	表口　五間	裏行	弐拾間
⑮	壱役	表口　六間	裏行	弐拾間

(48)　しかしこの嫁は、庄助が死んだ後、生家に戻ったらしい。（仮称）「文久の親類書」に書かれているのは（三二節）、神吉源治郎と祖母フサだけである。

(49)　トヨとヨネは帯と小袖、カウは小袖のみ。もっとも私は着物について細かな点が分からないから、一点ごとの値打ちを勘案すれば違うかもしれない。

(50)　「水帳絵図」を再調査したとき、「逸身佐兵衛」の付箋のうえに「逸身佐兵衛」の付箋が貼られているところに関して、両者はまったくの重複ではなく、実は前者には宝房の印が、後者には宝備の印が押されていることが確認された。宝房は四代佐兵衛、宝備は五代である。

⑯　壱役半　表口　九間　　裏行　弐拾間
⑳　壱役　　表口　四間半　裏行　弐拾間
㉑　壱役　　表口　三間　　裏行　弐拾間
㉒　弐役　　表口　六間　　裏行　弐拾間

以下、銭佐の屋敷所有の推移を、「家徳控」（口絵31）ならびに「水帳絵図」の付箋（口絵24からも見える）、さらに明治四（一八七一）年の家督相続に関係する書類（「宝備家督一件諸事控」〔4-10〕）その他の史料によって記していく。

そもそも銭佐の中心は間口九間の⑯である。その南隣の⑮も古くから所有していた。このふたつに関しては逸身銀行破産まで変遷はない。

「家徳控」によれば、銭佐は以前から（おそらく天保五年から）所有していた「南側の家」を天保一二年に一五貫目で売却している。

「石灰南家　表口五間　裏行廿間　土蔵弐ヶ所　古家御渡」

売却先は記されていないが、水帳で⑬の所有者は銭屋市兵衛代判亦兵衛となっているので、市兵衛と考えられる。

⑬と通りをはさんで向かい側の⑭については、東京大学法学部法制史資料室蔵の石灰町の年寄への届書では、安政六年一一月に丈助が三宅屋文三郎から銀九貫で家屋敷を購入したことになっている。[51]「水帳絵図」にも三宅屋文三郎のうえに「銭屋丈助」の付箋が貼られている。しかし丈助の金の出所は、実は銭佐である。銭佐の「家徳控」の安政六年の頁には次のような一項がある。

「九貫目　三宅屋文三郎殿ゟ買受　町内南隣　表口五間　裏行廿間」。

つまり佐兵衛は丈助に隣家を買い与えそこに住まわせたのである。安政六年一一月九日の「日記」には「丁内三宅屋文三郎殿家一条帳切致候ニ付、旦那様・亦兵衛・丈助、会所御越被成候而弥相済申候」

とある。佐兵衛が手続きに行っている（亦兵衛も行く理由は次に記す）。丈助は嘉永六年の新体制導入に際して（二三節）別家となっているはずだが、これまで元手銀をもらっていない。つまり⑭の家屋敷が元手銀とみなされるのであろう。ただし実際に丈助が住んだ家は市兵衛所有の⑬であったかもしれない。というのは「家徳帳」の万延元年（＝安政七年）の頁には、支出としてつぎのような項目が記載されている。

「拾五貫目　石灰町銭市殿表口五間裏行廿間家屋鋪代」

そして「水帳絵図」の⑬には「銭屋市兵衛代判亦兵衛」の上に「銭屋丈助」の付箋があり、⑭には「三宅屋文三郎」のうえに幾重にも付箋が貼られている。まずは「銭屋丈助」の付箋。さらに「銭屋市兵衛代判亦兵衛」の付箋。さらにその上に「銭屋佐兵衛」の付箋がある（どの付箋にも年代は記されていない）。つまり⑬と⑭とは、市兵衛と丈助とのあいだで交換され、そして銭佐は市兵衛から⑭を、天保一二年に銭市に売ったのと同額の一五貫で買い戻した。

こうしたやりとりは帳簿上は安政六年と万延元年の二年にわたって計上されているが、実際のようすを想像すると次のようになろう。つまり丈助は、いったん⑭に移りそれから⑬へと二度にわたって引越したのではなく、安政六年の段階での三宅屋からの購入と市兵衛の⑬から⑭への移動は同時であって、当初から市兵衛は家を明け渡し、丈助は⑬に屋敷を構えたという可能性が考えられる。亦兵衛が同時に会所に行ったことが、それを裏付けるかもしれない。

市兵衛家の財政は行き詰まっていた。すでに嘉永二年に休店しており、嘉永三年の人別帳によれば銭佐の借家に住んでいる。どうやら「水帳絵図」には反映されていないが、⑭はすでに銭佐の所有になっており、そこに市兵衛は住み続けているらしい。安政六年の婚礼役割定〔1-6-3-17〕に（内容は定かでないが）「銭市宅掛リ」という役目があることからみて、銭市が住んでいる家はなにかしらの用途に当てられたわけで、これは⑭を指している、と考えられる。[52]

(51) 東京大学法学部法制史資料室蔵、大阪石灰町人諸届書の1～2。
(52) 「銭市宅掛り」が「おしな」と出入方の堺与に当てられている。いかようにも解釈できるが、「銭市宅」と呼ばれる屋敷が石灰町に

⑬と⑭は、面積は同一で、石灰町のある板屋橋筋をはさんで東西に対称的に位置する。同じような土地が九貫目（銭佐と三宅屋）と一五貫目（銭佐と銭市）で売買されるのはいささか奇妙であるが、土地の上に乗っている家が違ったのか、あるいは銭市が銭佐からそれまでに借金をしていたため、天保一二年段階で時価より高めに設定されたのか。

清水町筋の北側にある⑳と㉑が購入されたのは、弘化二（一八四五）年のことである。「家徳控」にはこの二ヶ所が合算して記載されている。

「拾五貫目　石灰町北の家　東側　表口七間半　裏行廿間　役弐ツ」

売り主が誰であったのかは分からない。

さらに⑳㉑の北に隣接する㉒が、三年後の嘉永元（一八四八）年に購入された（「家徳控」）。

「拾貫目　石灰町北の家　表口六間　裏行廿間　弐役、榎並屋五郎兵衛殿ゟ買取」。

このあと売買はない。(53)

時代を大きく下るが、明治四年の石灰町内に所有した屋敷は、石灰町年寄の石灰屋吉治郎に届けられた書類の写しから、「於御丁内我等所持家屋敷」としてつぎのように一覧にされている。

壱役半	表口	九間	裏行	弐拾間	居宅家屋敷	水帳⑯に対応
壱役	表口	三間	裏行	弐拾間	掛屋敷	水帳㉑に対応
壱役	表口	四間半	裏行	弐拾間	右同断	水帳⑳に対応
壱役	表口	六間	裏行	弐拾間	右同断	水帳⑮に対応
壱役	表口	五間	裏行	弐拾間	右同断	水帳⑭に対応
弐役	表口	六間	裏行	弐拾間	右同断	水帳⑥に対応

上記のリストと比べると、⑬と㉒がない。

⑬は売却された。帳簿上は明治五年であるが、「銭丈名前家」が銀五五貫目（＝金二五〇両）で上田伊之助（「家徳

控」では「上田伊殿」）に売却されている。この金が銭佐のものとして計上されていることからみても、⑬は名義こそ丈助になっていたが実際には銭佐の所有であったことが確認される。そして㉒は引退した丈助のものとなった。翌明治六年に「北の家六間口」を、銀三五貫二〇〇匁（＝一六〇円）で譲ったと記載される。最終的に丈助に渡された金については六三節参照。

なおおなじく明治六年、⑥（「角の家六間口」）が、三三貫（一五〇円）で西尾庄三郎（家徳帳では「西尾庄三良殿」）に売却されている。(54)

石灰町の東隣に、明治期以降は竹屋町に含まれることになる卜半町がある。石灰町のある通りの一本東側の通りを挟んだ町で、石灰町とは背中合わせになっている。この卜半町にも銭佐は家屋敷を持っている。佐古文庫に残された安政三年の「卜半町水帳絵図」（E–6–216）によれば、銭佐は通りの西側に、「表口七間・裏行廿間・弐役」の屋敷を所有している。これを購入したのは天保九年のことである（たまたまだろうが、卯一郎誕生の年と一致する）。「家徳控」によれば銭佐は一三貫払った。購入先は記載されていない。

卜半町も石灰町と同じように清水町筋をはさんで南北に伸びているが（三節ならびに地図参照）、この屋敷は清水町筋の南側部分にあって、銭佐と清水町筋のあいだは、四つの屋敷を合わせて一八・五間、隔てられている。これを石灰町の銭佐の屋敷と並べてみると、銭佐の中心となる⑯は清水町筋から一二・五間分しか隔てられていないが、⑯は

あったことは確かである。

（53）榎並屋五郎兵衛は文化三年ならびに文政一二年の人別帳で確認できる古い家である。下人の数が文化三年に八人、文政一二年に六人であるから、それなりの大きさの店であった。しかし嘉永三年の人別帳にはないので、銭佐に家を売り払って、町の外へ移っていったらしい。

（54）よって明治六年の段階で銭佐は⑭⑮⑯⑳㉑を所有していた。このあと記録が現れるのは、明治二〇年の「地券持主改名に付地券書換願」（明治二一年宝護家督一件諸事控〔4–11〕に含まれる）である。以下七二節参照。

表口九間、さらにその南側の⑮は表口六間あるので、今回購入した卜半町の屋敷は、銭佐の中心部分である⑯と⑮とを合わせたところと、文字通り背中合わせになっていることが分かる。おそらく裏はつながっていた。慶応三年一二月に記された「御降臨諸事控」〔4-38〕によれば、この卜半町には九人の借家人がおり、その中には銭佐の別家の常助（「銭常」）や、出入方の三木屋東助（「三木東」）も住んでいた。彼らはおそらく表を回ることなく、裏口を抜けて通ってきた[55]。

三五　妙徳寺内の占有墓域

銭佐は妙徳寺の檀家である。関係は初代佐兵衛のときに始まったはずである。銭屋弥助家の菩提寺が妙徳寺であった縁による（一〇節）。ただし銭佐が妙徳寺の境内の一角に、今あるように広く土塀を囲んで占有することになったのは、おそらく以下に推測するように嘉永年間のことである。占有部分の内のりを実測すると、東西に八・九メートル、南北に（逸身家奥の本家部分と手前の別家部分を併せて）一三・五メートルある。巻末墓域図参照。

占有部分の中央には「本山開基」の碑があり、そこには「逸身建立」とあるから、寺ならびに寺の有力者の合意が当然なくてはならなかった。いいかえれば相当な額の寄進をしたはずである。占有部分の外を走る墓地を東西に貫く通路の西の端、墓地に向かう人の目に付くところに、「南無妙法蓮華経」の文字を刻んだ大きな碑が建っているが、これも横に逸身が建立した旨、刻まれている。これも寄進の一環であろう。

本店銀控帳の嘉永三年には、「寺寄進」として八貫五八〇匁五分が「徳入帳ゟ」として記載されている。その前年の嘉永二年にも二貫六七二匁一分一リが、「法事入用・寺寄進」としてある。他年にも「寺勧化」ないし「法事入用」は散見するが、一貫未満であって、「寺寄進」という項目で大きな金額は他に見あたらない。金額がやや少ないような気もしなくはないが、おそらくこれが当初の寄進額ではなかろうか。[56]

二節で記したように初代から三代までの佐兵衛の五輪塔は同一である。さらに本家墓域東側の究竟院から履信院までの四基の角柱墓も見たところまったく同一である（知光院や了縁院も同一にみえる）。ただし履信院（初代佐一郎）の墓石にのみ、背面に「嘉永四年十月廿九日」と命日が刻まれている。これら四基（もしくはそれ以上）が一斉に整備されたのは、嘉永四年ないし五年かもしれない。あくまで推量であるけれども、四基の角柱墓のもっとも南端、塀の際に建てた墓にだけ日付（命日）を入れるのは、一群の墓を建立した、言い換えれば墓域の形を整えた日を残すためのような気がする。

あわせて八基ある東側の墓のうちむかって左側にある二基の角柱墓は、様式が異なる。まず初代から三代までの五輪塔と二基の角柱墓ができて、それから時間をおいて四ないし六基の角柱墓が建てられたのか。

三代佐兵衛が実際に死亡するのは安政六年（リヤウは安政五年）であったけれども、嘉永三年には六八歳になっている。死を見据えて彼は墓の整備を倅の四代佐兵衛に頼んだ。かなり憶測が入っているが、これが墓域の由来に関しての現段階での私の想定である。

なお妙徳寺には、天満組の惣年寄の一である今井家の墓も残っている。[57]その墓は通常の角柱墓二基である。社会的

(55)　七四節に記すように明治以降の表記に従えば、卜半町の家屋敷は竹屋町九番地である。これは南綿屋町四六番地と背中合わせであることが確認できる。

(56)　今日と比較して、土地の値段は相対的に安かった。三四節で引用したように、石灰町の丈助の屋敷（三宅屋文三郎から購入）は一〇〇坪で銀九貫である。坪単価を計算すると（この一坪は六尺四方ではなく、六・五尺四方であることに注意）銀九〇匁である。ただしこの値段には「上物」が含まれている。それに妙徳寺の墓域は「購入」したものではない。とすればこの金額は妥当ではなかろうか。なお安政六年の三代佐兵衛の葬式にかかった費用が一切合切、六貫九一四匁二分八リである。もっともこのうちどれだけが妙徳寺に渡ったかは分からない。

(57)　今井家が惣年寄であり妙徳寺の檀家であったことは、「旧家略系調」で判明する。

地位が銭佐より格上の今井家も、銭佐の振る舞いに異議を唱えなかったとみえる。

先のことになるが、慶応二年八月七日に台風が来て、妙徳寺も被害を被った。八月一〇日に妙徳寺講中から「然ハ風雨ニ而高塀回り所々破損仕候、右ニ付御相談申上度出来候間、来十二日、乍御苦労御来参被下度奉申上候」という廻状が来たことが、「日記」に写されている。

この廻状の宛先として(「次第不同」に)次の八軒があげられている。堺屋市右衛門、銭屋佐兵衛、河内屋善兵衛、沢栄蔵、銭屋宗兵衛、越後屋久兵衛、形名屋平兵衛、荒物屋正兵衛。

銭宗はこの後詳述するが銭佐の別家である。ただし銭佐の墓域に墓は現存していない。

三六　安政期の別家

二三節で私は「通い別家」なり「手代」ということばを精査せずに使用した。この節からしばらくは、嘉永から元治の頃までの本店・備店で働いている別家や奉公人の状況を、「日記」が残っている安政期を中心に、ひとりひとりの動きにそって考えてみる。ただし日記は本店のものであるから、そして両替業務は備店に分離されたから、両替業務にあたっている備店の奉公人のありさまは詳しく見えてこない。また日記が再開する(正確にいえば残存する日記の後半部分である)慶応期については事情が違っているので節を改めて論じる。

「家族」「親類」「別家」「手代」「子供」「下女」「下男」「出入方」は銭佐が対外的に示す身分区分である。銭佐が婚姻などによって新たに関係を結ぶことになる者にたいして、こうした身分をあらわす用語を使って紹介するのである。そこには血筋によるつながりが、本来は雇用関係であるべきところまで擬似的に投影される。しかも階層差(身分差)の上下関係が、意識の中でも反映する。

「別家」は疑似家族関係の最たるものである。もとは手代であったが元手銀をもらって独立する。しかし独立したからといって主家と縁が切れるわけではない。もしほんとうに縁が切れたならば、もはや別家として扱われなくなる。主家と別家のあいだでは、単に経済的協力関係のみならず、家族のように種々の災難や苦境にあっては助け合い、祝い事には喜びを、弔いには悲しみをわかちあうことが当然とされている。金銭の関係と情の関係とが不可分であることをよしとする。別家には「草履料」という名目の金銭が定期的に払われている。別家一統がことあるごとに馳せ参じることによる命名であろう(58)。

ことばの正確さを期すため記せば、「別家」とは銭佐内部、ないし銭佐が対等にたつ第三者に位置づけを示すための用語であって、銭佐に成り代わって別家が働く場合の役職名ないし肩書きは、あくまで「手代」でしかない。したがって大名家からしてみれば、別家の丈助は銭佐の手代である。一例をあげれば、津藩が館入証拠金の「領収書」としてしたためた「覚」〔9-3-12〕には、銭屋佐兵衛、同手代丈助、と記されている。もっとも佐兵衛との関係が自明ならば「銭屋丈助」といういいかたも、大名家からなされる（たとえば肥後藩からの史料〔7-44-40〕のように）。「通い別家」という用語は当事者にはない。つまり対外的には「別家」として紹介されるが、その実、独立した店を営まず、銭佐の店で働く者たちである。手代の中から抜擢された者として理解されよう（「番頭」という用語は銭佐では使われていない）。ただし抜擢される理由は本人が秀でているからだけではない。父親ないし先祖の代に別家となっ

（58）　慶応四年七月二一日の日記に以下の記事があった。
「例年之通、別家中へ草履料持参り候事、使真吉」

例年のとおり、ということは、この慣習が古いことを示している。明治八年の「家法定則覚」（佐古文庫 F-10-22。この史料については六六節参照）の第一七条にもつぎのような一節が含まれている。

「一、年頭、中元、半袴、草履料、先例之通取斗候事」

「半袴」については不詳。

た家の倅が銭佐で働く場合、下積みとしての訓練も受けたであろうが、明らかに優遇されているはずである。ここにおいて「別家の倅」は「親類の倅」に近づく。

このように本家との主従関係は、世代をこえて引き継がれる。別家の倅は家督相続して父の名前を襲名し、父と同じように本家に仕える。あとで一軒ごとに具体的に確かめるように「通い別家」の場合、本家での仕事は世襲であるといってよい。

倅だけではない。別家の「家内」は、本家の冠婚葬祭のような行事にあっては手伝いに来るし、ときにもてなされる。「家内」ということばで指されるのは、原則は別家の当主の妻であるが、妻がいない場合には先代の妻（すなわち母）である。各別家にひとりずつ定められている。ひとつの別家でおきた出来事は、本家からすべての別家に廻章として伝達され、主家と同じ対応をすることが期待される。銭佐の場合、墓にまで結束が求められた。別家衆の墓を本家と仕切りは付けつつも全体としては囲い込むことによって、将来にわたる同族意識を空間的にも反映したとみなしうる(59)。

しかし同時に別家はあくまでも「別れた家」であって、たとえ自分で店を構えず銭佐に勤め銭佐から給料を与えられていても、対外関係において手代や下女のようにもはや本家の成員扱いされるわけではない。だから祝儀不祝儀に際しては、本家から独立した、一個の家としてふるまわなければならない。もっとも実際にはそれぞれの別家は、別家内部に序列をかかえながらも、対外的には銭佐の別家一統としてまとまって行動する。その行動規範のあらわれとして、時代は下がるが慶応四年の日記から、銭佐の親戚の葬式への対応を一例として記しておく。

この年の閏四月一五日に、佐兵衛の妻のトヨの父親である、（二代）堺屋（奥野）治兵衛が死亡した(60)。その報せはすぐさま他の親類のみならず別家にも廻される。ただちに宗兵衛、定助、専助が、さらに翌一六日には嘉兵衛が弔問に本店にやって来る。といってもトヨはすでに堂島の堺屋に行ったあとだから、本家への弔意を表すためである。葬式は一六日に行われた。孫にあたる卯一郎と孝之助が参列しているが、(61) さらに「別家惣代として」専助が参る。この日、丈助その他はいそがしく仕事をしていることが日記の記述から読める。急な死亡であったため、おそらく前夜、丈助が対応を考えたのであろう。そしていちばん手の空いていた専助が参列することで、本家の顔を立てるとともに、かつ別家一同の地位を外に示すことにもなる。これがこの当時、事実上、別家全体を仕切っている丈助が考えた、丁寧で失礼にならない対応である。

銭佐の用語としての「別家」と「手代」との差異は生活形態にも認められるか。「別家」は主家から出ているのは当然として、「手代」はどこに居住しているのか。住み込みか否か。というよりも両方があるのか。これに付随する問いであるが「手代」は妻帯することがあったか否か。銭佐の場合、本節中で後述するように手代身分で妻帯している例が確認できる。

別家とは格式である。だから住み込みでなくなったからといって、別家となるわけではないのである。(62) そもそも銭佐が安政期頃からとった別家の処遇が、大坂の商家一般にあてはまるものであるのか、それともある程度まで四代佐兵衛の意向による特殊な部分が反映しているのか、他店と比べてみないと確かなことはいえない。ただ佐兵衛が三代以前の別家とはいったん関係を清算したあと（一一節）、新規に別家となった者たちならびに古い別家の倅であっても

(59)　妙徳寺に祀られている別家については次節（三七節）参照。
(60)　「堺屋御旦那様今八ツ時頃御死去被遊候事、夫ニ付奥様孝旦那様御越し之事、但京都兵庫八尾当地親類別家夫々へ為知候事、供文二郎・たけ・岩助」。逸身家の「過去帳」では奥野治兵衛の死亡は閏四月一二日となっている。おそらく過去帳の誤写であろう。トヨは、日記によれば閏四月一四日に他の女たちともども天保山に遊山に行っている。もし一二日に死亡であったなら、そうはしないであろう。急な報せであったようである。
(61)　佐兵衛は行かなかったようである。ただし四月二七日の「二七日」には舟でお参りしている。
(62)　中川すがね氏に教示された他店の例をひく。平野屋武兵衛は父が別家になっているけれども、最初は住み込みとして働き、その後別宅して結婚し、かなりたってから別家二代目として公的に主家から認められている。

有能と考えたものたち、すなわち佐兵衛自身より若い者たちを強固に囲みこんで結束をはかろうとしたことは、かなり銭佐の伝統の中でも四代の個別的な事情の反映といえる。時代を下るが具体的な例をあげれば、四代銭屋源兵衛(「本町様」)は親類として遇されつつも、別家筆頭のような扱いをされることもあるし、それにみあった仕事が与えられる。四代源兵衛は三代源兵衛(安政六年没)とは扱いが違うのである。あるいは自分の代で新規に家を起こした銭屋清兵衛家の当主が明治三年一月に没すると、ただちに二月に手代の永助をおくりこんで清兵衛家を相続させる。(64)清兵衛の妻も同年一二月に没するから、すでに病床に臥せっていたのかもしれない。養子には彼女を扶養する義務がある。倅がいない家に養子を佐兵衛の判断で送り込む、というのは、単に経済的支援だけではないだろう。こうしたやりかたには、家名相続に関する佐兵衛の考え(といっても当時の世間の慣習と合致しているわけだが)が強くあらわれていると思える。

手代については節を改めることにして(三九節)、以下、この節で扱うのは安政年間の別家である。慶応から明治の頃の別家については節をあらためて叙述する(五九節)。私の推定であるが、銭佐と別家との関係で、安政期は過渡期とみなされる。三代佐兵衛までの時代にあって別家はおおむね独立して店を構えた。いっぽう慶応から明治の頃には、別家はほぼ通い別家に限られる。その過渡期というわけである。

天保一二年の婚姻にあたって作成された「別家書」には八人の名が記されていた。しかしその半数(65)は、本家別家のつながりが解消されたのか、それとも子孫がとだえたか理由は不詳であるが、遅くとも安政六年に消息がわからなくなっている。(66)元来、本家から独立して店を営むことが別家たる所以であったわけだが、独立してもうまくいかなかったり、商売替えもあったかもしれない。

(仮称)「文久の別家書」には次の九家の名前が記されている。

銭屋市兵衛・母ゆう

銭屋宗兵衛・妻ふさ・母みね
銭屋又兵衛
銭屋専助・母たか
銭屋丈助・妻ひて
銭屋嘉兵衛・妻たけ
銭屋清兵衛・妻いく
銭屋定助
銭屋常七・妻ふみ

このうち市兵衛から専助までの四家が天保一二年にも名があがっている古い別家である。とりわけ市兵衛と宗兵衛、そしておそらく又兵衛までもの三家は、別家になった当人からすでに代替わりを何度か重ねている(67)。

(仮称)「文久の別家書」には妻や母の名前も付されている。そこでこれと組み合わせることで意味を持つ史料がもうひとつある。すでに三三節でとりあげた「成證庵智榮日良遺物控」(佐古文庫〔F-10-47〕)である。ふたつの史料の

(63) 過去帳に初代清兵衛の戒名と命日が記されている。
(64) 〔1-2-11-5〕。永助が清兵衛家の養子になった時期は次の史料でも確認できる。佐一郎(孝之助)の婚礼役割表の下書き〔1-2-11-13〕で、それなりに重要な役を振られている「栄助《ママ》」は、実際の役割表〔1-2-13〕では「清兵衛」となっている。結納が明治二年一一月、婚礼は明治三年の二月であるから、永助(栄助)は婚礼の前に婿入りしていた。
(65) 勘兵衛、楠之助、定七、新八。うち勘兵衛は嘉永二年に病死して、その所持屋敷二ヶ所は従兄弟の宗兵衛倅宗太郎名前となることが南瓦屋町水帳により判明している(本節後述)。定七は、名前から想像するに定助の父親であったかもしれない。
(66) 私が調べた限り、安政期の日記に名前が出てこない。また安政六年の婚礼を手伝っていない。
(67) 中川すがね「江戸後期の本両替について――銭屋市兵衛を例に」(一一節注76)は、市兵衛家のみならず、他の古い別家についても詳しい。

作成年度は、「文久の別家書」を文久三年とすれば、四年へだたっている。

安政五年に亡くなったリヤウの形見（具体的には着物である。箪笥のたぐいは配られない）は、親類のみならず別家の女たちにも分け与えられた。女たちの名前だけを以下に記す。傍線を引いたのは、「文久の別家書」に出てくる名前である。

銭市　おゆう、おくん、おらひ
銭宗　おみね、おふさ
銭亦　おふて、おゑひ
銭専　おたか、おまん
銭丈　おひて、おかめ
銭喜　おむめ
銭清　おいく
銭嘉　おたけ

このうち銭喜は「文久の別家書」に記載されていない。これについては考察をひとまず措く(68)。

女たちのうち母と妻は「文久の別家書」にもれなく記載されていると仮定するならば、傍線を引かなかった名前は、当主の娘か姉妹ということになる。このことも考慮にいれつつ一軒ごとに考察する。

市兵衛は、ふたつのリストの冒頭に置かれていることが端的に示しているように、いまやもっとも古い別家となった。とはいえ嘉永二（一八四九）年に、ユウの夫である先代市兵衛の死去に伴い、銭市は休店に追いこまれた〔2-42-4-1〕。その翌年の「嘉永三年人別帳」には、銭屋市兵衛が石灰町の銭佐が所有している家に、母ユウ、妹クン、同ライと居住していることが記されている。ただしこの倅の市兵衛は同人別帳に「市兵衛九歳ニ付代判」とあるように、いまだ幼い。これは銭佐の孝之助と同年齢である。

銭市は寛政七（一七九五）年に別家となって菊屋町に両替商を開店したあと、代がわりを重ねた。しかし経営は必ずしも順調ではなく、ついには休店にいたったわけである。この間の銭市の経営の分析については、中川すがね氏の前掲論文（注67）に詳しい。ただし同論文は休店直前の嘉永元（一八四八）年で分析を終えている。「銭市銀控帳」〔2–21〕が銭佐で保管されていたことそれ自体からも分かるように、銭市を清算するにあたっては銭佐が係わった。ちなみに「銭市銀控帳」の嘉永二年と三年の頁は、嘉永元年までの筆跡とまったく異なる手で金の出入りが記入され、そしてしばらく記載がないまま、最後に安政四（一八五七）年正月として、これはおそらく間違いなく四代銭屋佐兵衛の手で最後の清算がなされている。

銭市は天保五（一八三四）年に石灰町に店を移した。いっぽう三四節に書いたように安政三年の石灰町水帳絵図によれば、銭市は石灰町に自分名義の屋敷を所有していた。これは（銭佐の「家徳控」によれば）天保一二年に銭佐から購入したものである。しかし安政六年にはそれをふたたび銭佐に売却している（銭佐が銭市の清算をしたのが安政四年である。

(68)「文政一二年人別帳」によれば、銭屋佐兵衛借家に、旦那寺が妙徳寺の、銭屋喜兵衛（女房むめ娘ます下女つね）が住んでいる。妻の名前が「遺物控」と同じである。よって喜兵衛ムメ夫婦を同じ夫婦と想定したいが、ただし文政一二年と安政五年では、二九年もの隔たりがあることは要注意である。銭喜についてはつぎのような推測をとりあえず記しておく。もともと別家であったけれども、いずれかの時点で商売変えをした。新しい商いは蠟燭商である。「卯一郎婚礼諸入用控」〔1–6–1〕の五頁に「銭喜払」として「四匁掛五斤、五匁掛廿五斤、廿匁掛十斤」と蠟燭を思わせる記述があり、さらに「御降臨」の際にやはり銭喜から蠟燭を買っていることが、史料〔4–38–1〕の、「買物方」の部から読める。逸身佐兵衛が五代から六代への家督相続の際に「蠟燭商」と名乗るが、蠟燭商としての取引関係が銭喜とあったと考えられないか。さらに安政三年の水帳に貼られた付箋から⑦のところに（細かな推移は省略するが）三宅屋文三郎から今井喜助という人物が屋敷を購入していることが分かる。この今井喜助が銭喜かもしれないが、明治八年の婚礼の「到来物控」には、今井喜助のほかにもうひとり芦田喜助からも祝がよせられている。芦田喜助は過去帳に「銭源別宅」という但し書きがある人物である（七二節・注50）。

ることに注意。おそらく清算の一環である)。しかし上述の人別帳の記載に従えば、すでに嘉永三(一八五〇)年に住んでいる家は銭佐の借屋となっている。「水帳絵図」には反映されていないが、かつて市兵衛の所有とされた屋敷はすでに銭佐の所有となった(もしくは抵当になっている)ものの、そこに市兵衛はいまだ住まわせてもらっているらしい。「水帳絵図」の記載は、必ずしも実際の金の流れを反映していないのではないか。

当主の銭屋市兵衛は、「成證庵智榮日良遺物控」が書かれた安政五年の段階で一七歳になっている。銭佐で働く「子供」なら手代になる年齢であるが、彼はいったいどこでどのように働いていたのであろうか。少なくとも銭佐で働いてはいない。翌年の安政六年の卯一郎の婚礼にさいして作成された「婚礼役割定」〔1-6-3-17〕にも市兵衛の名前はない。若年ということで説明がつくのかもしれないが、あまり有用な人物と判断されていなかったのではないか。ただし妹のクンは加判人を務めている(本酌人は銭亦のヱヒ)。

銭市とは異なり銭宗は、「銭屋佐兵衛の別家のなかでは唯一天保御用金を課せられるなど経済力があった」[69]。天保五年、リヤウが三代佐兵衛の妻に直るときの証人となった(四節)宗兵衛は、「南瓦屋町水帳」(大阪市立中央図書館所蔵)の記述から、嘉永三年一〇月に死亡したことが分かる[70]。宗兵衛には生前、倅の宗太郎がいた時期もあったけれども、しかし宗太郎は重篤になる(もしくは勘当ないし廃嫡されたかもしれない)[71]。そこで適当な男子の相続人がいないとして宗兵衛の後家ミネが、本町の居宅(後述)と南瓦屋町の掛屋敷を女名前で相続することを願い出て許された。女名前は通常三年切りだが、さらに一年延長する。その間にミネは養子初三郎(改名して宗兵衛)をとり、嘉永七年一一月、同人に本町の居宅を相続させた。しかし南瓦屋町の掛屋敷のほうは、その家賃でミネの生活費を賄う(「飯料屋敷」)という理由でミネの名義のままだったようである[72]。

銭宗の店は本町にあった。「本町一丁メ　銭屋みね」の名前が嘉永五年三月の「浪華両替取引手柄鑑」(大阪歴史博物館所蔵)の、東二段目の九番目(東全体二〇番目)に記載されている(ちなみに銭屋佐市郎は東一段目の一〇番目である)。

（仮称）「文久の別家書」の「宗兵衛　母　みね」は、ミネと、ミネが養子に迎えた宗兵衛に該当する。先のことになるが明治三年の婚礼にあたって作成された「別家書」にミネの名はあるので生存は確認できるが、しかし老齢ゆえか、婚礼の手伝いには来ていない。

銭宗は銭佐と結びつきながらも本町一丁目に独立した店を構えている。「本町一丁目水帳・水帳絵図」（安政三年五月・大阪府立中之島図書館所蔵）をみると、南側・東横堀川浜通と板屋橋筋の間に、表口四間・裏行二〇間の屋敷を、銭屋宗兵衛が所有していることが確認される。文久四年には、居宅西隣の表口一〇間四尺二寸の家屋敷を買受けている。

銭宗は、銭佐の暖簾印をもじった暖簾印を使っていた（前述の「浪華両替取引手柄鑑」）。銭佐の暖簾印の左下の●を、三のような三本線に変えた形である（口絵29）。「浪華持丸長者控」（文政八年・大阪歴史博物館所蔵）の二段目・西前頭四六枚目[73]、さらに「浪花両替手柄競」（天保九年・三井文庫所蔵）の二段目・東前頭一七枚目に、銭屋宗兵衛の名前を確認できる。嘉永期まで銭屋佐一郎と同様、泉州貝塚の廣海家と取引があった[74]。

安政六年の卯一郎の婚礼当日の「役割定」〔1-6-3-17〕には「惣兵衛」という名が記されている。この惣兵衛は玄関

(69)　中川すがね前掲論文、三八頁。ここには銭宗（銭惣）の経営について分かっていることがいくつか記されている。
(70)　嘉永三年一一月二六日付の貼紙に「宗兵衛先月病死」とある。今回、八木滋氏が原本にあたって、以下の経緯を確認した。
(71)　南瓦屋町の東横堀川浜通りと松屋町筋（松屋町筋が表）の間にある間口一四間・裏行二〇間・一役半の屋敷は、銭屋勘兵衛の所有であった。これは勘兵衛が病死したため、嘉永二年七月晦日に、従弟の本町一丁目銭屋宗兵衛同家悴宗太郎が譲受した。その後屋敷が四つに分割され、東側の二屋敷の所有のみとなった。しかし嘉永三年七月二日、「宗太郎名前退、右同人父右同家主宗兵衛名前ニ成」った。宗太郎が名前を退いた理由は明示されていない。重い病気になったと想定するのが穏当な推測であるが、廃嫡もありうる。
(72)　南瓦屋町水帳によると、ミネは文久三年一〇月二四日に「同人悴同家主宗兵衛へ譲受」するまで、女名前の延長を繰り返している。
(73)　このときは備後町一丁目に店を構えている。
(74)　石井寛治・中西聡編『産業化と商家経営』名古屋大学出版会、二〇〇六年、四三八頁。

番他をつとめる。主人に代わって御挨拶ができるということであろう。物兵衛はかつ謡を孝之助とうたう。孝之助が中を、物兵衛が前と後とをうたう、ということは、孝之助をたててはいるものの、物兵衛の謡がうまかった、と考えられる(75)。私は字の違いを無視して「物兵衛」を宗兵衛であると考えている(次項の又兵衛も「亦兵衛」と書かれることがある)。もし別人ならば、なにゆえ別家でもない「物兵衛」が手伝っているのか説明がつけられないだろうから(76)。

又兵衛もまた天保五年の、リヤウが妻に直るときの証人のひとりである。このときの又兵衛が嘉永年間の又兵衛と同一なのか、それとも父子なのかは判断のしようがない。先述したように(一三節注2)又兵衛は嘉永年間に備店にあって、佐一郎の代理となって徳山藩の福田儀平と交渉している(〔7-3-1〕にまとめられた一連の史料)。また嘉永六年に、幼少である市兵衛の代判をしている〔2-42-4-1〕。

妙徳寺には台座に「銭屋亦兵衛」と記された墓石が二基ある(三七節)。それぞれに夫婦と思われる一対の戒名が刻まれている(77)。このことから亦兵衛家は少なくとも二代にわたって存続したと考えられる。

「文久の別家書」の又兵衛には妻が書かれていない。ただし安政五年に遺物をもらっているフデはおそらく妻である。卯一郎の婚礼にあたり、フデは、丈助の妻であるヒデと一緒に「侍女郎」の役目を務めているからである。とすれば万延年間あたりに死亡したのであろう。いっぽうヱヒは娘らしい。本酌人を務めている。又兵衛自身は宗兵衛と同じく(といっても物兵衛の次に名前が書かれている(78))玄関番(花嫁側と実質上、最初に挨拶をする役目)をつとめている(ただし宗兵衛と違い、謡はうたわない)。又兵衛がいつ引退ないし死亡したのかは分からないが、明治三年の「別家書」に又兵衛の名前はすでにない。

専助は、天保一二年の別家書が初出であるので、備店開店前後の頃に別家となったとみなされうる。天保一一年の「本店銀控帳」に「別家元手銀」として四〇貫八二匁強が計上されている。これがすべて専助に渡されたとするには額が大きすぎるけれども、一部は専助にわたったかもしれない。とすれば専助の独立は天保一一年以前である(元手銀贈与は、必ずしも別個の店を構えることを意味しない。一種の「退職金」である。また銀控帳への計上は過去に遡ることも少なくない）。タカが「母」となっていることから、この専助は二代であることが、そして初代はこの別家書が書かれた年以前に死亡していることが分かる。初代専助の没年は不明である。(79) リヤウの形見分けにあずかる「銭専おたか」が、先代の妻として扱われているのかそれとも二代の母としてなのかは決められない。いずれにせよ本家とのつながりは深い。だから後述するように婚礼の手伝いにも参上するのである。逸身家文書に残る笹部専助がらみの史料はおおむね（おそらく全部）明治初頭のものであるので、二代目である。

形見分けにあずかったもうひとりの女であるマンは、タカの娘で二代専助の妹であろう。(80)「文久の別家書」に妻が記載されていないことから分かるように、専助は妻を離縁した（死別したのであれば墓があるはずだが後述するようになし）。先の話になるが、二代専助は明治八年に倅を残して死亡する。幼少の倅は祖母タカと叔母マンによって育てられる。倅専之助は「小者（子供）」として銭佐に奉公する（六七節）。やがて専之助は三代専助を襲名する。(81) 妙徳寺の

(75)　この謡の「前、中、後」の意味するところを、明治三年の孝之助の婚礼から類推すれば、祝言の盃を交わす儀式が参列者を変えつつ三度行われるので（六一節参照）、そのたびに謡がうたわれる、ということである。
(76)　中川すがね氏の報告によると、備後町一丁目銭屋惣兵衛方同家銭屋清五郎が本町一丁目に家屋敷を持っている。しかし備後町の惣兵衛は、本町一丁目にいる銭佐の別家の宗兵衛（惣兵衛）と別人であると私は判断した。
(77)　至玄院了諦日誠と至誠院妙諦日解。至真院了浄日大と至法院妙浄日真。このうち至玄院は、「過去帳」の別家などの部の筆頭に「亦兵衛」という注記とともにあげられているが、残念ながら命日は記されていない。
(78)　婚礼の役割分担表に惣兵衛が又兵衛より先に書かれていることは、惣兵衛が又兵衛より年長であることを必ずしも意味しない。別家の格順が、惣兵衛の方が高いから、とも説明できる。
(79)　過去帳に二代専助と注書きされた人物はあるが、初代専助はない。
(80)　もうひとつの可能性はマンを二代専助の娘、すなわちタカの孫と想定することである（当初、私はそのように考えた）。その場合、マンに婿養子が迎えられ、それが三代専助ということになる。しかしこれでは明治一一年の子供の専之助の説明がつかない。よって本文で記した想定を採用する。系図Ⅶ参照。
(81)　明治一一年の婚礼に際して別家衆に回された廻状に「銭　おたかさま　専助様　おまんさま」、「別家書」には「笹部専助　祖母た

墓石正面には二代専助をはさむように夫婦の名前が刻まれている。[82] これは三代専助夫妻であろう。[83] 二代の戒名を刻んだ後に、両脇に三代夫妻が刻まれたと推測できるからである。初代専助夫妻の墓はなくなってしまったか。またマンがどうなったかも分からない。[84] おそらく嫁に行くことなく没して、父母（初代専助とタカ）と一緒に葬られたのではないか。

卯一郎の婚礼にあたって、いちばん人手が必要な婚礼当日にも専助の役割分担がない（手伝っていないのは嘉兵衛も同じである）。おそらく専助は嘉兵衛とともに開店している備店を（本店の婚礼のときに備店までもが休む必要はないだろう）、何人かの手代をつかいつつ監督をしていた。初代専助は三代佐兵衛のときに石灰町の手代であったであろうが、備店が開店したので別家となり備店の業務を任せられたかもしれない。本店には退隠後の佐治兵衛がいたが、備店の管轄は四代佐兵衛である。とすれば通い別家のはしりである。後のことになるが明治初年期に、銭屋佐兵衛の代理として通商司に通うのは二代専助である。

丈助より格上の別家は以上である。

嘉永六年に佐兵衛は、丈助・嘉兵衛・清兵衛の三人に責任をもたせ、店の運営に新体制を導入した（二三節）。佐兵衛には宗兵衛や又兵衛、あるいは先代専助といった、先代佐兵衛のやりかたをよく知っている別家はただでさえ使いにくかったのかもしれない。また宗兵衛は間違いなく自分の店を運営していたし、又兵衛もそうであったろう。だから銭佐の日々の経営は頼めなかった。大名貸部門で新たな藩と取引を開始して、従来の大名貸とは異なり米以外の新たな産品の流通を開拓するとなると、備店の日々の経営は任せきりにしなくてはならない。そこで自分の手足となって動いてくれる、自分より若い人物が必要であった。さらに店の保安に責任をもってもらわねばならない。名前人佐一郎すなわち孝之助は石灰町にいるから、夜間にもしものことがあっては困る。手代や下男が住み込んでいたにせよ、管理責任として彼らは他の手代よりも上に位置づけなくてはならない。

先に結論を書いてしまうと、丈助が石灰町に居を構え、日々、直接に佐兵衛の命を受け、佐兵衛の代理となって大名屋敷を中心に動いたのに対して、嘉兵衛と清兵衛は、そして後には二代専助も、備店の業務と監督を受け持った。ただし備店の最終責任者は佐兵衛であるから、丈助は佐兵衛の腹心として備店の監督も担っている。いっぽう丈助が慶応三年に土佐へ出張している留守中、丈助への問い合わせへの対応は（二代）嘉兵衛が担っている。本店と備店とは仕事の分担はなされているものの、「上層」にある人物たちは両店の業務に目配りしている。むしろ次のようにいうべきであろう。業務に応じて人間を配置しているというよりも、人間関係の序列があって、上位の人間が仕事を委任ないし分与するのである。

備店は本店より約一・五キロ離れている。しかし本店から備店に行くには、板屋橋筋から二丁西に行って、今日の堺筋をまっすぐ北上すればよいわけだから、多くの大名の屋敷へ行くときの通りがかりに立ち寄ることもできる。

備店の業務についていえば史料〔3–1〕から〔3–14〕までは厖大な枚数の手形である。これらは精査する必要があるが、嘉永二(己酉)年頃から安政六(己未)年頃までの、備店と加嶋屋との日々の手形業務の一部が反映されていると思う。(85)

か」とある。ただしイエとして専助の名があっても、いまだ専之助本人は正式に襲名していなかったようである。明治一一年の「婚礼役割定」〔1–1–4–27〕には「専之助」と記されている。

(82)　二代専助の戒名（唯心院亮境）が過去帳に記されているので、同定できる。

(83)　ふたつの戒名（即是院宗三日諦と即諦院妙是日顕）は対をなす男女であるから、夫婦と考えるのが妥当である。

(84)　明治一一年のイツの婚礼に際し、結納の祝をしらせる口演には「同（＝銭）おたか殿・専助様・おまん殿」に宛てられている。これをもとにして当初は、マンが二代専助の娘で三代専助は婿養子という仮説を採用した。しかし小者の専之助が婿だとはとうてい想定できないから、むしろマンが三代専助の母代わりとして招待されたとみるべきであろう。実際、この婚礼の諸行事にあたってマンはあれこれ働いている。

(85)　「加作治（加作次）」を加嶋屋作次郎と解釈する。「加音七」「加源八」も加嶋屋の関係者であろう（これらの名前は中川すがね『大坂両替商の金融と社会』の付表にはない）。他に家屋敷をもっている丁へ渡す入用の金を立て替えさせるための、銭佐内部の手形もある（史料〔3–3〕の一部）。

われる。[86]銭佐側でそれに対応しているのは嘉兵衛であり清兵衛であり、さらに後述する保兵衛である。「日記」によると、清兵衛はときおり本店に現れて、佐兵衛の判断を仰いでいるとみうけられる。また嘉兵衛は定日に（毎月一九日か[87]）本家に出頭して佐兵衛と（ときには丈助とも）面談することになっていた。

丈助と嘉兵衛は天保一二年の「家内書」に、手代として名前があげられている。天保一二年に一二人いた手代のうち（この一二人は、本店備店両方をあわせた数である）、安政六年正月の婚礼の「役割分担定」に名があるのは、丈助と嘉兵衛だけである（丈助は天保一二年の手代筆頭、嘉兵衛は三位）。となると清兵衛は別家に昇進するときに改名した可能性もあるが、むしろ天保一二年以降に手代にとりたてられたのであろう。[88]後述するように清兵衛のもらった元手銀が嘉兵衛の元手銀の三分の一しかないということは、手代として勤めた期間が短かったためと想定できる。

天保一二年の手代の順序は丈助が筆頭で嘉兵衛は三位であったが、その間の二位には安兵衛がいる。この安兵衛と「備店銀控帳」の「保兵衛」が同一人であるなら、安兵衛は嘉永六年に元手銀一〇貫目をもらって引退したか、独立した。嘉永六年は丈助・嘉兵衛・清兵衛を抜擢した年である。佐兵衛が安兵衛は抜擢するには不適切と判断したのか、それとも安兵衛自身が望まなかったのかいずれとも事情は憶測できようが、安兵衛は結果として別家となることもなかった。その後、安兵衛の痕跡はとだえる。[89]

嘉兵衛もまた嘉永六年に元手銀一八貫六〇〇匁と、さらに家の費用として一貫五〇五匁強を貰っている（「備店銀控帳」）。嘉兵衛が家を（正確にいえば「別宅」を）手に入れたのはその前年である。嘉永五年の「日記」一一月一八日の項に

「旦那様、嘉兵衛別宅祝ひニ八ツ頃より御出之事」

とある。さらに嘉永七年（＝安政元年）には「婚礼入用遣」として銀一貫目ももらった。

この婚礼は一見すると嘉兵衛本人のように思えるがそうではない。結論からいうといちばん可能性の高い推測は嘉

兵衛が娘に婿養子を迎えたというものである。

嘉兵衛当人の妻はハルといい、安政二(一八五五)年六月になくなっている。[90]ここで書かれた婚礼の翌年である。嘉兵衛本人も安政四年二月に没した。[91]しかるに安政五年に、銭嘉のタケがリヤウの形見分けをもらっており、しかもタケは「文久の別家書」に嘉兵衛の妻とされている。つまり「文久の別家書」の嘉兵衛とその妻は安政四年以前にともに死亡した初代夫婦ではありえないから二代目夫婦である。タケが初代嘉兵衛とハルの娘であって、「婚礼入用遣」を嘉兵衛がもらった嘉永七年に、かりに一五歳で結婚したとすれば、タケは天保一〇(一八三九)年の生まれという計算になる。すると初代嘉兵衛の結婚は天保八年(備後町開店の年)あたりであり、さらにこのとき三〇歳と設定すればまさに四代佐兵衛と同年齢という計算になる。[92]しかし実際には初代嘉兵衛はもっと若くして結婚し、子供をもうけ、かつその娘(タケ)ももっと若くして結婚したのであろう。なぜなら前述したように、嘉永六年に嘉兵衛は丈助と一

(86) この史料の残存にはかなり偶然が働いていると思われる。年月に相当なむらがある。

(87) すべての月の一九日ではないが、「定日につき」嘉兵衛が本店に来るのは、一九日であることが目立つ。

(88) 銀控帳によれば天明七(一七八七)年に元手銀をもらっている清兵衛がいる。しかしこの清兵衛とここでとりあげられている清兵衛とは無縁である、と判断する。逸身家の過去帳には嘉永六年死亡の清兵衛が「初代清兵衛」と記されている。

(89) 嘉永五年一一月から始まる「日記」は後の日記にくらべ記述が粗略であるが、嘉永五年一二月から嘉永六年四月まで、茂兵衛と安兵衛の勤務状況を、「安兵衛出勤」とか「安兵衛不参」のように毎日のように記録する。それは嘉永六年四月朔日の「安兵衛、今日ゟ出勤止ル」で終わる。あきらかに安兵衛は石灰町の店に通ってきているわけだが、「不参」の理由は病気がちだったからだろうか。

(90) 過去帳に戒名とともに「初代嘉兵衛　妻　春」と注記されている。安政二年の日記は一〇月一五日に始まるものしか残っていないので、日記で裏付けはとれない。

(91) 過去帳に「初代嘉兵衛」と注記されている。日記には八日「銭屋嘉兵衛死去致し候ニ付別家中へ廻状持参使又吉」一〇日「丈助恒七益吉三之介東助銭嘉葬礼ニ付行用之事」「当旦那様[illegible]様銭嘉葬式ニ付千日ニ御越、供九助八助」一一日「丈助恒七銭嘉諸法払ニ行用之事」一三日「若旦那様、銭嘉初退夜ニ付御越、供九助」と一連の動きが記録されている。

(92) ただし佐兵衛が二二歳であった「文政一二年人別帳」には嘉兵衛も丈助も名が記されていない。もっとも改名したとすれば分からない。

緒に抜擢されている。そして丈助は四代佐兵衛より一〇歳くらい年下である。しかも嘉兵衛は丈助より下位の手代である。嘉兵衛が丈助より年上であってもよいが、一〇歳は大きすぎる。そこでかりに嘉兵衛が二六歳で結婚、ただちに妻は妊娠して、生まれたタケが一三歳で婿養子をとっていたと設定しなおせば、タケは天保一二(一八四一)年に生まれ、そのとき嘉兵衛は二七歳、よって嘉兵衛は文化一二(一八一五)年生まれ、佐兵衛より七歳年下、ということになる。まずこのあたりか。

そしてまさに以上の推論によって、嘉永七年に結婚したのが初代嘉兵衛の娘ではなく倅（将来の二代嘉兵衛）であったとする想定は否定される。なぜならその場合、初代嘉兵衛の年齢をさきの設定よりもさらに一〇歳以上、引き上げなくてはならない。別家になったとはいえ、あるいは母親が病床についていたかもしれないという事情を勘案しても、手代の倅が結婚する年齢は若くとも二〇歳代後半であろう。娘より一〇年以上遅くなる、ということは初代嘉兵衛の推定年齢が高くなる。これ以上、丈助と年齢差を拡げられない。よって嘉永七年の結婚は、初代嘉兵衛の娘のタケと婿養子（将来の二代嘉兵衛）の結婚である。

ちなみにこのタケは、逸身の過去帳に記載されている数少ない別家の妻のひとりである。[93] 明治一〇年一〇月に没している。[94] 二代嘉兵衛はのちに逸身銀行の支配人となる高木嘉兵衛である。[95]

なお卜半町には銭屋嘉兵衛という会所屋敷の家守がいたことが確認できる（卜半町は石灰町の隣町である）。この人物は別家の銭屋嘉兵衛とは別人である。そして日記に「家守銭嘉」「卜半丁銭嘉」として記されている人物は、後者である。

いっぽう丈助であるが、安政五(一八五八)年にすでにヒデと結婚しており、カメという娘もいる。[96] ヒデは明治三五(一九〇二)年に七〇歳で没している。[97] 逆算するとヒデの生年は天保四(一八三三)年となる。ここからは推測でしかないが、丈助がヒデを娶ったのは嘉永元(一八四八)年前後の可能性が高い。嘉永元年にヒデは一六歳と計算できるからである。そして「嘉永三年人別帳」に、丈助の名もヒデの名もないことは、両者が借屋にいたことを（つまりすでに結婚していたことを）示唆する。いっぽうもし丈助が佐兵衛と同年齢とすると嘉永元年に四一歳、嘉永七年に四七歳になる。ちょっと高年齢すぎる。となれば丈助は四代佐兵衛より一〇歳くらい年下という数字がでてくる。一〇年若い文化一五（一八一八）年生まれとするとヒデと一五歳違いになる。

いずれにせよ銭佐の場合、手代は別家となる以前に妻帯を許されるということになる。いいかえれば手代が結婚して、おそらく銭佐の借家に居住する。まさに通い別家ならぬ通勤手代である。「家を構える」ことと「別家になる」こととは、同じことを意味しない。

(93)　他は、丈助妻ヒデ、初代嘉兵衛妻ハル、初代清兵衛妻イク、の三人である。

(94)　過去帳の随法院妙心日静信女の項に「二代嘉兵衛　妻　たけ」と注記されている。

(95)　二代嘉兵衛は過去帳に記載されていない。別家の部の最後の記載は明治三五年、銀行の破産は明治三四年なので、二代嘉兵衛は破産時まで勤めたとみなしてよかろう。二代嘉兵衛の戒名は随法院妙心日静と同じ墓の同じ面に刻まれた随義院宗観日法信士である。この墓の北面に単独で祀られている随喜院妙勝日観は、戒名の類似性からみて二代嘉兵衛の後妻であろう。明治二〇年（福本元之助の婚礼のとき）、嘉兵衛にはカツという名の妻と、さらに嘉之助ならびにタツという倅と娘とがいる。二代嘉兵衛は明治一〇年にタケをなくしたあとカツを娶った、ただし嘉之助とタツは先妻タケの産んだ子供である、と考えられる。後述六八節。

(96)　カメは精霊棚位牌によって「本浄院妙有日秀　昭和一〇年二月一八日　没」と同定される。カメは婿養子の溝口保造を迎える。保造も精霊棚位牌によって「本精院宗久日保　明治三五年八月二二日　没」と同定される。保造とカメの墓石は台座に銭屋丈助とある墓石（下記注97）の、向かって右側にある。私の母は（大正一〇年生）、家の大きな行事のおりにカメがやってきて女中さんたちを采配していたことや、遠足のときに卵焼きを作ってもらったことを覚えていた。この頃、カメは娘夫婦と一緒に猪飼野にあった福本元之助の屋敷の邸内の一角にあった家をあてがわれていた、という。かつて丈助が持っていた石灰町（南綿屋町）の家（水帳翻刻の㉒）も破産時に抵当に入っていただろうから、溝口家は行くところがなかったのかもしれない（七六節）。福本元之助は丈助の功労に報いた、ということか。

(97)　過去帳別家の部の最後に「溝口初代丈助妻ヒデ行年七十才　本有院妙精日顕信女　明治三十五年九月二十八日」とある。なお丈助の戒名（本顕院宗権）とヒデの戒名が記された墓石は残存していない。昭和四六年に「溝口家累代之墓」が子孫によって新たに建てられた際に取り替えられたのであろう。ただし台座は「銭屋丈助」の文字が刻まれたものがそのまま使われている。

清兵衛は若くして抜擢されたと考えられる。嘉永六年の抜擢の一年後の安政元年に、元手銀として六貫目が計上されている(「備店銀控帳」)。この金額は初代嘉兵衛の元手銀の三分の一でしかない。それだけ銭佐での手代の期間が短かったと想定できる。安政五年には妻イクがいるけれども、嘉兵衛とは違って元手銀をもらってから結婚したと考えてもよかろう。つまり彼は初代嘉兵衛や丈助と比べ、相当に若かった。丈助と嘉兵衛の年齢のおおよその推定に従えば、丈助は抜擢された嘉永六年に三六歳、嘉兵衛は三九歳あたりとなる。いっぽう清兵衛は三〇歳前あたりか。そしてこのことによって彼が丈助はもちろん嘉兵衛の娘婿の二代嘉兵衛よりも、仕事の上でも格下であることを説明されるだろう。清兵衛は備店の「通い別家」であった[98]。しかし二代嘉兵衛が備店の経営の責任者であるのに反して清兵衛がそれほど目立たないのは、銭嘉は銭清より格上とされたからかもしれないし、また二代嘉兵衛自らが優秀であったからかもしれないが、なによりも清兵衛そのひとと二代嘉兵衛とが、さほど年齢が違わなかったからではなかろうか。つまり清兵衛抜擢の一年後の嘉永七年には、二代嘉兵衛が婿養子として入っている。ふたりはほぼ同年齢とみてもよいのではないか。そしてさらに想像を巡らせば、二代嘉兵衛となる手代の選考は、清兵衛の抜擢と一緒に考えられた「人事」だったのである。

先代専助の妻(二代専助の母)であるタカ、丈助の妻のヒデ、二代嘉兵衛の妻のタケは、卯一郎の婚礼当日、「二階休息所」を(おそらく古参の女中の)ツルと四人で担当している。花嫁やその母に応対しなくてはならない役目である[99]。彼女たちは役割にふさわしい行儀のみならず銭佐の家の構造も知っていなくてはならない。彼女たちがもともと銭佐の下女であった可能性はかなり高いのではないか。手代が別家になるがごとく、女中も手代と添わされたであろう。

丈助、嘉兵衛、清兵衛と、そのつぎに来る定助、常七(恒七)とは同じ別家であっても格がちがうとされていた。格差を示す例はこのあといたるところに出てくるので、ここでは一例だけあげることにする。先に引用した「成證庵智榮日良遺物控」の記述のしかたである。

先の引用にはまだ続きがある。「銭嘉　おたけ」のあとに「伴七方　おしな」「同娘　おふさ」「銭恒方　おなか」とある。伴七は手代、それも備店勤務であることが、婚礼の「役割分担表」ならびに「日記」より分かる（後述三九節。このことも手代でありながら妻帯できることを示す証左になる）。銭恒は銭常と同一人物である（後述）。銭市から銭嘉までの女たちは、「銭市　おゆう」「同　おくん」のように「方」の字はつけられず「娘」のような説明の字もなかった。本来の別家の妻は身内であるのに対して、ここには距離感が読み取れる。さらに銭恒（銭常）は安政五年にすでに別家になっていたか、さもなければすぐに別家になるわけであるが、それにもかかわらずその妻は、手代の妻のあとに記述される。

このあと記述を簡単にするため、定助や常七（恒七）のような別家には、B級別家という表現を使う。[100] おいおい述べることになるが、出身階層の違いと、若年時に「子供」としての訓練を受けたかどうかの違いが格差の原因と考えられる。

定助は「文久の別家書」には銭屋定助と書かれているが、「備店銀控帳」で、嘉永七年に元手銀一貫五〇〇匁をもらっている三木屋定助と同一であろう。[101] このとき銭屋を名乗っていない理由は、出入方あがりであって、手代を勤めたことがないからかもしれない（後述）。元手銀の金額もきわめて少ない。前年ないし同年に元手銀をもらった嘉

(98)「備店清兵衛来ル」という記事が、日記の、たとえば安政五年一〇月二日にある。「備店清兵衛来ル、備店伴七来ル」。

(99) 同じ別家の妻でも清兵衛の妻のイクは、下女のタミとキクを従えて「茶火鉢煙草盆」の掛である。格下だからか、年齢がかなり低いからか。それとも仕事の多忙さを考慮しての判断力を買われたか。

(100)「中年別家」という用語があった。このことばが私のいうB級別家の実態と合致しているのかどうかは、現段階では判断しかねる。

(101) 三木屋定助と三木屋東助の関係を考える際に、嘉永七年という年号は記憶しておくべきかもしれない。なぜなら嘉永三年の人別帳には、下男の岩助が三木屋東助と名乗ることが記されているからである（五九節に引用）。いっぽう三木東の「おりく」はリヤウの形見分けにあずかるが、定助の名前は形見分けのリストにない。どちらが年長なのか。そしてふたりは血族か。あるいは同郷か。

兵衛の一八貫六〇〇匁はもちろん、保兵衛（一〇貫目）や清兵衛（六貫目）に比べて少なすぎるように思える。その後定助は、銭屋を名乗るようになったし、文久二年に家の普請として一貫二〇〇匁、文久三年に婚礼用として一貫目をもらう。そしてさらに明治二年に「元手銀増直違分共」として一七貫八七匁強をもらっている（銀相場の低下を考慮しなくてはならない）。

もっとも明治二年の元手銀は、定助の死後に、生前の功績をたたえて賦与された。なぜなら定助は前年の慶応四年一〇月に死亡していることが、日記から読めるからである。[102] 後述するように（五七節）定助は慶応四年の混乱の際に、嘉兵衛とともに備店を守る役割を担っていた。能力を買われていたように思える。

定助はすでに「文久の別家書」に名があげられている。その時点では妻は記入されていない。[103] 五四節で引用する慶応三年一一月一五日の普請の完成祝には、別家衆、出入方、普請方に振る舞いがあったが、日記のこの記事の中で、定助の名前は、日記ゆえおもいつくままに書かれた可能性はあるけれども、嘉兵衛と専助よりも先に書かれている。出入方や普請方に目を光らせる監督のような立場にあったから、この振る舞いの席でもたんに別家という以上に重要であったからかもしれない。

定助の功績が讃えられたために、彼の倅もまた重用されたと考えられる。明治三年に別家として記される三木屋平助は、定助の倅と考えるべきではないか。同じ三木屋を名乗り、定助の穴を埋めるようにして、備店で勤務しているからである（後述五九節）。この平助もB級別家の処遇である。別家定助から平助への交代がなめらかであるということは、ふたりに親子の関係を想定させる。[104]

常七という名前の別家は時期を違えてふたりいた、と考えるべきである。一名は、新平野町山家屋藤三郎所持の火口艾店を本家が買取り、その名前人として勤めさせた〔2-49-6-3〕。この際、銭屋常七が山家屋藤兵衛と改名した。この嘉永四年に改名をする常七と、「文久の別家書」で別家とされている常七は同一人物ではない。ふたつの名前をひとりの人物が使い分けたり、あるいはいったん改名したあと、なんらかの理由でふたたび元の名前に戻ったりすることが許されるとは想像しがたいからである。むしろ「常七」の名前が安政期に新たに、山家屋藤兵衛とは別の人物に賦与されたのであろう。安政期以降の常七が新平野町の山家屋藤兵衛と別人である確実な証拠は、「御降臨諸事控」〔4-38〕で見つかった。石灰町と背中合わせに位置する卜半町の銭佐所有の屋敷の借家のひとつに、「銭常」が住んでいるのである。(105) おそらく彼は毎日そこから銭佐に来ていたのであろう。

常七は安政期の日記にしばしば「恒七」と記入されている。常七もまた日記に登場するが、頻度は恒七がまさる。私はしばらくふたりは別人であると思っていた。ふたりが別人であるとする決定的な証拠（たとえばひとつの記事に常七と恒七の両方が登場する）はない。(106) 逆に、次のふたつの安政六年七月の記事は、字が揺れることを証するといってよいであろう。

七月一〇日「常七、東御番所江参り、供隅吉」

(102)　慶応四年（＝明治元年）の日記には次のような記事がある。九月二六日「別家中へ銭定之義ニ付廻状差出し候事、使勝之助」。一〇月一五日「皆助例之通式日ニ罷出、是ゟ定介宅へ丈介名代与して葬式之手伝ニ罷出候事」。同日「定助致死去候ニ付、別家中へ廻状支度差出し候事、使文次郎真吉」。同日「孝旦那様、定助死去ニ付葬式ニ梅田へ御越被遊候事、供岩介」。

(103)　同じくB級別家の常七には妻がいることが確実であるにもかかわらず「文久の別家書」に妻の名がないことを考慮すれば、定助も妻帯しているけれども省かれている可能性が高い。定助が「御降臨」の折、浴衣を二枚もらっていることは家族がいることを示唆する（後述五六節）。

(104)　平助は定助生存中におそらく手代として備店に勤めていた（後述五七節）。ただし平助は天保期あたりの生まれだろうから、もし平助が定助の倅ならば、定助の妻にリヤウの遺物が与えられず「文久の別家書」にも記載されないのは、いくらなんでも無視のされすぎかもしれない。もっとも彼女は早く死んだ、とすれば辻褄はあう。

(105)　「三木東」もまた、卜半町の借家に住んでいる。

(106)　安政六年二月一三日の例は、一見、二人は別人かと思わせる。次の二つの記事は隣り合っており、同一の筆跡である。
「恒七、境藤七ヶ度目追訴、東御番所へ願参り候」
「孫介、京丁堀借家普請引合ニ参り候、尤常七、富士清孫介立会ニ而」

七月一一日「恒七、堺藤一件ニ付東御番所江参り、供隅吉」[107]

「恒七＝常七」の決定的な証拠は、安政六年三月二九日の聟入りに供をした人物の名前である。日記には「常七」と書かれている（二九節で引用）が、丈助が記した「卯一郎婚礼諸入用控」〔1-6-1〕の「聟入ニ付上京諸入用」には「恒七」とある（他の人物はことごとく一致する）。先に引用したように「成證庵智榮日良遺物控」には「銭恒方　おなか」の名があった。こうしたことも「恒七」すなわち別家銭屋常七を裏付ける。

日記の中で常七はかなり地位の高い役目を果たしている。大名屋敷に使いに行くし、供を連れて銭佐の名代として葬式に出ている。あるいはその名前は孫助や勝兵衛という手代に先だって記される。丈助がもっぱら大名屋敷との交渉にあたっているので、本店の日常業務の陣頭指揮をとるのが常七である、といえようか。

常七は卯一郎の婚礼のときにも重用されている。それも婚礼当日だけではない。荷物運びの日もそうである。こうしたことは常七が本家につめていたことを想定させる（定助は備店につめていたらしく、「役割定」に名がない）。といってもあくまで裏方であって、花嫁や花嫁の両親とは顔を合わすことなく、むしろ先方の使用人に対応し、祝儀その他を管理する務めに専念させられる[108]。

慶応四年正月二七日、鳥羽伏見の戦いの混乱直後の頃であるが、次のような記述が日記にある。

「常七、今日暮方ゟ定助上京ニ付、備店へ出勤仕候事」

定助の上京の理由は分からないけれども、定助が夜に備店にいないと用心が悪いとの判断であったろう。定助の代わりが勤まるということが、常七の立場を示している。常七はふだんは本店で下男を使って管理業務をしているが、いざとなれば備店の管理の筆頭を任しうる立場である。

とはいえ常七は、丈助はもとより嘉兵衛や清兵衛とも同列に扱ってもらえない。その妻のナカはリヤウの形見分けをもらいこそすれ、別家家内の扱いを受けていない[109]。たとえば、卯一郎の婚礼にあたっては何の役割にもついていない。B級別家が格下扱いされることについては慶応明治期の別家を叙するところ（五九節）でさらに説明する。

三七　妙徳寺にある別家衆の墓石

妙徳寺境内にある逸身家が土塀で囲った墓域には別家衆の墓もある。南側に開いた入り口から入った手前部分が、銭屋源兵衛家、福本家、ならびに別家衆その他に割り与えられている。ここに祀られているひとたちを同定し、かつその配置になにがしかの意図が読めたなら墓地整備の時期の推測に役立つかもしれない。そう考えて作業を始めたが、ことは簡単ではなかった。

墓域のこの部分は、奥の逸身家の部分よりもたびたび手が入っている。銭源一統ならびに福本家だけではなく、丈助の子孫の溝口家、清兵衛の子孫の桑原家はいまなお子孫によって維持されているので新しい墓石も建てられている。そうした近代の変化を別にしても、どうやら再配置が一度ならずあったのかもしれない。

私は最初に墓域が整えられ塀で囲まれたのは嘉永期であると、墓域奥の逸身家本家の墓石と銀控帳の記述にもとづいて想定した（三五節）。手前が奥よりも先にまとめられたとは考えられないので、そのときにはじめて妙徳寺境内の

(107)　この大坂東町奉行所へたびたび行くことになる事件の詳細は不明。ただし前掲注で引用したように、長引いている。
(108)「御荷物之節」にあっては「荷物請取方幷諸祝儀渡方」、婚礼当日は「御土産物請取方」「諸祝儀方」「配膳方」のそれぞれ筆頭である。客人と顔を合わし挨拶する役目は、宗兵衛や又兵衛という古い別家と清兵衛である（嘉兵衛と専助は備店につめている。丈助は総元締である）。
(109)　常七（恒七）の妻の名前は二度変わる。安政五年の形見分けでは「銭恒方おなか」、文久の別家書では「銭屋常七妻ふみ」、そして佐一郎の結納（明治二年）の折に書かれた別家書には「銭屋常七妻なか」と記載されている。いちばん可能性が高い想定は、ナカが一度はフミと改名したもののふたたびナカに戻した、とすることであろう。

墓地のあちらこちらにあった別家の墓が、この墓域に移された[110]。このとき何らかの史料ないし伝承があったおかげで、別家であることが判別されたのであろう。現存する史料からはいつ頃の別家であるか分からないものがいくつかある。参照の手間を省くため繰り返しになるが、次のふたつの別家のリストを先に引用しておく。ともにその時期、銭佐との近さを示す証左になろう。

①　文政三年以降天保三年まで、一緒に手当銀を積み立てている家（ただし林兵衛は文政八年まで）

　源兵衛・勘兵衛・市兵衛・林兵衛

②　天保五年、佐治兵衛がリヤウを妻に直すにあたっての証文の証人

　源兵衛・勘兵衛・市兵衛・林兵衛・宗兵衛・七兵衛・定七・亦兵衛・新八

ただしここに名前があげられているすべての別家の墓が当該墓域にあるわけではない。以下、別家の名前を列記することになるが、上記のリストに含まれていない家には（すなわち文政三年に、もしくは天保五年に、もはや銭佐と特別な関係をもっていない家といえる）傍線を引く。

墓域は通路をはさんで東側と西側にわかれる。巻末の墓域図を参照されたい。東側にはかなり古い時代の別家の墓がある。当該別家の名称は、台座の部分に「銭屋○○」と刻まれている。とくに注記しない限り墓石は一基である。当該墓石を墓域図の番号（□の数字）で示す。

・銭屋市兵衛（墓石四基）㉖〜㉙「銭市銀控帳」〔2-2〕によれば寛政七(一七九五)年（二代佐兵衛の没する一年前）に本家から五貫目の元手銀を得て開店している。精霊棚の塔婆には「信解院誠諦日悟信士　四代市兵衛」（命日の記載なし）と書かれたものがあるが、同人物の法名は四基のいずれにも見あたらない。

・銭屋武兵衛（？）墓石台座に「銭武」とある。市兵衛家の墓石の南隣にあることをつぎの事情と関係づければ、おそらく武兵衛家であろう。武兵衛は寛政六(一七九四)年に菊屋町に開店している。ただし翌年に死亡、借屋と奉公

人は市兵衛に引き継がれる。

・銭屋七兵衛（30）「本店銀控帳」によれば文政二（一八一九）年に元手銀をもらっている。

・銭屋平兵衛（31）「本店銀控帳」によれば安永四（一七七五）年に元手銀をもらっている。

・銭屋林兵衛（32）「本店銀控帳」によれば文化九年に元手銀をもらっている。

・銭屋亦兵衛（33）〜（34）（墓石二基）「本店銀控帳」によれば文化五年および文化八年に元手銀をもらっている。三六節も参照のこと。

この他に三基、古い墓石がある。うち一基には「阪倉氏」とあって銭市と銭武の間に位置する。銭武をはさんで反対側にある墓石は戒名が読めるが家の名は刻まれていない。ただし戒名毎に没年が分かるように同じ墓石の別面に記されている。年だけを記すと天明八年、文化四年、享和三年。さらにもう一基「銭喜」と記された墓がある。安政期以降には銭屋喜助と呼ばれる人物が確認できるが、この「銭喜」が銭屋喜助ないし後述する銭屋喜兵衛の祖であるか否かは分からない。

西側にもいくつか古い別家と思われる墓がある。

・銭屋和兵衛（44）

・銭屋六兵衛（45）

この二軒についてはいつ頃の別家であるか、現段階はまったく分からない。ただし和兵衛については、逸身家の「過去帳」の「別家その他の部」に「和兵衛」として記されている戒名と、墓石の戒名とが同一である（普応院融道日意）。しかし「過去帳」に没年は記入されていない。

（110）妙徳寺には「銭屋」とついた墓が塀の外に多数ある。「銭屋」は銭佐とは関係のない店の屋号でもあった。

・銭屋喜兵衛（㊻）「本店銀控帳」によれば文政二（一八一九）年に元手銀をもらっている。この喜兵衛が銭佐の借屋に住んでいる喜兵衛当人（三六節注68）、もしくは同人の倅かどうかは不明。

・銭屋勘兵衛（㊾）「南瓦屋町水帳」によると、寛政九（一七九七）年に南瓦屋町に屋敷を購入している。三六節参照。

以下の四軒の別家は、四代佐兵衛に重用されたひとたちである。別家になったいきさつはすでに記したので、「過去帳」に記されたひとたちの墓の同定をここで記す。

・銭屋丈助（墓石二基）（㊴～㊵）台座に「銭屋丈助」と記された台座の上部は子孫によって「溝口家之墓」に新しくされた。おそらくここに丈助とヒデの本来の墓石が乗っていた。隣の墓は娘のカメと婿養子溝口保造であることが戒名で分かる（戒名は過去帳に記載されている）。

・銭屋専助[41]　二代専助（唯心院亮境　明治八年正月一〇日没）は、妻を離縁した。「銭屋専助」の台座には二代専助をはさむようにして、その両側に三代専助夫妻と思われる二名が刻まれている。

・銭屋嘉兵衛（墓石二基）[11]（㊷～㊸）台座に「銭屋嘉兵衛」と刻まれた墓が初代嘉兵衛とハルの墓であり、「高木嘉兵衛」とあるものが二代嘉兵衛とタケの墓である。

・銭屋清兵衛（㉟～㊲）（墓石三基）初代清兵衛とイクは「桒原清水」という台座の東を向いた面に、二代清兵衛とヤウは同じ墓の北面に祀られている。台座に「銭屋清兵衛」と刻まれた墓に誰が祀られているかは不詳。

・この墓域に入っていない別家もある。目立つのは銭屋宗兵衛（惣兵衛）がないことである。銭宗は慶応二年には妙徳寺の有力な檀家の一とみなされていた（三五節）。

以上の別家の墓の配置になにかしらの法則を読み取ろうとするならば、銭屋市兵衛と銭屋勘兵衛が対称的に北東と北西に配置されていることに、意味があるかもしれない。

三八　別家以外で同じ墓域に祀られている人たち

別家と同じ手前の墓域には、女性が祀られた墓が三基ある。どれも「逸身氏建立」と刻まれている。これらの女性はまた「過去帳」にも記されているので、俗名ならびに没年が同定できる。

蓮華院妙要日等 ㊼　ミヨ　文政五年九月二七日
令速庵妙成日止 ㊳　ナミ　弘化三年二月一二日
善行院妙壽日遠 ㊽　タミ　明治二一年三月一四日

このうちタミは過去帳に「佐一郎様乳母タミ　備店奥上賄女」と注記されている。ミヨとナミには注記がない。かりにミヨを三代佐兵衛の乳母、ナミを四代佐兵衛の乳母、と想定してみると没年はそれらしい時期である。ナミとタミは精霊棚にも塔婆がある。

前述したように（一四節）過去帳には「佐兵衛宝備乳母すえ　六十七歳死去」と注記された「釈尼　妙雲　明治一五年一二月二日　没」も記載されている。しかしこの五代佐兵衛（卯一郎）の乳母の墓は妙徳寺には見あたらない。

佐一郎（孝之助）の誕生は天保一三（一八四二）年である。タミがその年から銭佐への奉公を始めたと仮定すれば通算四七年の奉公ということになる。死亡年の年齢は書かれていないから分からない。

さらに三基、土佐のひとの墓がある（51～53）。記録しておく。

（11）離れたところに「高木嘉兵衛」と台座に記された墓が一基ある。「浄性院宗得日心信士」「浄心院妙理日性信女」の夫妻の他、三名が祀られている。これらが誰であるかは不詳。さらにこの墓と銭屋勘兵衛の墓とのあいだにある「昴奥院宗三日千信士　維時嘉永二酉四月廿八日」は、勘兵衛家ないし高木（嘉兵衛）家との関連をも含め不詳。

玄宏梁憚信士　安政三丙辰年十月廿五日卒　土州高智浦戸町田村屋幾之助墓　行年五十一歳
是能浄心信士　（上部剥落）四月十二日行年四十歳　土州高知通町五丁目□（丁カ）子屋富次□（郎カ）
法一心院常念日見信士　（上部剥落）酉年七月四日卒　（剥落）□屋□（貞カ）次□[112]
いずれも土佐の商人であって、銭佐と土佐藩との取引が関係しているのか[113]。

三九　安政期の本店の手代の仕事の例

手代の一覧を見ることの出来る史料は天保一二年の家内書のあと残っていないので、「日記」のある安政期にどれだけの数の手代がいて、どんな仕事をしていたかを見るのはそれほど容易ではない。「嘉永三年人別帳」があるが、人別帳の常として「下人」として手代と子供とがまとめられている。「文久の別家書」と私が呼んでいるメモには手代の名前はない。そもそも手代はかなり入れ替わりがはげしいことが予想できる。

手代と子供との差を名前で見分けるのはある程度までは可能である。文政一二年、三代佐兵衛の時代には「下人」の名前は「○兵衛」と「○吉」「○松」しかなかった。この場合、「○兵衛」を手代とみることができる。

その後、「○助（○介）」「○七」「○郎」も使われるようになる。「○七」はおそらく手代とみてよかろうが（ただし出入方の可能性もある）、「○助」「○郎」の場合は、区別がつかない。だから嘉永三年の人別帳に書かれている名前のうち、庸七は手代、いっぽう亀松、由松、柳吉など九名は子供と判断してもよかろうが、そのあいだに記された用介と新介はどちらの可能性も残る。庸七ひとりでは手代の数が少なすぎるという推論は万全ではない。本店の手代でも借家に住んでいればここに表されないかもしれないからである[114]。さらに手代は備店にもいた。

改名はある。安政五年一二月二一日の日記には

「備店三吉、今日元服致し候、改、与兵衛、為吉すミいれ致し候」

とある。この三吉はたんに名前だけが変わったのではなく、手代になったのである[115]。しかしある年齢に達すれば、誰もがみな手代にしてもらえるとも思えない。いいかえればしかるべき年齢になっても「元服」させてもらえず、暇を出されてしまう「子供」もいたはずである。そこで一挙に決定することを避けるために、さしずめ予備試験合格としての位置づけで「角入《すみいれ》」が行われたのだろうか（角入の儀については二六節参照）。

名前でおおざっぱなふるいにかけたあと、誰が手代であるかを同定するためには、日記などの史料から、任されている仕事を追跡して、その仕事の内容から判断するしかない。そういう点で安政六年の婚礼に際して作られた「役割定」〔1-6-3-17〕はかなり有効である。これには役割のみならず「羽織袴着用」「羽織着用」という服装指定まで記入されているからである。

「荷物運び」の日から諸事が終わるまで重要な役割を担っていると思われる人物は、別家衆の丈助と常七を除けば、孫助、伴七、勝兵衛、忠兵衛である。彼らは羽織袴を着用し、心付けの金を扱い、道具方として大事な道具を取扱い、客間で接待をする[116]。この四人の身分は「子供」ではなく「手代」であると想定できよう。それとは別に半七（伴七とは別人である）は、羽織も着用しているし（ただし袴はない）名前からして「子供」でなさそうに見えるが、実は出入

(112)　その隣に建てられた墓に祀られている、法名は剃落し、俗名「加藤富治郎　明治拾七念甲申二月廿四日」とある者は不詳。

(113)　墓域入り口近くにある「土陽士友松孫左衛門盛徳墓」は、妙徳寺住職によって昭和六〇年頃に移設されたものであって、逸身家と無縁である。

(114)　嘉永三年の「家持借家人別帳」は不完全な形態でしか残っていない。借家の部分は散佚した。

(115)　『武田和敬翁追想』（昭和三五年八月・武田薬品工業株式会社内　武田和敬翁追想録編纂委員会）三一頁に「二十才前後になると羽織を主人からいただいて、初めて着ることが出来る様になります。これを「元服」と言ってゐました」という和敬翁の思い出が載せられている。和敬は五代武田長兵衛で、明治三年一一月二七日生まれである。

(116)　こうした役割については、明治三年の佐一郎の婚礼のところで詳述する。

方であったことが、後述する「徳助・嘉吉事件」から分かる。半七は誰かの補助をつとめるのではなく単独で仕事もしているが、ただしその仕事は孫助などと比べると重要度が低い[117]。よって手代は四人である。

このうち伴七は備店の手代であることが「日記」から分かる[118]。他の三人（孫助、勝兵衛、忠兵衛）が本店に常時いることになっている手代である。しかしこの四人の名前は天保一二年の婚礼の「家内書」にはどれもない。子供として別の名前であったかそれとも新顔ということになる。

備店には伴七以外にも手代がいたはずである。別家をのぞいた手代の数は、本店備店をあわせておおむね九人か一〇人に抑えられていた[119]。備店にいた手代は、一部、婚礼当日のみ本店に来たかもしれないが、原則、婚礼の手伝いをしなかったようである（備店は荷物運びの日はもちろん、婚礼当日も休まず営業していたことは、別家の嘉兵衛・清兵衛・専助・定助が、「役割定」から欠けていることで分かる）。だから備店の手代を全部、日記から拾い出すことはできない。

以上を前提として、安政五年と六年の日記から彼らのふだんの仕事を洗い出してみる。孫助、勝兵衛、忠兵衛のうち忠兵衛の名前が日記に出てくることは少ない。それは孫助と勝兵衛が「外回り」の仕事が多いのにたいして、忠兵衛はおそらく店の中の「事務」に携わっていたからであろう。ただし手が足りないときには彼もでかける。

孫助と勝兵衛も役割がある程度決まっていた。たとえば「女中証文印取り」は勝兵衛の仕事である。家賃を取りに行くのは両者ともどもである。しかし塩町にはいつも勝兵衛が行っていることからみて、ここにも分担があったのかもしれない。家賃同様、家の普請も見回りに行く。若旦那（卯一郎）や別家の丈助や常七も忙しいときには、彼らが単独で大名屋敷に挨拶に行くこともある。式日廻礼もまれであるがこなす。しかしたいていは旦那ないし丈助のお供をしていくことが多い。家内の用事では、妙徳寺に「寒中見舞」を持って行ったりもする。京都にも行く（行き先不明）。そういうときには彼らにさらに供がつく。

彼らがお供をして訪れるのは大名屋敷だけではない。妙徳寺や高津宮への参詣はもちろん、大旦那（佐治兵衛）と娑（タウとイツ）のお供で今宮戎にも行くし、奥様（トヨ）や若旦那について梅屋敷にも行く。おもしろいのは安政六年二月の芝居行で、一一日には勝兵衛が子供の彦吉・季吉・隅吉を連れて行き、翌一二日には忠兵衛が又吉・永吉・政吉を連れて行く。帰りになにか食べさせたりするのだろう。孫助は行かないのかと思うと、すでに八日に奥様や若旦那のお供で行っているのである。

四〇　奉公人の不祥事の処理

安政二年一一月に奉公人をめぐって興味深い事件が起きている。まず「日記」の関連部分を引用する。

一〇日「徳吉、八ツ頃出申帰り不申、市松・為吉、徳吉さつまやへ尋参り、房吉・八介、初夜頃、松屋町多々伝へ尋参ル」

一一日「早朝ゟ丈助被参、徳吉一条所持之品喜七相改、封印付候、池田徳吉宅へ急用手紙遣ス」「孫助、徳吉之親類天満昆布屋へ尋参ル」

一三日「池田ゟ徳吉親参ル」

一七日「今朝徳吉親亀屋徳兵衛来ル、改テ徳吉預ル、引負之義者池田へ引取、近々之内埒明候様申遣し候」「右ニ付嘉助暇遣ス、半七出入遠慮申付ル、東助呵り置入用之割為弁、房吉喊格之事申渡ス」

(117) 半七は「荷物運び」の日には、羽織のみ着用で「供方」に対応する。婚礼当日は「遠見」をする。「遠見」とは、「婚礼の行列が時間通りにちゃんと来ているかを、少し手前まで出張して確認し、確認したら、行列よりも先に宅まで戻り報告する役割」である。

(118) 安政五年一〇月二日「備店清兵衛来ル、備店伴七来ル」同一二月二四日「備店伴七来間、政吉備店江丈助ゟ手紙持参り」。

(119) 史料の残っている年代で判断する限りである。天保一二年は、店で働く別家の数が少ないから、手代そのものの数は一二人になっている。手代は給料をもらうだろうから、支出の点で制限が加わる。子供は飯を食わせればよいが、手代はそうはいかない。

「右丈助宅ニ而調之上ニ而申付候事」

二七日「房吉減格御免元之格へ相成候、半七遠慮免ス」

一二月一五日「嘉助荷物取ニ来ル、不残相渡」

取り調べのうえ暇を出された嘉助の身分は下男であることが、一月前の記事で確認ができる。

一〇月二八日「壱貫四百文ツツ綱貫代下男三人へ遣、嘉助・七助・八助へ」

（ただし下男三人の名前は右から左へ並記されている。「綱貫」とは履物である）

徳吉は「子供」であろう。「さつまや」ならびに「多々伝」は周旋屋で、そこを通して銭佐に働きに来たのか。銭佐は徳吉を預かった責任があると考えている。このことは家出した当夜から捜索をはじめたのみならず、翌朝から丈助が動き出し、すぐに池田にいる親に連絡をとっていることからも分かる。想像するに、親である亀屋徳兵衛はそれなりの店を構えており、倅を大坂の大店で修行させようと思ったか。銭佐は徳吉の所持品を調べたあとで他の奉公人が手をつけないように保全している（このことにより徳吉には個人の所有物があったことが分かる）。さらに天満にいる徳吉の親類にまで、なにか事情を知らないかと尋ねに行っている。おそらく銭佐側としてはこの段階で事情をある程度まで察知しており、自分たちにも落ち度があったと思っていたのであろう。そして親はおそらく手紙を受け取ってすぐに銭佐にやってくる。

徳吉がどこにいたのかは分からないが一七日には保護され、事件は解決した。徳吉は許されてふたたび奉公することになる。「引負之義者池田へ引取」とあるから、なにかしら金銭的損害を銭佐に与えたか。

ではいったいなぜ下男の嘉助が暇を出され、処分は他のものにまで及んだか、である。そもそも嘉助は何をしたのか。

嘉助は徳吉と一緒に仕事をしている。近いところでは次の記事。

一一月七日「徳吉嘉助ゆむぎの根取ニ参り」

「ゆむぎ」はよもぎか。薬種である。銭佐は天保期から薬種商と取引があった[120]。徳吉のほうが先に名前が書かれている。つまり手形を渡したりする仕事は徳吉の担当であり、嘉助は荷物持ちないし護衛である。

一〇月一五日に穴蔵から銀百貫目を出すときにも徳吉と嘉助が加わっている。ここでも徳吉のほうが序列が上である。

「早朝表蔵ゟ銀百貫目出ス、穴蔵中、若旦・常七、上、孫助・房吉・徳吉・嘉助〆六人（以下略）」

房吉は徳吉の先輩であり「直属の上司」とでもいうべき立場にあって、徳吉に仕事を教え込むだけではなく、日常生活の指導もすることが期待されていたであろう。もし徳吉が困っていたなら対処を考えてやらねばならない。だからこそ一〇日間の「減格」の処分があったのであろう。「子供」の中での番付が下がった、ということか[121]。

出入方の半七は嘉助の口利きを東助（次節で詳述する三木屋東助であろう）にしてやったのであろう。東助は下男たちの長とでもいうべき位置にいた。しかし素行が悪いということで嘉助が暇を出されたとき、半七も一〇日間の出入り差し止めの処分をくらった。

嘉助は徳吉をしばしばいじめていたり、金をせびったりしていたのであろうか。

ところでこういう事情聴取から処分にいたるまで一連の裁きは、佐兵衛でなく丈助がやった。奉公人の扱いに関しても役割分担ができていたのであろう。とまれ丈助は安政二年の段階で、すでに店の采配をする位置にいた。

---

(120)　本店銀控帳明治一〇年の頁に、「天保十一子年ゟ当明治十丑年迄薬種売買買持徳」が六一三円強、計上されている。

(121)　「房吉」という名前をもとに、私はこの人物を手代ではなく子供と判断した。

四一　下男と出入方、普請方

「子供」→手代→別家の階梯は、銭佐の業務に熟練して一人前になっていく道筋である。つまり両替業務のみならず、貸家の経営やら商品手形の発行やら、さらには同業者との組合や大名貸にいたるまで、広義の金融業務にたずさわれる能力の育成である。これとはべつに、銭佐の職制には他の職種もある。すなわち下男と出入方の者たちは、銭佐の店を運営する中で違った役割を分担している。そして彼らも秀でた才能をみせると別家になることがある。すなわち、下男→出入方→別家という階梯である。ただし出入方上がりの別家は、手代から昇格した別家から低く見られていた。最初の身分がずっとつきまとうのである。私が三六節で導入した用語でいうところのB級別家である。

ただし下男と出入方との関係は、子供が手代に昇進するのとは異なり、単純な昇進とはみなすことはできない。そもそも出入方の身分およびその仕事の内容を把握しようにも分からないことがいろいろある。それを下男と出入方の名前を特定することによって可能な限り押さえてみるのが本節の趣旨である。さらに第二巻所収の吉田伸之論文も参照されたい。

下男の階層は低い。このことを如実に表しているのが人別帳の記述である。人別帳では手代と子供はひとまとめにして「下人」であるが、「下人」の次に来るのが「下女」であり、「下男」はさらにその次に置かれている。この順序は結納の際に提出される「家内書」にあっても同じであって、「手代」「子供」「下女」「下男」の順である。さらにこれは「日記」にも逐一反映していて、下男の名前は子供や下女の名前のあとに書かれている。「下女」よりも地位が低い、ということは、年季の入った下女が下男に命令することもあったろうことを反映しているのか。

もっとも対外的な場合を除いて家の中では「下男」ということばは使われなかったようである。本来はニュートラルなことばが、蔑みを持って聞こえる、と意識されたらしい。少なくとも他家の人間が下男を呼ぶ場合には「男衆」（オトコシと発音する）であった。

下男は家の中のありとあらゆる力仕事を担当したと考えられる。米俵や薪炭といった重い物の運搬があったろうし、風呂を沸かしたり、ちょっとした壊れ物の修理もしただろう。店の警備も重要事である。そして主人や別家や手代の荷物持ちであるとともに護衛でもあった。日記をみていると下男の名前がよく出てくるが、それは卯一郎や孝之助（旦那）、さらには御寮人様などの奥、あるいは丈助（別家）、ときには手代の供になるからである。他家他店からの客人には下男が供をしてくるが、これら供方の応対にあたったのも、どうやら（あとで述べる三木東のような）下男上がりの出入方、もしくは下男であったようにみえる。

下男は下女同様、銭佐に住み込みであった。当然、妻帯できない。下男の人数は、おおむね石灰町の本店で三人、備店に一人いた。そして下男だけでは手が足りないときに出入方、もしくは出入方が斡旋する人足が手伝いに来たようである。

出入方の職業の内実はよく分からない。しかしまずは出入りの商人や職人と、「出入方」として記されている者たちとを区別をしなくてはなるまい。出入りの商人は様々な職種のものがいたであろうが、呉服屋や小間物屋、あるいは銭佐の場合、大量に紙や墨を使用しただろうからそういったものを商いする店の者は、いくら銭佐が得意先であろうとも「出入方」とは呼ばれはしないだろう。体力のいる仕事と想定しやすいが、では金物の修理、あるいは髪結、庭師といった職人、あるいは商人であっても青物屋とか魚屋になるとどうなのか。私は現段階では、この者たちは「出入」であっても「出入方」とはいわないのではないか、と推測している。出入方とは、たんなる商取引上の売り手と買い手以上の密なる、しかも永続性を前提にした、主従関係を内包する関係がある（以下、その根拠を徐々に記す）。

そもそも「出入方」ということばが記されていることの目立つ史料は、婚姻に際して先方に渡すために記される

「出入書」である。特定の出入りの者は、必ず先方に紹介されるのである。これは銭佐側に限らない。先方もまたその家の「出入書」を、「家内書」や「別家書」などと同じように銭佐に渡している。ここより、何らかの理由で出入りの者たちの中から特定の者たちを選び出して先方にそれらの名前を伝えておく必要がある場合、たとえば先方に使いとなって行く可能性が考えられる場合、主家が保証していることを示すために使われたのが、出入方といういいかたなのかもしれない、という推測もなりたつ。さらに婚礼には、「嫁入り」「聟入り」双方の儀において人手が下男だけでは足りず出入方が駆り出される。その祝儀の準備のため、あらかじめ知らされていることもあろう。

出入方と似たものに普請方がある。普請方は大工をはじめとする家の建築に関わる職人たちであって、出入方とはちがって本来の仕事がはっきりしている。彼らは出入方とは別のカテゴリーを作っているけれども、しかしときに出入方のやるようなこともする。ただし普請方は婚礼のときに出入方のように名を伝えられることはない。以下、出入方と普請方の名前を拾い出し、彼らの仕事の内実を想定する。まずは事例を年代にそって列挙しておく。

のちのちまで常に出入方のリストの筆頭に来る三木屋東助の名前が最初に読めるのは「嘉永三年人別帳」である。下男の名前に続いて最後のところに、細字で次のように記述されている。

　下男岩介義ハ十月、越州足羽郡渕村六兵衛倅善之介と申すものにて、此度人別送り取之、家号名前三木屋東助と相改、丁内右佐兵衛借家へ別宅ニ成ル

越前の足羽《あすわ》郡から「人別送りを取る」に至った詳しい事情、ないしこの手続きの意味するところ(下男なら人別送りは不必要だったとは思えないが、そういうこともあったのか?)は私には把握できないが、このときに岩助(岩介)は下男から昇格して銭佐の使用人でなくなったことは明確である。三木屋という屋号は誰がどういういきさつで付けたか(銭佐のルーツが摂州三木にあることにちなんでいるのか?)。銭佐を出て彼は妻帯したとみえる。時代は八年下がるが安政五年の「成證庵遺物控」(リヤウの形見分け)には「三木東おりく」の名がある。形見をもらっているのは別家ならば母

と妻と娘なので、「おりく」は妻と考えられる。外部の人間であるはずの者としては、三木東は破格の待遇である。婚礼には手がいるので出入方が駆り出される。葬式もきっとそうであったに違いないが(122)、逸身家文書から葬式の記録は欠落している。安政六年に卯一郎と岩佐ハタの婚礼が行われた。この際の「役割定」〔1-6-3-17〕によれば、「火の元見廻り、庭廻り取締、庭先石燈籠あんと《行灯》類油方使番共」として家根清、弥七、弥兵衛、伊右衛門、伊助の名があげられている。後述するようにかれらは（職種に違いはあるが）「普請方」である。いっぽう三木屋東助が下男を率いて「供方受持」などをやり、堺与（堺屋与兵衛）が「おしな」と一緒に（仕事の内容は分からないが）「銭市宅掛り」とされている(123)。堺与も三木東同様、出入方である。この婚礼の「諸事控」は失われてしまったので、先方の岩佐家に提出された「出入書」に、他にどんな出入方が書かれていたかは分からない。ただしこのあと名前が出てくる中忠と尼長が、どちらも親類や遠くの別家の「送り駕籠」の代金をもらっていることが、「卯一郎婚礼諸入用控」〔1-6-1〕から分かる。おそらくこのふたりも、後の婚礼同様、このときから「出入方」として数えられていた。

慶応三年に石灰町ではおおがかりな普請をした。一一月に完成し、その祝の席に出入方や普請方が別家とならんで招かれている。同月一五日の日記。

「御普請成就ニ付御振舞、本町・丈助・清兵衛・定助・嘉兵衛・専助・お秀・おゆり・お竹・お千代〆十人、三木東・河藤・境与・尼長・大忠次郎・大工弥・徳兵衛・伊助・伊右衛門・左官作・家根清〆十一人、然ル処へ上之分十一人、下十二人あつらへ候事、幷ニ普請方へ夫々祝儀遣ス事」

(122)　リヤウの葬式に伴う二七日《ふたなのか》の逮夜のあと、出入方は酒と飯とを振る舞われている（二七節）。葬式が一区切りついた段階でのねぎらいである。

(123)　銭市の家が石灰町にあるので、その家をなにかしら裏方の用事に使っているのであろうか。それとも想像をめぐらせば、京都の岩佐家は大坂での宿として、この屋敷を臨時に使っているのかもしれない。明治三年の婚礼で同じく京都の戸倉家は、「荷物」を丈助の家にひとまず送ったり、婚礼期間中、近くの家を宿にしている（六一節）。

「〆十人」と括られている別家とその家内はここでは問題としない。三木東以下が出入方および普請方である。両者は「〆十一人」とひとまとめにされているけれども、区分を守りながら数えられている。三木東、河藤、境与、尼長、大忠次郎までの五人は出入方、つづく大工弥、徳兵衛、伊助、伊右衛門、左官作、家根清の六人は普請方である。

大工や左官の普請方が普請成就の振る舞いを受けるのは当然だが、なぜ出入方も招待され、かつ祝儀をもらうのか。普請との関わりを考えると、おそらく材木の運搬のような、職人仕事ではない力仕事のための人足の提供をしたり、それらの監督をしたからではないか。庭木や庭石、灯籠などの運搬もこなしたかもしれない。出入方の仕事については後にあらためて考える。

この普請完成の直後の慶応三年一二月に、いわゆる「御降臨(ええじゃないか)」がある(「御降臨」については五六節参照)。その際に、三木東、仲忠、尼長、境与、河藤、花吉、の六人がまとまって蜜柑二箱を奉納している。これら六人は名前からみて前記の出入方と基本的に同一であるが、ただしここでも史料に「出入方」という肩書きが記されているわけではない。この六人のうち四人(三木東、河藤、境与、尼長)は先の普請のあとの振る舞いによばれた者たちである。そして仲忠が大忠次郎と入れ替わり、さらに花吉が加わっている。とはいえ「仲忠」と「大忠」とが併存して書かれている史料が他にも見つからないので、何らかの理由で屋号の略称は一定しないけれども実際にはこのふたりは同一人物ではないか、と想定できるかもしれない。後述するように「尼長」と「伊勢長」も併存せず、むしろ同一人とみなした方がよい例がある。いっぽう大工弥、同徳、家根清、左官、伊右衛門、伊助は、これまたまとまって「御鏡一重(五升)」を奉納している。こちらのほうには「普請方」と、史料に肩書きが明記されている。奉納物について言えば、出入方の蜜柑のほうが普請方の鏡餅よりも安価であり形式ばっていない。それが出入方という身分にふさわしいとの判断であろう。なお日記には「徳兵衛」「左官作」と書かれていたが、御降臨奉納の記述では「同(=大工)徳」「左官」である。

出入方ならびに普請方の位置づけに関しては、「御降臨諸事控」〔4-38〕中の「法被控」のリストも示唆を与えてくれる。「ええじゃないか」を踊るために手代や子供や下女は旦那たちと同じ浴衣をもらっているのであるが、下男以下は法被である。ただし法被には二種類ある。彩色された絵までが残されているが（口絵25）、浴衣と同じ絵柄のものと、単色で、背中に銭佐の印が大きく染め抜かれ、襟に「作事方」とあるものである。

そして出入方と普請方とではもらう法被が違う。これまで出入方としてあげられた名前を探し「法被控」に記載された順に並べると、河藤、伊勢長（これが初出。ただし尼長と同一人の可能性がある）、大忠、境与、花吉である。彼ら出入方は、下男や、囃子方、丁内髪結、丁内裏表借家の者たちと同じように、浴衣と同じ色柄の法被をもらっている。浴衣と同じ絵柄ということは、実際に「ええじゃないか」を踊ったか否かは別にして、今回の祭り騒ぎに、銭佐の主人たちと同じように人目に映る形で参画しているという表現である。酒などを配る役割もこなしたかもしれない。対して大工弥、同徳兵衛、伊右衛門、伊助、市兵衛（伊右衛門の倅。後述）、左官、家根清、黒鍬新、木挽弥が着ているのは、「作事方」の法被である（黒鍬新、木挽弥はここしか名前が見つからないが、普請方と同列視してよかろう）。わざわざ地味な色の法被を作るのは、普請方はあくまで表立って騒ぎには参加していない「警備担当者」であることを顕示するためか。そして背中についた大きな銭佐印は、浴衣や浴衣と同じ柄の法被とは違って、銭佐の関係者であることを誇示している。もっとも銭佐は直前まで大規模な普請をしていた。まだ片付けが終わっていないようなので、銭佐の屋敷には彼らの道具などが残っており、それを守る必要があったかもしれないことも考慮すべきであろう。法被の違いが意味することへのさらなる考察は後に回す。

先述したように婚礼にあたって出入方の名前は、家族や親類、別家や使用人と同じように結納のときに先方に提出される。これが「出入書」である。出入書は別家のリストと一緒に、表書きに「別家書」と書かれた包書に包まれる。ただしあくまで別紙に書かれる。いっぽう先にも記したが、そしてなぜか理由は分からないが、普請方の名は先方には伝えられない。普請方のうちある者は婚礼を手伝っているにもかかわらず。

明治二年の佐一郎の結納にあたって作成され、先方の戸倉家に提出された「出入方」リスト〔1-2-11-14〕。〔1-2-5〕も同じ）には、三木屋東助、堺屋与兵衛、大和屋忠兵衛、花屋吉蔵、伊勢屋長兵衛、杉本村八右衛門、の計六人が含まれる。この史料からこれまで何度か略称で言及されていた、堺与（いちいち記さないが堺と境は区別されない）、大忠、花吉、の「フルネーム」が分かる。さらに伊勢長（伊勢屋長兵衛）が、ここではっきり明示される。この出入方の一覧には尼長が含まれておず、杉本村八右衛門の名がある。しかし実際には尼長は婚礼荷物の行列に、かなり目立つ形で加わっている。すなわち先頭を歩く丈助に続いて琴を運んでいる（琴はどの嫁入りの荷物行列にあってもつねに始めであって、事実上、行列の先頭である）。仲忠と大忠が同一人と思われるように、伊勢長と尼長とも同一人ではないか。

もっともこのときの婚礼の荷物行列は異例であった。本来、花嫁側が用意すべき人員が銭佐の側で用意されたのである。「三木東、堺与、伊せ長、河藤、大忠」（以上、出入方）、「大工弥、家根せ、左官作兵衛、伊右衛門、伊介、大徳兵」（以上、普請方）、「起利兵衛」（起番の利兵衛）、「三介、岩介、七介、又介」（以上、下男）の計一六人が手伝った。この「大工弥」は「大工の弥助」である（次段落）。いっぽう安政六年の婚礼を手伝ったのは「弥七」と「弥兵衛」であった。「大工弥」と称される人物には入替りがあるか、もしくは同一人物が名を改めている。

婚礼の当日（〔1-2-11-13〕ならびに〔1-2-13〕）にも出入方と普請方は仕事をする。仕事は明瞭に分担されて、「北店詰合幷表用心掛」には花吉蔵と堺与兵衛が、「店廻り火の元見廻、石燈籠火燈し」として大弥助、手伊助、同市兵衛が受け持っている。出入方の花屋吉蔵と堺屋与兵衛は家の外側の警備、普請方の大工の弥助や手伝の伊助と市兵衛は、家の内部の仕事、という分担である。手伝の市兵衛は手伝の伊右衛門の倅である。「御降臨諸事控」〔4-38〕中の「買物方」に「心付」三分が「手伝伊右衛門倅市兵衛」に与えられたことが記録されている（伊右衛門自身の心付けは一分である）。

翌明治四年に四代佐兵衛から五代への家督相続があった。このとき作成された「宝備家督一件諸事控」〔4-10〕が、顕著に「出入方」と「普請方」ということばが対置されている例を提供してくれる。この部分はのちに福本元之助の誕生とからめて引用する（四九節）。そこにはまず出入方として、三木東、花吉、堺与、大忠、尼長、河藤の六人が、御祝儀百疋と膳料百疋をもらっていることが記されている（仲忠と伊勢長は名がない）。一方、普請方としては大工弥、家根清、左官、伊助、伊右衛門の五人が、御祝儀を百疋ずつもらっている。膳料はもらっていない。出入方には与えられている膳料が普請方には与えられないということは、そもそも普請方には膳を出すべきとは考えられていないからであろう。なお、ここではたんに左官としか書かれていないが、左官弥である（次段落）。

祝儀をもらう側の普請方も出入方も、たんにもらうだけではない。それぞれがまとまって家督相続の祝の品を贈っていることが、「同諸事控」中の「至来物」のリストから分かる。出入方は松魚一箱、普請方（ここに左官弥も含まれる）は生鯛二尾である。実際の値段はともかく、生鯛のほうがイキである。おそらくこういう祝の品は、普請方ならば許されるが、出入方がやったなら生意気なのだろう(124)。

明治八年に佐一郎は再婚した。このとき認められた出入書には「東助、三助、忠兵衛、長兵衛、八右衛門、源助、定七」とある。屋号はない。ただし忠兵衛は仲忠、長兵衛は伊勢長であることが、このときに認められた「役割定」から想定できる。さらにこれが初出の三助は、饅頭の配り先のリストに「三木東」のつぎに「三木三」とあるので、三木屋東助の関係者であることが分かる（おそらく倅である。後述）。源助と定七についてはあとで考える。

このときの結納行列では、普請方と出入方が一緒に仕事をしている。宰領の皆助（手代）の供に大工弥が、また二台ある釣台のひとつは、大工徳が出入方の三助と一緒に担いでいるのである。この年に三助という名の下男はいない

(124) 明治三年の佐一郎の婚礼にあたり、医者の「大矢氏」が贈っている品はかなり異色で、鯒（コチと史料そのものにもルビがある）と赤貝である（至来物控〔1-2-7〕）。この当時の位置づけでは、普請方は医者と同じような「専門職」といえるかもしれない。

から、先述した出入方の三木屋三助と決められる（もうひとつの釣台を担いでいるのは久助と五助で、ふたりとも下男である）。この大工徳は婚礼役割に「大工徳松」とあるので徳兵衛ではない。徳兵衛の倅か。

さらに祝言が終わったあとの「御里開」のとき、花嫁を乗せた駕籠を伊勢長と大忠のふたりが担いでいる。また手伝の市兵衛が「番掛」として護衛している。

つぎに出入方の仕事について個別に考える。三木屋東助（三木東）は他の出入方と同列に論じられない。彼は出入方筆頭という以上に、他の出入方と銭佐との間に入ってあれこれ算段をしていたように思われる。彼は、石灰町の背中合わせに位置する卜半町にある銭佐の借家に住んでいることが、「御降臨諸事控」〔4-38〕から読める。となると同じく卜半町の借家にいる別家の銭常同様、おそらく毎日、石灰町に詰めていたのではないか。

三木東は、B級別家の銭屋常七（銭常）とそれほど変わりのない仕事をしていると考えられる（常七の仕事については前節参照）。同じような役割を備店でやっている定助は、もともと三木屋定助であったけれども別家となって銭屋を名乗った（三六節。もっとも銭屋定助と三木屋定助という名前の差異は対外的なものらしい）。しかしながら三木東はずっと三木屋であり続ける。これは何を意味するのか。たんに三木屋を名乗らせてもらった昔の思い出を保つためだけではないのではないだろう。

あくまで私の想像であるが、三木東は、銭常よりももっと汚い、表には出せない仕事を受け持ったのではなかろうか。銭屋を名乗らないということは、よくいえば独立性が高い、といえなくもないが、しかし悪くとれば、いざとなれば銭佐と縁がない人物として切り捨てられるようにできているのである。

三木屋東助は有能であった。後年、もうひとり三木屋東助がいるが、彼の処遇がそのことを如実に示している。二代目三木屋東助はまずもって倅であるとみてよかろう。彼は明治二一年に佐一郎の三回目の婚礼ならびに福本元之助の婚礼を仕切っている。この役目は明治三年に丈助が、丈助引退後の明治八年には嘉兵衛がやった仕事である。丈助、嘉兵衛、ともにそのときの別家の最も実力のある者であった。その仕事を担当することは、すなわち三木屋東助一族にとって出世である。さらに二代目東助は明治三四年の「抵当権設定金銭貸借契約証書」〔2–19–15〕に逸身佐兵衛の代理人となり「山田東助・四拾七年」と記されている（山田東助が三木屋東助であることは、婚礼諸事控に「山田東助」とあることで分かる）。四七歳ということから彼は安政二（一八五五）年生まれと計算できる。

この二代目東助の若い姿が、明治八年の婚礼のときに出入方として三木東のつぎに記載されている三木三であろう。初代三木東が下男岩助から出世して三木屋東助を名乗ったのは、人別帳から分かるように嘉永三（一八五〇）年であった。その五年後に倅がいてもおかしくない。安政五年に妻の名前が出てくることも思い出すべきだろう。もっとも長い間、銭佐に勤めたが、明治八年には初代三木東は弱っているようにみえる。このとき彼が受け持った婚礼役割は簡単なものである。それは祝言当日の「店方番人」で、他にその役割についているのは常七と子供中であるが、常七（銭常）が羽織袴を着用してたとえば「門出迎」などもこなすのにたいし、三木東は、この仕事以外、他に何もしていない。ある種の情けをかけられているようである。

対して三助はいろいろと下働きの役割を与えられ動き回っている。これが後の二代目東助とすると二五歳である。そしてここでさらに推測をすすめると、この三助は、もと下男の三助ではあるまいか。明治八年の下男に三助という名の者はいない。しかし慶応三年の「御降臨」、明治三年の婚礼、明治四年の家督相続の祝、こうしたときに下男の筆頭として記されているのが三助であった。すでに慶応年間の日記に「三助」の名前は頻出する。

以上の推測をまとめるとつぎのようになる。三木東には倅がいた。倅は三木東が活躍中に下男三助として取り立てられて、早くから銭佐に奉公して父親のもとで働いた。三木屋東助はやがてこの倅に家督相続をして東助を名乗らせることが了解されているが、相続まえに倅は三木屋三助として、下男ではなく出入方身分となった。

他の出入方についてはこれほど詳しくは分からない。尼長と大忠は人足を提供する「親分」のような者だろう。御降臨の際、尼長は人足一四人分の支払を、大忠は同一一人分の支払を受け取っている。場合によっては人足の中から下男に推薦することもあったかもしれない。前節で取り上げた事件で、嘉助が暇を出されたゆえに出入方の半七が出入差し止めをくらうのは、半七が配下の嘉助の身元を保証して、銭佐に三木東経由で下男を紹介したことが背景にあるからであろう。

いっぽう伊勢長は——もし伊勢長と尼長が同一人なら伊勢長という名前で——駕籠舁きを提供する。明治三年の婚礼のとき、花嫁とその母親は駕籠にのって銭佐にやってくるが、このときの駕籠舁き人足と一緒に伊勢長も祝儀をもらっている。また花嫁の母親が祝の席から帰るときにも駕籠に乗るが、それは伊勢長があらかじめ采配することになっている。銭佐は自家用の駕籠をいくつも、おそらくひとりひとりにもっているから人足だけがあればよい。

杉本村八右衛門（杉本八右衛門、杉八とも書かれる）は、慶応三年の御降臨の奉納物から判断するかぎり、青物商のように見える。彼は「大根四五本、蕪五〇、大竹」を提供しているのである。

花屋吉蔵と堺屋与兵衛は選ばれて「表用心掛」をしている。祝言の終わるのは夜更けである。何の職業かは分からないが用心棒がつとまる者たちだろう。河藤については分からない。ただし嵯峨饅頭を配る役割を子供および八右衛門と一緒に受け持っている。ひょっとすると彼らは、もと銭佐の下男だったのかもしれない。下男がある年齢になって独立し、妻帯して、「便利屋」のような仕事をしていたとは考えられないか。

銭佐のような両替商の場合、出入方が金の取り立てにからんだことはないのだろうか。借金が滞った場合、最終的には訴えという手段があったわけだが、そこに至るまでのあいだに、恫喝もあったはずである。手代が無力であったときに出てくる者たちが出入方であったと考えるのはどうであろうか。そして仕事の指示は、常七や定助のようなB級別家から三木屋東助に伝えられ、三木東からさらに出入方に行く。先に私は、三木屋東助はいざとなれば銭佐が切り捨てることができるように「銭屋」ではなく「三木屋」を名乗っているのではないか、と記した。簡単にいえば出入方は、汚い仕事をも受け持っているのだろう。三木屋定助が別家となって銭屋定助になるのは、出世に伴い身分が変わることを象徴的に示している、と考えられるけれども、三木東はあくまでも別家ではない。といっても銭定や銭常はB級別家として、差別されているのであるが。

先に同定をあとまわしにした、明治八年の出入書のふたりの出入方（源助と定七）について。源助のほうは、「起番」であった者が出世したのかもしれない。起番とは維新前に町に雇われて町の警備を生業としていた者である。御降臨に際して源助は、もうひとりの起番の利兵衛と組んで奉納物（岩おこし一箱）を出した。よって「御降臨諸事控」の祝儀をもらった者の一覧に、利兵衛と源助の名前が「本家起番」の肩書きを付けて記入されることとなった。

この源助であるが、彼は肥後藩蔵屋敷に家督相続の内祝を配る際に手伝っている（五一節）。楢村避難にも供をしている（五五節）。「日記」中のこうした記述に「手伝源助」とあるのは、職種が「手伝」の源助を意味しているのか（後述）。もちろんかつての起番の源助が明治八年の出入書の源助と同じであると断定はできないけれども、明治維新に伴い「失職」した源助が、今度は「出入方」として銭佐に出入りすることはじゅうぶんありうることである。

もうひとりの定七であるが、これは明治三年の婚礼に祝をおくったため、「大和屋定七殿」として記録されている人物であろう（六二節）。敬称が「様」ではなく「殿」ということは、格下の身内ないしそれに近い身分を示す。定七は明治八年の婚礼に際して、B級別家の常七と同じような役目を負って働いている。かつ（竹林）定七は（藤本）常七と一緒になって、祝をおくっている。この時期、かつての定助、平助のように備店を担当するB級別家はいない。定七は別家ではないけれど、役割のうえでは本店の常七に相応するとみてよい。

以上で出入方を終わり、つぎは普請方である。普請方の仕事は見当がつく。銭佐は自分たちの住居のみならずあちらこちらに借家を持っていた。それらを建てたり建て替えたり修繕したり、と仕事量はかなりあったはずである。したがって同じ職人がつぎつぎと、常時、銭佐の仕事をしていた可能性は高い。ただし職種によって微妙に異なる。そこでそのときどきに普請方と括られていてもまったく同一人物ではないことが起きる。慶応三年の普請には大工として大工弥と徳兵衛とがいるが、明治四年の家督相続の祝では大工弥だけである。安政六年から明治四年までの「大工弥」は先述したように同一ではなさそうである。徳兵衛は明治三年には「大徳兵」と記載されているのでまだ仕事をしていることが分かるが、明治八年には（おそらく倅の）徳松に交代している。

左官はたんに「左官」と書かれていることも多いので、銭佐に来る左官は決まった人間がいたのではなかったのかもしれない。普請成就のおりには左官作とあるが、明治四年の左官は左官弥である。しかしこれに対して屋根屋の家根清は古くから続いて銭佐の仕事をしている。家根清は普請方のとりまとめのようにも見える。さらにこれまた古い伊助と伊右衛門は、他の記事から手伝であることが分かる（大坂ではテッタイと発音する）。それがこのふたりの名前に添えられ小さく書かれている「手」の字の意味するところである。手伝は江戸の鳶に対応する部分もある職種であって、大工の下働きをするが、大工とは別個の組織に属しているらしい。第2巻第一章の吉田伸之論文参照。伊右衛門も倅の市兵衛にやがて交代する。

先に御降臨のときの法被の種類がふたつに分かれていること、そのうち「作事方」の法被は浴衣と絵柄が異なっており、基本的に普請方だけが着用することを記した。ただし例外があって、それが本家起番の利兵衛と源助である。彼らは普請方と同じ法被を着るのであるが、それはなぜか。

おそらく作事方の法被は警備担当を意味しているのであろう。「ええじゃないか」を踊る者たちの法被とはあえて変えることにより、警備がいることを他者に意識させる。起番は元来、町の夜間の警備をする者と考えられる。源助は先に例示したように銭佐の仕事をときにやっているのであるが、他の下男と違って婚礼の「家内書」に名前も出てこない。つまり起番とは、本来、町から金をもらって町の警備を担当しているのであるが、銭佐は石灰町の有力者であるから銭佐の警備を、特別に金をもらってしているのかもしれない。そして彼らの出身母体は、日記の「手伝源助」という用語に重きをおけば、「手伝」（すなわち普請方の一）ということになる。そこで伊右衛門や伊助と共通するのである。普請方は銭佐のイエの外部の人間として警護を担当しているということの現れであって、それだけ普請方のほうが出入方よりも独立性がいっそう高いのである。対して出入方は、囃子方と同じような位置づけで、さらに髪結や借家人がそうであるように下男の延長とでもいうべき者たちであり、銭佐の内部に臨時に入る形で祭りを盛り上げる。もっとうがった見方をすれば、祭を盛り上げるようなかっこうをしながら、内側から見張りを担当しているのかもしれないが。

つまり普請方は独立した職人であって、内実はともかく立場のうえで銭佐と対等である。対して出入方は半ば、銭佐の使用人である。結納の際に「出入書」が「別家書」と一緒に提出されるが、「普請方」は書かれない、ということの理由も同じような考え方の反映であろう。普請方は独立しているのであるのに反して、出入方は別家と同じようにイエの成員なのである。

四二　シカの娘・誉田屋

安政五（一八五八）年一二月二六日、京都の誉田屋《こんだや》から別家を使いとして、庄兵衛の娘のヒサが井筒屋（小野）善次郎に嫁入りしたと伝えてきた。この日の日記にはつぎのようにある。

「京誉庄様御別家誉与助様被参、玄関ニ而旦那御直面、誉庄様御息女おひさ様御儀、当月五日ニ烏丸通二条入ル井筒屋善九郎様御舎弟御分家ニ成、釜座通押小路下ル井筒屋善次郎様へ入嫁被遊候由申被参候、尤井筒屋様苗字小野与申候」

このヒサが三代佐兵衛の娘であるシカの子供である可能性は高い。となればヒサは異母妹の娘であっても佐兵衛の姪に違いない。

シカが誉田屋庄兵衛に嫁いだのはラクの婚礼のあとであるから、天保一二(一八四一)年より後である。ヒサがシカを母として天保一四年ないし一五年に誕生していたとすれば、当年一六歳ないし一七歳でまさに「適齢期」である。いっぽうもしヒサがシカとは別の母から生まれたのならば、庄兵衛にはシカより前に妻がいたか、シカの没後に再婚したか、いずれかを想定しなくてはならない。シカが没しているのは嘉永三(一八五〇)年であるから、庄兵衛が後妻を娶ったとしても、子供はせいぜい七歳、だからシカ没後の再婚の子供はありえない。いっぽうシカ自身が庄兵衛の後妻であったとしてヒサが先妻の子供であるとすると、ヒサは結婚時に一九歳以上となる。これも可能性が低い。

ヒサの祖父(三代佐兵衛)は存命である。ヒサは外孫である。にもかかわらず報せは婚姻のあとに届いている。祖母リヤウの忌明けとからんでいるにせよ、今日の目からすると冷淡に思える。外孫とは、とりわけ娘の場合には、その程度のものであったのか。もっとも書状によるやりとりは婚礼前からすでになされていたのかもしれない。別家を遣わしての挨拶は、形式の上での最後のしあげというべきものとなる。

銭佐と誉田屋との関係は、儀礼を失さない程度といえようか。リヤウが亡くなった日に、「三介、京丹市様誉庄様へ参り候」。一〇月五日に「京都丹後屋旦那様、別家中二人御越、供三人」。しかし誉田屋の記事はない。すでにシカをなくしている誉田屋庄兵衛は葬式を欠礼した可能性はある。一三日に「二七日逮夜」の報せも丹市(丹後屋野々口市郎右衛門)とならんで誉田屋に出されている。

誉田屋は、明治一一年の婚礼時になおも親類としてあげられている。明治三六年、五代佐兵衛(卯一郎)の葬式に際しても、矢代庄兵衛は香典を出している[125]。

四三　肥後藩と土佐藩との取引開始

慶応期に銭佐がもっとも深くつきあうことになる肥後藩と土佐藩であるが、そのつきあいは他の諸藩に比べると遅い。「諸家徳」をみると最初に肥後藩の名前があがるのは安政五(一八五八)年である。しかしこの年は一〇匁九分八厘の「入用」(すなわち支出)だけで「徳」(すなわち収入)はない。安政六年に徳が計上されるが、いまだ額は少ない(一貫一四三匁強)。しかし翌年の万延元年に一挙に三一貫強となり、その後毎年五〇貫を下ることはない。

肥後藩とのつきあいは当初から明礬の売買にからんでのことであったと推測できる。すでに他の商人が販売しているところに割り込もうというのか、それともこの時期に肥後藩が積極的に大坂で販路開拓をこころみていたのか、そのあたりは私には分からない[126]。日記から判断するに、すでに安政四年から銭佐は肥後藩に接触をこころみている。肥後藩との明礬取引については、第2巻第九章八木滋論文を参照。

一一月二一日「当旦那様供三助、丈助供九助、肥後御屋鋪御用」

一一月二二日「丈助、肥後御屋鋪へ参り候」

その後、手紙が来、さらに

一二月三日「肥後御屋鋪ゟ封付御両替箱来り」

とあるが、話はさほど進展しなかったようである。

(125)「慈泰院様葬式之節到来物控」〔8-3〕。

(126)慶応二年正月五日の日記によれば、肥後明礬方から、翌日六日の「明礬御蔵開」の案内の廻状が来ている。その宛先は、銭屋佐兵衛・同丈助・同常七・丸屋善兵衛・平野屋利兵衛しかない。

安政五年になると、丈助が肥後屋敷の猪俣才八と交渉を始めている。猪俣才八は堀江徳次とならんで肥後藩の大坂留守居であった。(127) そして明礬が明示されている。

四月四日「肥後御屋鋪猪俣様ゟ丈助当名返事来る」

五月八日「肥後御屋鋪ゟ明礬舟着船ニ附、御証文参り、手形相渡し候」

七月一九日「肥後御屋鋪明礬懸りゟ手形来る」

七月二九日「肥後御屋鋪猪俣様より手紙来る」

交渉が進展している折、肥後屋敷から役人がふたり乗り込んでくる。銭佐の店を確かめる意図もあったのかもしれない。ただしふたりが来たのは丈助の家である。もちろん銭佐は接待に疎漏がないよう、店の者を手伝いに出す。翌々日には礼状が届いているとみえる。

八月五日「勝兵衛・又吉・末吉、丈助様方へ手伝いニ参り候、肥後御役所役人御越ニ付供壱人」

八月七日「肥後猪俣様(横に「堀江」と書き足し)ゟ書状壱通、堀江様ゟ書状一通、丈助へ来ル」

そして佐兵衛がじきじき、ふたたび肥後屋敷に呼ばれるのが、九月一八日のことである。

九月一八日「当旦那様・丈助様、肥後屋敷江御越供九介」

九月一九日「丈助様、肥後屋敷江御礼ニ参り供九介」

九月二〇日「丈介、肥後屋敷并ニ近休へ被参候」

「近休」は近江屋休兵衛である。立売堀四丁目に店があるから、肥後屋敷に行く用事のあとに訪れたか。慶応期の日記に頻出する塩飽屋の名の初出もこの頃である。

九月二六日「丈助供九介、塩飽屋清右衛門方江参り候」

九月二七日「当旦那様丈助供九介三介、肥後屋敷江御餞別持御越、但茶船ニ而、船又ニ而」

一〇月三日「塩飽屋清右衛門様ゟ此程之御礼為挨拶、海魚一折国分贈料、水善寺海苔一、参り候ニ付請取遣」
一二月一八日「肥後御屋敷ゟ明礬代銀渡」
一二月二五日「丈助、肥後屋敷明礬用証文持参」

安政六年になると、明礬の取引は着実に増える。
正月二二日「肥後明礬七十六箱廻着ニ付為替手形御使へ相渡」
二月二七日「肥後御屋敷へ明礬五十六箱廻着ニ付御証文参りニ付手形壱枚御使へ渡」
三月二六日「肥後御屋敷ゟ丈介江、堀江様ゟ御状餅漬壱器、幷ニ栗林様ゟ紙包壱、肥後づいき水善寺のり、御状来る」

栗林は栗林徳三郎という肥後藩出入りの明礬を扱っている商人であろう。(128)「水善寺のり」は土産として分かるが、性具の「肥後づいき」まで、特産品とはいえおおっぴらに届けてくる。もちろん銭佐の側も折に触れ、応接を繰り返している。そしてついに館入となる。
四月一七日「肥後御屋鋪石井長左衛門様・藤井七右衛門様・中嶋淳吾様・丸山藤太郎様御交代御着坂御礼ニ御越」
五月二一日「丈助・供九介、肥後御屋鋪吉村豊之助様御母御死去被遊候ニ付夕方より梅田迄野送りニ参り候」
九月四日「同堀江猪俣塩飽屋三軒へ海魚三種ツツ遣ス、是は此度館入ニ相成候ニ付先年ゟ段々骨折被下候挨拶ニ遣ス」

---

(127)「肥後明礬一件諸書付入」〔7-34-0〕の袋の中に入っていた「明礬仕法覚」〔7-34-5〕の最後には、「肥後留守居　堀江　猪俣」が押印している。
(128)　証文〔9-3-2〕（慶応二年一〇月二〇日付）には「国許明礬山方栗林徳三郎」の名が読める。

いっぽうの土佐藩であるが、「諸家徳」に最初に読めるのは安政六年である。金額は一一貫六九四匁強と、最初からそれなりに大きい。

丈助が最初の交渉を始めるのは、日記に記載されている限りでは安政五年七月である。(129)

七月六日「丈助・供三介、土刕御屋鋪江参り」

安政六年になると記事が増える。

六月二六日「丈助、土州御屋鋪御下ケ銀請取ニ参り、供又吉」

九月一一日「土州御屋敷柏原文助様へ館入之引合ニ参り候、丈助」

九月二八日「土州柏原文助様へ参、当月十一日ニ御館入之儀相願置候、一条今日迄も何之御沙汰無、之ニ付模様尋旁参り候、丈助」

後日（慶応三年）、丈助が高知藩の藩札発行の交渉に際して土佐へ送られる。そのとき記した「土佐用日記」〔7-4-2〕八月二二日の条によれば、(130)銭佐は文久三年に一五〇石の知行を与えられた。

慶応二年の日記には土佐藩との頻繁な交渉がうかがえる。

正月八日「旦那様并丈助、土州御屋敷へ遅儀有之候ニ付御越之事、供三助・岩助」

それなりにこみいった交渉があったのであろう。この時期の佐兵衛と丈助の動きに関してごく僅かであるが記事を採録しておく（銭佐と土佐藩の取引の全容を描写することは私の手に余る）。毎日のようにやりとりがあったことがうかがえる。

二月二日「昨日土刕白砂糖初入札之節、丈助・嘉兵衛・篤助罷出、則今日手本砂糖数口持参致候、（以下略）」

二月三日「土刕種屋小平次殿入来着届ケ之由、旦那様・若旦那様御咄し被遊候事」（この日、丈助は高鍋屋敷に行って留守である）

二月四日「種屋小平次様使ゟ土州白砂糖方手形持参候事」

肥後藩にせよ土佐藩にせよ、米を担保とする従来の大名貸ではない。藩の方では特産品を売ることによって金が欲しかった。銭佐にしてみればそれによって藩に食い込もうとした。とはいえ藩側が銭佐を選んだことにも理由があろう。おそらく銭佐は砂糖なり明礬なりを流通させる商人とつながりがあった。銭佐そのものが商品を流通させたわけではなく、手形の信用を与えたのであろう。詳細は八木滋論文を参照されたい。

四四　本證院五十回忌

安政六年は佐兵衛の生母トミが亡くなって五〇年目にあたる。そこで佐兵衛はその五十回忌の法要を行う。五十回忌は最後の年忌法要である。佐兵衛の母に対する思いや、母を通じてつながる親戚（従兄弟？）への感傷をみてもよいだろうが、かんぐりをするなら、トミの生家である兵庫江川町の当主京屋藤田善兵衛への配慮もよみとれるかもしれない。とくに当主の京屋善兵衛のみならず、その親類なのか別家なのかは分からないが、多くの人間とつきあおうとしていることが気になる。先述の繰り返しとなるが、兵庫の京屋は記録が残る限り銭佐が行った最初の大坂以外の家との縁組みである。いったんは親類づきあいが細くなっていたようにもみえる（一九節）。

ただし兵庫は逸身家の出自の播州加佐村と大坂とを結ぶ線上にあることも、三代佐兵衛の縁談の理由になったかもしれない。年代をあらためて記しておくと、三代佐兵衛が銀控帳を自分で記し始めるのが文化三（一八〇六）年、私が佐兵衛の後見人と推測した初代銭屋源兵衛の死亡が文化四年、四代佐兵衛の誕生が文化五年である。三代佐兵衛が自

(129)　安政四年一〇月二五日「恒七、土州屋鋪へ家利……」は別件とみるべきだろう。

(130)　「現状記録調査書」に小林延人氏による翻刻がある。

分で縁組みを采配することはありえないから、藤田トミが銭佐に嫁いできた背景には、初代源兵衛、ひいては加佐村の「本家筋」(?)の意向がはたらいた可能性がある。

三月九日「五十回忌志之品配り用、季吉・半七、隣辺又吉」
三月一〇日「季吉、五十回忌志配りニ参り候」
三月一五日「本證院妙軌日成様五十回忌仏事御営被遊候ニ付、妙徳寺御聖人様御所化御参詣在之候」
三月一九日「京誉庄様へ小砂糖入紙包壱ツ、天満屋飛脚へ出ス」
三月二〇日「兵庫江川丁京善様へ白砂糖六袋入紙包一ツ、美の屋飛脚へ出ス、年忌招請之代りニ遣ス、左之方へ
　京善・同善右・同善次・同甚蔵・同善左・同三五郎様」

京屋が何を商っていたか、現段階では不詳である。[131] 文久三年の佐一郎の縁談に際して、藤田善兵衛は仲介をしている(四七節)。

四五　茶の稽古・骨董の鑑識眼

過去帳の最後の部分、別家衆や奉公人たちに混ざってつぎのような人物が見つかる。

鰻谷堺筋西へ入南側茶人三谷氏　宗奥順道居士　天保十四年三月二十六日

茶道の先生であった、と思われる。鰻谷は長堀川南側に沿った通りであるから、石灰町の近隣といってよいだろう。そこから宗匠が出稽古に来ていたか。

没年が天保一四年ということは、稽古を受けていたのは四代佐兵衛だろう。三代佐兵衛の可能性もある。しかし天保九年に生まれた五代ではありえない。三代ないし四代が長期にわたって薫陶を受けた師匠であろう。さもなければ

過去帳に記すはずがない。他に茶人は一名も書かれていない。よほど特別な人であったのだろう。

ただし過去帳の記載順序に着目すると、この人物の位置は奇妙である。前には明治二一年没の、後には明治二六年没の人物が並べられている。あきらかに明治二一年以降になって、思い出したかのように書き加えられた。筆跡からみて書き加えた人物は、この過去帳を最初に作成した五代佐兵衛ではない。確かではないが六代ではないか、と思える。四代佐兵衛の没年は明治二四年だから、佐兵衛が最晩年になってから、孫に自分の宗匠を供養するように命じたのだろうか。

安政期の日記には、三村という名の人物がたびたび稽古に来ている。たとえば

安政五年九月一八日「三村宗匠御越、次の間ニ而御稽古」

のように。おもしろいところでは

安政四年閏五月一二日「次の間ニ而御茶湯之有候、御客、大旦那様・御家様・當旦那様・御寮人様・若旦那様〆五人、亭主㚑様」

孝之助（まだ孝旦那様と呼ばれる歳に達していない）がどれだけ精進したかを、祖父母、父母、兄、相揃ってテストしている図を考えればよいのか。

しかも茶の湯の心得が求められるのは奉公人も同様であった。少なくとも御客になった場面を想定して、練習させているらしい。次の二日連続の「會席茶の湯」は特記に値するものであったようである。

（131）インターネットで検索すると神戸市文書館所蔵の「神戸又新日報」明治二五年（http://www.city.kobe.lg.jp/information/institution/institution/document/yushin/m25/m2501.html）一月二一日四面一段「[広告]（第一区衆議院議員候補者として村野山人を推挙につき）藤田善兵衛」がひっかかった（さらに翌二二日四面五段には「[広告]（衆議院議員候補者として村野山人氏を推薦につき訂正）村野山人、藤田善兵衛」がある）。家督相続の後、事業家として明治維新を乗り切ったことが推測できる。

安政三年四月二〇日「會席茶の湯、客、若旦那様・丈助・伴七・與兵衛・栄助、亭主方、鍋様・房吉」

四月二一日「會席茶の湯、客、當旦那様・鍋様・嘉兵衛・清兵衛、亭主、若旦那様、理判人丈助」

二〇日に客となっている伴七は、かなり重要視されていた手代である（三六節）。安政五年には妻帯をしている。リヤウの形見をもらう唯一の手代である。六年の婚礼に際しても相当に重要な役割を任されている。[132] 別家になってもおかしくなかったようにみえるが、そうはならなかったのはどういう事情があったのか。生家に戻り後を継いだのかもしれない。與兵衛については現段階では不明。

もし栄助が、明治三年の序列二位の手代で別家の清兵衛家に養子となる栄助（永助）と同一人であるなら（五九節参照）、栄助は二代清兵衛となる一三年前から目をかけられていたといえる。そもそも手代に昇進していたのだろうか。まだ子供ということはないか。

それは亭主方とされている房吉についていっそう可能性が高い。房吉は四〇節でとりあげた不祥事のときに、指導不行届とでもいう理由で処分をうけた上位格の子供であった。小さな例を一般化しているおそれは多分にあるが、若年の手代もしくは手代昇進直前の子供でも、茶席での行儀を知っていた。

家族内伝承では五代佐兵衛は「お茶ばっかりやっていて、商売は佐一郎に任せっきりであった」ということになっているが、お茶の素養があったのは、いうまでもなく彼だけではなかった。茶道は明治期の三井を例に引くまでもなく、大店経営者に求められる教養であった。

大名の蔵屋敷とのつきあいのうえで不作法なことがあってはならないことはもちろんだが、茶道に必要なことは茶の点て方だけではない。茶道具や掛け軸の鑑識眼も必要である。皮肉ないいかたをすれば、書画骨董に目が利かないと、担保にとる品を過大評価して損をすることだってあったはずである。もちろん「骨董屋」の裏書きなども不可欠であっただろうが、担保を受け取る当主が愚かであるとつけこまれないとも限らない。あるいはそのような可能性がありそうだと思われるだけでも、当主失格であったろう。

安政五年一二月二五日の日記に次のような記事がある。

「京都大倉好斎ゟ別家栗原宗斎与申人参り、右好斎御手紙持参ニ而、短尺之手鑑質物ニ差入度よし申参、御主人ニ御目ニ懸り御頼申度様申候へ共、主人留主中与申、帰宅之上御咄之趣申聞候様申候へハ、昨日昼前ニ参り候間、今夕ニ而茂御帰被遊候へハ御咄し被下候様申、帰る」

その翌日（一二月二六日）。

「京都大倉好斎ゟ栗原宗斎参り昨日之返事聞参り候へ共、孫介勝兵衛両人ニ而右之質物之義者銀段之事故、御誉精之御方々様者貴家様不抱、一同御断申候様申断切」

孫介と勝兵衛はともに本店の手代である。しつこく食い下がる相手に手こずったものの、なんとか追い返した様が克明に描かれている。このように長い記事はめったにないから、よほど印象に残った出来事であろうが、しかしこの手合いがおしかけてくることは想像がつく。

これよりはるかに上等な品物も行き来する。海原亮氏が詳細に紹介しているが[133]、安政四年一一月には借金の質として、住友家から道具一八点が入った小長持が渡されている（〔2-38-7〕表1参照）。ここに並べられているような高価なものを預かることは滅多にないにせよ、普段からよいものを見ておくことは不可欠な素養であった。

時代は下るが慶応二年の日記にはつぎのような記事がある。

三月六日「今朝孝旦那・丈助・皆助、伏見町谷弥方へ道具入札ニ御出席被遊候事、供三介」

三月七日「伏見町道具一件、孝旦那様・丈助・皆助、薄暮御帰宅被遊候事」

---

(132)「荷物」の日に「御仲人御使者衆取持」。婚礼当日は「池の間受持」。これは先方の、上級使用人の接待である。

(133) 現状報告書八―九頁。史料〔2-38〕。

表1　安政4年11月逸身家に渡された小長持1棹・道具18点の中身

1	雪村飛不動　1幅	
2	雪舟三幅対（文殊・釈迦・普賢）3幅	
3	定家卿色紙　1幅	神田道伴添状1通・了祐極札1枚・了延極札1枚・了延書付1通
4	定家卿消息　1幅	冷泉家添状1通・了音極札1枚・了延極札1枚
5	虚堂墨蹟　1幅	一休和尚外題1枚・享保四年譲状1通・外ニ書付1枚
6	舜挙梨花画讃　1幅	相阿弥外題1枚・栄川院下ケ札1枚・箱書付常信・古筆佐忠添伏
7	牧渓（豁）布袋画讃　1幅	探幽極札2枚・外ニ書付2枚
8	一休和尚芦画讃　1幅	玉舟和尚外題・天倫和尚・大心和尚・真珠庵添状・了延極札
9	印月江画讃　1幅	古筆了音手掛1通・川勝宗久極札1枚・古筆了佐文1通・外ニ文1通
10	顔輝布袋　1幅	
11	大燈国師墨跡　1幅	一休弟子秀嶽外題1枚・沢庵和尚加状1通・真珠庵添状1通・了延極札1枚
12	明巌墨跡　1幅	真珠庵証文1通・天倫和尚外題1枚・外ニ書付1通
13	古法眼三幅対（芦雁・琴高・柳鷺）3幅	安信極印3枚
14	永徳大黒天　1幅	箱書付安信極札1枚
15	少庵利休辞世　1幅	元（カ）伯宗旦書付・箱一燈書付・随流斎添状1包
16	少庵文如仰新春　1幅	
17	茶碗（包物古渡り更紗）1箱	
18	三嶋花入　1箱	宗旦彫銘・仙叟文1軸・同箱一燈書付・同上巻一燈書付

出典　逸身家文書［2-38-7］．作成・海原亮氏．

丈助や皆助（嘱望されている手代である）が揃って行っているということは、投資の一環か。丸二日がかりの品調べならびに入札である。六日夜は伏見町に近い備後町にでも泊まったか。

　生け花の会というものもある。同じく慶応二年二月の日記。

二月二日「若旦那様孝旦那様生花ニ付、土刕江御越被遊候事」

二月三日「若旦那様孝旦那様、土刕屋敷江生花之会御出席之事、供皆助・為之助、下男三介」

二月五日「彼岸中日、土州屋敷生花席へ若旦那様先生御挨拶ニ御出被遊、御供永助・文次郎致候事」

同「清助、土州へ生花会席見分ニ被出候事」

二月六日「土刕種小殿入来、丈助・篤助咄しニ出ル、幷ニ寿し出ス」[134]

二月七日「土刕種小着歓ニ付、酒券三枚為持遣ス」

慶応二年には土佐屋敷とのつきあいはすでに深い（四三節）。「生花之会」がどのようなものであったかはこの記事だけでは不明であるけれども、彼岸にあわせて数日にわたって催され、土佐屋敷には大勢のお客がよばれたのであろう。銭屋はたんにお客としてよばれただけではなさそうである。当主こそ行かないが、倅ふたりが二月二日におそらく準備のために打ち合わせに行き、三日の初日には自分たちも出席する。[135] そして彼岸の中日の五日には、生花の先生にあらためて卯一郎は御挨拶に行っている。手代も皆助と永助が供として、さらに清助は別に「見分」に行く。六日に「種小」が石灰町を来訪するのは、万事、滞りなくいったことの礼であろうか。丈助と篤助が応対している。

丈助は慶応三年九月一六日、土佐高知で茶懐石によばれた折に、日記に掛物や茶道具（釜・水差・茶碗・茶杓）のみならず、料理をも克明に記録している（「土佐用日記」〔7-4-4〕）。「茶杓　紫檀木地ニ見ル、貝蒔絵時代物」といった記述からは、値踏みする姿勢もうかがわれる。こうした正式の会合ではなく、たまたま訪問先に通されても、丈助は掛け軸や置物台を忘れずに記録しておくのである（九月五日の条）。

四六　子弟教育（ならびに手代の俳句）

「読み書き算盤」は別にして、四代佐兵衛は倅たちにどのような教育をさせたか、あるいはそもそも佐兵衛本人が幼少のおりにどのような教育を受けたのか、それを知る手がかりはない。時代が下って佐兵衛の孫の悦治郎、後の六

(134)「種小」とは「種屋小平次（小平治）」のことである。「土佐用日記」（史料〔7-4-2, 3, 4〕次注参照）のみならず佐古文庫の「日記」にもしばしば登場する。土佐藩の銭佐対応の担当の商人である。たんなる使者でないことは、正月七日の日記に「小平治様御国許ニ而殿様御目見被仰付、御米二拾俵被下置候ニ付……」から想定できる。

(135) 佐兵衛がこの会に参加していないのは（たまたまか図ってのことか）、三日から七日まで京都の丹市（丹後屋野々口市郎右衛門）を訪れているからである。正確には六日の夜には帰坂したが用心が悪いので備後町に泊まっている。

代佐兵衛（明治五年生）が藤澤南岳の弟子であったことは、家族内伝承として伝わっている。よって彼は南峯なる号をもっていた。しかしその伯父にして養父の五代佐兵衛や実父の佐一郎が儒学を学んだか否かを示す直接の史料はない。ただし四代佐兵衛の「三男」福本元之助（慶応二年生）も紳士録その他には藤澤南岳に師事した、と記している。後述するように（七四節）南岳の泊園書院の分院が明治四四年に竹屋町九番地（すなわち元の銭佐所有の卜半町の屋敷）にひらかれ、福本元之助は昭和九年にできた泊園会の初代理事長に就任しているから、財政的理由と福本の当時の名声が背景にあるにせよ、元之助が南岳の弟子と称することは当然とされたわけである。元之助と悦治郎の年齢差はわずかであるから、まず元之助が南岳に師事し、そのあと続くようにして悦治郎が学んだか。そうであるにせよないにせよ、その背後には四代佐兵衛の意向があったであろう。

佐兵衛自身は筆が立つ。三代が癖の強い字を書くのに対して、なかなか趣味のよい字である。佐兵衛が七〇歳になったときに書を残している（口絵1）。書は七言絶句で、押韻のみならず平仄もあっているとの事である（私自身は知識をもたないので判断できない）。この絶句は六三節で引用する。

孫に当たる六代佐兵衛が、祖父の絵を写した軸が残っている。寿老人であると思うが味わいがある。おそらく四代も誰かの絵を真似たのであろうが、しかし素養無くして真似られるものではなかろう。四代も若年の頃から教育を受けたか。そうなれば倅にも教育を受けさせたはずである。

孝之助は兄の婚礼にあたり謡をうたっている。兄の卯一郎も孝之助の婚礼で謡う。このことは謡の稽古をしていたことを暗示する。

史料の中で子供たちの広義の教育を示しているのが、四代佐兵衛の娘のイツが記した句集である〔4-2〕。表に「四季発句ひかへ」、裏には「いつみいつ女」とある（姓と名とがともに「いつ」であることを楽しんでいるようである）。辰年八月とあるので、おそらく慶応四年、イツ一三歳の年のことである。

俳句は手代たちもやっている。後述するように（五五節）銭佐は大和添上郡楢村に屋敷を建てた。その建築の準備とその後の駐在に手代の皆助があてられた。皆助は丘隅という号を名乗り、書状の種類によってその宛名が記されているものが史料群〔3-41〕ならびに〔3-42〕にいくつか残されており、少なくともそのふたつには石灰町の手代とのあいだの俳句のやりとりが記されている。

〔3-41-3-9〕は蒼扶という号をもっている手代が、子供（?）の丹吉を通じて羽織の仕立賃を受け取ったので仕立に出した、という内容の手紙のあとに俳句を三首添えている[136]。

さらに状況を推測できておもしろいのが「徳永春々」（=永助）から「松倉丘隅君」に宛てた状の二白である〔3-42-8〕。永助や皆助は師匠について連歌を作っているのである。核心部分を引用する。

（前略）御附句沢山拝見仕、誠ニ面白き御事ニ御座候、其中君へ御覧ニ入レ候処、「四五羽竝んて物拾ふ鳥」右申請候得共「四五羽竝んて餌を拾ふ鳥」ト右ニ御点作相成申候、此段不悪御承引可被下候、（下略）

俳句を作ることは手代たちの遊びであると同時に、仕事を遂行するうえの実益ももたらしたことであろう。日々の業務で接触するひとたち（他の商家の主人や使用人はもちろん、大名家の大坂屋敷の武士たちも可能性がある）との交際に必要な素養だったと考えられる。それが連歌となると、そして外に宗匠がいるとなると、主人公認の外出もあったことだろう。先述の茶の稽古も含め手代となると、知っておかなければならないことは多かった。

（136）この時期に石灰町で働いていた手代は、明治二年作成の、佐一郎婚礼諸事控中の家族書、ならびに婚礼役割分担表から、慶次郎、永助、皆助であることが推論できる（五九節）。永助はやがて別家の清兵衛を嗣ぐ。さらにその姓が徳永、号が春々なので、消去法でいくと蒼扶は慶次郎ということになる。慶次郎の手になる書状も残っているので〔3-42-24, 3-42-33-2 など〕筆跡を比べたが、断定はできない。

第五章　退隠の準備（慶応年間から明治初期まで）

孝之助（佐一郎）の隠された結婚。「三男」福本元之助の誕生。家督相続の準備とその中止。津藩との関係。大和楢村の屋敷。「御降臨」への対応。鳥羽伏見の戦いに伴う避難。還暦と家督相続の祝。この時期の別家・手代・下女の同定。佐一郎の婚礼。婚礼の手順の詳しい紹介。丈助の引退。

四七　孝之助の最初の「結婚」

佐古文庫の「日記」は、安政七（一八六〇）年正月から慶応元（一八六五）年一二月までの六年間は残存していない。よってこの時期の家族内の動向はつかみにくい。

二二歳で結婚した卯一郎に比べて孝之助の結婚は遅い。孝之助が戸倉タイと結婚するのは明治三（一八七〇）年二月のことである。この年、孝之助は二九歳になっている。それまで縁談はほんとうになかったのだろうか。

彼の結婚については奇怪な家族内伝聞がある。それによると「佐一郎には、新婚初夜に髪が乱れている、といって離縁した妻がいた」というのである。この伝聞を私に伝えたのは母ではない。孝之助（すなわちのちの佐一郎）と、その三番目の妻である（永田）マスとの間に生まれた逸身道之助の長男眞之助の妻である逸身喜久子氏が、二〇一〇年八月に私に伝えてくれた(1)。

最初これを聞いたときには、嫁から嫁へと増幅しながら伝わった、ある種の悪意にもとづく噂かと思った。そもそもそうしたことが起こりうるとは思えなかったのである。しかし真相はもはやたどれないけれども、ありえた、と今は思っている。婚礼の手続きが今日とはもちろん、大正昭和期ともおおいに違っている。それが先入見をいだかせ事態の把握を難しくしていることを考慮しなくてはならない。

二九節で卯一郎の祝言のときに記したように、花嫁は両親と一緒に婚家にやってくる。そして夜に祝言をあげ、翌々日にふたたび親と一緒に生家に戻る（すなわち「御里開」）。そのあと日を置くことなくふたたび婚家に来る（「御花帰」）、という手続きをふむ。

このような煩瑣な手続きを成り立たしめている背後には次のような制度があったのではなかろうかと想像される。すなわち祝言の翌日に、ないしは花嫁がいったん生家に戻った時点で、婿側と嫁側のいずれからも、この結婚はなかったことにしよう、という申し出をすることが許されたのではないか。そもそも新郎新婦は祝言の日までほとんど会っていない。いちども対面の機会がないことすら想像できる。親も嫁を話でしか知らなかったかもしれない。会ってみて、この女ではこの家をやっていけない、と判断することはありえたし、逆に嫁がせる側からも、あの婿ないし親では娘が不幸せであるという判断もありえたろう。実際にどうであったかの判断は難しい。制度だけが生き残って、制度を成り立たしめていた本来の理由は忘れられかかっていたかもしれない。卯一郎が父母や丈助ともども京都まで見合いにいったことは先述した。明治三年の孝之助の婚姻の場合にも、孝之助は嫁と婚姻前に会っている（六一節）。

といっても破談はあくまで例外則であったろう。さもなければ後世の噂になるまい。すでに多額の金銭がかかっていることも無視できない。しかし当時の慣例にもとづけば、孝之助の行動はかなり思い切った振る舞いであっても、言語道断ではなかったかもしれない。だから破談の本当の理由は何か別なところにあったかもしれないが、もはやそうした制度がなくなった明治大正のあいだに「髪の乱れ」に潤色されたのかもしれない。これこそ他の類似例を見いださない限り、なんともいえないことである。

しかし私が、孝之助は戸倉タイよりもまえに婚礼をあげていたとする根拠はこれだけではない。この想定によって、なにより「本店銀控帳」の次の記載がようやく説明がつくことになる。「銀控帳」の明治五年には次のような支出が記されている。「再婚礼」という語に注意されたい。

一、拾弐貫百六拾五匁八分壱リ　　婚礼入用、其後子年以来縁談聞合入用共

一、九拾壱貫五百六拾弐匁九分六リ　　再婚礼入用

私は最初にこの記述をみたときに、明治五年という年度のずれもあいまって「本店銀控帳」の史料としての正確さを疑ったほどであった（そしてしばらくこの記述があったことすら忘れていた）。しかし「正史」を鵜呑みにして、戸倉タイとの婚礼が孝之助（佐一郎）の「最初の結婚」であるというそれまでの思い込みを捨てると、いいかえれば戸倉タイとの婚礼は実のところ「再婚礼」であった、とすると、万事納得がいく。計上が実際の婚礼よりも二年遅いことは史料を疑わしくしない。これにも前例がある。家族内の大きな経費は、後になってから、あるときに損金として計上されることがある。顕著な例が、弘化三年の「於笑・於鹿・於楽・於大四人仕付諸入用」である。想像するに親子間の（家督相続よりももっと緩やかな意味での）「代替わり」と絡んでいるのかもしれない。兄弟姉妹にかかった費用は、先代がいるあいだにきっちりさせないといけない、といったような。

銀控帳記述中の縁談聞き合わせの始まった子年とは、元治元（一八六四）年（＝文久四年。二月二〇日に改元）である。この年孝之助は二三歳。先に私が「文久の親類書」（三一節）と仮に名付けた書類が書かれたのは文久二（一八六二）年二月以降文久三年七月以前であった。かりにこの親類書が結納の準備で、婚礼そのものは翌年の文久三年であったと

（1）　喜久子氏は佐一郎の孫の嫁に当たるが、佐一郎はもちろんマスにも、さらに舅の道之助にも、生前会ってはいない。道之助は眞之助が一七歳のときに死亡している。ただし道之助の妻で姑にあたる美代は長生きした。さらに美代が嫁いできたときにはマスは健在であった。

すれば、そしてその縁組みがただちになかったものとされたのなら、新しい縁談聞き合わせの開始はその翌年の文久四年ということで計算がうまくいく。残念ながら文久年間の日記は残存していない。

以上のように推測していたところに離縁の後処理を示す書状〔2-48-2〕が小松愛子氏によって解読された。これによって孝之助には、後代に隠された婚姻があったことが、ほぼ間違いなく証された。ただし離縁は新婚初夜のあとただちにおきたのではなく、おそらく祝言よりなにがしかの日々はたっていること、そしてこの縁談の仲介をしたのが兵庫江川町の京屋（藤田）善兵衛（四代佐兵衛の母の実家）であったことが新たに分かる。

〔2-48-2〕は、銭佐方の銭丈輔《ママ》に宛てて弥十郎なる人物（銭佐の手代である。同人は慶応四年正月の楢村避難と関連して日記に名前が出てくる。五七節）が、灘の御影から送った書状である。「九月廿一日出」という日付はあるが、年は書かれていない。これともう一通の、京屋善兵衛から銭屋佐兵衛宛の状（ただし内容上、関連しない）が一緒に収められていた。袋には「文久三癸亥年八月十七日　灘御影　嘉納治助様方御新造さま付後帯おたけ殿荷物取ニ参り候ニ付先方ゟ之書状入　後日証拠ニ残置」とある。先方の状が入っていないし、実際に収められていた書状には「おたけ」は出てこないから、少々、内容と齟齬がある。もともとあった書状の何通かが袋から抜き取られてしまっているのか。

弥十郎の手紙からつぎのような事情が読める。弥十郎は丈助の代理として「御荷物」を御影まで船で届けた。ところが荷物を船から陸上げするのに時間がかかり湿気てしまった。京屋善兵衛とは行き違いになったものの、御影で京善と直にあってあらかた了承された。荷物は指定の場所までいちおう納めた。

御影の「用助様方」で、京善から主人の口上の有無を尋ねられる。弥十郎は、丈助が今回の荷物の送り出しの責任者である、とあらかじめ指示されたとおり説明する。京善は必ずしも納得しなかったが、京善と用助は先方へ赴く。

この前にも京善はなぜ丈助本人が来なかったのか、と弥十郎を困らせた。これに対してもあらかじめ指示されたとおり、昨今の経済状況の慌ただしさと荷物を送り返すことを余りに先延ばしできないから、と答えた。

翌日、弥十郎は兵庫の京善宅に参上、荷物の請取をもらいにいく。京善は荷物が倍返しになっていないこと、主人（佐一郎）が花嫁に侮蔑の言を吐いたこと、など四ヶ条を問いただすが、弥十郎はそれぞれに次のように返答したと、その返答を記す。

弥十郎は大坂に帰るために請取を求めた。しかし先方から荷物を確認してからである、それまで逗留すべし、と返答される。そこで弥十郎は三木半（銭佐の出入方か。四〇節で取上げた半七かもしれない）を大坂に返すから委細を聞いて欲しいと丈助に記す。それがこの書状であろう。このあとどうなったかは分からない。

以上から次のようなことが分かる。離縁の話はすでに決着がついている。花嫁当人はすでに生家に戻っており、嫁入りの荷物があとに残っていた。

荷物の倍返しはどうなっているのか、という問に対して、「その時の勢いで出たまでのことばであって、実際に倍返しにしてもお受け取りにはなりますまい」と答えている。今日風に言い換えれば、いったんは約束廃棄に伴う慰謝料云々の話が出たわけであるが、実際に慰謝料を受け取るはずがないでしょう、という言い様である。つまり非は銭佐側だけではないとの主張がみえる。

「新婚初夜の髪の乱れ」伝説と関連するのが、主人の吐いた「人げん二三すじ毛之たらねは猿と申物」という侮言である。この毛が陰毛のことであることがそのあとの記述で分かる。これを原因にして離縁したわけではないかもしれないが、こういうことを言ったことは確かだったのだろう。なにしろそれを関係者は皆、知っているわけである（!）。「きづ付て御返しなさるが」と続くが、侮言のほうに腹立ちの比重が大きい書きぶりである（もっとも先方の言い分を弥十郎が要約しているわけであるが）。

先に離縁は新婚初夜のあとただちにおきたのではない、と書いたが、その推測の根拠は次の文言による。

「又々仰せらるるには、娘参り候てから御主人様ゟ只の壱度も心よく御噺もこれ無きよし」

これはすくなくとも幾日かがたっているときの思いではないか。

離縁の真相は分からない。まずもって分かることは面子の応酬が優先していることである。だからこそ、というべきか、花嫁側と銭佐が直接に対決しない。京善があいだにはいっている。京善は弥十郎に対しては、花嫁側から出されるであろう言い分を質す。そしてそのあと、相手には銭佐側の言い分を持ち出したのであろう。銭佐の側は主人はおろか、おそらくそれまで交渉にあたっていた丈助すら、最後の局面に姿を出さないようにしている。

荷物の授受は婚姻解消の最後の手続きであったろう。その前の応酬は伝わらない。そして京善と銭佐の親類関係はこのあとも続く。

四八　「御寮人」の交代

石灰町の本家の昼飯時には、慶応のころ、多いときには三〇人ほどがいた。家族六人（佐兵衛・トヨ・卯一郎・ハタ・孝之助・イツ）、世帯を持っているが原則毎日通ってくる別家と出入方あわせて三人（丈助・常七・三木東）、手代三人（本家は三人と決めていたように見える。手代にも世帯持ちがいた）、子供は八人程度、下女はおおむね七人あまり、下男は三人である。「御寮人様《ごりょんさん》」すなわち当主の妻は、これらの者の日常生活を円滑に運営するのが仕事である。質素とはいえ三度の食事（世帯持ちは朝と夕はいないとしても昼は店で食べたであろう。大坂の朝食は米を炊かず前夜の残りの茶漬けと漬物だけできわめて質素であるから、昼食のほうが重要である）、ならびに掃除と洗濯が、ことさらにいわなくとも進められていくシステムを維持しなくてはならない。さらに裁縫がある。一同の普段着の仕立てや繕い、加えて盆と正月あけの藪入りには下女や子供には里への土産として新しい着物を用意してやらなくてはならない。子供は成長期だろうから、着丈を直してやることもあったろう。さらに寝具の案配もある。現在のように大騒ぎしなくとも、病気になる者もでたであろう。

人間関係も考えなくてはならない。いくら我慢強さが当然とされる時代であろうとも使用人どうしの諍いはあったろうし、それはないに越したことはない。年頃の若者や娘を預かっているわけで、縁談も考えることがあるかもしれない。別家の娘が下女として奉公に来るから、彼女たちの嫁ぎ先（優秀な手代）を考えることにもなる。これらに目配りして、自分自身は手を動かさなくても下女や下男の長にあたる者を通して、全体を采配することはそれなりに大仕事だったろう。

当然ながら金も動く。食料は、時に大名家が（扶持米の一部として（?-））米の現物をくれることがあるのかもしれないが（五八節ならびに注47）、さらに漬物は自分たちで漬けるにせよ、町中の生活だからまったく金がかからないはずはない。薪炭はじめ日用品も要る。それらの支払をきっちりと押さえなくてはならない。

菩提寺である妙徳寺の僧も頻繁に訪れた。命日の法要はかかせない。花や線香といった仏壇の供えにも気を配らねばならなかったはずである。盆ともなると行事はおおごとになる。

さらに親戚づきあいがある。公式の行事には表が出てくるだろうが、日常のこまめな贈答は、奥の管轄であったろう。

別家の女たちへの配慮はかなりのところ御寮人の仕事であった。普段は下女たちだけで手が足りても、行事の時には彼女たちが加勢に来る。そういった場合にことが円滑に運ぶようにするためにも、普段から彼女たちをつかんでおかなくてはならない。

そしてある意味もっとも重要な役割が、次代の御寮人の育成である。つまりいったん花嫁がイエの成員になったあと、姑として、嫁にイエのやりかたを事細かにたたき込む。そうすることで別家の女たちや下女たちから敬意を得られるようにしなくてはならない。万が一、侮蔑されるようになったら秩序が揺らぐ。

象徴的な役割が、最大の公式の行事のひとつである婚礼の一環として、花嫁を別家に紹介する儀式にみられる。このときには「御寮人」にもましてかつての「御寮人」すなわち姑が最大の権威である(2)。上座の「御新造」の横に座を占め、「御目見」に参集した別家衆に引合わせる役割は「奥」（姑）である。舅である大旦那でも、夫である若旦那でもない。彼らは傍らから見守るだけである。その詳細については六一節参照。

銭佐には今日の「家計簿」に匹敵する帳簿があったはずである。さもないと公私一体となった銀控帳が年末に記せない。銀控帳には「世帯」の項がある。その「家計簿」は、丈助が記した婚礼の出費の記録や、誰が記したかは分からないが「御降臨」に際しての「買物方」の記録をみても分かるように、きわめて細かなものであったと想像できる。「家計簿」に最終責任をもった人物は「旦那様」、すなわち佐兵衛である可能性は高いが、日々の記録は「奥」の中枢としての「御寮人様」が係わっていただろう。ただしどれだけ能力があったかどうかは別問題で、能力が低ければ信頼されず、実際には信頼のおける「B級別家」の常七あたりかもしれない。時代が下がると「賄女中」という肩書きをもつ女が出てくるが、この時期にそのように呼ばれている者はいない。

「日記」は安政の終わりから慶応の初めのあいだ欠損している。この頃に卯一郎の嫁のハタは家の中の地位を築いている。ハタが嫁いできた安政六年に「御寮人様」と呼ばれていたのはトヨであった。しかし日記の欠損期間に、卯一郎の妻のハタが「御寮人様」と呼ばれるようになっている。現存部分での初出は

慶応二年二月二三日「奥様・御寮人様・中芝居御出被遊候、供永助・きく・かつ・三助召連御越被遊候事(3)」

であるが、その翌日の

二月二四日「京都岩佐奥様御病気ニ付、若旦那様・御寮人さま、今夕方ゟ明石屋舟ニ而御乗舟ニ而御上京被遊候、御供銭市・おゆう・永助・岩介（以下略）」

が、決定的な証拠となろう(4)。母親の病気の報せを受けて、ハタは夫と一緒に京都に急いだのである（ちなみにこの時

「若旦那」は、妻に先立って二九日に帰坂した）。さらにもう一例あげておく。

慶応三年七月二八日「同（＝京）岩佐様月忌ニ付茶之子物賦り旁下男清蔵下坂致事、付而近々御寮人様御帰り之由申居候事」

何があったのか分からないが、しばらくハタは京都の生家に戻っていた様子である。

いっぽうトヨは「奥様」と呼ばれるようになっている。次に引用する記事の堺屋は奥野であり、トヨの生家である。

慶応四年四月十六日「奥様・中娵様、境屋へ久々御越、御供好助・たけ・まつ・岩助、御舟ニ而御出ニ相成候」

これはトヨの父親の病気見舞いである。二代堺屋（境屋）奥野治兵衛は翌月の閏四月一五日に死亡する（前述三一節）。なお中娵はイツを指す。姉のタウはすでに一二歳で亡くなっている（その命日の元治元年七月四日の日記は、欠損部分に該当する）。妹も死んでいる。もはや一人娘になっているが、イツは依然、「中娵様」と書かれることがかなり多い。もっとも単なる「娵様」もあることはある。(5)

慶応二年に御寮人がトヨからハタに移っているのは、この時期に佐兵衛が退隠を考え始めたことと関連しているのであろう（後述五一節）。慶応二年に佐兵衛は（数え年）五九歳であるが、トヨはかなり年下で四五歳、卯一郎とハタの夫婦は年齢差がそれほどなく二九歳と二三歳である。四五歳で「御寮人」の座を二三歳の嫁に譲るのは今日の感覚

(2)　明治三年の孝之助の婚礼にあたって、その席順が図示されている。このとき座を仕切るのは姑のトヨである。彼女はすでに「奥様」であって「御寮人様」ではないが、孝之助の母であることにより、長男の嫁であるハタに優先するのである。

(3)　「中」芝居とは、道頓堀でかかっている「中の芝居」のこと。

(4)　本節の趣旨とは関係ないが、「日記」のこの項は別家のありようについても示唆を与える。銭市は四代銭屋市兵衛、ユウはその母である。市兵衛はまだ妻帯する年齢ではないので、銭市の「家内」はユウの役割である。手代の永助が供をしていながら、彼らもまたどうして供をするのか。考えられる理由は、別家一統の代表として見舞いをする役目を負っていたのだろう。さらにもしものことが病人に起きたなら、別家代表として対応することまでもがおそらく期待されていた。

(5)　たとえば慶応四年五月二〇日。

では早すぎるようにも思えなくはないが、佐兵衛が退隠すれば、それに連動するのが当然のこととなるのであろう。さらに勘ぐれば、トヨが「奥様」になることと、佐兵衛が福本元之助をもうけることとも関連しているはずである。

四九　福本元之助の誕生

日記ではまったく言及されていないけれども、慶応二年には将来の逸身家にとって重要となる家族内事件がおきている。福本元之助の誕生である。家族内伝聞では佐兵衛が外でもうけた子であるとされているが、ほんとうのところ生母がどのような女性であったかはもはや分からない。後年、福本自身が語ったことにもとづく公式の記録では「逸身佐兵衛の三男として生まれ、福本家に養子に行った」(6)。しかしこの養子先とされている女性が実は生母なのかもしれない。つまり妾の姓がもともと福本であった、という想定もなりたつ。私の母は「女中の子」であると聞いている。女中と妾は異なる。事情はもはや不明である。ただし諸史料をつきあわせているうちに、私には元之助の母についての憶測が生じた。おそらく間違いないと思うが、明治中期の史料の引用が必要になるので、これについては節を改めて後述する（七一節）。この節では母は不明としておく。

従来、妙徳寺の逸身家墓域内の手前部分にある福本家の領域の一角に、福本元之助の墓にならべて元之助の「母」の角柱墓が建っていた(24)。近年、福本家の傍系子孫によって墓が整理されたけれども、今なお墓石上部が保存されている「普善院妙喜日宗」というのが元之助の母である。

元之助は幼児の段階から逸身の家、ただし家の内部ではなくその近くで育てられていたらしい。私は当初、かつて卯一郎（五代佐兵衛）が市之助という名前で丁内の借家にいたように（一四節）、丁内の銭佐の借家にいたのではないか、と想像していたが、どうやら石灰町の裏の卜半町（明治以降の竹屋町）の屋敷に暮らしていたらしい（後述七一節）。

元之助のことを佐兵衛が慮っていたことは「日記」から読める。「日記」によれば慶応四年正月一〇日に、旦那様・御寮人様つまり父と兄嫁は、彼を連れて大坂を離れて大和の楢村に避難しようとしている（後述五五節）。つまり実質的に佐兵衛の三男という処遇である。ただし兄の卯一郎とは二八歳、孝之助とも二四歳、年が離れていることは留意されねばならない。さらに佐一郎（孝之助）の長男である悦治郎（将来の六代佐兵衛）は明治五年生まれであるから、元之助はこの甥よりわずか六歳年長であるにすぎない。悦治郎もまた早くから実父ではなく伯父の卯一郎、すなわち将来の五代佐兵衛のもとで養子として育てられることになる（五代佐兵衛の娘のツルと結婚するときに養子になったのではない。後述六四節）。

とはいえ元之助は公式には隠されている。明治三年二月、佐一郎（孝之助）が戸倉タイと結婚するが、結納にさいして戸倉家に渡された家内書には元之助の名はない(7)。戸倉家から土産ももらっていない〔1-2-9-2〕。

さらに微妙な記事が、明治四年四月と記された「宝備家督一件諸事控」〔4-10〕にある。ここで興味深いのはその年の八月一九日の祝の席の記録、正確にいえば、その席に用意された料理の数の記録である。祝の膳にあずかった者の名前は、その後席として別に振る舞われた料理の記録と並べて、グループ分けがなされている。第一グループには家族がいる（七人）(8)。第二グループは別家ならびに家内（妻ないし母）である（一三人）(9)。第三グループは手代ならびに

(6)　たとえば大正七年「大正人名辞典」第四版には「明治十七年十月先代の福本つき子の養子となり、同年十一月家督を相続す」という記述がある。また逸身佐兵衛の倅を公言する前には溝口丈助の子といっていた時期もあったらしい（神戸大学附属図書館デジタルアーカイブ「新聞記事文庫」時事新報 1916.3.29-1916.10.6（大正五）「時事新報社第三回調査　全国五拾万円以上資産家」大阪府の八）。

(7)　「家内書」に記されているのは、順に、（佐一郎の父の）佐兵衛、（母の）トヨ、（兄の）卯一郎、（兄嫁の）ハタ、佐一郎（本人）、（妹の）イツ、である。

(8)　大旦那様、奥様、当旦那様、御寮人様、若旦那様、御新造様、娵様　〆七人。大旦那とは退隠した四代佐兵衛、当旦那は五代佐兵衛、若旦那は佐一郎、奥様はトヨ、御寮人様はハタ、御新造様はタイ、娵様はイツ、である。

(9)　本町様、銭宗、おふさ、要助、銭丈、おひて、市兵衛、おゆう、銭嘉、おたけ、銭専、おたか、銭清、〆十三人。本町様とは銭源

子供（一三人）[10]。そして第四グループは下女下男である。

この第四グループは次のように並んでいる（実際の史料では、四人ずつ四列に並べて書かれているが、八人二列に書き改める）。ただし合計数は第三グループの一三人と一緒に数えられている。

たみ　りく　すへ　つる　まつ　こま　まき　元之助
きく　たけ　三助　岩助　七助　三木東　〆廿七人

一列目（原史料では二列目）最後、下女の中にまじって元之助がいることに注意。

そしてこの下男下女のリストを「同控」の三葉前に記されている、祝儀のリストと比較する（これも原史科の改行を省略する。ただし記載順序に変更はない）。

（前略）
端物料　金五百疋　きく
御祝儀　金百疋ツツ　たみ　りく
同百疋ツツ　下男四人　三助　岩助　七助　備又助[11]
同五拾疋ツツ　下女五人　すへ　たね　まつ　まき　こま
御祝儀　金百疋ツツ　膳料　金百疋ツツ　出入方　三木東　花吉　堺与　大忠　尼長　河藤
〆
御祝儀　金百疋ツツ　普請方　大工弥　家根清　左官　伊助　伊右衛門

大部分の下男下女は重複している。ところが元之助は祝の膳にあずかるが祝儀はもらっていない。私はこの「元之助」が、祝儀をもらう必要のない立場の福本元之助であると考えてよいと思う[12]。もしかりにこの元之助が「子供」の名前であるなら、第三グループに入れられてしかるべきであるし、「下男」ならば、三助などと同様に祝儀をもらってしかるべきである。元之助はすでに六歳であるが、祝の膳は下男下女待遇なのである。

しかし遅くともこの四年後の明治八年までに、元之助は建前上、親類扱いされるまでになる。元之助が一〇歳になる明治八年一一月に、妻のタイをなくした佐一郎が荘保ミヤと再婚するが、そのときの「家内書」には元之助の名はないけれども(13)、しかし前回とは異なり、親類として嫁の側から土産をもらっている〔1-4-1-5〕(14)。それのみか、別家衆や手代子供下女などと同様に、花嫁と「御目見」をする（この「御目見」については七一節で詳述する）。ただし厳密にいえば、この「元之助」は、以下に記すように、野々口ハヤ（＝ラク）と同居している元之助であって、それが佐兵衛の子供の元之助と同一であると断定はできない。しかしこのように想定するのが正しいと私は判断する。

ハヤとは野々口ラク（四代佐兵衛の異母妹。一六節）の改名後の名であって、明治初年に京都の店を手代に譲り、事実上、逸身に戻ってきていた（後述六九節）。野々口ハヤは「家内書」ではなく「親類書」に名が載っている。そしてそのハヤと一緒に元之助という名前が書かれている。もちろん子供のない野々口ハヤが、大坂に帰ってから元之助という名前の養子を迎えたとも解釈できなくもないが、むしろハヤが福本元之助を預かった、と想定すべきだろう。もし子供のないラクが老後を考えて養子を取ったのであったならば、「親類書」や「別家書」の当主以外の人物には必ず肩書きが添えられているから、「養子」という肩書きがあってしかるべきである。ラクは異母兄の佐兵衛の世話である。要助については後述（六七節）。

(10)　備店勤務の手代と子供は、列席しなかった（備店の手代には備店で振る舞いがあった）ので、数が少ない。
(11)　「備」の字は当然、備店を意味する。だから宴席には列席しない。
(12)　ツルとタケのように祝儀をもらっていない下女もいる。この理由についての考察は六〇節参照。
(13)　「家内書」に記されているのは、（父の）佐治兵衛（四代佐兵衛の退隠後の名）、（母の）トヨ、（兄の、五代）佐兵衛、（兄嫁の）ハタ、佐一郎（本人）、（妹の）イツ、（倅の）悦治郎、（姪の）キヤウ、である（このキヤウは結納のあと死亡する。これについては六四節を参照せよ。家内書は結納の際に渡される。結納は六月二三日であった）。
(14)　元之助は家族の最後に書かれている。もらったものは扇子一箱と帯地一筋で、これは悦治郎と同じである。

なる返礼として、元之助をひきとることにした、と考えてもおかしくない。あるいは丹後屋野々口家の今後と、元之助の行く末とをすべてセットにして、佐兵衛が企んだか。

元之助をハヤと並べる扱いは佐兵衛の娘のイツが明治一一年に平池家に嫁ぐときにも見られる。逸身側から出された「家内書」に元之助の名前はないが、「親類書」には野々口ハヤと一緒に記されており、相手の平池側からはハヤと元之助に土産が渡されている。そして元之助はこの婚礼の役割分担で、総元締の「見習」をつとめている。

以上の想定どおりであるなら、元之助はまずは母によって借家で育てられ、少年期には逸身の別邸に置かれ叔母の監督下で育てられた。父親の佐兵衛とどれだけの接触があったか、それについてはまったく分からない。ただしおそらく父親はこの倅の出来具合を観察していた。

五〇　敦旦那

日記をもとに慶応二年から三年の人物の動きについて注目すると、ひとり何者であるかがよく分からない人物のことが気にかかる。「敦旦那様」と呼ばれる人物である。

式日廻礼は手分けして行くようであるが(15)「敦旦那様」もそのひとりである。

二月朔日「式日、若旦那・丈助・皆助幷敦旦那、夫々諸御邸へ御回勤之事」

四月一五日「若旦那様・丈助・皆助幷敦旦那様・嘉兵衛・専助、右夫々式日御礼ニ御出被遊候事」

五月五日「皆助・供勝之助、敦旦那・嘉兵衛・専助、若旦那様・供岩助、丈助・供三助、右夫々式日御礼ニ御越之事」

七月朔日「若旦那様・皆助・敦旦那様・専助・嘉兵衛、例之通り式日御越被遊候事」

しかし同行こそしているがひとりだちしているようにも見えないし、「旦那様」とは呼ばれるものの序列（重要性）も必ずしも高くない。丈助はもちろん、手代の皆助より下位にいる（嘉兵衛と専助は、備店を預かっている別家だから別扱いと読むべきだろう）。

「敦旦那様」は肥後屋敷に何度か同行している。

三月二三日「旦那様・敦旦那様御同道、肥後御見目《ママ》ニ御越被遊候事、供三助・岩介」
四月一四日「若旦那様・敦旦那・肥後江被御越被遊候、供岩助」
七月二四日「敦旦那御越之事、并ニ肥後着歓被参候事」

敦旦那は本家に居住していない。備店ないしその近くにいる。

六月一三日「敦旦那様暑中見舞入来之事」
慶応三年正月一九日「定日ニ付敦旦那様・定介薄暮前ゟ出勤之事」
正月二八日「敦旦那様御入来之事」
四月四日「敦旦那様・嘉兵衛、定日ニ付御越之事」
四月一六日「若旦那様肥後御役人御出立ニ付御見立ニ御越供三助、敦旦那様備店ゟ御出之事」
四月一九日「今日定日ニ付備店敦旦那様・定助出勤之事」

この「定日」というのは、備店の報告をするため、毎月一九日（と四日にも？）に備店からしかるべき立場の人間が本店に来る決まりであったことにもとづいているようである。ふだんなら嘉兵衛が来るところ、正月と四月には定助が来た。しかし定助は経営面については暗いので（実際は分かっていたかもしれないが、立場上）、敦旦那が報告をしに

(15) 四月朔日の記事は細かく書かれているので採録しておく。「旦那様若旦那様、高鍋・津・因州・小田原・阿州、丈助、土浦・土州・肥後・五嶋、皆助、蒔田・岸和田・肥前、専助、庭瀬・高鍋、源兵衛様嘉兵衛、〆七人、右夫々御式日御礼ニ御出被遊候事」

来た形式をとっているのではないか。四月四日も嘉兵衛に先立ち敦旦那が書かれているが、実際の用事は嘉兵衛がやったはずである。

肥後とのかかわりは次のような記事にもみえる。肥後の明礬は後述するように丈助が仕切っていたが、その下について動いているようである。

慶応二年一一月一七日「敦旦那様肥後年割渡り方銀受取ニ御越被遊、但御證文数通御持参之事」

一二月九日「敦旦那肥後明礬一条ニ付被参候事」

慶応三年二月一五日「敦旦那様御入来、肥後御屋敷江御越之事」

二月一七日「敦旦那肥後用ニ付出勤之事」

二月二一日「敦旦那様丈助肥後節会ニ付出勤之事」

二月二八日「昨日肥後御屋敷山内平次様ゟ被召出候ニ付、若旦那様御越、幷ニ敦旦那様丈助名代ニ御越、供三助」

(このあと、同様の記述があるが省略)

六月二三日「敦旦那様肥後へ恐悦廻礼ニ御出、且猪俣様ニ明礬通ひ御持参、幷ニ塩飽屋へ御出之事」

六月二四日「敦旦那様今日御國元江差出し候書状間合、且明礬一件ニ付肥後様へ御越之事」

そして日記から姿を消す。

旦那と呼ばれる以上、そして敬語が使われている以上、銭佐の身内のように思われる。しかし皆目、見当がつかない。佐兵衛の異母妹の倅だろうか(佐治兵衛の外孫である。しかし佐治兵衛はすでに死亡している)。

孝之助がなんらかの事情で改名して、この期間だけ「敦旦那」と呼ばれている可能性はないか。もし孝旦那と敦旦那が同一項目で併記されている事例があれば、この仮説に対する決定的反証になるけれども、それはいまだ見つかっ

ていない。とはいえ接近した日々に、敦旦那と孝旦那が並べられている記事がある。例えば、

慶応三年五月三日　「敦旦那様、肥後明礬為替通箱共御持参之事、供岩助」

同年同月六日　「孝旦那様、御誕生ニ付高津宮ゟ方々へ御参詣被遊候事、供永介・勝之介」

これは両人が別人であることを示唆するであろう。さらにもし敦旦那が孝之助ならば、

同年六月一一日　「昨日肥後ゟ敦旦那様被召出、先達而丈助同用拝領物被下置、今日廻礼ニ御越之事」

は、いくら丈助が事実上の有力者であろうとも、序列からみて奇妙ではなかろうか。さらに先に引用した二月二八日の記事では、敦旦那が丈助の名代になっている。孝旦那が丈助の名代ということはありえないだろう。

ただし、ほとんど下司の勘繰りに近いが、敦旦那もまた佐兵衛の子供ということはありうる。二〇節で「外倅娘」という、意味が分からないことばについて憶測をした。つまり初代佐一郎になる人物は三代佐兵衛の「外の倅」、すなわち認知はされていたものの、銭佐の家から排除されていた倅ではなかったか、とする憶測である。同じように四代佐兵衛にも「外の倅」がいた、と考えてみる。そしてそれまでこの倅はずっと排除されていたけれども、慶応二年になって（おそらく相応の年齢にもなったので）使いものになるかどうかを試してみることになった。しかし慶応三年六月まで一年半の試験の結果、やはりお払い箱となった。

敦旦那の出自が何であったにせよ、慶応二年という年月の一致は無視できない。つまり慶応二年は四代佐兵衛が退隠を予定した年であった。そして佐兵衛のみるところ人材不足であった（五一節）。

敦旦那も銭屋源兵衛も、ともに肥後との関わりが多い。「日記」には肥後がらみの記事に「本町」、すなわち銭源の名が頻出している。しかし敦旦那が銭源の関係者であることはない。なぜならこの時期に銭源が旦那と呼ばれることがないからである。「日記」では銭源の当主の四代源兵衛は、「本町様」と記されている（「本町」と呼び捨てにされていることもある）。この時期、銭源は本町に居住していたことからである（安政期には「淡路町」であった）。

銭源の倅ないし弟が慶応三年の日記に言及されている。

六月二一日「本町久之助様、当店へ初メ而出勤被致候事」

六月二五日「本町様久之助様御同道御出勤被致候事」

七月朔日「久之助様今朝ゟ御出勤之事」

このあと慶応三年の日記には久之助の出勤がいちいち記される。当初は久之助様となっているが、そのうち呼び捨てにされるようになる。しかしこの久之助もまたお払い箱になった。もともと「日記」に久之助の名前が出てくることは多くないし、「日記」の現存部分は明治二年で終わるので、お払い箱になった時期は特定できない。そしてもしこの久之助が四代源兵衛の倅であったなら、五代源兵衛と銭佐が疎遠になる遠因であったかもしれない。六七節で述べるように、明治一一年の銭佐の婚礼に際して銭源の当主は親類書に言及されず、五代源兵衛は逸身家の過去帳にも記されていないのである。

五一　家督相続の準備

慶応二年は銭佐にとって、経営上も特記すべき年である。

前年の元治二（一八六五）年（＝慶応元年）をもって、備店の本家利払ならびに家賃の支払いがなくなる。正確にいえば利息と家賃という名目で、備後町からとりたてることを今後止めようと佐兵衛は考えた。いいかえれば備店の独立性を確保させた。ただし経営の実態が変わったわけでもない。両店を統率しているのは佐兵衛であるし、「銭屋佐一郎代判丈助」という表記も以前と同じである。そして佐一郎（孝之助）も丈助も石灰町に居住している。備店の日々の経営と建物の管理責任は嘉兵衛と定助にある。なお本節以降、孝之助の名を原則、佐一郎と記述することとする。

備店独立の理由は、本来ならばこの年にも行われるはずの家督相続と関係している。佐兵衛は長男に家督相続をして石灰町の本店を譲る一方で、備店は次男に譲ることをずっと考えていた。本店は大名貸に集中する。といっても本来の大名貸もさりながら、土佐の砂糖、肥後の明礬のような商品取引にも大きく関与する。さらに貸家の経営がある。いっぽう両替商業務は備店の管轄である。しかしこちらも手形業務に傾斜しているから、それにより商品取引にも関与した、少なくとも関与する素地はあったであろう。だからもし明治維新がなかったなら、佐一郎はことば本来の意味で分家し、両店は協力的に、かつ競合しうる関係になるはずであった。そう父親としての佐兵衛は倅たちに期待した。ひょっとすると本家分家の関係という名称はともかく、二家が交互に当主を出すひとつの店を想定していたかもしれない。

じっさい倅たちに店の経営の委譲を考えるべき年齢に、自身もふたりの倅たちもいまや達した。慶応二年に佐兵衛は五九歳、卯一郎は二九歳、佐一郎は二五歳である。この年齢差は佐兵衛自身が相続した時と違っている。佐兵衛は二六歳で家督相続したが、そのとき父親の三代はまだ五一歳であった。佐兵衛は最初の妻から倅をもうけることができないまま離縁したので、長男と三〇歳、次男と三四歳もの差ができてしまったのである。そして佐兵衛は家督相続してから一〇年間、なおも父親と一緒に店を経営できた。このことにかんがみると、自身の還暦すなわち老年がすぐ先にせまっているにもかかわらず、倅たちはいささか頼りなくみえる。自分はこれからなお一〇年間、ふたりの倅を指導できるだろうか。安政期以降、佐兵衛がもっとも信頼してきた人物は丈助である。彼はますます丈助にあとを託す気持ちになっていたとみえる。

丈助が書いている「土佐用日記」〔7-4〕の冒頭に記録されている書簡の写しには、その辺の機微が読み取れる。これは慶応三年七月九日、高知にいる丈助から「若旦那様孝旦那様」のふたりに連名で送られ、「追伸」として

「尚々、右之段大旦那様江一応被仰上之上、御取斗被遊可被下候」

と記されている。実際には大旦那、すなわち四代佐兵衛に情勢を知らせたい、ということなのだろうが、表向き、倅たちをたてている。

ともあれ慶応二年に家督相続の準備は始まった。ただし実際に家督相続を届けるのは五年後の明治四（一八七一）年をまたねばならない。明治維新の諸改革による混乱に対処するため、家督相続が延びたと考えられる。

家督相続の準備として、まずは大名屋敷に願い出なければならない。自分の退隠後も、倅が扶持米を受け、これまでと同じように取引を続けられるようにするためである。じっさい卯一郎はしかるべき機会があるごとに大名屋敷に出入りしていた。式日廻礼は分担を決めているが、卯一郎がどこの屋敷にも行かないことはまれである。

明治四年四月の日付がある「宝備家督一件諸事控」〔4–10〕の最初の部分は、諸大名屋敷に提出した願、ならびに屋敷側から来た許可書の一連の写しである。最初に高鍋屋敷が書かれているが、年代順ではない。

年次が書かれているものを調べると、肥後がもっとも早い。慶応二年一一月に佐兵衛が肥後藩の山内平治宛にまず家督相続を願い出ている。山内平治はのちの願に付された肩書きから「御勘定頭」である。その後、国許へも願いをしたためており、おびただしい名前が記録されている。とまれ肥後藩は佐兵衛の退隠の希望に応え、卯一郎に家名相続を認め、かつ引き続き七人扶持を与えることを四月朔日付けで申し渡している。この「申渡」は原史料が残っている〔7–44–14–5〕。日付に年が書かれていないけれども慶応三年の目録と一緒に紐でくくられていたことから慶応三年の可能性が高い。「家督一件諸事控」に記載されている到来物のリストの筆頭に書かれているのは卯年（慶応三年）四月三日の肥後藩出入の商人（「用聞」）である塩飽屋清右衛門であり、続いて肥後藩の「御奉行代御目付兼御留守居」河喜多助三郎、「御勘定頭」山内平治、「御根取」松岡龍太郎と続く。

肥後屋敷から来た祝ならびにそれに対する内祝の詳細は日記にも書かれている。あらかじめ予測している事態とはいえ、贈答ひとつにしてもおおごとである。

四月五日「肥後御屋敷ゟ家督為祝、生鯛両尾・酒壱斗弐樽ニ而御目付・御勘定ゟ、生鯛一尾・鱧弐枚・海老十ヲ御根取ゟ参り候事」

四月六日「若旦那様肥後御屋敷へ昨日拝領物御礼ニ御越、（中略）供三助」

四月七日「肥後家督内祝として赤飯幷ニ鰹節金封反物等、上分諸役人拾軒余之処へ配物持参、皆助・文次郎・三助・岩助、手伝源助〆五人参り候事」

皆助は手代、文次郎（文治郎）は子供、三助と岩助は下男である。源助は起番である。本来は石灰町に雇用されているわけだが、銭佐の下男仕事の手伝いをやることもあるらしい。皆助が一軒ずつ口上を述べ、文次郎が横で該当する品物を用意し、下男が道中、品物を運び、かつ往来で監督していたのであろう。おそらく赤飯は一升ずつである。それくらい入る重箱を五つ重ねて運ぶ道具が残っている。

同日「肥後淀清殿ゟ家督祝として大鯛弐疋、目方□□《ママ》、被下候事、代□□《ママ》為金壱朱遣し候事」

四月八日「肥後昨日之残り家督内祝、赤飯魚券松魚配り、永助・皆助・文次郎・三助・岩助・九助・源助参り、不残相済帰宅いたし候」

前日のペースではとても配りきれないと判断して、手代の永助と下男の九助も加わって、同時に二軒を分担して回ったか。

四月九日「肥後塩飽屋へ昨冬扶持方売払、且又今般家督一件ニ付段々世話ニ相成、生鯛一尾相送り候、使九助」

「宝備家督一件諸事控」には贈答をした、肥後屋敷の役人の名前（もしかすると全員か?）が列挙されている。これを使えば、大坂の肥後屋敷の規模や様子が分かるかもしれない。同じことが他の藩についてもいえる。

到来物のリストは同年に小田原の四名、蒔田の三名、翌年辰年に徳山屋敷と土浦屋敷からも来ているが、そこで間隔があいて明治四年（未年）までとんでしまう。いっぽう大名屋敷に宛てた家督相続願は、ほかに因州、庭瀬、小田原、土浦、伯太、蒔田、徳山の諸藩に及んだがしかしいくつかの藩には、「時間切れ」が生じてしまったらしい。「宝備家督一件諸事控」の大名屋敷関連の記述の最後には、

「此外、土州・津・阿州・五嶋・岸和田、右五軒、不届ニ相成候事」

とある（そのあとは一挙に明治四年の、丁内宛の名前切替の写しとなる）。土佐藩や津藩など、維新前に強いつながりができていた藩がこの中に含まれているということは、後回しにしても許される、という判断があったか。あるいは丈助が内々にその旨を伝えていたのかもしれない。

諸藩がこのさきどうなるのか分かりにくい時代であった。維新に際しての佐兵衛の立ち回りがどれほど適切であったかを史料にもとづいて判断することは私にはできないが、家督相続はふっとんでしまった。

「宝備家督一件諸事控」とは別に、実際に家督相続が行われた明治四年の四月に、「当旦那様御家督ニ付社中江赤飯」を送っている。その一覧が残っている〔3-38-14〕。「今橋弐丁目　鴻池屋　山中善右衛門」に始まる名前は五四軒ある。お披露目であったと考えられるが、銭佐と鴻池や三井とのつながりを記した史料は、いまのところこれしか見いだしていない。

さきに（一二節）私は三代から四代への相続の際、諸帳簿の筆跡の変更を実質上の権威の委譲の手がかりにした。さらに筆跡を根拠にして、三代が後見を離れ実質的に店の経営を握る年の確定をもこころみた（二節）。同じ手法が四代から二人の倅の委譲にも使えるか。

三代の筆跡はきわめて特徴的であった。それにたいして四代と五代は判じがたい。かなり似通っている。しかし「貫」の字「徳」の字、それに右肩上がりの癖から五代の字が弁別できると思う。はっきりいって四代の方が達筆である。(16)

もしこの観測が正しければ、「諸家徳」の筆跡が変わって年は万延二（一八六一）年末（実際には改元があったから文久

元年）以降、すなわち佐兵衛五四歳、卯一郎二四歳のときからである。実地に当主になるための訓練をはじめたか。「大算用」ならびに「家徳控」は翌年の文久二（一八六二）年、「本店銀控帳」の筆跡交代はかなり遅く慶応三（一八六七）年である。いっぽう「備店銀控帳」は年によってかなり筆跡が揺れているように見える。さらにもともと別家たちと一緒に危機に備えて始めた手当銀であるが、別家たちとの関連を三代から四代への家督相続にあわせて清算した（一一節）のちも本家だけで積み重ねていたが、それを記した「手当銀元帳」は慶応二年の分を記録したのち、計上されない。この帳簿は最後まで四代佐兵衛の字である。以上の帳簿毎の筆跡の確認には間違いがあるかもしれない。しかし明治になると明らかに筆跡は五代佐兵衛に変わる。

文久慶応年間は、政治のみならず経済の激動期でもある。江戸末期に金と銀との相場が大きく変動したことはよく知られている。銀相場の暴落は文書からもみてとれる。すなわち「銀控帳」に如実に反映している。ここでは出費、それもおそらく内容上、年によってそれほど差異が出ないはずである項目の、「世帯」と「月銀給料」とに注目する。

安政から万延までほぼ四〇貫代で推移していた「世帯」は文久三年から急速に上昇しはじめ、慶応二年には一〇三貫にも達している（さらに明治二年には二八三貫）。「月銀給料」も連動せざるをえず、それまで一〇貫代だったのが、慶応二年に二一貫（明治二年は六七貫）になっている。諸物価も高騰した。

原理的にはこれに応じて収入も増えていれば問題はない。名目上は銀高で記載されていても、実際には金ないし金の裏付けがある手形でかなり経済は動いている。これについての分析は私の手に余る。銭佐に限っても考慮すべきことは二点あるだろう。ひとつには銀ではなく金をしかるべく入手しているかどうか。もうひとつは両替商以外の収入をあげる手段の多様化である。銀控帳から読み取れる収入の項目は限られる。「大算用」その他の分析は専門家にま

（16）　ただし細筆で一字一字丁寧に書いた場合、五代佐兵衛はおそろしいまでにきれいに書くことができる。「過去帳」のように。

かせたい。

幕末から明治初期に銭佐の資金繰りと関係すると思われるのは、土地の処分である。「家徳控」〔8-3〕によれば、嘉永安政から慶応まで、銭佐が所有している土地に大きな変化はみられない。一例として元治二年に「徳」がある町名を、貫目未満は切り捨てて、記しておく。

塩町（二貫）、北久宝寺町（八貫）、備後町（五貫、ただしこれは銭佐内部のやりとりである）、京町堀（二貫）、今橋弐（二貫）、北堀江（三貫）、靭（二貫）、塗師屋町（四貫）、新戎町（八貫）、御池通（二貫）、卜半丁（一貫）、新平野町（二貫）、紫合村（二貫）、曾根崎一（二貫）、奈良屋町（三貫）、戎島丁（四三貫、これは売却）、虫生村（一七貫、売却）。

ところがこれらはほとんどが維新前後に売却される。明治四年に佐兵衛が退隠するときには、石灰町以外では卜半町と北久宝寺町しか卯一郎に相続されなかった（備後町四丁目の店の屋敷は、銭源から購入した時点から佐一郎の店とされていた）。理由は分からないが、佐兵衛は不動産を処分するほうがよし、と判断したわけである。

「家徳控」から土地の売買をある程度までは追えるが、全容を細かく捉えるのは難しい。例をあげる。

「家徳控」慶応四年には、収入として

一、百拾四貫目　　塩町　家売払　土蔵幷ニ家附もの之代銀」

一、六拾七貫五百目　　奈良屋町　東之家うり払代銀」

がある。塩町の分は同年「日記」三月一一日の記事、奈良屋町の分は三月二八日の記事にそれぞれ対応している。

「塩町掛屋敷、河庄次へ帳切ニ相成候事、若旦那様・丈助・永助、参被候事」(17)

「旦那様、奈良屋町帳切ニ付御越之事、但常七同道、使岩助」

この年以降に塩町が「家徳控」に出てくることはない。その一方奈良屋町は、しばらく何も掲載がないにもかかわらず、明治五年になって突然、金額はわずかであるが二一五匁の徳が計上されている。

日記を追うだけでは、備店を含む店の経営についても、さらに四九節で扱った福本元之助の誕生についても何もわからない。日記は店の奉公人が記したその日におきた人の出入りを中心にした記録である。したがって記録者の立場から分かったことしか記されない。そして後日の使用をまったく意図していなかったわけではないが、店で起きたことをすべてもれなく記録しておくことまで考えられていなかったと思われる。たとえば「誰それがみえたのはいつのことであったか」という備忘録にはなりえても、「何月何日に旦那様は何をしたか」という記録にはなりえない。よってこの日記をもとに佐兵衛や倅たちの行動を完全に追跡することには限界がある。しかしながら日記から文脈の趣旨とは別の、思わぬ情報が読みとれることもある。

五二　慶応期の大名貸と卯一郎

大名貸は、藩の経営が順調でありさえすれば（必ずしも順調ではなかった藩も多かったとはいえ）確実な投資先であろう。なにしろ本来ならば商人のように倒産するはずがない。幕藩体制が機能していると思われていた時代には、藩が「債権抹消」という無茶を要求してこない限り（実際にはあるから厄介なのであるがそれはひとまず措いて）、返済が滞ることはあっても利息は入ってくる。ただしそのためにも大名屋敷の機嫌を損ねないよう立ち回ることが大事であったはずである。

時に藩主に目通りすることもあった。土浦藩主土屋寅直は嘉永三年から八年間にわたって大坂城代であったが、その「殿様」が安政五年一〇月一三日に国許へ戻るときには、出立前日の「夜五ツ時頃」に佐兵衛と丈助は料理屋（網

(17)　河庄は、明治三年の婚礼に祝を出し、嵯峨饅頭は親類同様の個数をもらっている（六二節）。銭佐と古くから関係が深い商人であると想定できる。

島鮒卯）に呼ばれている。もちろんふたりは翌日、お見送りをしている。

慶応四年五月二二日には、佐兵衛と卯一郎が徳山殿様にお目見している。前日の二一日に殿様が安治川口に着艦する旨の書状が来ている。

もう一件、例をあげる。慶応四年八月六日に高鍋屋敷から「殿様御着坂」のゆえ明七日に屋敷に来るようとの廻状があり、その宛名に逸身佐兵衛、同卯一郎、銭屋丈助がある。卯一郎と丈助は訪問したが佐兵衛は病気を理由に断った。会うとなると借金の申し出を断りにくいからであろう。すると八日に次のような状が来ている（「日記」に写されている）。

「（前略）尚以昨日卯一郎様へ敦水（＝高鍋藩士・泥谷敦水）ゟ申上置候通、佐兵衛様御病気ニ候ハヽ、御長髪之義者決而御配慮ニ不及候間、御出相成候様致度（後略）」

そこで九日に佐兵衛と卯一郎は、献上物の金平糖とカルメルなどをもって参上している。一〇日には卯一郎は御礼に参上、一一日には殿様が上京されるので、卯一郎と丈助は見送りに行く。

「諸家徳」の数字から推測するに、藩の「資金繰り」は藩毎に違っていた。たとえば高鍋藩は毎年ほぼ三〇貫の支払をしている。想像するに、ある債権を返済すると同時に新たに借り入れを行い、利払いが一定であったとみえる。元金は事実上、ほとんど返済していなかったのであろう。(18) 因州も同じシステムである。土浦、庭瀬、徳山も、返済額には波があって少し事情は違うようだが、まずもって同じである。こうした諸藩にたいしては、定期的な催促だけで十分であったろう。ただし貸付金はいっこうに戻っていなかったかもしれない。

対して小さな数字が何年か続いた後、突然に大きな数字が出てくる藩もある。典型的な例が五嶋藩であって、安政四年に一七五貫、慶応四年に一五〇貫を払っているが、後の年は小さい。(19) これは元利一括払いであったろう。伯太もこのタイプである。こういう藩に対しては、しかるべき確認がつねづね必要だったであろう。利息の交渉もあったかもしれない[20]。

そもそも大名貸はひとつの両替商だけではなく、いくつもの店が組んで貸与していた。廻状から判断するに、たとえば安政五年に五嶋には一二、因州には二九、岸和田には一一の店（必ずしもすべて両替商ではないようである）が貸している[21]。いずれにせよ本来なら藩は倒産もせず、まして「夜逃げ」もあるはずなく、藩の収入もよほどの凶作でないかぎり確保されていたはずであった。ただし「金貸しはけしからぬ」とばかりに武士と商人の身分差をふりかざし、借金の棒引きをやる藩もないわけではない。だからこそ貸す側も単独ではない。

銭佐はいずれ藩がなくなることを予想していただろうか。大雑把な見方をとれば、明治新政府の樹立と廃藩置県の結果、いくつもの大両替商が没落したのに反して銭佐は明治一一年の「大日本持丸鏡」に前頭一二枚目として掲載されるだけの財をなしたのだから、立ち回りがうまかったというか、しかるべき予想に即した動きをとったということになろう。しかし日記をみるかぎりあまり切迫感が感じられない。もちろん店の人間には目先の動きしか見えないということを考慮しなくてはならないだろうし、時代が慌ただしければそれだけいっそう、あたふたした動きをみせてはならなかったともいえるかもしれない。しかし繰り返すが、銭佐は藩がなくなることをどれほど予想していただろう。土佐藩には藩札の発行まで引き受けているのである。

肥後、阿波、土佐の諸藩に貸付を始めるのは、開港後の安政五年から六年のことである。そして慶応期の日記から判断するかぎり、もっとも銭佐と先方の往来のはげしいのが、肥後と土佐である。幕末期に毎年のように銭佐にお

(18)　もちろん「元利均等分割払い」のようなことをしていたら話は違う。証文がない以上、確かなことはいえない。
(19)　正確にいえば、弘化二年に二七貫、弘化三年に二五貫。
(20)　五嶋藩には一二の両替商が貸出をしていたことが、安政五年一〇月一九日の日記に写された「五嶋廻章控」から読める。これは役人の川瀬茂助が宮崎紋助と交代することを、それぞれに伝えている。
(21)　因州廻章　日記一一月一一日。岸和田廻章　日記一一月二二日。

きな「徳」をあげさせているのは、肥後であり土佐であった。明治になってからふりかえってみればこれは先見の明があったといえる。

幕末期には、肥後の明礬、土佐の砂糖のように、貸出の担保が、米から藩の特産品に変わってくる。楢村で集積するなにかしらの商品も、もし津藩が存続していたなら、同じような目論見のもとに位置づけられていたかもしれない。比喩をもちだせば大名貸といっても「債券購入」から「商品取引」へとスタンスを変えようとしていた。さらにどの地方と関連していたか現段階では不明であるが、明治期に「蠟商」と名乗ることになる蠟の取引もすでに始まっていた（日記にはときおり蠟の記事がでてくる）。慶応年間の日記には「糠仲間」もあらわれる(22)。

ここで本店と備店との分業も意味をなすように思える。日記から判断すると卯一郎は大名屋敷との挨拶に精を出していた。大名のみならず同業者にも親戚にもつねに挨拶をする立場に身を置いていた。その反面、彼は新しい事業に乗り出す才覚に欠けていたのではなかろうか。

中西聡氏は佐古文庫の「日記」がまだ銭佐のものと同定されていなかった段階ですでに、帳簿その他の分析をもとにして、「佐兵衛家佐一郎家とも明治元年の銀目廃止の打撃はあまり見られないけれども、むしろその後、佐兵衛家は大名貸主体のため廃藩置県で大打撃をうけるが、たいして佐一郎家は商人為替主体で活発な為替業務で明治初年にも資産が急増する」という報告をした。私がこの分析に教わることは多く、氏の考察は正しいと思うが、ただし一点、留保をつけたい。「佐兵衛家」「佐一郎家」と書くと、それぞれが独立した判断で経営のありかたを考えたかのような印象を与えてしまう。しかし実際は、佐兵衛ひとりが本店と備店との業務を分けて、自分が双方の判断をくだし、卯一郎（五代佐兵衛を襲名するのは明治四年である）と佐一郎に分担して仕事をさせた、と考えたほうがよい。

備店開店時から業務の分離は意図されていた。そして大名貸は備店以前からの継続性を考えると本家の業務でなくてはならず、しかも卯一郎が長男である以上、卯一郎が大名貸に専念するのはなりゆきとして当然であったろう。ただしそれでもなお、ふたりの倅の資質をみて、新たな家族経営のかたちを作れなかったのか。卯一郎の資質を考察して佐兵衛は卯一郎に大名貸に集中してあたらせたのか、大名貸に専念したから卯一郎が守旧的な判断しかできなくなったのか、これはなんともいいがたい。いっぽうの佐一郎も同様である。残された史料の少なさから個々の商人為替の様態は分かりがたい。

わずかにうかがわれるのは、道修町の薬種商との関係である。八木滋氏の「道修町文書」の調査から、逸身銀行は道修町の薬種商人のきわめて多くを得意先にしていたことが分かった。これは元武田薬品社長の五代武田長兵衛（明治三年生）の回想によっても裏付けられる。[23] 銭佐は天保期から薬種商と取引があった。[24]

私の能力をこえるので数字だけをあげるに留めるが、貝塚の米穀肥料商廣海家と銭屋佐一郎家は嘉永三年に年間一千貫を超える取引がある。[25] この時代の「佐一郎」は初代佐一郎であるが、最終判断は代判の丈助ないし佐兵衛自身であったろう。廣海家は別家の銭屋宗兵衛と取引があったから、実際の担当は宗兵衛がやっていたかもしれない。

---

(22)　たとえば慶応三年一一月六日の「糠仲間廻状」。この時期、糠についての記載が増える。「糠株」「糠年寄」という単語は、いずれも一一月一七日に出てくる。

(23)『武田和敬翁追想（昭和三五年八月・武田薬品工業株式会社内　武田和敬翁追想録編纂委員会）』七頁以下の「季節のはなし」。長くなるが引用しておく。「道修町の薬種問屋の取引を申しますと、一寸変ったやり方があった。受払の限りは二月、四月、（中略）と偶数月が節季で一ヶ年六節季となっておったが、後になって、その受払には特殊横線小切手というものが使われるようになった。それは薬種問屋仲間で同じく仲間に宛てて発行して、特別に限られた銀行にだけしか通用しなかったもので、これが為替仲間の間ではたいへん便利に受払ができておった。（中略）そしてこの主な銀行は、川上銀行、逸身銀行、木原銀行などが、初期で、明治二十年頃からのことである。逸身銀行とか木原銀行といっても今の人は知らないかも知れないが、逸身銀行は逸身佐兵衛……銭佐という人……木原銀行は木原忠兵衛……銭忠といふ人がやって居った。（後略）」。

(24)　すでに引用したが、再度引用する。本店銀控帳明治一〇年の頁に、「天保十一子年ゟ当明治十丑年迄薬種売買持徳」が六一三円強、計上されている。

(25)　石井寛治・中西聡編『産業化と商家経営』四四一頁の表12-2b。廣海家はのちに当主（四代惣太郎）が、二代佐一郎の三番目の妻マスならびに福本元之助の妻リキの妹である永田ノブと結婚するので逸身家と姻戚になるが、それはずっと先の話である。

また伊丹の酒造家である鹿島屋利兵衛は銭屋佐一郎と、遅くとも弘化三年には取引がある[26]。佐兵衛はふたつの店に業務を分けて、それぞれに倅を配することで危険を分散していた。ひょっとするとその知恵が、後年、福本元之助を逸身銀行から（完全ではないもののある程度まで）切り離す、という方策を生んだのかもしれない。

時代を先に進みすぎた。記述をふたたび慶応に戻す。

五三　慶応年間の卯一郎と孝之助

「日記」から見る限り、慶応期になっても卯一郎（「若旦那」）と孝之助（「孝旦那」）のふたりの倅が、安政期ととくに違ったことをしているように見えない。この時期になっても孝之助は（慶応二年に二五歳である）備店に居住していない。そもそもいまだ結婚もしていない。

「日記」の中の卯一郎も孝之助も親戚づきあいを含む家族内の行事を別として、商売がらみで記述されているのは次のふたつである。ひとつは備店への出勤である。孝之助は公的には佐一郎であり、備店は佐一郎の店となっているのであるから備店に行くのは当然と思えるが、備店に行くのは若旦那、すなわち卯一郎も同様である。慶応年間になるとときおり備店に泊まることもある。あるいは帳合に行っている[27]。備店の営業は嘉兵衛に任せてあるから、それを監督しにいくのか。しかし嘉兵衛は日を決めて本店にやってきて、佐兵衛と面談をしている。このときにも孝之助が立ち会っているようではない。備店の経営を把握しているのは、佐兵衛であり丈助である。

もうひとつは式日廻礼である。これは卯一郎だけが行い孝之助はやらない。卯一郎、丈助、皆助が手分けして行うのが基本である。また卯一郎が名代として大名屋敷を訪れることがあるが、商いの交渉というよりもむしろ儀礼的な用件にみえる。ほんとうに大事な折衝は、丈助が行っている。

　この頃になると佐兵衛その人の記述が、以前よりも回数が少なくなる。「旦那様」以外に「大旦那様」また「親旦那様」と記されていることもある。それだけ卯一郎が表に出ることが増えたからであろう。しかしそれにもまして日記に佐兵衛が書かれなくなる理由は商売が丈助に任されているからと思われる。さらに大名家からも「銭屋丈助」は、「銀調達に出精」したことで、主人同様、肥後藩から数度にわたって贈り物をされていることがわかる（〔7-44-13〕など）。土佐藩や津藩も同じであって、要するに大名家の担当者は、金の出所は佐兵衛であるが、事実上、采配しているのが丈助であるとの判断をしていた。

　印象の域をでないが、ふたりの倅はどちらもまだまだ商売の見習いである。この時期、佐兵衛の意向を受けて本店備店双方の実質を取り仕切っているのは丈助といってよい。そして佐兵衛の目からすれば、倅はふたりとも期待すべき水準に達していない。それがよいことかどうかは分からないが、親に逆らってまで新しいことをしようとする気概がない。

　孝之助について目立つことをここで記入しておく。氏神である高津宮参詣は、安政期にもしょっちゅう記載されていたが（卯一郎の参詣の頻度は格段に低い）、慶応期にも同じである。高津宮は石灰町には近いが備後町とは方角が違う。そもそも石灰町から徒歩で一五分もあれば行ける氏神の高津宮詣でをいちいち日記に記すのも奇妙といえば奇妙である。かんぐれば高津宮にかこつけた水茶屋遊びか。それともそれほどまでに信心深かったのか。前者ならば道楽者

（26）　加藤慶一郎「近世在郷町における両替商経営の展開――摂津国伊丹郷町・小西由兵衛家の事例」『流通科学大学論集――流通・経営編』第二〇巻第二号、二二三―二四一頁（二〇〇八年）所収の、鹿島屋利兵衛の受取振手形の宛名（弘化三年）の表による。表は「米方両替帳」（岡田利兵衛家文書Ⅱ・七・へ・91）による、とある。
（27）　慶応二年二月一三日「若旦那様備後町江御帳合ニ付御出勤之事」。

ということになるし、後者ならば因襲ないし前例にとらわれがちな人物像が浮かぶ。いずれにせよ父親をしのぐ器とは思えない。

五四　普　請

慶応三年に石灰町の屋敷はおおがかりな普請を行っている。ただしそれが主たる家なのか、それとも「北の家」のように町内にある別の屋敷か、それは分からない。

「日記」によれば完成は一一月一五日。[28] 完成を祝って別家や普請方、出入方が招かれている。この記事はすでに引用した（四一節）。すでに一一月一〇日に通知がいっている。

「御普請成就ニ付、来ル十五日別家衆始メ出入方幷ニ普請方江可参ル由申付候事、但別家衆ハ廻章差出申候事」

これに先立ち、正月から材木を見に行っている。

正月二六日「弥十郎、又跡ゟ皆助、横堀へ材木見ニ参候」

工事が始まったのは二月一五日のことである。

「今日ゟ普請方参り作事始り候事」

井戸が掘られるのは三月になってからである。

三月七日「井戸堀初申候事」

秋になると植木や庭石も連日のように選びに行っている。

九月二一日「孝旦那様、北之村植木屋ゟ天満植木屋へ植木見ニ御越之事、供皆助・勝之助」

一〇月二日「旦那様孝旦那様、植木見ニ御越之事、供三助」

一〇月三日「若旦那様皆助、供三助、合羽嶋辺江御越之事」（「合羽嶋」は堂島の末で、大川と蜆川の合流点。ここに行く理由も植木がらみではないか？）
一〇月四日「孝旦那様、供皆助・勝之助、安堂寺町上野ばくト申処江植木見ニ御越被遊候事」
一〇月八日「孝旦那様、御供皆助・真吉、所々庭石見に御出」
一〇月九日「旦那様、御供皆助、長堀へ石見ニ御越候事」
一〇月一〇日「孝旦那様、供皆助、植木見ニ参り候事」
一〇月一一日「布屋ゟ石買取直段金三両壱歩弐朱相成申候事」
一〇月一二日「皆助、植木買ニ罷出候事」
一〇月一三日「若旦那様、野博江植木見ニ御越之事、但樫弐本代三両壱歩ニ而御買取之事」
一〇月一八日「孝旦那様、下寺町へ植木見ニ御越、供皆助・真吉」
一〇月一九日「皆助、下寺町へ楓買ニ参り候事」
一〇月二一日「植店ゟ柏之木シヤホテン参り候事」
一〇月二五日「龍吐水、大の方直し出来ニ付持参リ候事」

この普請は来るべき家督相続と連関していると考えてよかろう。しかるべき時に佐兵衛が母屋を卯一郎に明け渡し、自分は新しい家に移るための準備と思える。文字通りの「新宅」である。孝之助が動き回っていることも合点がいく。彼は父親の家の準備をしているのである。皆助は次節で述べるように大和の楢村の屋敷を任される。楢村は木材を扱

（28）「天照皇大神宮御降臨諸事控」（4-38-1）の冒頭部分にある「普請場」は、この普請と関係があろう。竹ノ内雅人氏は「降臨」があった一二月一日に「銭屋でなんらかの工事を行っていた最中」と推測している。この推測の正しいことが確認されたけれども、正確にいえば工事は終わっていたが片付けがすんでいなかった、とみるべきだろう。

うようだが、庭の植木と関連があったかどうか。木を見る日を養わされたかもしれない。普請の始まった日はいまのところ不詳。またこの金がどの費目から出ているかも不詳。[29]

さらに翌慶応四年の秋には、備店もまた普請をしている。

八月一四日「孝旦那様普請之義ニ付備店へ御越し、使之事、供皆助・真吉」

八月二四日「孝旦那様・永助、備店へ普請見廻り出勤之事」

五五　楢村

銭佐は同じくこの頃に大和国添上郡楢村に屋敷を設けている。「楢村普請諸書物入」と書かれた、絵図その他が入った袋〔3-45-0〕には明治元年一二月という日付が記されているけれども、遅くとも前年の慶応三(一八六七)年から計画はすすんでいた。日記には以下の記事がある。

一一月四日「旦那様・孝旦那様、供熊吉・手伝源助、大和古市江早朝ゟ御幾嫌能御出立之事」

一一月五日「丈助、供三助、早朝ゟ大和古市江出立之事」

一一月七日「薄暮、丈助、供熊吉召連大和路ゟ帰店候事」

一一月九日「親旦那様・孝旦那様、御供三助・源助、四ツ時前御帰宅被遊候事」

楢村を含む添上郡には津藩の領地があった。古市には藩の役所があり、役人がいた。

すでに銭佐は万延二(一八六一)年正月に津藩に館入の申請をして、証拠金として一千両を用意している。[30]同年一一月には津藩〔荒木吉五郎〕から担保をとって銀五〇貫を貸している。その宛先は銭屋丈助である〔2-1-13-2〕。文久三(一八六三)年七月には調達金出精により、佐兵衛と丈助が拝領物を贈呈されている。佐兵衛は小袖一領と白銀五枚、丈助は金四両一分である〔9-3-16〕。

そして慶応二（一八六六）年の年末に、佐兵衛は津藩の領地内の視察を三日がかりでしていることが「日記」に読める。

一二月一一日「親旦那様孝旦那様、供皆助・下男岩介、津御家来吉平殿上下五人ニ而、城州木津加茂村江御越被遊候事、尤御陸路」

加茂村（現、京都府木津川市。津藩領であった）が当初の候補地であったのか、それとも椙村が加茂を視野に入れての設定であったかは現段階では不明である。同行している孝之助と皆助は、やがて椙村に関する銭佐の担当になる。

翌年（慶応三年）四月には、ふたたび御用金に出精したため、佐兵衛と丈助は拝領物をもらっている(31)。さきに引用した「日記」が書かれた慶応三年一一月の段階では、椙村の屋敷そのものはまだ完成していない。おそらく着工もしていない。そこで古市まで行って、役人にお伺いをたて、かつそこから現場を見に行ったのであろう。佐兵衛本人がわざわざ出向くのみならず忙しい丈助までも呼び寄せているということは、交渉の最後の詰めであったか(32)。

(29)　ただし「本店銀控帳」には二度、次のような出費が記載されている。

慶応二年　蔵六戸分供座敷普請

一、百拾貫九百六拾弐匁三分五厘

これは慶応三年の普請より一年前のことである。蔵を中心に普請しているから、別件であろう。

明治四年　子年四月朔日丁内綿屋ゟ出火類焼ニ付皆造居宅惣普請入用当未年迄八ヶ年

一、五百六拾五貫五百四拾七匁八厘

子年とは元治元（一八六四）年（＝文久四年。二月二〇日に改元）である。この年の日記は残っていない。

(30)　史料〔9-3-7〕「勢州津藤堂様御館入懸り諸書付入」。

(31)　史料〔9-3-15〕。佐兵衛は「縮緬単羽織　白銀拾枚」、丈助は金五両。

(32)　津藩との関係は、当初から銭屋佐兵衛と銭屋丈助が連名になっているようである。上記史料〔9-3-7〕「勢州津藤堂様御館入懸り諸書付入」など〔9-3〕に含まれている一連の書参照。

史料〔3-42〕として包まれた書状群は、受取人が手代の松倉皆助で、春頃から夏と秋に出されている。(33) 年号が書かれていないが、おおむねこの年(慶応三年)春より栖村に滞在して普請の指揮をとっている皆助へあてられたものと解釈すべきであろう。差出人は多くの場合、主人の意向をうけた手代の永助であるが、佐一郎自らが細かに差図しているものも含まれる。そして屋敷は年末には完成した。慶応四年の正月の記事(栖村への疎開)は、すでに屋敷ができあがったものと解される(後述)。

平面図の下書きは何枚も残されているが、史料〔3-45-5〕がもっとも精緻な図面である。敷地はほぼ正方形をしている。北と南は同じ長さで二四間一小間、東は二六間四寸五歩、西はちょっと短く二五間二尺七寸。今日の換算で七百坪強の土地である。四方を塀で囲み、北西と東南の角に、幅五間奥行き二間半の横長の土蔵を配している。居室部分からつながった内蔵はない。その他に幅七間奥行き三間の納屋が東側にある。屋敷の入り口は北にあり、門を構える。

屋敷そのものは敷地のほぼ中央に位置する。間取りはいろいろ考えたようで、細部に違いのある図面(といっても下書きの域をでない)が何枚かあるけれど、骨子は次のようになる。以下史料〔3-45-5〕を最終案と想定し、寸法は〔3-45-10〕を参考にする。この家の間取りは私の父の生家である瀬川家(大阪府柏原市)の、もはや取り壊されてしまった屋敷ときわめて類似している。ある種の標準型か。

東西の軸は九間半、南北の軸は六間で、東西が南北より長い。東西の軸で北側と南側とに座敷は振り分けられる。玄関は六畳でほぼ北側の中央に位置する。主たる座敷部分は建物の西側の南北を占める。四つの座敷が配置され、それらを縁側が取り囲んでいる。そのうちいちばん西側のふたつには、それぞれ一間の床の間がある。北側の、床まで入れると一〇畳ある座敷がおそらく接待に使われた。これと背中合わせの南の座敷には、床の間にならんで仏壇がおけるようになっている。

北側の、玄関と一〇畳の座敷のあいだには八畳間がある。ここには押入れがついている。この八畳間と背中合わせの南側は六畳で、ここにも押し入れがある。ふとんを入れたか。

玄関の東側は板の間かもしれない。そしてそのさらに東側には土間がひろがっていて、竈が中央にある。

玄関を奥に進むと四畳半の部屋（畳敷きか、それとも板の間か不明。一間半の押し入れがある）を経て、南側には八畳間がある。主人たちが食事をしたか。この部屋からははしご段があって、屋根裏に上れた。はしご段の下が四畳半の部屋の押し入れである。

南の八畳間に隣接して四畳半の部屋がふたつ並んでいる。これらふたつと土間との間には縁がある。このあたりは図面ごとに差異がいちばん大きい部分である。使用人にあてがわれたか。

井戸は母屋の南東の角にある。厠はふたつあるが、どちらも建物から突出したような構造である。ひとつは西側に突き出ており、これは客間に対応する。いまひとつは南側に突き出ている。この厠は外からも入れる。風呂もある。円形であるから五右衛門風呂である。

この屋敷の目的はなんであったか。たんなる別邸ではあるまい。いわば銭佐の大和出張所とでもいうべき位置づけであったろう。土佐の白砂糖、肥後の明礬のような、津藩との交易を意図していたのではないか。あるいは津藩のほうから、積極的な働きかけがあったのかもしれない。楢村と古市との距離はおよそ一里である。(34) ひとつの想像であるが、手代の皆助が楢村の出身であり、その縁を生かして楢村を拠点に定めたか。

(33)　書状群の包紙〔3-42-0〕はもともと一枚の状を包んだ外側の紙の再利用である。「和𠮟楢村　銭屋皆助様　逸身佐兵衛　大急用／従大坂賃済／大坂ゟ之来翰」の文字群が読める。

(34)　楢村は現在、天理市に属している。ただし天理市の大部分がその中心部である旧丹波市町はじめ山辺郡であったのに対し、楢村は添上郡櫟本町を経て天理市となった。

皆助は能力があり、信頼の篤い手代であった。主人の代理として式日廻礼に行くし（五〇節）、道具の入札の供をし（四五節）、土佐屋敷の生花の会の供もしている（四五節）。家督相続の祝の返礼に土佐屋敷の下役人に出向き口上を述べる（五一節）。要するに旦那や丈助の代理を務めうると見なされていた。

材木のリストが残っているから〔3-41-3-1-1〕、山から切られた木を大坂に流す卸のようなことをしたか。舟での輸送は木津川と大和川の二つのルートが考えられる。その可能性に言及している手紙も残っている〔3-42-16〕。しかしこれはむしろ楢村の銭佐の屋敷建設のため、大坂で購入する材木と考えられる。皆助宛の手紙には、材木を含めて諸物価の高騰や運送の舟の値段を伝えるものがある。

しかし明治二年の日記には次のような記事もある。皆助は楢村から帰坂後すぐに、材木の相場を聞いている。すでに屋敷はできあがっているはずであるのに。

五月二八日「皆助、楢村ゟ帰坂之事」

五月二九日「皆助、紀ノ平へ材木直段聞合へ参り候事」

六月朔日「永助皆助、紀ノ平へ材木直段聞合へ参り候事」

楢村の屋敷の役割はいまだ詳しいことがみえない。

銭佐についていえば楢村屋敷の担当は、もちろん佐兵衛がしかるべきところを押さえていたであろうが丈助であった。慶応四年の日記には次のような記事がある。

四月一三日「丈助今般楢村一条ニ付、御国表幷和州古市夫々御役人ニ御礼与して扇子一箱ツヽ、書状相添、津屋敷須川様へ差出し申候事、供岩助」

同「右須川様御帰国ニ付、御餞別与して本家ゟ瓶酒器箱入一ツ、丈助ゟ仙錦糖三ツ差出し候事、使岩助」

五月二七日「津屋敷ゟ御国ゟ先達而楢村礼状之御受参り、外ニ須川様ゟ丈助当手紙参り候事」

そして将来は孝之助に委譲されるものとして理解されていた。孝之助は津藩の役人とも会っている。

何年のことかは分からないが[35]、真夏に孝之助は榿村に出向いて皆助と相談している。皆助宛の一連の手紙は、孝之助がなんらかの用命を佐兵衛から受けていることを暗示する。「孝旦那が榿村に行くからよろしく頼む」といった趣旨の、別家の桑原清兵衛発の五月二六日付の手紙〔3-41-2-1〕[36]、同じく清兵衛発の「御上（佐兵衛）に伺ってみたところ御用なき旨、孝之助に伝えるよう」という五月二八日付の手紙〔3-41-2-8-2〕、あるいは佐一郎自身が「滞留中相談の一条、帰坂後早速津藩坂井氏に相談の旨」を皆助に伝える六月二日付の手紙〔3-41-2-2〕がある。

榿村の屋敷にはそれなりの費用がかかった。やがて佐一郎のものになることにかんがみてその費用は備店もちである。明治三年、備店銀控帳に「榿村入用」として、一九八貫目が計上されている。

時代をかなり下ることになるが、その後の顚末についてここで記すことにする。津藩が廃藩になることによって銭佐の思惑は狂った。

掛屋敷からの収益を中心に記した「家徳控」〔8-4〕の明治一〇年と明治一四年の項に、経緯をうかがわせる記述が記されている。明治一〇年には、「明治元辰年より普請取掛り諸入用」として二八七〇円強の損失が計上され、次のように記される。

其後廃藩ニ成、藤堂家拝領地面元々へ御戻しニ相成候由ニ而、右地面元地主ゟ永借ニ相成、年々借地米代、普請も中程ニ而見合、拝領之余材木売払代金引残り分

（35）史料〔3-41-0〕の紐のついた袋状の包紙には「大坂よリ之来翰」とある。この中にさらに一包みにされた〔3-41-2〕の一群の書状は榿村に屋敷ができあがってからのものと思われる。いっぽう別包みの〔3-41-3〕の書状群には、少なくともいまだ屋敷の普請が終わっていない時点のものが含まれている（例〔3-41-3-21〕）。

（36）初代清兵衛が死亡し、手代の永助が二代清兵衛として養子に行くのは明治三年正月である。皆助宛の手紙の多くは永助によって書かれていたので、あるいはここの清兵衛は二代清兵衛かもしれない。

ここから次のように読める。藤堂家は楢村の一部の土地を収公して銭佐に使わせていた。明治になって、元の地主に土地は返却された。ただし銭佐が楢村で何らかの活動を継続していたので、今度は逸身家が楢村の百姓から土地を永借した。しかし当初もくろんだ収益をあげることができず、明治一〇年にこれまでの損金を計上した。

つづく明治一一年から三年間、「地面借賃」と「留守守料」が損金として計上される。そして明治一四年には整理が行われる。

（前略）此度相対を以地面千坪幷ニ薮地とも借入分、村方へ戻し、是迄為取替書類元々へ渡、都而縁切之事、右地所跡片付料として、村方へ望ニ付、庭石其外都而石不残差遣ス、土蔵弐ヶ所引取ニ付、種々入費、納家門納家木材売払代金之内を以前顕入費、留主守平吉地所引払ニ付、是迄実意ニ勤呉候廉ニ対シ、此度も格別引払ニ付而も手厚世話致候間、取調へ残り道具三十三点、外ニ前留主守源助引負証文内入残り金と壱万疋遣ス、右惣差引残金

この「惣差引残金」は二一八円強のプラスであったが、明治一一年から一三年までの経費が一九二円強になることをみれば、結局のところ、楢村進出は失敗に終わったか。ただしその間に木材売買でどれだけの収入があったかは、帳簿が残っていないので、正確な収支は計算できない。

五六　「御降臨」

楢村避難に先立って、慶応三年一二月にはいわゆる「御降臨」があった。この騒動の実態や、さらに史料「天照皇大神宮御降臨諸事控」〔4-38-1〕については、第2巻第二章竹ノ内雅人論文を参照されたい。

「本店銀控帳」にもかかった費用が計上され、そこに長々と注記がある（下記引用）。ただし、銭佐に「御降臨」が

あったのは慶応三年の一二月朔日であるけれども、銀控帳への計上は翌々年の明治二年である。

注記は次のようになっている。全文を引用する。

卯年市中御降臨、家毎惣踊之折柄、当方江大神宮御祓十二月朔日庭前鉢植南天江御降臨在之候ニ付、市中ニ泥ミ無余義、本宅・備店・別宅・出入方・普請方とも惣人数百人余り三日之間市中惣踊り、諸入用金八十七両三分貳朱・銀拾九〆四百十一匁九分・銭弐百弐拾貫九百九文、猶委細ハ一件帳記有之故略ス

かかった費用の総額は銀換算で三九貫八六八匁四分九リ。大変な物いりであった。

ところで明治二年巳年の頁の記載順序は次のようになっている。記帳者（五代佐兵衛）の考え方が読み取れるので説明を加える。

まずは例年通り、「利銀」「金の利」の収入が書かれる。銭に関してはここ数年、利がない。そこで「金の利」の次にくるのは「銭の損」である。そのあと損金ないし支出に該当する「世帯」「常七元手銀」「月金給料」「仏事入用」「宝房還暦諸入用」（これについては次節参照）と続く。そして次はまた収入として

一、弐貫七百五拾目　　天朝より通商司為替会社掛り御賞賜として被下金五千疋代

とあって、その次が御降臨の出費となる。つまり五代佐兵衛の論理構造にしたがえば、特別出費は三項目あったけれども、それぞれ記載される場所が異なって位置づけられている。「常七元手銀」は奉公人に渡す金であるから「給料」に先行すべき項目であり、「還暦入用」は家族内の費用であって「仏事」の次に来るべき項目である。そして「御降臨」は、それ自体が尋常でない「天朝より御賞賜」の次に並べられる出費である。

「日記」にも「御降臨」がらみのいろいろな記事がある。日記に従うと、銭佐より前にすでに近所のそここに御降臨があった。御降臨があった家は内祝をする。また御降臨のあった家にお供えを銭佐はしている。そして踊りの様子を見に行って、手はずの準備を考えている。

慶応三年一一月二〇日「山幸ゟ御祓様御降臨ニ付蒸物一重内祝として参り候故、則鰹冊ト魚券三枚、尤松竹梅ト申にわ鳥弐羽、是ハ細工物也[37]、右御遣して相成申候事」

同日「旦那様・孝旦那様、踊之人気見ニ御越之事、供皆助・九助」

一一月二二日「丸善殿・平利殿へ御降臨ニ付御神供として金百疋宛差送り申候事[38]」

一一月二七日「住友へ壱斗取一重御鏡御神供ニ差出し申候事」

同日「油町踊参り候跡より備店二名ニ而四斗壱挺酒為持遣し候事」

この油町三丁目には佐一郎名義の屋敷があった[39]。「備店銀控帳」によれば万延二年に質流れを購入している。ただし慶応四年には売却している。この時期にはまだ備店の所有であった。おそらく近隣の踊りに酒を振舞ったのであろう。

石灰町の銭佐に「御降臨」があったのは一二月朔日のことであった。とはいえいずれ札が誰かによって撒かれるであろうことが予想されたから、その前に自分たちの都合にしたがって南天の鉢に撒いたのだろう。あるいはそこで見つけたことにしたか。なにしろ揃いの浴衣や法被と手拭いを、さらには冠り物までをも相当数、用意していたわけである。銭佐ならこの程度の「内祝」をせよとの世間の目がある。物いりではあるが、どうせやらなければならない「面倒」「災難」とは口が裂けてもいえない「慶事」ならば、自分たちの都合を優先させたほうがよい。かくして一二月朔日が選ばれたのであろう。ただし日記には朔日・二日に格段の言及はなく、ふだん通りであった。日記をしるす立場の手代には箝口令がしかれたか。それとも準備が整ってから遡って、朔日に鉢植の南天にお札があったと吹聴したか。

一二月三日には「御神祭中ニ付、土州ゟ白砂糖穂物ニ大勢入来候事[40]」との言及があるが、四日にも特別に言及はない。しかし五日になると、家中、「御祭礼」となる。一二月五日および六日には、日記に一切の書き込みがない。

七日と八日にはふだんのような記述になる。まとめの記述が日記に現れるのは、九日になってからである。

一二月九日「当月朔日御降臨被為在候ニ付、二日ゟ七日迄朔日共一七日、玄関ニ而御祭礼仕致候事、但五日ゟ七日迄三日之間夕出祭礼、昨八日跡片付致候事」（「一七日」は今日の一週間である）

近所にも「御降臨」が続いたし、銭佐に到来物が来たことは日記にも記されている（銭佐への到来物は「天照皇大神宮御降臨諸事控」〔4-38-1〕に逐一、記録されている）。

一二月一〇日「昨今御降臨御備物被下候先々江御下り物賦り候事」

同日「御降臨備物御下り賦ニ参り候、勝之助・真吉・清吉、下男三人・手伝弐人」

一二月一一日「蒔田様ゟ御降臨ニ付御備物として金五百疋御酒壱挺料被下置候、侍弐人使ニ参り候事」

一二月一二日「卜半丁河重様へ天降相成候、愛敬神御備物丁内割、金壱朱卜三拾八文ツヽ」

一二月一三日「住友此程御降臨ニ付赤飯一重持参り候事」

一二月一七日「庭瀬ゟ為寒気見舞、鯆《あみ》塩辛一桶被下候幷ニ御降臨御供物参り候事」

五七　鳥羽伏見の戦いの頃

慶応四年正月三日から六日まで、いわゆる鳥羽伏見の戦いが起きている。そもそも徳川慶喜は一二月から大坂城に

(37) これがどのような細工物であったかは、「天照皇大神宮御降臨諸事控」〔4-38-1〕に浴衣・法被・手拭いともども、色絵具で図示されている冠物から想像できる。

(38) 丸屋善兵衛・平野屋利兵衛は、肥後藩の明礬の販売に関係している商人である。

(39) 油丁は堺筋に沿って、清水町筋から周防町筋と八幡筋を越え御津寺町までの間にある。石灰町からは近距離である。

(40) 「天照皇大神宮御降臨諸事控」の「買物控」には、「砂糖水用白砂糖一二斤」という項がある。酒を飲めない者に砂糖水が用意された。このことと、銭佐が行っている土佐藩との砂糖取引とが関係しているのであろうが、細かなところは意味不明である。

いたから、大坂にも戦乱が及ぶ可能性があった。

元旦から避難の動きがある。日記の記述を引用する。一連の記事をならべるだけでもかなりの緊迫感がうかがえる。

正月二日「手伝源助、昨朝ゟ両懸壱荷持参、和刕楢村江罷越、今夕人足三人召連帰宅之事」

正月三日「釘又ゟ両掛錠四ツ買取申候事」

同「和州楢村川端江桐長持一荷両掛弐荷、人足三人・源助共〆四人ニ而はこぶ事」

同「夕方ゟ伏見ノ方ニ火之手相見得候ニ付、平助・丈助、供三助・九助、中の嶋江罷出候事」

同「夜七ッ時頃薩上屋敷自焼致候事」

正月四日「楢村ゟ源助外人足三人帰り候事」

同「高鍋ゟ金子取ニ参リ候事、右ニ付、好助備店ゟ高鍋江参り両掛壱荷預り帰り申候事、五番蔵江入置候事」

正月五日「大和郡楢郁へ今朝奥様・孝旦様・中娑様、御弐、奥・娑御駕、御供ニ永助、かの・いつ・仲・源助、今日龍田御泊之由」

「奥様」とは佐兵衛の妻のトヨである。孝之助は母と妹に同行しているのである。

正月六日「丈助ゟ備店定助嘉兵衛両人之内、一人罷出候様申参り、則定助同道ニて帰り候事、使勝之助」

正月七日「今日市中彼是騒動敷候ニ付、座敷幷ニ西之間、佛間、上之階其外玄関廻り片付候事」

同「備店ゟ大助・健助・平助、今日柄ニ付、参居幷金子参り候事」

正月八日「備店ゟ萬助・文助、参り居候事」

丈助は備店に使いを出して、今後の対応を指図するため、備店の責任を負っている定助もしくは嘉兵衛のいずれかを本店に来させた。二名とも来させるわけにはいかない。その結果、定助が来た。そして翌日、手代の大助と健助、さらに（定助の倅と想定される）[41]平助によって「金子」が運ばれた。さらに次の日、手代の萬助と文助がおそらくやはり金子を運んだ。

石灰町の本店には穴蔵があった（二一節）。今回、備店から避難させられた「金子」は、正金ないし正銀か。

さらに正月八日には次のような記述もある。

「銭丈弐番蔵ゟ高鍋拝領椴板枚板、明石前蔵へ入替候、右ニ付楢村方へ三人手伝弐人幷ニ徳兵衛弥助遣ひ候、幷ニ又蔵之たけ物之古木普請場へ入置候事」

丈助はすでに屋敷を本家の南隣の向かいにあてがわれている。そこにあった蔵より安全であると思われた「明石前蔵」であるが、その意味は分からない（明石天民という名の医者が石灰町に住んでいる。それと関係があるか？）

正月九日「今早朝ゟ御城内御焼払ニ付、大筒之音夥敷相聞へ候事」

同「楢村江長持壱棹外ニ漬物干物味噌為持遣し候事」

正月一〇日「旦那様・御寮人様・元之助様、きく・たけ・その・恒七・弥十郎・巳之助・おかの・大工徳兵衛、楢村江御越之事」

この御寮人様は卯一郎の妻のハタである。旦那様は佐兵衛である。御寮人様と一緒だから卯一郎と想定したいところであるが、佐兵衛が「大旦那様」とよばれることはあっても、卯一郎はいぜん「若旦那」である。卯一郎は自分の妻を父と一緒に送り出したあと、大坂に残ったのである。佐兵衛は倅の元之助（まだ数え年三歳である）を気遣ったのか。そこでハタともども避難させることにした。

（41）平助を定助の倅とみることには状況証拠しかない（三六節）。平助の身分は何か。定助がＢ級別家なので、その倅は手代ではなく下男であったとみたいところであるが、この時期の手代に平助という者がいる（慶応三年年末作成の「御降臨諸事控」の「浴衣誂え」のリスト。もし下男ならば浴衣ではなく法被をもらうはずである。しかるに平助は浴衣をもらっている）。そして平助は定助の死後ただちに別家になっているから（明治二年の別家書に記載）、この頃から有能であることが認められていたと思われる。

同「挟箱壱荷楢村へ為持遣し候、大助・三助・亀吉遣し候事」

正月一一日「大助・三助并亀吉、楢村ゟ帰坂致候事」

この「挟箱」には、証文のようなものが入れてあったのか。大助は手代である。大助一行は佐兵衛たちとは別行動をとって、とんぼ返りをした。しかし佐兵衛は結局、楢村まで行かなかった。

同「弥十郎昨日、旦那様御寮人様御供ニ而柏原迄罷出、今昼後帰来候、直様岩助柏原迄遣し候」

正月一二日「旦那様御寮人様、此程ゟ柏原迄御立退ニ付、今日御帰坂之事」

正月一四日「和劦楢村へ亀吉戻し候事」

正月一六日「今夕源助、大和路ゟ罷出候事」

正月二二日「楢村ゟ両掛壱荷亀吉を以帰り来候事」（翌二三日にも同じ記事アリ）

正月二八日「おかの倅昨夕死去致し候由今朝申来、直様利兵衛を以、楢村へ申遣し候」[42]

正月二九日「孝旦那様楢村ゟ御帰宅被遊候事、但好助・清吉御供ニて帰宅仕候事、長持二棹帰り、人足六人源助

壱人〆七人参り候事」

孝之助は正月五日から楢村に滞在した[43]。

二月朔日「楢村人足雨中ニ付、逗留致居候事」

二月二日「楢村人足一昨日長持持参リ一昨雨ニ而くたふれ候処、又候昨日雨ニ付一日滞留致、今朝からこの長持

持帰へり候事、外ニ源助岩助跡ゟ直様御迎旁川畑江遣し候事」

二月三日「楢村ゟ両掛衆骨折之包、勝之助利兵衛外ニ人足弐人帰り来り候事」

二月四日「楢村人足昨日参り今朝帰り申候事」

同「今九ツ過頃、御奥様中娶様、楢村ゟ御機嫌克御帰坂之事」

二月五日「昨日奥様送り参候楢村人足弐人、今朝帰り候事」

家族の内、「奥様」(四代佐兵衛の妻のトヨ)と中娶(トヨの娘のイツ)は、正月五日から二月四日まで楢村に避難していた。佐兵衛は卯一郎の妻のハタ、さらに元之助を連れて正月一〇日に楢村まで向かうけれども、柏原で引き返す。一緒に連れて行った元之助がどうなったかは日記からは分からない。卯一郎は大坂に留まった。しかし実際に備後町から男たちを呼び集め、石灰町を采配していたのは丈助である。

楢村に徒歩(または駕籠)で行くなら、大和街道を回ることになる。ほぼ一〇里ある。けっこうな距離である。

その後も、楢村とは手代が足繁く往来している。なんらかの連絡か。あるいは証文、場合によっては金を運んだか。

石井寛治氏は逸身銀行の前史をさらっている途中で「分家の佐一郎は一八六八年初頭に一時休店する」と記した。(44) その根拠は同氏が引用している「一月二八日付けの大坂三井両替店支配人が京・江戸支配人に宛てた書状」である。(45) これは休店になった大坂の両替商の名前であるが、そこに銭屋佐一郎もたしかにリストアップされている。ただし同氏が同じく慶応四年初頭の両替商の破綻の一覧として引用している「右に引用した書状から間もない時点で記された平野屋武兵衛「慶応四辰年日記」の二月九日の欄」にある「此節表〆候両替屋」の「十人方……三軒」に続く「〆弐拾二軒」のリストには銭屋佐一郎の名前はない。

(42) 正月五日のカノとは別人であろう。正月一〇日に避難している。記載順位からみて、さらに倅がいる以上、このカノは下女ではない。出入方のひとりの妻であろうか。カノではなくウノかもしれない(「可」と「う」とは時に判別しがたい)。ウノならば髪結の可能性がある。安政六年の「御聟入」に「髪結おうの」が京へ同行している(二九節)。利兵衛は石灰町の起番である(四一節)。源助同様、銭佐の用事を手伝っているらしい。

(43) 好助、清吉の名前は正月以降、一度も記されていない。好助は前年の慶応三年、餅つきのおりに元服祝をしてもらっている。好助とはそのときに与えられた名前である。

(44) 『経済発展と両替商金融』二四二頁。

(45) 同八二頁。

ここで日記をあらためて照合する。たしかに備店は正月六日七日は文字通り、戸を閉め切ったことであろう。それはおそらく本店も同じであったろう。しかしそれは数日間のことではなかったか。日常復帰は早そうである。たとえば一一日に丈助は因州と高鍋の屋敷に行っている。一二日に丈助は留守をしている。さらに一五日には丈助と皆助が式日廻礼をしている。一八日には兵庫の京善から使いが来て、主人は飯をだして会っている。単純にいえば、従前と変わらない平穏な風景である。もし備店が取り付け同様の非常事態にあったなら、こうはしていられないはずである。

もちろん日記は店の若い者が記す出来事に限られている。それに備店の日記ではないから、備店の出入りは分からない。それでも奉公人たちは興奮している。「薩上屋敷自焼致候事」とか「大筒之音夥敷相聞へ候事」のような店の外の出来事は、めったに日記には出てこないたぐいの記事である。「座敷幷西之間、佛間、上之階其外玄関廻り片付候事」は蔵の中に入れるべきものはすべて入れたということだろうから、それは忙しかったであろう。しかしなるほど「休店」には違いないが、「(取り付け騒ぎを恐れての)休店」というより「(暴徒を恐れての)戸締まり」という側面が強そうである。むしろ私には正月七日、市中が騒がしい中を手代が護衛ふたりだけで(どれほどの金額かはわからないが)金子を備後町から石灰町に運べるということのほうが、驚きである。もっとも現金は少なく、手形ないし証文であったかもしれないが。

石井氏によると銀目廃止令は大坂両替商の多くが破綻した原因の「最後の契機」であって、真の原因は薩長両藩による戦利品分捕による信用システムの破壊であるという(46)。私にはこの当否を判断する能力がないのでひとまずこれを受け入れ、かつ銀目廃止の影響も銭佐には軽微であったという中西聡氏、小林延人氏の分析もそのまま受け入れるとすると、結局のところ銭佐が維新期の混乱を無事にくぐり抜けられたのは、薩長に目を付けられるほどの大両替でなく、そもそも幕府との関連も少なく、島之内石灰町という金融街からすればはずれた地の利もあり(結果的に船場備後町も無事であったようだが)、なにより破綻した大両替に依存することが少なかったので連鎖倒産を免れた、ということに求められるのか。銭佐特有の理由として、本店と備店との分割体制も意味があったか。専門家のご教示を待つ。

五八 還暦の祝

「本店銀控帳」明治二年には、「昨辰年宝房君御還暦諸入用」として一五貫六七四匁二分が計上されている。「宝房」とは五代佐兵衛の父の四代佐兵衛である。一五貫とは安政年間までの金額に慣れた目にはずいぶん高額であるかのように見えるが、銀の暴落を考慮するとさほどではない。「御降臨」にかかった費用が四〇貫弱で「還暦入用」の約二倍半の物いりであった。ちなみに明治四年に計上されている「宝房宝備代替り家督諸入用」が三五貫九七三匁二分七厘、明治五年計上の「再婚礼入用」が九一貫五六二匁九分六厘（佐一郎の戸倉タイとの結婚は明治三年）である。還暦の祝い自体はそれほど大げさなものでなかったと考えてもよい。

慶応四年三月二七日「還暦御祝ニ付、別家衆入来、御盃頂戴被致候事」

三年先の明治四年に、家督相続の祝がある。そのときに銭源や丈助はじめ別家衆には紋付きの着物その他が配られる。家督相続はすでにこの頃ずっと一同の視野にはいっていたであろうから、そのときの祝のほうがむしろ大事であり、還暦の祝は簡素であった。

とはいうもののあちらこちらから祝が届けられたことは日記からみてとれる。まずは大名屋敷から。

四月二九日「右御同所（＝小田原様）ゟ還暦祝として鰹節壱連拾、真綿七把、被下置為、侍へ金弐朱、下男へ三百文遣ス」

(46) 同八四—八八頁。

あるいは親戚から。

閏四月一二日「今長様ゟ還暦祝として松魚壱筥、扇子箱入壱ツ参り候事」

閏四月二一日「還暦御祝として八尾綿長様ゟ松魚十壱箱参り候事」

普請方からも届いている。

四月二九日「還暦祝として普請方ゟ鯛壱枚、鱧壱本、ばい五拾斗、参り候事、為金弐朱遣ス」

実際には「家督一件諸事控」〔4‒10〕に「至来物」として一六頁にわたって記帳されているようにもっとあった。

内祝としては鏡餅が配られた。

四月二五日「還暦御祝御鏡、手伝伊助と伊右衛門、列方〆三軒へ為持遣し候事」

四月二七日「御還暦祝拾軒分、餅配り候事、使真吉」

閏四月二日「真吉、還暦祝鏡夫々へ持参候事」

閏四月三日「真吉、還暦祝鏡夫々へ持セ遣し候事、外ニ下男一人」

餅つきも忙しかった。どうやら蒸籠が不足したらしい。さらには餅米も足りなくなった。高鍋屋敷には銭佐の取り分があったのか(47)。

閏四月二日「永助、せいろう買ニ参り候事、供岩助」

閏四月五日「高鍋江餅米壱俵取ニ遣し候事、使岩助・三助」

五九　慶応から明治初期の別家と手代

銭佐のふたつの店を動かしていた人間の数は驚くほど少ない。明治二年から四年にかけてのその数が、あいだを経ずして実施されたふたつの行事の記録にもとづいて計算できる。すなわち明治三年の佐一郎（孝之助）婚礼にあたって作成された記録であり、明治四年の家督相続の祝の記録である。さらに補助資料として慶応三年一二月作成の「御降臨諸事控」〔4–38〕も役に立つ。これらに出てくる人名を日記に記された仕事の内容と照合させるとよい。

佐一郎の婚礼については別家衆と奉公人をみるためにふたつのリストが残っている。ひとつは「家内書」「別家書」の写しであり、もうひとつは先方からの土産や心付けのリストである。(48)「家内書」などは結納に際して渡されるから明治二年の作成であり、土産は明治三年の実際の婚礼に際して記された。

明治四年の家督相続の奉公人についての情報は〔4–10〕の「宝備家督一件諸事控」に含まれている（宝備は五代佐兵衛の名前である）。相続の願いは大名屋敷ごとにすでに早くは肥後屋敷のように慶応二年から始まっているが、町内の屋敷の名前切替は明治四年四月二一日であった。同日、別家に廻状が廻る。そして六月に案内をだし、八月朔日に別家衆と奉公人に祝を出す。この祝をもらった者の内容と、祝の品の内容（それにかかった金額も記されている）がリストの一である。さらに八月一九日の祝宴にあずかった者のリストが料理毎に記されている（これについては福本元之助の処遇を考えた四九節で一部引用した）。

本節で扱うのは別家ならびに手代以下の異動である。家族ならび親類は除外する。

まずは別家衆から。（仮称）「文久の別家書」に記されていた別家は、市兵衛、宗兵衛、又兵衛、専助、丈助、嘉兵衛、清兵衛、定助、常七、九人であった。このうち又兵衛はいなくなっている。定助も消えて（定助は先述したように

(47)　時代は遡るが、安政五年一二月二二日の日記に「庭瀬屋鋪ゟ糯米五俵来る、為銀三匁、駄賃四百文渡」という記事がある。

(48)　〔1–2–9–1/2/3〕は先方の戸倉家から渡された「御土産物手控　三通」である。〔1–2–9–1〕は別家衆に与えられた「御扇子料」ならびに家内（妻または母）に与えられた「和紙料」、さらに出入方への「御祝儀」である。〔1–2–9–2〕は家族への土産ならびに奉公人への心付けである。〔1–2–9–3〕は親類の当主へ宛てられた土産（ひとしなみに扇子一箱と和紙五束）である。この親類の名前と順序は先方に渡された「親類書」に等しい。ただし後者には妻などの名が併記されているが、前者は当主の名前だけである。

（三六節）慶応四年に死亡した）、代わりに平助が入っている。順序も異なる。とりあえず佐一郎婚礼の際の別家書を転記しつつ、注を加える。

銭屋宗兵衛、妻やゑ、母みね。「文久の別家書」では妻の名が「ふさ」であった。しかし母の名前が同じであるので、同じ宗兵衛が健在であると考えられる。再婚したのであろう。一一年前の卯一郎の婚礼同様、佐一郎の婚礼で謡をうたう。銭宗が明治初期に営んでいた商売については調べがついていない。両替商を続けていた、と考えるのが妥当であろう（三六節）。銭佐ないし逸身銀行に通勤することはなかった。

銭屋市兵衛、妻はる、母ゆう。「文久の別家書」のときには妻帯していなかった。母の名前は同じである。明治三年の廻章〔1-2-11-5〕に「先年来……出入御差止ニ相成」っていたが「今般如已前本家出入御免」とある。しかしおそらく本家で働くことはなかった。

銭屋専助、母たか。先述したようにこの専助は二代目である。おそらく備店を中心に働いていた。少なくとも明治三年三月に本店から「備専助」宛の状がある〔3-37-3〕[49]。専助は佐兵衛に代わって「大坂為替会社」に出ている。書「通商司為換会社一件」（佐古文庫 F-10-41）は、明治二年八月の為替会社創業から明治四年末まで銭佐が関与した書類を控えたものであるが、最後に専助の署名がある。前掲書状も為替会社の用事がらみである。

銭屋丈助、妻ひて。丈助はふたりの倅以上に銭佐に不可欠の存在であったが、佐兵衛の退隠に合わせて自身も引退を表明したと考えられる。丈助については節をあらためて記す（六三節）。

銭屋嘉兵衛、妻たけ。先述したようにこの嘉兵衛も二代目である。おそらく常時、備店にいた。丈助に次ぐ地位であった。

嘉兵衛と専助が備店の配置であったことはさらに次のことからもうかがえる。〔7-19-0〕は明治四年二月に大聖寺藩が扶持を与える旨の覚えである。その高は佐一郎に七人扶持、嘉兵衛に三人扶持、専助に二人扶持である〔7-19-

1/2/3〕。大聖寺藩は「諸家徳」には載っていない。つまり維新後に、なんらかのきっかけで取引が始まった。佐兵衛ではなく佐一郎に扶持があてがわれているということは、備店が取引の中心になっているとみてよかろう。佐一郎の名前のもとで、二代嘉兵衛と二代専助が実際に動いたか。佐兵衛から佐一郎への代替わりに連動する、丈助から嘉兵衛と専助への代替わりである。

その一方で専助は、明治政府の意向で佐兵衛にも割り当てられてきた為替会社の仕事を、佐兵衛の代わりとしてやっている。小林延人氏によると為替会社の仕事は本業に差し障る邪魔な仕事であったという。かといってむげに断るわけにもいかない。佐兵衛は丈助と嘉兵衛の次に位置する専助を送り込んだ。このことは、本店備店の枠を越えて仕事が分け与えられたことを示している。

銭屋清兵衛、妻いく。初代清兵衛は明治三年一月一七日、佐一郎の婚礼を間近に控えて没している[50]。本家はただちに手代の永助（栄助）をおくりこんで相続させているから[51]、婚礼時の清兵衛は二代清兵衛である。「いく」は初代の妻であり、その記述は、結納のときの状況を反映している。結納は一月九日であった。

なぜ永助が清兵衛家の養子に選ばれたのか。手代にとって別家になることは出世である。永助が優秀であった、ないし優秀であると判断された。丈助が慶応三年七月に土佐藩との交渉で出張したとき、永助は一緒に連れて行かれたことが「日記」から読める[52]。資質は当然として、他に要因はあるか。永助の「宿元」は荻野屋治兵衛という。佐一郎

---

(49) 史料〔3-38-16〕（明治四年九月）も、本店から備店にいる専助に指示を出している、とみられる。
(50) 過去帳に初代清兵衛の戒名と命日が記されている。
(51) 〔1-2-11-5〕。この廻状の日付は二月一〇日で、佐一郎の婚礼は二六日である。婚礼の役割分担表には、栄助の名を消して清兵衛の名が記されている。
(52) 慶応三年七月七日「丈助・永助、供久助、今暁六ツ時ゟ土州御国元ニ乗船之事」同七月二三日「土州高智（ママ）ゟ丈助・永助無事着書状、七月八日出ニ而差送り候状、種屋小平次様御使治助殿持参、直様被見候事」。

の婚礼にあたって祝をしている。[53]「宿元」の意味するところは不明であるが（身元保証人か？）、長年のつきあいがあったのだろう。永助は伊丹にあったそれなりの商家の次三男だろうか。兄と弟のことが日記に記されている。[54]

明治二年の結納の際に書かれた家内書における手代は九人、永助はその序列で慶次郎（慶治郎）について二位ということになる。日記の記述から判断するに、永助の仕事は皆助とほぼ同じである。また皆助は楢村から永助に宛てて指図をするとともに、佐兵衛や孝之助は、永助を通じて序列三位の皆助に指示を出す（〔3-41〕ならびに〔3-42〕にまとめられている一連の書状）。つまり永助は備店ではなく石灰町にいる手代である。このことは大きい。当然、佐兵衛ならびにふたりの倅、さらに丈助の観察下に常々おかれており、資質が日々、曝される。また本家と別家衆とのつきあいかたも（廻状の出し方ひとつをとってみても）からだで体得している。そして独身であったことも重要である。[55]

佐一郎の婚礼の別家書の写しに戻る。

銭屋常七、妻なか。

三木屋平助。

いちおうは別家となってはいるものの、実際には常七と平助は格下扱いである（私の用語ではB級別家）。そのことが別家書の上にも明示される。すなわち宗兵衛から清兵衛までは一枚の紙に記すけれども、次のふたりからは別の紙に代えられて、出入方と一緒に記される。しかもそのように紙を代えたことが後のために記録されるのである（口絵14）。「此両人口上ニ而、中年別家之次第申置」という但書きもある。清兵衛家相続などを記した廻状も、本町（＝銭源）、宗兵衛、市兵衛、丈助、専助、嘉兵衛、清兵衛に回され、常七と平助には回されない。

常七（恒七）については安政期の日記中の記述や卯一郎の婚礼の役回りからはじめて、すでに三六節で慶応期までまとめて示した。石灰町と背中合わせに位置する卜半町の銭佐の借家に住んで、毎日、石灰町に通勤して、下男を監督して、経営以外の店の運営の指揮をとり、時には大名屋敷に使いにいったりもするのである。

ちょうど常七が本店でやっているような役回りを備店で行っていたのが定助であった。三六節に記したように、備店の管理責任は、嘉兵衛と定助にあった。平助は、おそらく定助の倅である。

この定助は慶応四年（改元後の明治元年）一〇月に死亡した。日記には次のような記述がある。

九月二六日「別家中へ銭定之義ニ付廻状差出し候事、使勝之助」。

一〇月一五日「皆介例之通式日ニ罷出、是ゟ定介宅へ丈介名代として葬式之手伝ニ罷出候事」。

同日「定介致死去候ニ付、別家中へ廻状両度差出し候事、使文次郎・真吉」

このあとを平助が襲う。平助は備店の管理責任をもつ。

慶応期には丈助が佐兵衛の事実上の代理であった。このことは誰の目から見ても歴然としていた。丈助本人が有能であったことは間違いないが、年齢構成からみても彼だけがただひとり、佐兵衛と倅をつなぐ位置にいた。私の計算では、丈助は佐兵衛より一〇年くらい年下である（先述三六節）。二代嘉兵衛、二代専助はともに丈助より年下であるし、二代清兵衛は手代から入ったばかりである。親類ではあるが別家のような働きをしていた四代源兵衛は、天保初期の生まれという計算になる。(56)佐兵衛の倅世代である。

(53)「祝至来物控」〔1-2-7〕四頁目に「清兵衛宿元　荻野屋治兵衛」の記載がある。

(54)慶応三年九月二七日「永助、伊丹弟病気ニ付昼後ゟ帰り候」同一〇月五日「昨夜永助、伊丹へ弟死去ニ付帰り候事」同四年正月一〇日「伊丹、永助兄見舞ニ参り候事」同年三月六日「永助、一昨より仏事ニ付、伊丹江帰り、今日無滞帰店致し候事」。

(55)序列第一位の慶次郎が清兵衛の後継に選ばれなかったのは、慶次郎があるいはすでに妻帯していたこともあったかもしれない。慶応年間の日記をみるかぎり、慶次郎は永助や皆助ほどに名が出現しない。外回りの用事も、旦那や丈助の供もしていないからである。そもそも店に常時いないようにも見える。慶応三年の秋には「慶治郎出勤之事」という記事が散見する（八月一五日、一八日、二〇日、二三日、九月三日、五日、以下略）。「御降臨」に際しても浴衣を誂えられていない。慶次郎は明治三年ないし四年に銭佐を辞めている。

(56)二代源兵衛とヒサが開店したのは文化九年で、娘アイはそのあと生まれたであろう。ヒサは文政一一年没（アイはせいぜい一六歳）、二代源兵衛は文政一三年没だから、アイが婿養子（三代源兵衛）を迎えたのは両親の死と同じ頃か、あるいはその後になる。ア明治四年の家督相続にあたり別家衆は、八月朔日に祝をもらっている。四代目源兵衛も別家衆とならべられるが、祝の品は別格である（ただし金額からみれば、丈助とも他の別家とも同額である）。丈助も別格である。彼がもらう「生縮緬羽織地」には、以下の別家のように銭佐の暖簾印が染め抜かれていないから、引退の儀式の側面もあったろう（丈助の引退については、後述六三節）。

宗兵衛、市兵衛、専助、嘉兵衛、清兵衛の五人は同じ着物をもらっている。家督相続の内祝は、別家の当主個人ではなくそれぞれの「家」としての別家の、今に至る長年の功績に報いたものである。当主の実際の働きがどうであれ、五人を同格扱いにすることがよしとされた。おそらくそれを理由に常七と平助は外される。彼らは「生縮緬羽織地」の代わりに「糯袢」をもらう。さらに銭喜も同じように、ただし品の悪いものをもらっている。(57)

以上で別家について終わり、次は手代の確認である。

慶応三年年末作成の「御降臨諸事控」には「浴衣誂え」のリストが含まれている。浴衣をもらっているのは家族に始まり、別家ならびにその家族、手代、子供、下女までであって、下男になると浴衣ではなく法被になる。このリストのうち、次の名前が手代である。(58)本店は永助、皆助、篤助の三人。備店は藤七、継助、文助、萬助、(59)平助、(60)大助の六人。ただし手代全員が浴衣をもらったかどうかは不明である。少なくともこの時期に本店にいた慶次郎はもらっていない。

明治三年に嫁いで来た嫁（タイ）から奉公人に渡された心付けの一覧（1-2-9-2）がある。このリストから、この時期にいた手代衆は九人、子供衆が一二人、女中が七人、下男が四人であることが確認できる。これは本店備店双方の奉公人をあわせた数である。(61)この数は事前に（すなわち前年の明治二年に）逸身側から先方に渡された「家内書」と合致する（「家内書」の写しは「婚礼諸事控」〔1-2-5〕に含まれている）。家内書には手代が次のように並んでいる。慶次郎、永助、皆助、健助、萬助、文助、徹造、宜造、大助。先の浴衣のリストと比べると、本店からは篤助が、備店からは藤七、継助がいなくなっている。篤助については暇をとった事情が「日記」から読めるので、このあと引用する。

さらに明治四年の家督相続の祝には手代一〇人が羽織をもらっている。要助、皆助、禎助、萬助、文助、徹造、弘造、祥造、敬造、大助。永助は別家に聟入りしたので、いなくなったのは、慶次郎、健助、宜造である。

同年八月一九日の祝の宴の席のリストからも手代の名前が確認できる。このときに、源兵衛を含む別家衆は家内ともども呼ばれているが[62]、興味深いことに手代筆頭の要助が別家衆と同じ扱いをされていることである[63]。いっぽうB級別家の常七は手代扱いされている。常七の妻のナカは招待もされていない。

別家扱い、とか、手代扱い、という根拠は、後席の献立による[64]。家督相続の祝の席は、まず家族から下女下男にい

イは天保一五年に没する。四代源兵衛はアイの産んだ子供である。よって四代源兵衛は文政末期の可能性もあるが、天保初期の生まれというのが、妥当な推定である。

(57) 私はさきに、銭喜は蠟燭を商いしているのではないか、と想像した（三六節）。ただしつきあいはそれなりに長い。もし過去帳に記された芦田喜助が銭喜当人ないしその倅なら、銭喜はもともと銭源の別家であった。

(58) 詳細は第2巻第二章竹ノ内雅人論文参照。

(59) 萬助については次のような記事が日記で確認できる。

慶応二年二月二一日「保松、再勤御免相成、萬助与改名致候事」

(60) 平助は先述した定助の倅で、のちのB級別家の平助であろう。彼の将来の役回りは「算盤」より「力仕事」だと思われるが、とりあえずここでは手代としておく。

(61) 銀行が開設されても人数は変わらない。明治二〇年の手代の数は九人、子供の数は一四人でしかない。この数に別家の数を加えた人数で、業務ならびに私的な賄いをもこなしていた。

(62) 実際に出席しているのは銭宗おふさ（マヽ）、銭丈おひで、銭市（母）おゆう、銭嘉おたけ、銭専（母）おたか、である。宗兵衛の新しい妻の名前はヤヱなので、フサは先妻の名前の書き誤りか。もし「フサ」が誤記でないとすれば、前年、佐一郎の婚礼にあたり本酌人をしたフサということになる。

(63) 要助を手代とする根拠は、朔日の祝に「手代拾人」として、他の手代と一緒に名前があげられているからである。ただし彼は佐一郎の結納のときには名がなかったし、婚礼役割分担表にもない。したがって要助が銭佐に来たのは明治三年以降である。この要助は、やがて佐兵衛の妻のトヨの妹テイの婿になる奥野要助であると私は想定する。後述六七節。

たるまで一同そろっての祝の膳が出る。この膳は、飲み食いするというより形式的なものである。そのあとさらに席を変えて別の膳がある。その献立は「御上分（七人前）」と「別家衆分（拾三人前）」と「店手代分（五人前）」とに分けて書かれている（子供、下女、下男はこの膳にあずかれない）。おそらく後席ではじめて酒がふるまわれたのではないか。家族と別家、さらに手代とそれぞれが立場に応じて席を変えてこそ、宴席は賑やかになる。「宝備一件家督諸事控」〔4-10〕には、後席の膳のグループ分けに応じて、それぞれの名前が記されているのである。

この祝宴にあたっては「同日備店家内并ニ手代酒肴本家同様」に七人前が用意されている。嘉兵衛や専助が本店に来ている留守を手代たちが守らなくてはならない。朔日に祝をもらった手代の数は一〇人、外に常七のように別家とされながら格下に位置づけをされている者(65)がしめて三人、あわせて一三人。一方、一九日の祝宴に本家で手代分として用意された料理は五人分、備後町で七人分、あわせて一二人分。要助は別家と同じ料理なので辻褄があう。以下、名前を照らし合わせた結果を記しておく。本店で祝宴にあずかった手代は、皆助、弘造、祥造、さらにB級別家の常七も手代扱いである。あとのひとりは銭喜であろう。備店の七人は、禎助、萬助、文助、徹造、敬造、大助。三木屋平助もこれに加える。平助は朔日に、家督相続の祝の品は手代とは別にもらっているものの、八月一九日の本家での祝宴には参加していない。「備店七人分」は「家内并ニ手代」であるが、その家内である。

以上の名前の同定を確認するため、時代を少々遡るが、慶応四年正月、市中混乱に際して備店から石灰町へ資産を避難させせた折の日記の記述を、名前に注目してもう一度読んでおく。

正月六日「丈助ゟ備店定助・嘉兵衛両人之内一人罷出候様申参り、則定助同道ニて帰り候事、使勝之助」
同「備店ゟ大助・健助・平助、今日柄ニ付、参居并金子参り候事」
正月八日「備店ゟ萬助・文助、参り居候事」

定助と嘉兵衛が備店の実際の監督責任を負っていたけれども、定助はこの直後（同年一〇月）に死亡した。そして倅の平助が跡を襲い、別家扱いされるようになった。これはすでに上述した。

さらに前記日記の記述から、大助、健助、萬助、文助、四人の手代が備店から来たことが分かる。このうち健助は「御降臨」の際に浴衣をもらった人物のリストに入っていない。たまたま浴衣をもらわなかっただけかもしれないし、正月から手代になった、あるいは「中途採用」されたのかもしれない。そして明治三年には名前があるけれども、明治四年には抜けている。のこり三人はすべて祝の品をもらうが石灰町の祝宴にはいない。備店の手代の照合は、このように二重に確認できる。

備店の手代の仕事は両替商の日常業務に限られる。卯一郎や孝之助が来ることもあるが、直接に命令を与えるのは嘉兵衛、清兵衛、専助といった別家である。手代は備店に寝泊まりしていたのであろうが、そこには下女もいない。通いの飯炊きがいたのか。本家にいる手代が、今日のいいかたを使えば「公私にわたって」旦那と奥に仕えるのに比べ仕事本位であったようだが、いいかえれば役得も少ない、と見受けられる。

本家の手代の皆助は楢村で活躍した。役目を交代したか、それともこのときだけ帰坂したかは不明であるが、八月一九日の祝宴に本店で参加している（もちろん朔日に祝をもらっている）。永助（栄助）が別家清兵衛を襲名したので、事実上の手代筆頭になる。

手代の入れ替わりは激しい。慶応年間の日記にしばしば丈助と一緒に名前が出てきて、ということは本店に勤務しており丈助に目をかけられていたと思われる篤助は、慶応三年の「御降臨」のときに浴衣をもらっていたが、慶応四年閏四月七日に辞めさせられている。同日の日記。

「篤助、此程暇遣し今日ゟ荷物取ニ参り相渡之事」。

---

(64)　祝の膳のメニューがふたつある理由を、このように私は解釈した。これは婚礼の祝膳と後席との区分からの類推である。

(65)　別家の銭屋常七と三木屋平助、さらに銭屋喜助。

篤助は(「家内」ということばを妻とすれば)妻帯していた。慶応三年八月二五日の日記。

「篤助、今朝〻家内病気ニ付御障願、下宿致候事」。

篤助その人もこの時期、しばしば病気で休んでいたことが日記から読める(一例　七月一九日「篤助、病気ニ付出勤断参り候事」)。彼が暇をとらされたのは病のせいかもしれない(66)。

慶応三年年末の「御降臨」の際に、法被をもらった子供に熊吉というものがいた。彼はその直後、手代に昇格し、好助という名をもらった。一二月二一日の日記。

「今日例之通吉辰餅搗之事、右御祝ニ付熊吉元服被仰付改名、好助与申候事、半元服、子供勝之助被仰付候事」。

ところがこの好助は手代昇格後、一年半足らずで辞めている。好助は明治二年四月七日以前に暇をとったことが分かる。同日の日記。

「好助、暇差出し候ニ付、御礼として罷越候事」。

好助は富田林の出である(67)。

明治二年の九人の手代のうち、永助は別家に養子となったが、慶次郎、健助、宜造の三人は明治四年の家督相続時に祝をもらった者のリストに入っていない。入れ替わりとして五人が採用されている(68)。

以上をまとめると次のようになる。本店備店ふたつの店は次の要員で経営された。佐兵衛、卯一郎、佐一郎。源兵衛、丈助、嘉兵衛、専助、清兵衛の別家衆五人。五人は丈助以外は備店に出るのが原則であったけれども、ときに本店の業務をも分担した。源兵衛は肥後藩の明礬にかかわっている(五〇節)。さらにB級別家の常七と平助がいる。ふたりはそれぞれの店の庶務業務の責任者である。手代は両店あわせて一〇人足らず。日常業務はかれらがこなした。本店の手代は三人で、大名貸がらみの用事のみならず掛屋敷の経営の下働きも担当したし、なによりイエ内部の仕事もした。さらに皆助は楢村にも滞在した。下男は両店あわせて四人。うち三人が本店、ひとりは備店にいる。子供は役に立つ者もいたろうが、文字通り、見習いもいたはずである。
私にはこれだけ少ない人数で、年間、銀換算四〇〇貫（安政年間）の収入をあげるふたつの店の経営ができたことに驚きを感ぜずにはいられない。

六〇　下　女

下女は、奉公にきたあと嫁入りまでの期間が短いから、手代以上に出入りが激しいことが予想される。実際、「嘉永三年人別帳」〔7-2〕によれば、嘉永三年一〇月には九人の下女がいるけれども、そのうち七人が嘉永四年九月までに暇を出され、新たに五人が抱えられている(69)。

そして下女の出入りや仕事の種類を史料から追跡するのは、かなり困難である。「日記」には下女の名前はめったに出てこない。名前が記されるのは、奥様・御寮人様・婆様が外出するときの供をしたときにほとんど限られる。下女の暇出はめったに書かれないし（後に引用するのは例外といってよい）、新規お目見えはまったく書かれない。ここでは比較的、作成年が接近した諸史料がそろっている慶応から明治初頭にかけて、下女の動きを追いかけてみる。

(66) 篤助の義弟（今中某）は清水谷にいて、「御降臨」に際して「笹に蜜柑八つ・鯡切手三枚」を銭佐に「奉納」している。しかるべき家から奉公に来ていたか。篤助が暇をとった同じ閏四月七日に、下女のナカも暇を遣されている。六〇節参照。
(67) 日記慶応四年二月二五日「好助、昨夕ゟ富田林兄病気ニ付、宿元へ帰り候事」。この年の日記をたどれば、手代になったばかりの好助に任せられる仕事がどういうものか見当がつくが、本評伝では省略する。好助は辞めた二ヶ月後にまた銭佐に姿を見せている。日記明治二年六月一八日「好助、入来之事」。
(68) 要助、禎助、弘造、祥造、敬造である。
(69) ヨシ・ヌイ・イシ・マキ・キク・ヒラ・ツル・タケ・マキのうち、イシとマキ以外はすべて暇を出されている。新たに抱えられたのはソノ・タミ・タカ・カツ・ハナである。

明治二年一一月に佐一郎の結納のときに記された家内書には、下女としてタミ、リク、ツル、タケ、トキ、カシ、イシの七人があげられている。この七人は翌春の婚礼の役割分担表にも名があがっている。割り当てられた仕事の内容からみて七人の序列もこの通りとみてよい。この七人全員が本店にいたことが、後述する「佐一郎婚礼諸事控」〔Ⅰ-2-5〕に残っている「花帰り」の折の土産物をもらった奉公人一覧から判断される。いいかえれば備店に下女はひとりもいない。つまり備店には「店」に対応する「奥」がいまだないからである。

明治四年八月の家督相続時には祝の席のリストと祝儀のリストのふたつがあるが、そのいずれにも上記下女七人のうち、序列下位三人(トキ、カシ、イシ)の名前がない。この二年弱の間に暇をとったのであろう。上位四人のうちタミとリクは家督相続の祝儀として金百疋をもらうが、ツルとタケには祝儀はない。祝儀はもらっていないけれども祝の席によばれている。いっぽう祝儀はタミとリクの他に五人(スヘ、タネ、マツ、マキ、コマ)が金五拾疋をもらっている。彼女たちは明治二年の家内書に名がないから新参である。さらにキクが祝の席によばれ、しかも「端物料」として金五百疋をもらっている。しかしその名前は明治二年の「家内書」にない(70)。つまり明治二年以前に暇をとっている。

以上から次のような事情が仮定できる。キクには招待を受ける特別な理由があった。それは例えば長年奉公してきたからかもしれない。そこで家督相続という家の歴史の切れ目の儀式に際して、あらためて招待された。長年の労に報うこともあって金を与えられるが、祝儀とすると他とのつりあいが悪いので、「端物料」である。

しかし実際にはこれとは違った格別の理由がキクにはあったことが見えてきた。決定的証拠に欠けるけれども様々な事実を積み重ねることによって、私はこのキクが、佐兵衛の倅(福本元之助)を産んだ女性であると考えている。これについては七一節で根拠を記す。

ツルとタケもかなりの古参であるが、キクと同様、家督相続の席に招待されたものの祝儀はない。ツルは佐一郎の婚礼後に暇をとったようにみえる。ただし後述するように、タケの場合、もっと事情は複雑である。いっぽうタミとリクはツルやタケ以上に古参であるが、いまだ奉公を続けている。(71) とりわけタミであるが、過去帳に「佐一郎様乳母タミ　備店奥上賄女」（明治二一年三月没）として記されている人物と同一であろう。タミはこの先もずっと、おそらく終身、銭佐に奉公することになる（彼女の墓は妙徳寺にある）。これほどではなくとも下女にはかなり長年にわたって奉公しているものと、きわめて短期に入れ替わるものとがいるらしい。

ただしここでも方法上、留意しなくてはならないことがある。下女の名前はつぎつぎと違った人物に与えられる。一例をあげる。慶応期の日記にかなり名前がでてくるマツという下女は慶応四年九月に暇を出されている。(72) しかしマツの名前は明治四年の新参下女に与えられている。ふたりのマツがいたわけである。したがって理論上は、安政三年から六年に佐兵衛の長女のタウの乳母をしているキクと、(73) 慶応四年に楢村への避難に供をするキクと、(74) 明治四年に「端物料」をもらっているキクが同一人物かどうかは分からないことになる。(75)

私の母が使った戦前期の用語にしたがえば、下女には「上女中」と「下女中」がいた。慶応明治の史料にこのことばはでてこないが、しかし両者の別はあったろう。その大きな違いは、もっぱら飯炊きに代表されるような肉体仕事がいっぽうにあり、もういっぽうには奥の女性たちの身の回りの世話のように着物や装飾品にふれうる、つまり信頼

（70）これらの事項を記した、「家督相続控」の当該部分は、すでに四九節で引用した。
（71）この先、明治八年の婚礼の際の家族書にリクの名前がある。
（72）九月一〇日「おまつお石御暇出し被遊候事」。
（73）安政三年二月一八日他の日記。二五節に引用。
（74）慶応四年正月一〇日の日記。五七節、ならびに本節のこの直後に引用。
（75）先に引用した嘉永三年―四年の下女の名前から判断するに、暇を出した直後に同じ名前を新たな下女に与えることは、さすがになさそうである。

がおかれて部屋の中に入る仕事である。当時の銭佐には、奥の女性として佐兵衛の妻のトヨ（奥様）、卯一郎の妻のハタ（御寮人様）、佐兵衛の娘のイツ（娑様）の三人がいる。明治二年の段階で備店に下女がひとりもいない理由は、備店に奥の女性が誰もいない、ということで説明できるであろう。いいかえれば佐一郎は未婚であり、かつ石灰町に居住していたからである。では備店に居住する手代や子供の飯炊きをはじめ日常の家事は誰がしていたか。通いの女がいたか。それともまったく女気なしで子供がやっていたか。

ここでもう一度、慶応四年正月、楢村への避難の記事を引用する。

正月五日「大和郡楢邨へ今朝奥様・孝旦様・中娑様、御弐、奥・娑御駕、御供ニ永助、かの・まつ・仲・源助、今日龍田御泊之由」

正月一〇日「旦那様・御寮人様・元之助様、きく・たけ・その、恒七・弥十郎・巳之助・おかの・大工徳兵衛、楢村江御越之事」

この両日で下女のうち、カノ、マツ、ナカ、キク、タケ、ソノの六人が楢村避難に同行している。名前が言及されていない古参のタミ、リク、ツルは大坂に留まったとみえる。「五日避難組」のカノ、マツ、ナカ、は明治二年の家内書から消えている。このうちマツは慶応四年の九月、ナカはこの三ヶ月後の閏四月に暇を出されていることが「日記」から分かる。(76) カノについては、いついなくなったか現段階では不詳。

「一〇日避難組」のソノは、もし安政六年の卯一郎の婚礼のときに活躍しているソノと同一人ならば（三〇節）、かなりの古参である。ただし別人の可能性もある。

キクは七一節で根拠をあげることになるが、元之助の生母と想定される下女である。「日記」のこの記事にあっても元之助の次に書かれていることが注目される。そしてタケは先に古参と想定した名前である。そのタケはその年の冬にいったん辞めている。

明治元年一一月二五日「下女たけ暇戴引取候事」

ただし「暇戴引取候事」とタケが主語になっている日記の記事の表現は、主人が主語になって書かれている「暇遣し候事」（ナカの場合）、「御暇出し被遊候事」（マツとイシの場合）とは違っているから、ひょっとしてタケはなんらかの事情で長期の休みをもらったのであろうか。そしてわずか三ヶ月足らず後の、翌年の明治二年二月一一日に

「御寮人様、高津御社御参詣之事、供好助・たけ・七助」

とあるから（もちろん同じ名前が新参の下女にふたたび与えられたことは考慮に入れなくてはならないけれども、期日が接近しすぎている）、「たけ」の名前が復活している。銭佐に戻ってきたのだろうか。

このような疑問を抱いていたところ、さらに面白い事実が慶応三年末の「御降臨」の際の、手拭いを配った者たちのリストから浮かび上がった〔4-38-1〕。「御降臨」のおり、タケはキクと一緒に「裏町」にいて、手拭いをもらっているのである。この裏町とは銭佐が所有している卜半町のことである。卜半町には借家のみならず母屋もあって、私の想定ではそこにキクが佐兵衛の妾として暮らしている（この推測の根拠については七一節参照）。そしてタケはキクの世話をするために、石灰町から卜半町に移った。だから彼女の雇主は、筋からいえば銭佐からキクに変更された。タケが明治四年の家督相続の祝の席によばれているにもかかわらず祝儀をもらっていないのは、こう考えると説明がつく。その一方で楢村への避難にあたって、キクに同行することも納得がいく。それとともに本家の手伝いをすることもあったのであろう。直接の雇主はキクであっても、たどれば銭佐なのだから。

（76）マツについては前注72。閏四月七日「下女おなか今日ゟ暇遣し候事」。このナカは、安政六年にハタが嫁入りする際に、京都の生家から一緒に来た下女ではない。そのときの聟入りについて先に引用した日記の記事に（二九節）「京うの殿・中殿」とあるけれども、このナカは岩佐シン（ハタの母）に佐兵衛のことで告げ口をする手紙を書いたらしく、岩佐に戻らされた〔1-6-3-14, 1-6-3-5〕。同日、（病気がちだった？）手代の篤助も辞めさせられている（五九節）。

慶応四年の「日記」には、四月六日の行幸見物が記録されている。このときの見物は銭佐にしてはきわめて大々的なもので本町通りを通った明治天皇一行を見物するため、銭宗と銭源（＝本町様）のふたてに分かれて見に行ったのである。ある意味、特殊事例である。

御城江行幸被為成候ニ付、奥様・御寮人様・中娑様・孝旦那様、供永助、たみ・たけ・うへ、三助、右銭宗方へ御越ニ付、御馳走出シ候事、早朝本町様江、皆助・好助・常七、なか・いし・りく、勝之助・真吉・亀三郎・仙吉・巳之助・三木東・岩助〆、昼頃ゟ若旦那様、篤助・文三郎・清吉、右之通見物致候事

ナカはB級別家の常七の妻、タミ、タケ、リクは私が古参と想定した下女である。イシは、明治三年の婚礼のイシは序列最下位なので、このイシと同一かどうかは分からない。このように「奥」が総出で外出するときも、ツルのように古参であって留守番をつとめる下女もいる。

しかしこのように追跡していっても、下女の動向は、別家はもちろん手代に較べても捕捉しがたい。

六一　佐一郎と戸倉タイの婚礼

明治になってから銭佐では以下のような婚礼があった。

①　明治三年二月　佐一郎が戸倉タイを娶る。史料〔1-2〕。タイは六年一一月死亡。
②　明治八年一一月　佐一郎が荘保ミヤを娶る。史料〔1-4〕。ミヤは一九年一〇月死亡。
③　明治一一年五月　佐兵衛の娘のイツが平池昇一に嫁ぐ。史料〔1-1〕。
④　明治二一年一月　佐一郎が永田マスを娶る。史料〔1-8〕。
⑤　同年二一年一一月　福本元之助が永田リキを娶る。史料〔1-5〕。

⑥　明治二七年四月　従兄妹である六代佐兵衛とツルが祝言をあげる。史料〔1-5〕の袋内に混入した〔1-5-5〕と〔1-5-6〕。

四代佐兵衛の没年は明治二四年だから、彼は「末子」福本元之助の婚礼までも、八一歳で見届けることとなる。

これらのうち③のイツの婚礼は娘を嫁に出す婚礼であり、⑥は身内内部（佐兵衛からみれば孫どうし）の婚礼である。とはいえ①から⑥のどれもが、儀式の手順からその記録のしかたにいたるまで、天保一一年のラクの婚礼や安政六年の卯一郎の婚礼と似通っている。

「婚礼諸事控」には、先方と交わした文書の写し（その中には、家内書・親類書・別家書の写し、結納のときに渡した品々のリストや、嫁入りの際の荷物のリスト、先方からの土産が含まれる）、荷物行列の順序、祝言はもちろんさまざまに執り行われる式次第（その中には、そのときどきの献立も含まれる）、祝儀の値（婚礼全体にかかった費用は、到来物などと一緒に別の冊子を構成することもある）などが記録されているが、その形式は①で完成した。②③⑤はそれをほぼ踏襲している。③は嫁に出すほうであるから事情がかなり違うはずと予想されるが、じっさいは「聟入り」があるから、行事としては類似点が目立つ。ただし④については「婚礼諸事控」が残っておらず（三度目の婚礼ということもあって、そもそも作成されなかったかもしれない）、⑥については「御婚礼当日次第書」が二部、残るだけである。作成にあたる者は実際に婚礼を仕切った者で、別家のひとりである。

本節では①佐一郎とタイの婚礼に限って、その一部始終をときに他と対比しながら詳述することにする。この婚礼は当時にあってもかなり守旧的なやりかたであった、と想定してもよい。明治というよりむしろ安政の様子を伝えている。その理由は嫁がせる側（戸倉家）にも嫁をもらう側（逸身家）にも求められよう。そもそもこの縁談は、逸身家から京都の野々口家に嫁いだ佐兵衛の異母妹のラク（正確にいえばこの時点ではラクはハヤに改名している）が間にたっている。(77) さきに卯一郎に岩佐家の娘が嫁いできたときも野々口家が間にたった。(78) そこで岩佐家の娘の嫁入りと同じようにすることを戸倉家も望んだであろうし、それを逸身家側も希望した。戸倉家には、安政六年に卯一郎が岩佐家からハタを娶ったときのやりかたが指南される。卯一郎のときのやり方と同じようにするために、卯一郎の婚礼時の記録がわざわざ写されて、戸倉家に渡されるのである。(79)

「家族書」に記された奉公人の数から判断するに戸倉家は逸身家より小さい。(80)さらに先方の当主は花嫁の兄であって、当然、まだ若い。嫁を迎える側ということもある。なんとなく丈助の振る舞いは居丈高のように思える。別家にありがちなことかもしれないが、丈助は佐兵衛以上に本家の格式を重んじたように思える。

次男佐一郎の婚礼が長男卯一郎の婚礼と同じようになることを望んだのは、父親の四代佐兵衛であり、丈助である。佐一郎はこの婚礼をもって、事実上、ようやく分家をする。新しい店の門出である。そして本来なら完了しているはずの佐兵衛の退隠が目前にせまっている時期であり、すべての采配をする丈助もすでに引退を表明しており、自分が行う家族行事の最後のものと考えている。老人ふたりは保守的である。従来のやりかたでなければならなかった条件がそろっている。

この婚礼の「婚礼諸事控」は丈助が作成した。丈助の執念ともいうべき記録であって、後代の範とされることを暗黙裡に要求している(書かれた内容それ自体が興味深いが、筆者である丈助の気質を描出することもまた、この史料を逐一引用する理由である)。おそらく丈助は、婚礼に伴うさまざまな行事のさいに役割を果たす諸人物の動きをシミュレーションした文書をあらかじめ作っていたが、それのみならず、実際に起きたことを参照して、ふたたび記録しなおしたのが現存の「婚礼諸事控」である。(81)

「諸事控」の表紙には「明治弐年巳十二月吉辰」とある。つまり婚礼が執り行われた明治三年より遡った時点からの記述であることが明示されている。(82)序文ともいえる「寿始」は先方戸倉氏の名ならびに血筋とを記したあとに

「当方次男備後町店方名前人佐一郎」

といった書式で始まる。この文言はおそらく親類に宛てた状からの転記であろう。しかしそれにしても後代になると誰が誰だか分からなくなるかもしれない事態を予想できる想像力（それはそういう時代にまで記録が残るであろうという希望に裏打ちされている）、ならびに記録を逐一残すことが面倒であると思わない情熱が必要である。なお戸倉サト（里）は嫁いだあとタイと名を改めるので本評伝では原則タイと記しているが、この節にあっては元資料を引用することが多いためサトと書く。サトは「当巳十六歳、内実者十七歳」とあるので、嘉永六（一八五三）年生まれと計算できる。佐一郎の妹のタウが生きていれば同い年である。

行事は見合いに始まる。見合いは明治二年一二月一三日に、京都の、先方が用意した料理屋（「肴屋八百新」）で行われた。野々口家と戸倉家とのあいだで手筈が整えられたのであろう。銭佐からは「旦那・奥・孝旦那」（こうした記述には佐一郎の名前は使われないのは、佐兵衛が「佐兵衛」ではなく「旦那」と記されることに呼応している）が、加えて丹後屋（＝野々口）の手代吉兵衛が立ち会う。この吉兵衛は手代とはいえ、丹後屋の後継となることが決まった人物である（六九節）。吉兵衛は当初は見合いの席に立ち会わないはずであったが、実際の便宜を考慮して立会を認めた(83)。よっ

---

(77)「婚礼諸事控」一頁。この史料にはもちろん頁は記されていないが、参照の便宜のため、翻刻史料に頁をつけた。以下、この節内の注での本資料への言及は、たんに頁を記す。
(78) ラクの夫の妹が岩佐家に嫁いでいた。前述二九節参照。
(79) 佐一郎の「婚礼諸事控」の袋には、卯一郎と岩佐ハタの記録の写しや、付箋をつけたその時の帳面が混入している。前述三一節。
(80) 手代はふたり、小者もふたり、下女は四人、下男がひとりである。戸倉家の家族書は一三頁以下。
(81) 後述するように、「婚礼諸事控」のもとになった史料、あるいは「婚礼諸事控」と相前後して用途を別にして記された史料が、残存している。
(82) ②の婚礼については、表紙の年月は、婚礼それ自体が行われた日付になっている。
(83) 二頁「是迄之手続故取扱旁供手代兼召連ニ相成、尤席江「不」（抹消）立会之事」。いったん書かれていた「不」の字が消されていることに注意。「不」の字の抹消は、先方の手代の久兵衛にもあるから、不注意で書かれたのではない。

て丈助は立ち会えないことになる。先方(升屋)は「(兄)嘉兵衛殿、(母)於いをとの、於さととの」の外に、升屋別家の久兵衛もいる。丹後屋吉兵衛が同席する以上、対等でなくてはならない。久兵衛はのちに丈助とともに媒人をつとめることになる(といっても、実際は丈助がすべてを仕切る)。

逸身家側が先に着座したあとに戸倉家が部屋に入るが、[84]その折、サトは菓子をもってきて佐兵衛に進呈する。茶は会場になった店の小者が出すから菓子もそうすればよいようなものであるが、そうはしない。サトの御挨拶の仕方そのものが、見分されている。[85]その後、どのような話があったのかまでは分からない。

話はうまくまとまった。見合いが滞りなく終わった徴に、扇子を先方に渡す。[86]ただし扇子は吉兵衛から久兵衛へと渡される。縁談の当事者は関わらないようになっている。

次に来るのは結納の記述である。結納は翌明治三年正月九日に行われ、さらに占いを勘案して、[87]次の日程が定まった。[88]見合いから七〇日余りで婚礼とは、かなり早い展開である。

二月二四日　御荷物
二月二六日　御婚礼
二月二八日　御里開
二月三〇日　御花帰
[三月七日　御親類御引合]

最後の項目の御親類御引合の日付は、参考のためにここに記しておいた。すなわちここでいう「親類」とは、逸身家の親類であって花嫁の親類とは関係がない。あくまで婿側の親類に花嫁を引き合わせる婿側の家の行事であるから、嫁側の都合は関係がなく、したがって結納の時に打ち合わせる事項ではないのである。[89]しかし後述するように明治八年の婚礼では違っている。

「御荷物」以下「御花帰」までの項目の意味するところについては、卯一郎の婚礼のところ（二九節）、ならびに佐一郎の最初の「結婚」（四七節）のところで記した。花嫁がいったん婚礼を終えてからすぐ生家に戻り、それからまた改めて婚家に来る、というしきたりである。しかし大坂内部ならともかく、京大坂を一往復半する強行日程を避けるために、今回、戸倉家の宿が島之内の銭佐の近くの家に定められることになる（後述）。しかし「婚礼→里開→花帰」（さらに間をおいて）聟入」という形式はさすがに実情にあわない煩瑣なやりかたと思われていたのであろうか、明治八年、タイと死別した佐一郎が荘保ミヤと結婚するときには、荘保家が大坂の末吉橋通（すなわち長堀川北側の通）四丁目と、南綿屋町（＝石灰町）からじゅうぶんに歩いて戻れるところにあるにもかかわらず(90)、「里開」や「花帰」という名前こそ残っているが簡素化される。このときには（新暦である）

一一月二五日　御荷物
一一月二九日　御婚礼

(84)　逸身家が京都まで出向いたから客扱いされる、というよりも、見合いとはいかなる場合にも、男の側が客となるものらしい。②③の場合もそうである。
(85)　将来の花嫁候補が菓子を出すということは儀式の一環である。③（明治一一年）の逸身イツが平池昇一と見合いするときもそのようになっている。
(86)　後の、たとえば明治二一年の福本元之助の「婚礼諸事控」〔1–5–1〕には「扇子の儀」ということばがでてくるが、このときにはそこまで形式化ができていないように見える。用意した扇子を描写するに「火急之義ニ付」と書かれていることをみると、その日に扇子を渡すことは、上京の折には予定していなかったのか。
(87)　上村という「家相撰者」の書いた占いの報告が残っている〔1–2–11–28〕。明治三年一二月二四日付であるから、後述する丈助と久兵衛の話し合いはそれよりあと、かつ結納のある明治三年正月九日の前ということになる。
(88)　史料は先に結納の儀そのものの叙述に入る（四―一六頁）。日程が記されているのは一七頁。
(89)　しかし実際には、戸倉嘉兵衛は下坂して、逸身家の親類に挨拶しなくてはならない。
(90)　佐一郎の屋敷となっている備後町で婚礼はない。あくまで本家で行われる。荷物の行列も石灰町へ向かう。「荷物」にも「里開」にも経路が記されている。

一二月二日　　親類招
一二月三日　　御里開
一二月八日　　聟入・御花帰

となる。親類への披露と里開の順序が逆になっていることの意味は大きい。すなわち御里開と御花帰が終わらないと従来なら結婚が成立せず（すなわち里開のあと結婚がなかったことにされる可能性があったし、現に佐一郎は一度、そうしたかもしれない）、花嫁が花帰りを無事にすませたそのあとになって初めて親類への披露が行われた。もはやそうした時代ではなくなったのである。

さらに聟入が里開と組み合わされているのも合理化である。従来なら花帰があってしばらくしてから聟入が行われ、婿側の一家が嫁の家を訪れる。聟入が里開の間に行われることで、花嫁が婚家と実家とのあいだを往復する回数がひとつ減る。

明治三年の婚礼が旧制度であったのが明治八年に新制度に変わったのは、もちろん当事者の意向も反映しているが、根本的には世間の流れに逸身家がのったからであろう。憶測すればうるさいことをいう丈助はもはや引退しており、佐一郎の合理化が通った。ではいつ頃から旧制度が廃れ始めたか、またいつ頃まで旧制度を守る人々がいたのかは、この時期の他家の記録と比較してみないと分からない。

結納の儀に戻る。媒人となるのは「銭屋丈助」である。しかも使者を兼ねている。その一方で丹後屋吉兵衛が事実上の使者となる(91)。釣台には結納の品々が載せられているが、それを担ぐのは大坂から連れてきた下男の三助と七助である。結納の品を持って行くのにも行列を作る(92)。七助が本来、丈助の供であるが、七助は他家から拝借した釣台を返しに行くため先に帰ることが決まっているので、野々口家の小者の古佐吉が丈助の供となる(93)。

戸倉家で出迎えるのは先方の媒人の久兵衛である。丈助は使者の間に通され、そこで口上を述べ、「親類書」「別家書」「家内書」を渡す。そのあと当主の兄、つづいて母親とサトが挨拶に出てくる。(94)結納の目録から読める品々で特記すべきは、紅級縮緬・白縮緬、紅絹・羽二重という二組の紅白の布地であろう。おそらく真綿も紅白に染めてあるはずである。(95)

先方からは結納の控えである「御請」ならびに先方の「親類書」など一式が渡される。そのあと丈助は雑煮と盃、引き続いて膳をもてなされる。(96)丈助以外の者には（吉兵衛も含め）祝儀が渡される。丈助には今回に限って、小菊の束が与えられた。媒人に祝儀は失礼であるからである。

このあと日を改めて、野々口家において、升屋久兵衛と丈助とのあいだで段取りが取り決められる。(97)前掲の日程もそうであるが、大坂における戸倉家の旅宿として、銭丈宅に出入りしている者の紹介で、「竹屋町八幡筋南入東側」に家を借りることになる。蒲団も準備する。竹屋町は石灰町のある通り（のちの南綿屋町）から一本東の通り、八幡筋は南に下って二本目の通りであるから、銭屋から二〇〇メートルほどしか離れていない。

(91)　この煩瑣な役割分担は次のように説明できよう。先方と事前に見合いに先立って取り決めをする役割（それがいずれは「使者」となる）は、本来ならば銭佐側から出さなくてはならない。それに該当するのは丈助である。しかるに丈助はそれより上の役割（媒人）をやる。実際、彼以上に媒人にふさわしい人間はいない。したがって丈助は使者にして媒人である。ところで戸倉家と実際に事前に話し合ったのは丹後屋吉兵衛であった。だから彼が使者になる。明治八年の婚礼の場合、嘉兵衛と、宰領としての（手代）皆助が並んで行列の先頭を歩いている。

(92)　明治八年の婚礼の場合、結納の行列図が記されている。このときのほうがたいそうである。

(93)　「婚礼諸事控」一五頁。「供之分、三助・七助両人ハ釣台持ニ付、かへし候事、供古佐吉壱人残る」。

(94)　同五頁以下。「親類書」「別家書」「家内書」の内容については節を改めて叙述する。

(95)　②のときには、扇子についても記述がある。「佐一郎婚礼諸祝儀控」［1-2-4-1］「扇子ハ五本入女扇す、竹平骨蒔絵付紙縮緬地本金砂子、京ニ而買入候（以下略）」。

(96)　献立については一四頁以下。吉兵衛も別室でもてなされていると考えてよいだろう。

(97)　以下、一七頁から一八頁の記述を、ときに順を替えながら叙述する。

「御荷物」は二月二四日であるが、[98]実際にはすでに二月一四日までに丈助宅に運び入れられ蔵に保管することが決められる（実際には一三日に完了する）。一〇日には久兵衛が下坂して丈助を訪い（丈助が住んでいる家は石灰町内の、銭佐の筋向かいといってよい）、[99]旅宿を見分し、婚礼当日の駕籠の相談もする。

花嫁の駕籠は、佐兵衛の妻のトヨが使った「畳駕」を新調同様にして使うこと、母親のイヲには、卯一郎の妻のハタが使った駕籠をそのまま貸すことが決まる。この記述からハタが京都から嫁入りしたときには、自分の駕籠をなんらかの方法で持ってきたことが分かる。

戸倉家一行は二月二二日に伏見から昼船に乗船した。本来なら初更に到着のはずが、「旅宿あい分からず」、翌日二三日の早朝に旅宿に到着する。しかも兄の嘉兵衛は一緒に来ていない。母イヲとサト本人の他には、媒人の久兵衛、花嫁介添えとして久兵衛の家内のチカ（千賀）、付女マツ、イヲの世話をする下女ウメ、下男一人、子供一人、さらに「懸家内」のリカ、[100]総勢九人である。

手代の忠七は遅れて荷物の日である二四日の朝に到着する。しかし嘉兵衛はこの日にも来ていない。行列は四つに分けられる。「諸物価高直ニて世上不穏時節柄ニつき、人気の憚り、諸事質素の約定をもって」を名分にしているが、先述したように旅宿は近くなので、人足の行き来は面倒ではない。

嫁入りの荷物は基本的に天保一二年にラクが野々口家に嫁入りしたときと変わっていない。今回は簞笥と長持の数をあわすと一一だが、琴と衣桁も教えてこれらを一三荷と称したのであろうか。

行列の先頭は下男の三助を従えた丈助になった。丈助の口吻はかなり今回の行列が変則的であることを訴えているようである。つまり本来ならば、先方の媒人と使者とが先頭を勤めなくてはならないところ、戸倉嘉兵衛の到着が遅れているので、彼らは旅宿に最後まで留まらざるをえなかった。[101]ついで琴を担いだ尼長（銭佐の長年の出入方である）が従い、そのあと簞笥三棹がふたりずつで担がれる。ここで一区切りとなり、このあとは先頭にたつ（宰領）のは銭佐の別家である三木屋平助がつとめ、振袖箪笥（二人）、櫛箪笥（二人）、長持三棹（各二人）、木地長持二棹（各二人）、衣桁の載った釣台（二人）、手箪笥の載った釣台（二人）が三度に分けて運ばれる。平助は三回、宰領となるので、そのたびに旅宿まで戻る。最後の区切りのしんがりに、升屋久兵衛と、下男と子供を連れた使者（戸倉家の手代の忠七）がついた。嘉兵衛が到着したのかどうかは記されていない。

人足は延べ二五人が必要になるが四人不足したので二度運んだ者がいる。一六人は銭佐の関係者でまかなわれた。三木東を筆頭に出入方五人、普請方六人、一人不明、下男が四人、である。あとは戸倉の下男ひとり、他に戸倉家が旅宿にした家（大溝）の人足が四人加わっている。本来ならすべて戸倉の関係者でまかなわれるべきものであった。おそらく「御荷物」のためだけに京都から人足を連れてくるのは大儀ゆえ、銭佐が人足を提供することであらかじめ合意がなされたのであろう。ただし当然のことながら、戸倉家も祝儀を出す。明治八年の婚礼（②）では、嫁を出す荘保家が人足を提供している。

これらの箪笥や長持に入れられた着物や嫁入り道具については、別の帳面にひとつひとつ記されている〔1-2-22〕。門出迎はB級別家の常七と平助が行う。そしてこの二人が中心となって（といっても、平助は何度も行き来をしているから実際の頭は常七だろう）手代と下男に差図して、(102) 荷物を台所から座敷まで運び上げる。こうした役割分担表〔1-2-

(98)　のちの役割分担表の下書きでは荷物の日は二三日と、一日はやくなっている。役割分担表は〔1-2-13〕と〔1-2-11-13〕のふたつが残存している。前者が掲示されたもの、後者はおそらく下書きである。
(99)　丈助の家の変遷については、三四節参照。
(100)　婚礼翌日、部屋見舞いに訪れるのが役割であるらしい。戸倉家から渡された「出入之者」というメモ書きがあるが〔1-2-11-20〕、それには甚七以下男名前四人に続いて、間隔をあけ「りか」とある。もしこのリカがここでいわれているリカであるなら、リカは親類でも別家の女でもない。
(101)　明治八年の婚礼では、提灯持ちを前においた媒人と使者が先頭にたっている。しんがりはとくに重要ではない。
(102)　ここの部分の「婚礼諸事控」は、名前が縦にふたりずつ並記されているが、清兵衛（＝栄助）・皆介・万介・大助の順と読むべき

13〕は注意書きともども丈助の手で書かれ、すでに貼り出されてある(口絵21)。

媒人の久兵衛と使者の忠七は、あらためて玄関から「使者の間」に案内される。「池之間」がこれに当てられているが、この部屋はふだん、小人数の客を迎える際に供される、玄関に近い部屋である。案内するのは別家の(二代)専助である。口上のあと、目録と簞笥その他の鍵が渡される。鍵が象徴的意味合いをもっている。こちらからは「覚」が荷物の受領書として渡される。事前に内容が分かっているからあらかじめ認められているのである。主人との挨拶は次之間で行われ、そして饗応がある。雑煮が主客ともどもに出され、酒が出、さらに膳が出る。それを仕切るのは専助である。供にも(下男と子供ひとりづつである)供之間で饗応がある。こちらの担当はＢ級別家の平助である。

祝儀が使者の忠七と供方二人に渡される。供方にはこうしたときの常として、酒飯料と焼物料も渡される。久兵衛に祝儀は失礼だから小菊の束である。結納のときに丈助がもらったものに対応している。荷物を運んだ人足にも祝儀、酒飯料、菓子料が渡される。祝儀方として手代筆頭の慶次郎の名前が役割分担表にあるから、慶次郎は事前に祝儀を包んでしかるべく管理しているのである。戸倉家のほうからも、宰領としての平助と、銭佐の出入方をはじめとする人足に祝儀が渡される。

翌二五日に久兵衛の家内のチカ、下女のウメが銭佐を訪れて、荷物の飾り付けをしている。丈助は、昨今の風潮である飾り付けの儀式には不本意である。しかし先方が勝手にやっているとはいっても、そこは無愛想にできないから饗応をする。しかもトヨが挨拶に出る筋ではない。とはいえ、実際にはそうなることを予想してもいる(103)。

二六日は婚礼当日である。この日の最初の行事は、昼過ぎに(「九つ半時」)「迎女」が下男を供にして、銭佐から嫁の家(実際には滞在先の旅宿)へお迎えにいくことから始まる。といっても実際にこれに応じてただちに花嫁の一行が来るわけではない。あくまで形式である。「迎女」に選ばれたのは下女のツル(序列三位)である。

それに先立ち、先方の使者（手代の忠七）が、人足を使って土産物を持ってくる。こちらは常助（別家）と文助（手代・序列六位、備店勤務）が応対する。文助にはこのあと役割が割り振られていないから、これらの品々をしかるべく管理する責任があるのか。

なにしろ土産といってもたいそうな量と金額である。佐兵衛をはじめとする家族への土産は扇子と着物地（秩父縞など）であるが（当主である佐兵衛と卯一郎には他に松魚がある。佐一郎は袴地ももらう）、他は現金である。手代、子供、女中、下男の全員がもらう。それだけではない。別家の男には「御扇子料」女には「和紙料」が配られる。そして親類にも土産がある。こちらは実際の扇子と和紙である。さらにこの日に特別な役割をするものたちの祝儀も一緒に渡された。こうした品々および現金をただでさえ忙しい祝言の日に各人に実際に渡すとは思えないから、預かっている人物（文助）の責任は大きい。

丹後屋吉兵衛はこの日も働いている。旅宿まで遠見をして、花嫁の出発を先立って知らせる。いよいよ花嫁一行の到着である。最初に来るのは駕籠にのった花嫁と、久兵衛、チカ、マツ（付女）である。門口ではB級別家の常助と平助が、玄関では宗兵衛、市兵衛、嘉兵衛、それに丈助が出迎える。いつものような別家間の身分差が、門と玄関の空間の差異に反映されている。

駕籠から花嫁がおりると、一行を二階に設けられた休息所まで案内するのは、丈助の妻のヒデと嘉兵衛の妻のタケである。専助の母のタカと市兵衛の母のユウが先に二階で待ち受けている(104)。そのあとに花嫁の母のイヲと兄の嘉兵衛

である。それぞれ序列二位・三位・五位・九位の手代である（序列は結納の時に渡された家内書で分かる）。栄助は直近に清兵衛家の養子になったので、この時点ではもはや手代ではない。皆助は石灰町の手代であるが、萬助と大助は備店から手伝いに来た。三助と七介は下男である。

(103)　②の場合になると、手順があらかじめ取り決められ、こちらの対応も細かく定められている。

(104)　専助と市兵衛に妻はいない。だからそれぞれの母が家内である。

が到着する。ふたりも二階に花嫁同様に案内される。このように別家衆ならびに家内が取りはからって、花婿側とは式が始まるまでまったく出会わないように配慮されている。供の手代と女中は、中座の責任者である専助によって池之間に通される。中座は上座（「御上」）と、下男のためにある下座とのあいだに立場上、位置する。かれらは祝言が終わるまで、そこで無言で待機する。

いよいよ用意が調うと祝言である。祝言は夫婦の式盃に始まる。基本的に夫婦と媒人（といっても丈助だけである。久兵衛は本人のたっての希望で実際には立ち会うことになったが、あくまでいないことになっている）しかその場にはいない。黒子としているのは、本酌人と加酌人、付女、謡をうたう宗兵衛である。聟が床の間を背に、嫁はその正面に向かい合う。媒人は婿のならびに着席しているが、下座に離れている。

一、喰積　　一　聟　二　嫁　三　媒
一、御盃　　一　嫁　二　聟　三　媒
　　　　　　一　聟　二　嫁　三　媒
　　　　　　一　嫁　二　聟　三　媒

「喰積」とは白米を中心にした飾り物であるから、順にその飾り物を食す真似をするのであろうか[105]。ついで三三九度である。ここでの聟・嫁・媒の三人×三度の盃回しが三三九度の本義ではないか、と想像できる。この形式をみる限り、媒人が式進行を司るとともに婚礼の証人になる。酒を注ぐ役目は本酌人と加酌人である。

本酌人と加酌人は嫁入り前の娘と想定すべきであろう。別家の娘が選ばれるのが慣例らしい。安政六年の卯一郎とハタの祝言にあたって本酌人はヱイ、加酌人はクンであったが、ヱイは銭亦の、クンは銭市の娘であった。今回の佐一郎とタイの祝言には本酌人としてフサ、加酌人はカメが選ばれる。カメは銭丈の娘であるが、フサは銭宗の関係者である[106]。銭宗当主の妹かもしれない[107]。本酌人も加酌人もあらかじめ練習を何度かしている。その折り、フサには乳母と下男が、近くに住むカメには女中が付いてきている。カメは安政五年には生まれていたので少なくとも一三歳。フサも同年齢あたりか。銭宗は銭丈より格上だから、フサをカメより年長と考える必要はないだろう。

丈助が「扇子を以相図致」すと謡が始まる。司会役も含めて儀式をすべて当事者でやるわけだから、大変といえば大変である。

謡をうたう宗兵衛は別家の宗兵衛である。この宗兵衛が卯一郎の婚礼のときにも謡をうたった宗兵衛と同一人なのだろう。謡はこのあとの席でも謡われる。おもえばこうした「奏楽」があって、一同がじっとしている時間がないと、式典はおちつかない。

花婿から花嫁への引出物が持ち出される。その役目を果たすタミは下女の筆頭に位置する。タミはかつて花婿の佐一郎の乳母であった。タミが持ち出した引出物の位置づけを推し量ると、聟と嫁が相互に贈る贈り物である。今回は聟から嫁へ小袖が贈られ、おそらく「聟入」の日に上下が嫁から聟に贈られる。[108]「役割定」には、「引出物　たみ」とあり、このあとタミには何の役割もふられていない（前々日の「御荷物」のおりには序列三位のツルとともに「酒飯肴膳類掛」であった）。それなりの着物を着ているし、年もとっているからあれこれ働かず、他の下女たちの監督をするので

(105) 後述する「道具方覚」〔1-2-21〕から、喰積は三度の式盃の儀式に参加する人数分、用意されていることが分かる。

(106) フサの見送りをした下男と乳母に祝儀が出る。本酌人の練習に何度も立ち会ったからである。そこに宗兵衛という名があるから、フサが銭宗の関係者であることは間違いない。

(107) フサという名の女が（仮称）「文久の別家書」における銭屋宗兵衛の妻である。しかし明治二年には宗兵衛の妻はヤヱとあり、そして母の名前が「文久の別家書」と明治二年の別家書の双方でミネなので、宗兵衛自身は代替わりしておらず、フサが死んだ後にヤヱと再婚したとみられる。しかし宗兵衛の先妻のフサの死後に、別人のフサが明治四年の家督相続の祝によばれている。これが今回、本酌人のフサであろう。先妻のフサとのあいだの娘にフサという名をつけるとは思えないから、宗兵衛の妹か。

(108) 丈助のメモである「手覚」〔1-2-20〕の二頁には、「御引出物定　小袖　上下」とある。小袖は男も着るけれども上下は女に無縁だろう。だから二点ずつ贈りあったとは思えない。

あろう。ちなみに安政六年の婚礼に「引出物」という役割はなかった。タミには戸倉家から祝儀が出ている。

花婿は退場する。式はいったんお開きになる。控え室に戻るのであろう。

このあとは親子式盃である。花聟の両親（佐兵衛とトヨ）が床を背にして座る。このふたりに花嫁が目通りする。そして先と同じく喰積（父→母→嫁→媒）と御盃（父→嫁→父→媒、そのあとに母→嫁→母→媒）の儀がある。このときも久兵衛は内見している。丈助の咳払い（！）を合図に、今度の謡は卯一郎が謡う[109]。すべてが申の刻まえに終わる、とあるから、迎女が旅宿に行ったときからすでに三時間は経っている。

新夫婦が挙式するのは婿側の両親に対してだけで、嫁側の親は次の親類式盃まで参加しない。このことは嫁を取る側が優位にたっていて平等でないようにみえる。しかし実はこの数ヶ月後に聟入りがある。そして明治一一年の、逸身イツが平池家に嫁入りしたときの婚礼控にもとづけば、その折りには、新夫婦は嫁の両親に対して、親子式盃を行うのである。その意味で、順序こそ婿側が先であって時間が隔たってもいるが、祝言の儀式は同じことを行う、といえる。

さらに親類式盃がある。逸身家側と戸倉家側が向かい合うようにして並ぶ。戸倉家は嘉兵衛（花嫁兄）イヲ（花嫁母）サトそして野々口ハヤがいる。花嫁には清三郎というおそらく弟がいることが「家内書」から分かるけれども、彼は出席していない[110]。いずれ聟入りのときに会うからであろう[111]。対するに逸身家には佐兵衛、トヨ、卯一郎、ハタ、佐一郎、イツ、さらに岩佐孫兵衛がいる。先方側の野々口ハヤと岩佐孫兵衛は、家族以外の親類代表とでもいうべき位置づけなのであろう。

喰積のあと盃が二度、廻される。最初は、佐兵衛から嘉兵衛にわたり、そのあと戸倉家側をイヲ→サト→ハヤ、その後逸身トヨに移り、以下、逸身の側が岩佐孫兵衛までいく。二巡目は嘉兵衛に始まり佐兵衛へ移り、以下逸身家を順に送ったあと、戸倉イヲに戻して戸倉家を順に送る。このあと謡曲高砂が、ふたたび宗兵衛によって謡われる。

このあと宴となるが食事は二段階に分かれる。最初の食事は雑煮に始まる儀礼的なもの。雑煮のあとに膳が続くが、この段階では酒にしても、雑煮のときに三献、膳で三献、形を踏んで出されるだけである。食べ物に箸をつけるにしてもおそらく形ばかりであろう。給仕を務めるのは、別家の男たち（源兵衛、宗兵衛、市兵衛、専助、嘉兵衛）。銭源も別家扱いされており、かつB級別家の常七と平助は出させてもらえない。

いったん挨拶があって、休息があり、ついで後席の宴である。娘のイツはもはや出席しない。こちらの酌人は下女がやる。座布団が敷かれ、煙草盆も置かれ、くつろいだ雰囲気が演出される。ここからが賑やかな宴席である。花嫁の膳は逸身の紋が入った新調されたものとなる。

こうした宴席の料理であるが、すべて肴屋（仕出し屋）から持ってこられる。思えば家でこうした料理をする態勢になっていない[112]。今回、料理を受け持った店の名を「堺吉」という。堺吉は献立を表記し、その献立もまた婚礼諸事控に転記して記録に残される[113]。堺吉の「通帳」も残っており、献立ごとの値段も細かに記されている〔1–2–14〕。

中席では戸倉家側の奉公人をもてなす。もてなされる側は媒人であった別家の久兵衛、花嫁つきそいのチカ、手代の忠七、下女のマツ（仕女）とウメ（花嫁の母のイヲの下女）である。銭佐を代表して専助と、専助の母のタカが受持

---

(109)　卯一郎の婚礼のときには、謡の「前」と「後」を宗兵衛が、「中」を孝之助が謡っている。
(110)　寿始に書かれている兄の園吉は家族書になく、この名前では親類にも載っていない。
(111)　佐一郎のこの婚礼に伴う聟入りについての記録は残っていない。いつ行われたかも現段階では不明である。
(112)　西欧の地方郷士や都市上部階層とは違い、日本の家には料理人がいない。想像するに、普段の食事はきわめてつつましやかであるし、儀式にあっては外注するから料理人の必要がないといえる。管見によればかつての西欧では執事（ないし女中その他を管理する立場の使用人）と料理人は、奉公人を抱えるような家にあっては必ずいるように見受けられるが、日本ではそうではない。
(113)　〔1–2–2〕の「御献立」と記されているものは、「婚礼諸事控」のものより詳細である。最後に「銭屋佐兵衛様」とあるところからみて、これは堺吉が書いたものと思われる。堺吉は、安政六年の卯一郎の婚礼のときにも（「卯一郎婚礼諸入用控」〔1–6–1〕）、また明治八年の佐一郎の婚礼のときにも〔1–4–1–10〕、料理を受け持っている。

である(他に子供が用を果たす)。

下席では先方の人足をもてなす。B級別家の平助と常七が受持である。中席にせよ下席にせよあくまで銭佐がもてなしているわけで、一緒に宴をはっているわけではない。しかももてなすと言いながら、相手より格上の人物がもてなしの役目をはる。つまりもてなされる側にしてみれば窮屈なわけで、実際にはほんの少し酒を含み箸をつける程度、ほとんど手つかずに残った食事は持って帰ってもらう、というのが実態であったと思われる。

このあいだ、酒の燗を常七の妻のナカが、下男の岩助を使って受け持っている。ナカも夫の階層に応じた役割となる。下女たちはリク(序列二位)とツル(三位)カジ(六位)が「膳類拵方幷道具掛」として、仕出し屋から来た料理を、皿に盛り、膳に載せる。リクとツルは比較的年配の女中であるから、こうした仕事にも慣れていよう。若い(?・)タケ(四位)とトキ(五位)とが「後席給仕人」である。「洗場道具掛」は男たちの仕事で、下女のイシ(七位)もいるが、この掛の中心は出入方筆頭の三木屋東助である。

手代の皆助(三位)宜造(宜蔵)(八位)が「道具方」となっている。この「道具方」というのは、三回行われる式盃の儀や、食事に合わせて用意すべき諸道具(たとえば木具(三方)や燭台)をしかるべく整えたり、掛け物を代えたり、座布団を用意する役割である[114]。そのためには一連の儀式の流れを知っておく必要がある。「佐一郎様婚礼道具方覚」[1-2-21]は、そのために準備された。この史料は基本的に「婚礼諸事控」の当該部分と同じ文面であるが、部分的により克明に、儀式の様子をうかがわせてくれるところもある。

庭の灯籠に火を灯したり、火の元に注意するのは普請方である。いっぽう店の表に出て用心をするのは出入方である。

後席がはじまってすぐ丈助が一同に、花嫁は席をたって部屋に下がる旨を伝える。花婿が席をたつのは、もう少し後、客が「酒気相廻り候節」である。花婿と花嫁には新床が延べられ、簡単な食事と酒が用意されている。掛をつとめるのは丈助の妻のヒデである。もちろん花嫁付きの女中も近くにいるはずである。

婚礼が終わるのは夜更けの暁八ツ時である。イヲは駕籠で、嘉兵衛は徒歩で帰宅する。残った食事は旅宿に届けられるが、最後には一同がお相伴することとなる。別家衆にはそれぞれの家から迎えがやってくる。長い一日の終わりであるが、まだまだ儀式は続く。

翌朝（「極早朝」）、鉄漿壺を持った使いが来る。常七の妻のナカがそれを受け取り、花嫁付女中に渡す。すべては無言でなされる。娘でなくなった徴にお歯黒を施すわけであるが、その施術は付女中がするのであろうか。髪も結い方を変えなくてはならないはずである。この朝にしたのか。

この日の昼過ぎ、「懸家内」のリカが「部家見舞」に訪ねてくる。リカはこのためにだけ一行と下坂している。戸倉方の女の代表というべき位置づけか。(115) トヨが佐一郎・サトと一緒に応対している。

「内別家中内義部家見舞ニ出候儀は此度は止メ」とあるところをみると、元来、別家の女たちが（つぎつぎに?）花嫁を訪れる風習があったのが、戸倉家側の一名だけに形式化したのであろうか。ただし部屋見舞の本来の意義は、この時代にはもはや失われて、饅頭贈答の儀礼に変容していたようである。といっても本来の意義が何であったかは推量するしかない。私はもともと性的な意味が強かったのではなかろうか、と勘ぐる。つまり初夜が成立したか、そこに嫁にとって問題となることはなかったか、といったことを場合によっては聞き取る役割が別家の女の使命である。

(114)　こうした時のためにとっておきの掛け軸（宗達と狩野洞春）や、道具（たとえば男蝶女蝶の瓶子）が蔵から持ち出されたことであろう。その準備のために皆助が蔵に入った（入れた）かどうかまでは分からない。皆助はかつて孝旦那と丈助が伏見町まで道具入札に行くとき供をしている（四五節）。道具に関する素養を仕込まれていたか。

(115)　上述史料〔1-2-11-20〕にあるリカと同一であるならば、親類や別家家内のような地位ではない。

部屋見舞がこのあともう一度、里開のあいだにあることも考慮すべきである。

この「最初の」部屋見舞にあっては、花嫁側によって饅頭が大量に用意される。今回の場合、戸倉が七百、用意する[116]、ただし実際に注文するのは逸身の側で戸倉が代金を払う。と事前に取り決めがなされていたようにみえる。「嵯峨饅頭料」として金三百疋が戸倉から出されるが、これを持ってくるのがリカの役割であったかもしれない。さらに逸身の親類の桑名屋からも七五、「差入れ」があった。これらをみなで手分けして、経木かなにかにおそらく自分たちで包んであちこちに配る。嵯峨饅頭は赤・黄・白の三色である。個数は、配り先の立場によって異なる。けっこう手間のかかる仕事であった。このときの配り先は「諸事控」には記録されていないが[117]、覚書が残っている〔1-2-1〕。次節でこれにもとづいて、この時期に銭佐がつきあっていた家々を展望する。

この日にはまた、あちらこちらから祝の品が届けられる。別家衆が対応し、記録する。返礼の状は卯一郎が引き受けた。

この日の夕刻、御新造が奉公人に紹介され、お土産が渡される。先に下女(申の刻)、ついで手代と子供(酉の刻)。備店からも手代がやってきて[118]、本店・備店双方の手代が御新造から盃を順次、頂戴となる。B級別家の常七と平助がその前に、「先へ御目見御流戴、御新造へ返盃」している。そうした場を仕切るのは丈助である。

翌二八日は里開であるが、その前、夕刻に「別家中目見江御引合」がある。正面には「奥」(トヨ)が御新造と並ぶ。付女が御新造の立ち居の世話をする。正面にはA級別家衆が並ぶ(宗兵衛・市兵衛・嘉兵衛・専助・清兵衛。丈助は忙しくしていてこの場は欠席した)。つまり新造を披露する役割は「奥」が担い、奥が別家に改めて紹介する、という形である。これを横二辺とすれば縦二辺には、いっぽうに「親旦那」「若旦那」「孝旦那」「御寮人」が並び、それとむきあう形のもう一方には、別家の家内が並ぶ。この日、実際に呼ばれているのは、婚礼で忙しくした者たち、すなわち、ユウ(市兵衛母)、タカ(専助母)、ヒデ(丈助妻)、タケ(嘉兵衛妻)、フサ(本酌人)、カメ(加酌人)の六人である。

食事は婚礼と同様、二段構えである。雑煮を中心とする儀礼的な祝盃、そして後席である。後席が始まると、御新造は丈助とヒデとの案内で里開のため生家（ただし旅宿である）に駕籠で帰る。それを別家一同が並んで見送る。駕籠の両脇にはチカとマツ、丈助とヒデは駕籠のあとに続き、さらには手代の栄助（正確にいえば別家清兵衛を襲名している(119)）が、それぞれ供の下男を連れて行列する。

旅宿では久兵衛が出迎える。花嫁は兄に挨拶する。

二九日は花嫁側の家（ただし実際は旅宿）を訪う二度目の「部屋見舞」である。嵯峨饅頭料を持参するタカが使者となり、さらにユウも別家総代としてついていく。

この部屋見舞の意味は、おそらく里開の意味と重なるのではないか。私が想像しているように、もし里開が本来は結婚を解消する機会を設けるためにあったのなら、実際に花嫁が戻ってくるかどうかの確認である。

三〇日には花帰となる。花嫁がふたたび婚家に戻ってくるわけである。ほんとうはこのとき花嫁側の媒人がつきそうわけであるが、戸倉嘉兵衛も久兵衛もこの日をまって帰京する。よって銭佐側の人間、具体的には丈助とヒデ、さらに先方の手代の代わりとして慶治郎が、花嫁を送る側となり、口上を主人に伝える。たしかに近隣の者どおしで婚礼が行われていた時代の習俗を、京都と大坂との結婚にあてはめるのには無理がある。戸倉家にしても商売に差し障

(116)「婚礼諸事控」の「嵯峨饅頭　数七百誂　此内　百　別家中ゟ到来」の別家中は、どちらの家の別家なのかが分からない。私は戸倉の別家とみたが、銭佐ならば戸倉の負担は六百である。

(117) 実際には記録するつもりであった。「賦り先左ニ記」としたあと、一頁、白紙が続く。

(118) 嘉兵衛はじめ備店の「幹部」は婚礼の当日、さらに翌日も本店につめているけれども、手代たちは婚礼を総出で手伝っていない。ということは店を開けていた。

(119) 単なる不注意な誤記ないし訂正忘れかもしれないが、次のようなうがった解釈も可能である。栄助が行列のしんがりに参加することはあらかじめ決まっていた。よって戸倉側から祝儀がすでに用意されていた。栄助は別家清兵衛となっているが、代役をたてるのは厄介である。よって清兵衛は栄助として行列についた。

る。花帰りに際しても土産と祝儀が配られる(120)。

銭佐側が主人となって行う最後の行事は（実際には聟入が残っているから、婚礼の行事がすべて終わったわけではない）、三月七日に行われる「御親類御引合振舞」である。このときに戸倉嘉兵衛はふたたび京から大坂にやってきて、逸身家の親類に挨拶する。

六二　明治二年の親類ならびに嵯峨饅頭の配り先

佐一郎の結納にあたって先方に親類書、別家書、家内書が提出された。別家ならびに手代その他については、すでに家督相続の記録と一緒に論じたので（五九節）、本節ではこの時代の親類を叙する。親類書の写しは「婚礼諸事控」〔1-2-5〕とは別に、独立した書が残っている〔1-2-11-25〕。両者に内容上の差異はない。以下、親類書の順に列記し、（仮称）「文久の親類書」（三二節）と相違するところにのみ、コメントを加える。

①　逸身源兵衛・妻しゅん　四代源兵衛の母がなくなり妻が加えられている。

②　加佐村伊兵衛・妻ふさ

③　野々口はや　ラクはこのときすでにハヤと改名している。後述六九節。

④　奥野てい　テイは佐兵衛の妻トヨの妹である。父（二代治兵衛）を慶応四年に、母（レン）を元治二年になくしている。いまだ結婚していないので当主である。

⑤　岩佐孫兵衛・妻かづ・母しん　「文久の親類書」の孫太郎が、孫兵衛を襲名したらしい。この孫兵衛は卯一郎の妻のハタの兄弟である。妻の名が加えられている。

⑥　藤田善兵衛・妻つち・母さち

⑦　神吉源次郎　祖母がなくなっている。
⑧　西岡吉兵衛・妻ます　父母がともになくなっている。
⑨　西岡長右衛門・妻しゅう・父太郎兵衛　おそらく「文久の親類書」の長右衛門の倅であろう。妻の名前が異なり、父が書かれているからである。
⑩　矢代庄兵衛・妻たね・母たか
⑪　池田伊兵衛　母がなくなっている。
⑫　今村長兵衛・妻とわ

織田弥助が書かれていないのが目につく。ただし祝は届いているし、後述するように嵯峨饅頭も配られている。つまり従来のいきがかり上、親類づきあいをいまも続けているにもかかわらず、嫁の生家に親類として紹介しない親類、という家があるのである。おそらく子息が東京の品川で先生になったこと、[121]いいかえれば商売のつきあいがこの先まったくなくなることがはっきりしたことと関連するのであろう。

親類にはあらかじめ、この縁談に支障がないかどうかを問い合わせる。[122]それに応えて、縁談に支障なき旨が親類からもたらされ、[123]さらには祝が届く。[124]花嫁の側からは土産がもたらされる。[125]

(120)　花帰りの時にお土産をもらった奉公人が、備店ではなく本店に勤めていたと考えられる。手代三人（皆助・慶治郎・宜造）、下女七人（たみ・りく・つる・たけ・とき・かし・いし）、子供五人（新吉・文治郎・巳之助・藤吉・仙吉）、下男三人（三助・岩助・七助）。
(121)　佐古文庫に銭佐の日記と一緒に保管されていた銭屋弥助の日記から読める。
(122)　史料〔1-2-11-8〕の下書き。さらに「婚礼諸事控」にも抹消されているが、「親類方結納差遣候迄ニ差支問合状」（二月四日、矢代庄兵衛、西岡吉兵衛、同長右衛門宛）の写しが残っている。さらに兵庫（藤田善兵衛）には丈助が、大坂の諸家には主人がじきじきに赴いた。
(123)　史料〔1-2-10-4〕（西岡長右衛門・二月六日）および〔1-2-10-5〕（西岡吉兵衛・二月七日）。

親類が花嫁に引き合わされるのは、花嫁が御花帰りを済ませた後の三月七日のことである。ただし遠路の親類は欠席するようである[126]。

親類のみならず日頃つきあいのある家々や使用人には、前節で述べたように、婚礼の翌日の部屋見舞にあたって嵯峨饅頭が配られる。そのときの配り先のリストが残っている〔1-2-1〕。これはまったくの覚書であって、表題こそ書かれていないが内容からみて間違いなく嵯峨饅頭の配り先である。おもしろいのは配られた饅頭の個数が一軒ごとに書かれている。このリストからは、銭佐をとりまく社会のみならず、婚礼という家内行事が、どの範囲にどれだけの重要度を付与した社会性をもつべきであると銭佐が考えていたかその様相までもがみてとれるので、以下、長くなるがまずは全文引用する。なお元の史料は縦一行に四軒が並べられているが、紙面の都合上、一行八軒に改め、その他、レイアウトに変更を加えた。ただし順序は元史料のままである。略称の多くは、「婚礼到来物控」〔1-2-7〕などによって、「フルネーム」が判明する。

丹市　岩佐　綿吉　綿長　銭弥　桑庄　境治　銭源
奈ら伊　今村　境善　境治郎　河庄　大小　天六　塚喜
　〆拾六軒
　壱軒分　十三ヅヽ　内　四ツ赤　五ツ黄　四ツ白　〆
漆次郎　備会所　下役藤助　髪結　銭宗　銭市　銭専　銭丈
銭嘉　銭清　常七　平助　大定　大源　塩庄　大七
三文　石吉　塩庄作　西市　銭喜助　会所　下役　井槌
尼庄　紙藤　鍵辰　大矢　おかつ方泉善
　〆弐拾九軒

壱軒分　十壱ヅ、　内　三ツ赤　四ツ黄　四ツ白　〆
三木東　境与　花吉　仲忠　伊勢長　家根せ　大工弥　作兵衛
美の藤　伊右衛門　伊助
〆拾壱軒
壱軒分　九ツヅ、　内　三ツ赤　三ツ黄　三ツ白　〆
文兵衛（?）　黄赤〆弐ツ　杉本村　弐ツ赤　弐ツ黄　壱ツ白　〆五つ
境吉　黄赤〆弐ツ　利兵衛　黄赤〆弐ツ
外屋久兵衛様　三色ニ而三つ
本家
慶二郎　皆助　宜蔵　丹吉　文二郎　真吉　巳之助　仙吉
藤吉　栄吉　米吉　たみ　りく　つる　たけ　とき
かじ　いし　丹後屋りん　まつ　三助　岩助　七助
〆廿三　白黄ニ而　弐ツヅ、
健助　萬助　文助　徹蔵　大助　福蔵　千蔵　福太郎
梅吉　斎次郎　万吉　勝蔵　又助

(124)　たとえば史料〔1-2-10-13〕（矢代庄兵衛）の書状。祝の品は「到来物控」〔1-2-7〕に到着順に記載されている。
(125)　「御土産物手控」のうち〔1-2-9-3〕には親類の当主へ宛てられた土産が記されている。妻などの名はない。土産の内容は、ひとしなみに扇子一箱と和紙五束である。この親類の名前と順序は先方に渡された「親類書」に等しい。
(126)　〔1-2-10-22〕は八尾の西岡長右衛門の、〔1-2-10-25〕は京都の矢代庄兵衛の欠席通知である。

〆十三　　白黄二而　弐ツヅ、
惣〆高七百拾二　　百九十赤　　弐百七十一黄　　弐百五十一白〆
百別家中より　　白三十五　　黄三十五　　赤三十〆
六百買求メ　　七十桑源より　　〆五十八返納

最初に記された丹市に始まる饅頭一三個のグループのうち、境治郎までが親戚である。ただし通称で書かれているので、丹市（丹後屋野々口市郎右衛門）や境治（堺屋奥野治兵衛）のように、当主が死亡してしまって妻しかおらず、厳密な意味での該当者がいないところもある。桑庄（神吉）の現当主は源次郎だが、庄助をもとにした店の名が通用している。境善と境治郎は、境治（堺治兵衛）、つまりトヨの生家である奥野家の本家と想定できる。

これに続く河庄（河内屋庄五郎）・大小（大根屋小十郎）・天六（天満屋六治郎）・塚喜（塚口屋喜三郎）は、長年の商売仲間である。うち天六は飛脚業を営んでいる。日記にかなり頻繁に名前が出てくる。なぜこの四軒が他の店にまして特別に親類同様の扱いされているのか、その理由は不明である。いいかえれば銭佐が商売でつきあっている店はきわめて多いにもかかわらず、婚礼に際して祝のやりとりがある店は限られているのである。

饅頭一一個のグループのうち、漆次郎は漆屋治郎兵衛でこの年の備後町四丁目の年寄である。備後町の会所の丁代、下役、髪結（下役でもある）がそれに続く。おもしろいことに備後町丁内の家持には、年寄の他にはまったく配られていない。佐一郎が備店の名前人であるにもかかわらず、そして備店開店からすでに三三年目であるにもかかわらず、近所とのつきあいはうすかったらしい[127]。備後町からすれば銭屋佐一郎の店は他町持という扱いなのであろう。

銭宗から平助までは別家である。続く大定（大和屋定七）は、「到来物控」によると祝を持ってきているが、「様」ではなしに「殿」が敬称として付されている。なんらかの点で格下扱いである。婚礼当日、「膳類拵方幷道具掛」として下女たちの助っ人をしている。下女だけでは力が足りない、あるいは高いところに届かないところの手助けをしたのか。すでに慶応三年の「御降臨」の際に、大定は奉納物（鏡餅を模した真綿）を持ってきて、手拭いと法被とをもらっている。明治八年の婚礼では出入方として記され、別家ではないものの別家に匹敵する働きをしていることが「婚礼役割定」からみてとれるが、その先は不明である。すでにこの時期から備店の中に入り込んでいたのか。もっとも出入方という位置づけなら饅頭は九個でもよいはずである。

大源から塩庄作までは古くからいる石灰町の家持である。安政三年の水帳絵図で確認できる。西市（西江屋市太郎）・井槌（井筒屋槌五郎）・尼庄（尼崎屋庄三郎）・紙藤（紙屋藤兵衛）は町内の、新参者の家持である。おそらく鍵辰（鍵屋辰蔵）もそうであろう。

銭喜助は、私が蠟商と推測している古い別家である（三六節注68）。銭源の別家であった可能性もある。ただし石灰町の借屋に住んでいる。会所と下役は、当然ながら石灰町のそれである。大矢は「到来物控」から大矢尚賢と分かる。「大矢氏」としばしば記される人物である。この「氏」という敬称のつけかたならびに、日記で他の医者に「氏」がついていることから、私は医者であると想定したが、漢方医であることが確認できた(128)。「おかつ方泉善」は「いつミやおかつ」〔1-2-11-36〕「和泉屋おかつ」〔1-2-7〕と同一人物と思われるが、何者かまったく不明。ひょっとしたら女たちの髪結かもしれない。

饅頭九個は、出入方と普請方である。ここでも他の史料と同じように、仲忠があっても大忠はなく、伊勢長はあっても尼長はない。私は両者は同一と考えている（四一節）。とりわけ後述する「菱之餅」のリストに尼長があって伊勢

(127)　しかし明治八年の「婚礼諸事控」〔1-4-2-1〕そのものに列記されている嵯峨饅頭の配り先には、備丁内の面々が書かれている。

(128)　『大坂医師番付集成』（思文閣出版、一九八五年）。

⑬明治一三年四月　浪華市街醫道一覧　バクロ一　東六段目

⑭明治一四年五月　大坂市中醫業有名鏡　博労町一丁目　東六段目

⑮明治一八年七月　浪華市街醫家弌覧　博労二　東五段目

長がないことは、その感を深くさせる。嵯峨饅頭と菱之餅は配り先が出入方の場合、同じであるはずだから。出入方として出入書に名前のあげられていない「美の藤」(美濃屋藤兵衛)は、「御荷物」の日(人足取扱方)や婚礼当日(洗場道具掛)に、三木屋東助の下にたって働いている〔1-2-13〕。人手が足りなくて助っ人としてよばれたらしい。

饅頭九個のあとには、グループ分けしがたい人物が並んでいる。杉本村とは杉本村八右衛門で、この婚礼の「出入書」に記入されるように、出入方のひとりに数えられたりもする。境吉は堺屋吉兵衛で、婚礼の料理の仕出しをする店である。利兵衛は石灰町の起番の利兵衛である。「御荷物」の行列の手伝いをした。枡屋久兵衛は戸倉家の別家で、今回の婚礼の媒人である。

このあと使用人が並ぶ。慶次郎・皆助・宣蔵は本家の手代、丹吉から米吉までが子供、タミからイシまでが下女、リンとマツは野々口ハヤ(ラク)についてきた下女、三助から七助は本家の下男。健助から大助までは備店の手代、福蔵から勝蔵までは備店の子供、又助は備店の下男である。

なお「菱之餅」もまた、配られている。私はこれは内祝の一環であると考えた。慶応三年二月二二日の「日記」に

「八尾綿吉殿ゟ内祝菱ノ餅参り候」

という記事があったからである。もっとも今回の婚礼も日記の記事も三月三日に近い日付であるから、菱之餅が内祝になる理由のひとつかもしれない。

菱之餅の配り先については省略する。嵯峨饅頭と比べて特徴としていえることは、手代・子供・下女・下男の使用人はもらえず、さらに普請方にも配られないことである。

六三　丈助の引退と死

丈助は銭佐の経営に不可欠の存在であった。一例としてその動きを慶応三年後半の日記に即して追いかけてみよう。慶応三年七月七日から九月二四日まで、高知に出張している。そのときの記録（「土佐用日記」7-4-2/3/4）はすでに全文が小林延人氏によって翻刻され、解題も同氏によってなされている。[129] また翌年正月、市中騒乱の折には、陣頭に立って指揮している。

この時期、なんらかの形で丈助がかかわりをもった大名屋敷は、土州、肥後、津、因州、土浦、五嶋、小田原、高鍋、の八つであるが、そのうち頻繁な往来があるのは土州、肥後、津である。日記からは用向きはほとんど読み取れないが、土州は白砂糖を担保にした藩札の発行、肥後は明礬の取引、津は楢村屋敷が関係していると推測できる。丈助が長州征討の費用として銀七〇〇貫を調達したことにより、肥後藩から、佐兵衛や源兵衛とならんで紋付小袖などを贈呈されているのも慶応三年のことである〔7-4-14〕。肥後藩からはすでに元治元（一八六四）年にも臨時銀三〇〇貫を調達したので、佐兵衛のみならず丈助もまた紋付小袖をもらったことがあった。佐兵衛の名前ではあるが実際に工面に役立ったのが丈助であったからだろう。

交渉はときに相手方の役人とのあいだに個人的なつきあいも引き起こす。「着歓」や「餞別」が本家のみならず丈助からも渡される。[130] それに対応する「土産」が丈助にも届けられる。[131] 肥後の「猪俣様」の「内室」が亡くなると、高知にいる丈助に代わって本家の裁量で、丈助名でも香典を出している。[132] 当然、先方から満中陰の志が丈助にも届く。[133]

---

(129)『現状記録調査報告書』三六―九五頁。

(130) 着歓　慶応三年九月一〇日（土佐、田村・前田・池神）、九月一一日（土佐、真辺栄三郎・尾崎源蔵）一〇月一五日（土佐・尾崎源八に鯛と海老を贈る）。八月二二日（丈助在高知、津、須川格三郎）、一一月一七日（同人）。餞別　九月一〇日（土佐、前任の森沢・村松・平石の三人）。

(131) 九月八日（土佐、田村・前田・池神）、九月一〇日（土佐、間辺（真辺）栄三郎。）。八月二一日（丈助在高知、津、須川格三郎）。

(132) これは史料〔7-34-0〕「肥後明礬一件諸書付入」として袋にまとめられた書状群に頻出する肥後留守居の猪俣才一と同定できる。

同じく肥後の栗林熊次郎が一一月二五日に国許に帰るが、それに先立つ二三日、「肥後栗林御振舞被下、丈助罷越候事」。栗林には銭佐側からも接待をしていたから佐兵衛宛ならびに丈助宛の礼状が残っている〔7-34-15/16〕。熊次郎は「肥後栗林」と呼び捨てにされている。[134]

小田原御奉行(小田原藩大坂屋敷の留守居か)の「御盃」で北新地へ呼ばれ「罷出る」のも丈助の役目である(一〇月二八日)。五嶋の役人は「丈助宅」へ来ている(一〇月二九日)。本家に来た「寒気見舞」には丈助分もある(一二月二〇日。この寒気見舞はその日に本家が受け取った肥前・小田原・因州を指すかそれ以外も含まれているかは不明)。津からは「金一両」が与えられる(一二月二二日)。

おそらく銭佐を代表して、実際の商いの交渉の表にたっていたのが丈助であったろう。先述したが大和古市での津藩との交渉は、佐兵衛だけでは進められなかった、とみえる。

丈助が高知に行って大坂不在の期間、丈助に代わって動いているのが、備店の経営を任されていた嘉兵衛である。嘉兵衛が土佐屋敷に出向いている。九月一五日の式日廻礼には「備店〆」嘉兵衛が加わっている。[135] 年代は不詳であるが、肥後の「館入、初御目通りにつき」贈呈があったのは、佐兵衛と丈助と嘉兵衛である。[136]

丈助が石灰町、本家の南隣に家をもつのは安政六年であった(先述三四節)。しかしそのまえに借家していたであろう。安政五年一二月五日の日記に次のような記事がある。

「丈助宅、祝くバり二付、政吉加す(貸すの意か)」

何の祝かは分からない。安政五年一一月の段階ですでにヒデと結婚していたのみならず、娘カメも誕生していた(成證庵の遺物をもらっている。三六節)。

佐兵衛が退隠を決断し、佐一郎が結婚して備店を足がかりに自分の経営を考え始めたであろう頃、丈助も引退の意を固めた。「本店銀控帳」の明治五年の頁には、明治初期の丈助をめぐる動きが記されている。

一、四拾四貫目　丈助　元手金　金弐百両
一、拾弐貫百目　右同人　右元金　午年ゟ申九月迄利渡し　此金五拾五両
一、三拾五貫弐百目　右同人　元石灰町北之家六間口裏行弐拾間土蔵一ヶ處

丈助がもらうことになる「北之家」（正確にいえば、北の家のうちの一軒・㉒である）については三四節で説明した。そしてすでに明治三年に丈助は土地の売買に付帯する費用を出してもらっている[137]（「本店銀控帳」）。

一、拾壱貫目　丈助へ　於丁内、地面一ヶ所被遣候節、丁入用手当として被遣

明治五年に「元手金」としてもらった金二〇〇両には延滞金とでもいうべき五五両の利息がつけられた。二七・五％の利息である。申年はこの年、すなわち明治五年。直近の午年は明治三年。二年と九ヶ月、すなわち二と四分の三年なので、単利として一年に一〇％と計算したことになる。いいかえれば明治二年末をもって本来は元手銀をわたすべきところ、明治五年九月末まで引き延ばした、という了解である。明治二年三月に佐兵衛は還暦の祝をした（前出）。丈助はその年末で引退すると意思表示した。ひょっとすると明治三年に入用が計上されていることから判断するに、転居は明治五年をまたずに実施されたかもしれない。

---

(133) 香典　八月二四日。満中陰志　一〇月七日。
(134) 史料には、栗林熊次郎と栗林徳三郎のふたりの名前が出てくる。「熊次郎」と「徳三郎」の関係は不詳。本節の趣旨とは離れるが、明治七年七月三〇日に大阪府から「旧熊本県国産明礬為替金の儀ニ付願い出の趣、栗林某の私物旨申立て候あいだ、取消候旨の達し」が佐兵衛宛に届いている〔9-3-1-1〕。このときにおそらく反証のため銭佐側から持ち出された証文が史料〔9-3-2/3〕であろう。
(135) 嘉兵衛が丈助の後継であることは、明治八年、佐一郎の荘保ミヤとの婚礼からも分かる。銭佐側にたってそれを仕切る役目は、丈助は事実上引退していたので、嘉兵衛であった。
(136) 佐兵衛には「三段頭紋付……染晒帷子一反」。丈助と嘉兵衛には「綿弐把」〔9-3-1-3, 4, 5〕。
(137) 「家徳控」には明治六年に同額（銀三五貫二〇〇匁）が利金として、計上されている。帳簿上の扱いと実際の金の流れの関係はよく分からない。

彼の引退が延びた最大の理由は、家督相続が明治四年まで延びたことであるが、孝之助（佐一郎）の婚礼もまた影響したであったろう。丈助はそれまでずっと佐一郎の代判であった。佐一郎の婚礼は明治三年二月であるが、二年末から準備が始まっている。それを取り仕切っているのは丈助である。そして佐一郎が結婚してもなお、丈助は代判をつとめる(138)。

元手金とあるが、長年の労に報いた退職金のようなものであったか。金二〇〇両という数字も一割という利息も、ともにずいぶん大雑把な数である。時代も変わった。もはや大名貸の時代ではない。かといって新規事業に自分が乗り出すこともない。その後まもなく丈助は、佐兵衛に先立って死亡する。

丈助が死亡するのは明治九年一一月二四日である(139)。ときに四代佐兵衛は六九歳。過去帳には上欄に「初代丈助忠臣溝口氏」と記されている。

自分より若年の丈助の死を、佐兵衛がどう受け入れたか知るすべはない。ただしそれからひとつきほどたった明治一〇年の正月、七〇歳を迎えた佐兵衛は次のような七言絶句を作り、書にしたため軸としている(140)（口絵1参照）。

光陰如矢七旬身
昨是今非更日新
嘗竭辛酸情未悟
居諸来往也逢春

(138) 明治四年の五代佐兵衛の家督相続にあたり、「親類総代請人　銭屋佐一郎　代判丈助」の記述がみられる。

(139) 明治八年の六月に、すでに丈助は弱っているようにみえる。佐一郎の荘保家との結納に際し、別家が宴に招待されているが、そこに丈助の名はなくヒデの名だけがある（後述六七節注12参照）。もっとも引退した自分はこうした場所に出るべきでない、と遠慮した可能性も残るけれど。

(140) 同じ絶句をしたためた軸が二本、現存している。「逸宝房」という署名がある。

第六章　退隠の後

孫が生まれないことへの危惧。退隠後の佐兵衛の役割への推測。五代佐兵衛・佐一郎・六代佐兵衛の動静。ラクを京都から引き取る。福本元之助の台頭。彼の母親の推測。銀行設立と破産。

六四　佐兵衛の孫たち

明治一〇(一八七七)年の頃の佐兵衛は孫には必ずしも恵まれているとはいえない状態であった。男孫は佐一郎がタイ（すでに死亡している）とのあいだにもうけた悦治郎ひとりである。卯一郎にはない。

卯一郎とハタの結婚は安政六(一八五九)年である。その子供たちのうち、結婚年齢にまで達したのは、のちに従兄の悦治郎と結婚することになるツルひとりである。除籍謄本によるとツルは三女と記されている。ツルの生まれは明治一二年三月、このとき父は四二歳、母は三六歳である。両親ともかなり年をとってからの娘である。

もうふたり、名前と戒名とを確実に同定できる子供がいる。ひとりは除籍謄本に三男と記されている、明治一六年生まれの邦之助である。邦之助は明治二七年に一二歳で死亡した（慈昌院当栄童子）。邦之助の病気回復祈願の曼荼羅図が残っている。誕生のとき父は四六歳、母は四〇歳。そうとうに晩年の子供といってもよかろう。

あとひとりは除籍謄本には記されていないけれども、明治一一年の婚礼の際の親族書から名前の分かる娘である。テウという。テウは明治一八年一〇月に死亡した慈孝院妙仙童女の精霊棚の塔婆に「銚」とあることにより同定される。今日でいえば小学生のときに死んでしまったのであろう。

ツルが三女、邦之助が三男であるということは、テウの他にもまだ男子がふたり女子がひとり死んでいるということである。過去帳には子供のままで死亡した子供たちの戒名が並んでいる。長男、次男、長女をその中から捜してみる。戒名で「水子」となっている子供は候補者ではない、とみなす。

卯一郎とハタにはなかなか子供が生まれなかった。しかも結婚三年目の文久二年七月には流産ないし早産で子供をなくしている（幼泡水子）。佐兵衛をはじめとする周囲は子供の誕生を早くから望んだはずである。(1) 佐兵衛やトヨは、まだ生まれないのかと、口に出したであろう。だからこそ結婚九年目の慶応四（一八六八）年の妊娠は当人たちにも歓迎されるべき事件であった。日記によれば慶応四年六月四日戊の日に、「御寮人様、岩田帯被遊候事」。ハタはつわりがひどかった。日記には何度か「御不快」の記事がみえる。四代源兵衛の妻シユンが見舞いに訪れている。彼女もまた、同じ頃に妊娠しているのである。(2)

子供は生まれた。慶応四年（＝明治元年。改元は九月八日）一一月六日の日記。

「御寮人様今朝五ツ時頃御安産、御女子御出生ニ付、夕舟ニ而京都へ三助を以為知遣し候」

「右ニ付一統江廻状を以相達候事」

しかし子供は三日後に死亡する。

一一月九日「当月六日御出生之娑様、今暁八ツ時、御急病ニ付被遊御死去候事」

「娑様御死去ニ付別家中へ廻状相廻シ候事、使文二郎」

「嘉兵衛御悔ニ参り候事」

「銭宗手代壱人参り、宗兵衛遠足ニ付、不取敢御悔ニ参り候事」

一一月一〇日「此程御出生娑様、今七ツ半時妙徳寺へ相送り、夕暮小橋へ野送り致候事、御見送りとして、孝旦那様・丈助・本町・銭宗・専助・平助、供藤助・岩助・真吉・孫助」野辺の送りに子供の両親は加わらないことが読める。

この子供には冬幻水子という戒名が与えられる[3]。この子供の戒名は、三代佐兵衛とリヤウとのあいだに生まれた観解嬰子の隣に刻まれる。翌年の明治二年三月二〇日から二三日にかけて、夫婦揃って中山寺に参詣している。岩田帯を返しにいき、次の子供の安産を祈願したのであろう。中山寺詣では、明治天皇の生母の中山慶子（嘉永五年出産）が腹帯を締めたことから流行になっていたという。

しかし子供は生まれない。生まれても育たない。生年は不明であるが、明治四年六月に晴雲智照孩子が死んでいる。のちにこれが長男と数えられたであろう。この子供は四代佐兵衛の娘のタウと同じ墓石⑮に、ただし面を変えて祀られた。同じ墓石には一四年のちに晴雲智照孩子の右側にならべてテウの戒名が刻まれる（さらにもう一名、左側に並べられている男子については後述する）。

さらに明治六年九月には暁覚重璋孩子が、明治八年九月には秋暁妙夢幼女が死んでいる。ふたりは示教嬰女（嘉永二年没・四代佐兵衛の子であろう）をはさむようにして同じ墓石⑭の同じ面に祀られている。次男と長女となる。

この秋暁妙夢幼女がキヤウという名前であったことは次のようにして証される。明治八年六月の佐一郎の荘保ミヤとの結納に際しての家族書に、キヤウという名前の娘が、佐一郎の長男の悦治郎に続いて名をあげられている。しかし一一月の婚礼のおりにこの娘は土産のリストから省かれている。この間にキヤウが死亡したからであろう。そして

（1）日記慶応三年六月一六日の記事「娶様誕生ニ付高津へ御参詣、孝旦那様御同道、供皆助、かの、まつ、三助」は紛らわしいが、新生児が誕生したのではなくイツの誕生日であるので本人が兄の孝之助ともども参詣したのである。
（2）慶応四年一一月一八日の日記に「本町様ゟ今日四ツ半時御男子平産之由参り候事」とある。
（3）過去帳には命日が一一月八日となっている。日記の暁八ツ時より、実際には数時間前に亡くなったらしい。

「過去帳」を調べると、実際に明治八年九月に没している秋暁妙夢幼女が記録されている。キヤウの父親が佐一郎という可能性はありうる。しかしその場合、キヤウの母はタイということになるが、明治六年一一月に死亡したタイの墓石は遅くとも明治七年末までに新造されていたはずで、夭逝した娘の戒名は母親の墓に刻む方が自然だろう。よってキヤウの父は卯一郎と推定できる。先に述べたテウ（慈孝院妙仙童女）は、明治八年の婚礼の「家内書」に書かれていないからいまだ生まれていないことになり、よって、キヤウが長女、テウが次女である。

さらにもうひとり、明治一八年九月、つまりテウの亡くなる一ヶ月前に幼い男子が死んでいる（止禅孩子）。この子は邦之助よりあとに生まれたのではないかと想像される。この子供の法名はテウと一緒に、長男の晴雲智照孩子をはさむようにして刻まれた。

ツルが生まれたのは結婚二〇年目のことである。この子供が無事に育ち、やがて子供を産むに至ることになるとは、出生当時に期待はもちろんなされたであろうが実際のところ予想は低かっただろう。五代佐兵衛の家庭内の立場は弱かったが、子供が長く生まれなかったことも理由になったかもしれない。そして佐兵衛は孫よりさきに自分で男子（福本元之助）をもうける。今日からみればまさに理不尽であるが、父佐兵衛は倅卯一郎より子孫繁栄の点でも優位を誇ったであろう。

ツルを産んだあと夫婦の体質が変わったとでもいうのか、さらに邦之助が生まれる。このとき四代佐兵衛はまだ健在であった（七六歳）。しかもこの男子は育つかのように思われた。この倅の死亡は五代佐兵衛にとって落胆する事件であったろう。

佐一郎もやがて子供をもうけ、かつなくす。佐一郎の子供は悦治郎以外にも四人、成人した（ただしそのうち二人は、三番目の妻のマスから、四代佐兵衛死亡の年の明治二四年より後に生まれている）。なくなった子供たちは母親と一緒に、別の墓石群に祀られている。(4)

将来六代佐兵衛となる悦治郎が五代佐兵衛の養子になるのは、除籍謄本によれば明治一二年、ツルが生まれた年のことである。父は佐一郎である。[5] 明治五年一一月に生まれているから八歳である。母のタイは悦治郎を産んでちょうど一年後の翌年の明治六年一一月にすでに亡くなっている（本覚院妙成日證）。いっぽうの五代佐兵衛（卯一郎）にはこの時期、生存している男子はいなかった。妻のハタはツルを三六歳で産んだばかりである。もはや男子は産まれるまいと周囲（とりわけ四代佐兵衛）が思った可能性はじゅうぶんある（しかし実際には、邦之助と、私の想定が正しければもうひとりの男子が結果的には産まれるが）。ツルと結婚させるかどうかは別として、銭佐の跡取りはこれしかない、として決断が下されたのであろう。

むしろ佐一郎の倅が悦治郎という名前を与えられた時点ですでに、この孫が将来の跡取りと決められていた、と考

（4）佐一郎の子供は以下の通りである。

タイからは悦治郎（明治五年生。本家へ養子。後の六代佐兵衛。後述）が生まれた。

ミヤ（随昌院妙本日浄）からは豊之輔（随義院宗真日豊、明治一五年生、昭和四〇年没。子孫は京都在住）が生まれた。そのまえに如雲孩子（明治一二年八月二日没）が生まれている。タイ（本覚院妙成日證）と同じ墓の同じ面に並べて祀られているので、一見、タイの子供のように思えるが、明治八年の婚礼記録からその可能性は消える。この子供が死亡したときには当然ながらミヤの墓はないから、先妻のタイと一緒に祀られたのであろう。ミヤと同じ墓の同じ面に祀られている秀静水子（明治一九年一〇月二八日没）はミヤの命日と同じなので、ミヤは流産もしくは出産と同時に死亡した、と考えられる。もうひとり同じ面に祀られている真光智節嬰女（明治二二年一一月三〇日没）もミヤの子供と考えたいところであるが、明治二一年のふたつの婚礼のときに土産をもらっていないから、それ以降に生まれた子供ということになる。だから母はミヤでない。佐一郎の三番目の妻のマスの生んだ子供であろう。

マスから生まれた子供は、早世しても除籍謄本で分かる。トシ（明治二一年生、明治二六年没）、道之助（真法院宗實日道、明治二四年生、昭和一三年没、子孫は尼崎を経て現在西宮在住）、箭之助（本覚院泰山日箭、明治二六年生、昭和四三年没、子孫は舞子在住）、孝之助（明治二八年生、三〇年没）、ユタ（明治三〇年生、没年確認できず、奥野家（祖母のトヨの生家の本家筋）に嫁ぐ）。

四代佐兵衛の孫を数えるとなると、さらに福本元之助の息子二人と娘二人、さらに（そもそも何人いたかも分からないが）平池家に嫁いだイツの子供たちもいれなければならない。

（5）除籍謄本には「明治拾弐年五月壱日大阪府東区備後町弐丁目平民逸身佐助長男入籍」とある。なぜ「佐助」になっているのか、理由は分からない。私の憶測は二二節参照。

えるべきかもしれない。(6)「悦治郎」という名前は四代佐兵衛の幼名である。佐一郎の倅に悦治郎と名付けよ、と四代佐兵衛が命じた、と思える。

それに「養子」といったところで、はたして住んでいる家を移ったかどうかも分からない。佐一郎は明治八年の再婚後に備後町に居を構えていたであろうが、実母のいない悦治郎は「本家」で暮らしていたのではないか。将来の六代佐兵衛は、祖父に日々観察され、仕付けられたかもしれない。

六五　高鍋藩蔵屋敷の購入

銭佐は明治五年に、江戸堀南通り三丁目にあった高鍋藩の蔵屋敷を購入している。「家徳控」明治五年の頁には銀換算で四六二貫目と計上されているが、実際には円で払った。次のような注記が書かれている。

高鍋藩邸名代上村六兵衛殿　家質屋敷地流れ込　岡側表通拾九間裏行二十間　此坪三百八拾坪　沽券状通り　代金千圓　浜通り表口拾九間裏行拾四間五寸　此坪弐百六拾七坪四合四夕　沽券状通り　代金四百七拾圓　浜岡共建家釘付物代として六百三拾圓　合而弐千百圓　土蔵弐ヶ所共

他に帳切の費用と入用とが別にある（省略）。

これが高鍋藩の大坂蔵屋敷であったことは地図で確認できる。「岡」とは通り側、「浜」とは江戸堀の側である。「家質」であったということは、高鍋藩がすでにこの屋敷を抵当に入れていたと考えられる。銭佐は長年、高鍋藩とは取引があった。藩の財産の処分が進む中で、蔵屋敷を買わされた、といってよい。

銭佐の高鍋藩との取引は長い。大名貸の収益を年ごとに記載した「諸家徳」〔7–36〕は、帳簿の記載が始まった文政二（一八一九）年よりつねに高鍋から始まり、額もおよそ三〇貫と高額である。また五代佐兵衛に家督相続をする旨、諸藩に願いを書くが（「宝備家督一件諸事控」〔4–10所収〕）、実際には肥後藩のほうが手続きが先に行われたにもかかわらず高鍋藩への届けの写しが先に書かれている。日記に写された廻状や（もし残存していれば）高鍋藩側の史料を精査すれば、明治維新を乗り越えた両替商の中で、銭佐が高鍋藩最大の取引先であったことが証されるかもしれない。

しかしこの土地は三年後の明治八年に国に一八〇〇円で、つまり購入価格より三〇〇円安く買い取られる。「家徳控」の注記。

江戸堀　岡浜共弐ヶ処　警察課江うり納代金

六六　「家法定則覚」

明治の初めに石灰町の本店から手代があいついで辞めていった。慶次郎、健助、宜造である。明治二年の佐一郎の結納にあたって提出された家内書によれば、慶次郎は手代筆頭であり、健助は四位、宜造は八位に位置する。かれらの辞めた時期については、明治三年の佐一郎の婚礼の役割定(7)と明治四年八月の家督相続の内祝の記録が役に立つ。慶次郎と宜造は婚礼の折にはまだ働いているが（ふたりとも本店勤務である）、家督相続のときにはすでにいない。ということは明治三年から四年の間に辞めた。健助は婚礼役割表の下書きになく、家督相続の折にも名前があげられ

（6）現存する史料の中で、佐一郎の倅が悦治郎と呼ばれているいちばん古いものは、明治八年、佐一郎再婚の際の「家内書」である〔1–4–2–1〕。このとき悦治郎は四歳である。しかし誕生後ただちに悦治郎と命名された可能性はじゅうぶんある。

（7）婚礼の役割定には下書き〔1–2–11–13〕と実際の役割定〔1–2–13〕のふたつが残っている。

ていないから、遅くとも明治四年に、おそらく明治二年末に辞めたと思われる(8)。辞めていった手代が別家になった形跡はない。店を変えたか、あるいは故郷に戻ったか。あるいは他家の養子になった可能性も考えられる。さらに備店配属の手代が残っているにもかかわらず本店配属の手代がふたりも辞めることは、大名貸が危うくなったこととも関連しているのかもしれない。簡単にいえば手代が銭佐の将来に見切りをつけて逃げ出した、とも想像されるし、銭佐のほうから暇をだしたのかもしれない。

さらに家督相続の祝のあと、次に手代の一覧が作成される明治八年の婚礼時と比べると、手代のリストは様変わりしている。あらたに備店から萬助（明治二年のリストで五位）と文助（同六位）が辞めている。明治二年にいた九人の手代のうち、明治八年に名前を残すのは皆助（三位→筆頭）、徹造（七位→三位）、大助（九位→八位）の三人だけである。ただし本店勤務の永助（栄助・二位）は別家の養子となり桑原清兵衛を襲名しているので出世したともいえるから、むしろ四人が残った、というべきであろう(9)。おまけに佐一郎の婚礼のときにはいまだ採用されてはいないが、明治四年の家督相続のときにいた要助、禎助、弘造、祥造、敬造の五人のうち、上位三人（要助、禎助、弘造）も明治八年には辞めている。ただし要助は奥野家に養子に入った、と考えられるからむしろ出世した（次節六七節）。

そこで考えるべきは、時代の変化が備店の奉公人との関係にも影響を与えたかもしれないことである。つまりたんに大名貸がどうなるか先行き不透明で、この先、立ちゆかなくなる可能性も否定できない本家の問題だけではなかったかもしれない。

まずはしかるべき年限をつとめた手代に、「出世の頭打ち」とでもいうべき事態が生じた可能性がある。丈助・嘉兵衛・専助・清兵衛の四軒の別家がある種の壁となって、それらと比べると新参になる手代は食い込めない。かつ独立しようにも、元手銀の額が不明瞭である。おまけに幕末期からのインフレはとどまるところをしらない。さらに四代佐兵衛は退隠した。

明治八年一月に作成された「家法定則覚」が、佐古文庫に残されている（F―10―22）(10)。その序に「方今物価未曾有に貴く諸事日新の折柄、実に古法而已を固守するも難く、時宜に随ひ、旧法に縁り新らたに家法の則を定め」とあるから、家法はもともとあったけれども、改訂されたことが分かる。

この「家法定則覚」では、手代の処遇にいちばん留意がなされている。従来のように暗黙裡に合意されていた階層秩序が、このまま不文の状態ではなりたたない、と主人側が判断したか。

手代の経歴には、今後手代になるであろう者たちを含めて、次の三種類が考えられる。

①　銭佐に子供としてはいり、年季を重ね、手代となった者。

②　別家の倅。

③　他店から移ってきた者。

「家法定則覚」は①を標準モデルとして、いつ家を構えられるか、妻帯したら手当はどうなるか、同様に子供ができたらどうなるか、といった手当の面を細かく列挙しつつ、それが②であっても③であっても同一であることを但し書きする。ここから①の者たちが、②や③に対して持つかもしれない妬みをなだめることが読めるし、同時に③に対し

（8）　健助が備店勤務であったので備店の経営に徹するようにと、婚礼役割定から省かれた、という可能性は残る。事実、おなじく備店勤務の徹造（七位）は婚礼の手伝いはまったくしていない。いっぽう備店勤務の萬助（五位）は「御荷物」の日だけ、同じく文助（六位）は婚礼当日だけと、交代して石灰町に来ている。ただし備店を守る手代はふたりで十分と仮定すれば、健助はすでに辞めていたことになる。

（9）　やがて丈助の娘の溝口カメの夫となる彦助は、明治八年には手代二位に位置するが、明治二年のリストにはない。彦助が古手の徹造より上に位置する理由は不詳。

（10）　「本逸身」と記されているから、本家、すなわち石灰町の跡取りの五代佐兵衛が責任をとって作成したのかもしれないが、しかしこの家法が備店に及ばなかったとは思えない。むしろこの「覚」が本家のものであって、備店にも同じものの「覚」があった、と考えたほうが筋が通る。

ても決して冷遇されないことを示している。

私は維新後に起きた石灰町本店からの手代の退職と、新しい「家法定則」とのあいだに因果関係を想定しようとしている。つまり維新後の経済的混乱の影響が、一軒の両替商にも及んだのではないか、という仮説である。しかし見方をかえれば、新しい「家法定則」の作成も一つの流行で、他の大きな店でやっていることを銭佐も取り入れようとしただけなのか。そのためには銭佐の家法を他店の家法と比較する必要がある。専門家のご教示をまつ。

六七　明治八年および一一年の親類書・別家書・家内書

明治八年に佐一郎は再婚した。相手は荘保ミヤという。克明に書かれた記録（「婚礼諸祝儀控」〔1–4–2–1〕）が残っている。これによってミヤの生家や年齢（生年は一八五四年と計算できる）なども分かる。(11)

明治一一年に佐兵衛の娘のイツが平池昇一に嫁いでいる。これについても史料は詳しい。これらふたつの婚礼の折の人々の動静は「婚礼諸事控」などの史料から詳しく判明するが、式次第の再現は六一節でやったから煩瑣になるので、一切省略する。詳細は第2巻第四章小松愛子論文をみられたい。

明治八年ならびに明治一一年の結婚に際して、結納時に書かれた「親類書」「別家書」「家内書」の内容を描出しておく（〔1–4–2–1〕ならびに〔1–1–2–4〕）。こうした書類は結納時に先方に渡されるので、正確にいえば作成年代は遡るが、ここでは便宜的に婚礼時の年代を使う。

親類書。

① 逸身《ママ》源兵衛・妻しゅん　この源兵衛は四代源兵衛であるが、逸身家の「過去帳」によれば同人は明治一〇年七月に死亡する。その後、なんらかの理由で親戚づきあいが途切れる。明治一一年の親類書には記載されていない。

また過去帳にもそれを反映してであろう、五代源兵衛もしくはそれに相当する人物の記載はない。

② 野々口はや・元之助　ラクは店を手代の吉兵衛に譲り、大坂に戻ってきた。そして福本元之助を引き取った、と私は推測する（後述六九節）。

③ 奥野治兵衛・妻てい　トヨ（佐兵衛の妻）の妹のテイは、明治二年には結婚していなかったので、同年に書かれた親類書では当主となっていた。だからその後に婿養子をとって、その養子は三代治兵衛を襲名したことになる。しかしこの養子は逸身家に対しては襲名前の要助を名乗っている。イツの婚礼に際して、平池昇一宛の扇子をもらった旨の請書は、奥埜治兵衛からとなっているけれども〔1-1-1-27〕、逸身佐兵衛宛の、扇子などを進上する目録では奥野要助からとなっている〔1-1-1-26〕。さらに婚礼が終わったあとの佐兵衛宛の礼状にも「奥埜要助」とある〔1-1-4-21〕。対外的には治兵衛を襲名していても、佐兵衛に対しては「治兵衛」とは書きづらい立場らしい。そこでこの要助は、銭佐関係者、もしくは銭佐の後押しで奥野家を継いだのではないかと想像される。具体的には明治四年の家督相続のときに、要助という名の「手代」が厚遇されているが（五一節）、それはやがて奥野家へ聟入りすることが決まっていたからではないか。明治二年の手代のリストに要助は載っていないから、ひょっとするともともと奥野家の手代であったのが、銭佐で修行していたのかもしれない。そうであったにせよなかったにせよ一度は銭佐の手代であった者が奥野家の当主となるということは、銭佐は奥野家を別家のごとく扱いはじめたと想像できる[12]。

(11)　この婚礼を仕切ったのは二代嘉兵衛である。嘉兵衛は丈助の残した明治三年の記録を姑息なまでに踏襲している。

(12)　明治八年の荘保家との結納に際して、別家衆がよばれている（佐一郎婚礼諸祝儀控〔1-4-2-1〕）。そのとき饗応にあずかった人物の名前が記録されている（奥野様・本町・銭宗・銭嘉・同清・おゆう・おたか・おひて・おやう）。親類であって別家ではないから本来なら参加するはずがない「奥野様」が加わっているのは、要助のかつての縁によるとみてよい。「本町」、すなわち銭源が別家同様に扱われていることも、奥野が別家扱いされている証左となる。

④　岩佐孫兵衛・妻かつ・母すか　母がシンからスガに改名したことについては、二九節注26参照。
⑤　戸倉嘉兵衛・母いを　タイが死んでタイの婿が再婚するにあたっても、その兄と母はあくまで親類である。
⑥　藤田善兵衛・妻つち・母さち　明治一一年には妻ツチの名前がなくなる。死亡か。
⑦　西岡吉平・妻ます
⑧　西岡長五郎・妻しゅう・父太良蔵　明治二年にも「妻しゅう」が書かれている。同一人物なら、長右衛門は長五郎に、太郎兵衛は太郎蔵に改名したことになる。
⑨　神吉源治郎
⑩　矢代庄兵衛・妻たね・母たか
⑪　今村長兵衛・父喜八郎・母とわ　さらに明治一一年には「妻ゑつ」が加わる。明治三年の長兵衛には「妻とわ」があり、父母はともに記載されていなかった。明治三年の長兵衛の倅が、八年および一一年の長兵衛、明治三年の長兵衛は喜八郎、である。
⑫　加佐村伊兵衛　明治一一年には粂田伊兵衛と記載されている。逸身ではない。播州加佐村の、逸身の本家はすでに断絶したのか。
⑬　織田弥助・妻すを　明治三年には書かれていなかった。明治八年に再び書かれたのち、明治一一年にまた書かれなくなる。

別家書。
①　中西市兵衛・母ゆう
②　辻宗兵衛・母みね　市兵衛と宗兵衛の順序が明治一一年には入れ替わり、宗兵衛、市兵衛の順になっている。一一年には母ミネは記載されていない。

③　笹部専助・母たか（明治八年）／笹部専助・祖母たか（明治一一年）「母」が「祖母」になるのは誤記ではない。二代専助が明治八年正月に死亡したことは、「過去帳」で確認できる。[13] その後、二代専助の倅が三代専助を襲名する。ただし親類書にはこのように書かれているが、別家廻状には「銭　たかさま」と記される。つまり明治一一年の当主はタカである。

④　溝口丈助・妻ひて（明治八年）／溝口ひて・養子彦助・妻かめ（明治一一年）　丈助の死亡は明治九年である。ヒデもまた、明治一一年の廻状にあっては当主とされる。養子彦助については次節（六八節）で述べる。

⑤　高木嘉兵衛・妻たけ　妻タケは明治一〇年に死亡している。よって明治一一年に嘉兵衛は独身である（その後、カツと再婚する。六八節に引用した廻状参照[14]）。

⑥　桑原清兵衛・妻やう
B級別家との間に差があることが、相変わらず紙の上にも表れる（五九節・口絵14。明治八年の写しには「此間少し明ケル」との書き込みがある）。

⑦　藤本常七・妻なか　明治一一年には「恒七」となっているが、同一人である。「常七」と「恒七」の表記の揺れ

（13）　別家書は、明治八年六月に行われた結納のときに先方に渡されるわけだから、二代専助が死んでいるにもかかわらず、「笹部専助母たか」と記された、と考えなくてはならない。「笹部たか」としか書かないのはまずいと判断されたか。また結納の際の廻状や婚礼の日取りを知らせる廻状にも「同（＝銭）専助様」とある。死者は社会的には死んでいないのか、それとも倅の襲名を予定して書かれているのか。専助の倅の専之助は明治八年の段階では名が見つからず、一一年の婚礼の家内書に「小者」のひとりとして記されている（序列は一二人中一一位）。いまだ「元服」していない。そのいっぽうで婚礼の役割分担は、あきらかに別家がやるべき仕事が「専之助」に与えられている。「専助」はいない。ここより想像しうる事態は、三代専助はいまだ正式に襲名していなかったけれども、専助という家が対外的に認められていた、ということか。

（14）　二代嘉兵衛（随義院）とタケ（随法院）の墓の側面に随喜院が祀られている。「随」の字が共有されていることからして、これが後妻のカツであろう。

は古い（三六節）。

⑧　加藤大助　明治八年にはない。ただし手代の大助が別家に昇格したかもしれない。大助という名の手代は慶応三年から確認できる。ただしいつも序列は最後である[15]。

明治三年の婚礼ならびに明治四年の家督相続のときまでB級別家として名前が出てきた三木屋平助は、姿を消している。

家内書。上段に明治八年の、下段に明治一一年の狭義の家族部分を転記する。

佐治兵衛	佐治兵衛
トヨ	トヨ
佐兵衛	佐兵衛
ハタ	ハタ
佐一郎	佐一郎
イツ	ミヤ
悦治郎	悦治郎
キヤウ	テウ

大きな移動はない。佐兵衛はすでに退隠して佐治兵衛となっているが（佐兵衛とあるのは、家督を相続した卯一郎である）、当主の佐兵衛を措いてどちらの家内書でも筆頭に書かれる。婿の佐一郎、ないし花嫁のイツの父母であるから、という理屈であろう。しかし（旧戸籍のように）当主を先にたててもよいはずだから、家督相続の後になっても、なお も実質は四代が家長である、との意識のあらわれているともいえる。じっさい三代佐兵衛の娘のラクが天保一二年に結婚するときの家内書では、当主の四代佐兵衛が先に書かれていた。

佐一郎の名は、自分が婿となる明治八年の家内書にあっても、そうでない明治一一年でも、同じように書かれている。つまり婿は嫁をもらい、この先も家を構成する、という理由であろう。対してイツの名は、イツが嫁入りするときには書かれない。家を出ることを前提にしている。

佐一郎が明治三年に結婚した妻のタイは六年に死亡した。タイの名前が載っている家内書はしたがってない。明治八年に佐一郎の妻となったミヤが、明治一一年には佐一郎の次に来る。

悦治郎は佐一郎の実子である。キヤウは、悦治郎と同様に佐一郎が先妻タイとのあいだにもうけた娘ではなく、卯一郎とハタの娘であると、私は墓石から想定した（六四節）。キヤウは明治八年九月に死亡する。明治一一年に悦治郎のつぎに書かれているテウは、卯一郎（五代佐兵衛）の次女である（六四節）。テウは明治八年にはいまだ生まれていないことになる。花嫁からも土産をもらっていない。

すでに明治八年の手代を、明治四年のそれとを比べた（六六節）。明治八年に手代は八人、一一年には九人を数える。これは維新前の数とほぼ同じである。ということは、石灰町と備後町のわりふりには変化はあったにせよ、両店を合わせた数とみなすべきである。つまりいまなお両者は一体である。

明治八年の手代筆頭は皆助である[16]。この年の婚礼にあたり宰領を務める。皆助は維新前、楢村に駐在した手代である。姓が松倉であることが楢村にいた頃の書状から分かる（〔3-41-2-8-1〕など）。宿元は松倉金十郎という[17]。明治一一年に皆助はいなくなっている。しかし逸身家とはつきあいが長く続く[18]。

（15）過去帳に「加藤大助事留次郎　真成院宗縁日詮信士　明治十七年二月二十四日」という項がある。あくまで想像であるが、留次郎は手代に昇格したけれど、手代としての職業能力には欠け、むしろ下男や出入方のやるような仕事に適していた。

（16）皆助には兄がいるから奉公に出た。慶応四年正月六日の日記「皆助兄、見舞ニ参り候事」。

（17）明治三年の佐一郎「祝至来物控」〔1-2-7〕には、その八頁目に「皆助宿元　松屋（松倉）金十郎殿」が読める。松倉金十郎は明治八年の婚礼にも祝をよこしている（〔1-4-2-2〕）。手代の宿元がこのようなつきあいをするのはかなりまれである。

代わって明治一一年の手代筆頭は徹造である。徹造は明治二年には序列七位、明治八年には、皆助、（丈助の娘のカメの婿となる）彦助、に続く序列三位であった。

以前、子供と呼び習わされていた奉公人は、呼称が明治二年の家内書から「小者」と変わっている。小者の数は明治八年に一二人、一一年には一五人である。備後町の事務作業があるいは煩瑣になったか。

下女に関しては、明治八年には「賄」という階層が分離されており、これが最初に書かれる。八年と一一年、ともにキクとタミである。キクは本家の、タミは備店にいる。キクは福本元之助の母と想定している女性である（七一節）。タミは先述したように（二〇節・三八節）、佐一郎の乳母であって、墓が妙徳寺にある。

「乳母」という階層もあって、「賄」と「下女」とのあいだにある。明治八年にはタツとナラの二人、一一年にはタツだけになる。乳母に面倒をみてもらえる該当者に、悦治郎、キヤウ、テウがいる。タツは悦治郎の乳母である。後年、「悦菊様乳母」タツが、悦治郎が六代佐兵衛を襲名する祝に呼ばれて「端物料金千疋」をもらっている（七二節）。キヤウが明治八年に亡くなったあと、その乳母のナラが暇をとったのであろう。その後、テウが生まれるが、悦治郎の乳母のタツが、今度はテウの乳母となった。明治一一年に悦治郎は七歳になっている。後述するが（七三節）、私はこの乳母のタツは、別家の銭屋嘉兵衛の身内のものであると想定する。

明治八年の下女にはカメという名の女がいる。一一年にはいなくなっている。これは丈助とヒデの娘だろう。明治三年の婚礼で加酌人に選ばれた（六一節）別家の娘が下女として働くことは十分に考えられるし、一一年にカメは手代の彦助と結婚しているから、年代も辻褄はあう。

別家の倅が子供や手代として訓練を受けるがごとく、別家の娘も下女ないし乳母として奉公する。このようにして一家を挙げて本家に仕えるのである。

六八　別家の後継者たち

銭屋嘉兵衛、専助、丈助、清兵衛の四家は安政期以降明治三四年の銀行破産にいたるまで、ずっと別家として本家を支える。ただしそれぞれの別家の当主はかなり入れ替わっている。先のいくつかの節で別々に記したことをここでもういちど確認するとともに、あわせて明治二一年までの見取り図を描くことにする（系図V〜Ⅷ参照）。

安政四年に没した初代嘉兵衛は、生前、娘のタケに婿養子を迎えた。この婿養子が二代嘉兵衛である。タケは倅嘉之助と娘のタツを残して明治一〇年になくなる[19]。二代嘉兵衛は明治一一年には独身であるが、その後再婚する。新しい妻の名はカツという。嘉兵衛嘉之助親子はそろって明治二一年の家督相続の祝にあたり着物をもらう[20]。祝宴には嘉之助もタツもよばれている。嘉之助は廻状ではなく、別に案内を出されている。ただし同年冬の福本元之助の結納の際には廻状で呼ばれているし、婚礼当日も手伝っている。

初代専助の没した年は不明であるが、文久の頃にはすでに倅に代替わりをしている。妻のタカは長生きをして、倅の二代専助のみならず孫の三代専助までをも監督することになる。二代専助は結婚したが妻と離縁し、再婚すること

(18)　明治二一年作成「家督相続諸事控」の到来物を列記した中に、「皆助事　八尾皆治郎」がある。もしこの皆助と同一なら、皆助は八尾家を継いだか、あるいは婿養子となったと推測できる。それとも「八尾」は地名なのか。いずれにせよこれが昔の皆助なら銭佐の手代を辞して十数年たってなお、本家に祝を出している。さらに「皆治郎」と「皆次郎」とが同一人物なら、彼は明治二一年の福本元之助の婚礼の手伝いにやってきて、別家の二代嘉兵衛の倅の嘉之助とふたりして、「御祝品記帳掛」を担当している。

(19)　嘉之助は明治二〇年にすでに成人しているから、タケの子供である。タツは明治八年の婚礼に加酌人を勤めているからこれもタケの子供である。部屋見舞の嵯峨饅頭を配ったリストのタツに「銭嘉」とふられているから、嘉兵衛の子供であることが確定する。

(20)　ただし父親や他の別家衆は小袖であるが、嘉之助は羽織である。

はなかった。銭佐の行事のたびに、当主二代専助の妻の代わりとなってよばれるのは母タカである。二代専助の死亡後、タカは孫の専之助にやがて三代専助を襲名させるが、本家からみて明治一一年の当主格はタカである。その後タカは没し、明治二〇年には三代専助が当主となっている。ただしいまだ結婚しておらず、叔母のマンが「家内」をつとめる（後述）。

丈助が明治九年に没したとき、妻のヒデと娘のカメが残された。さらにもうひとり、コウという娘がいた。[21]本家からみて明治一一年の当主格は、カメがすでに手代の彦助を婿養子としてもらっているにもかかわらずヒデである。養子彦助がいつ聟入りしたのか、はたして丈助の生前であったかどうかも分からない。彦助の名前が別家衆の中に読めるのは、明治一一年のイツの婚礼のさいの婚礼控（「慈姿縁附諸祝儀控」〔1-1-2-4〕）に写しが収録されている別家廻状によってである。彦助が銭佐の手代出身であることは、明治八年の家族書に記載されていることで確認される。彦助は明治二〇年までに保造と改名した。丈助の名前は死ぬまで継がなかった。[22]ヒデは長命であって、銀行破産の翌年の明治三五年に没する。この年、保造も亡くなっている。ヒデの娘のカメもまた長命であった。昭和一〇年に没する。

初代清兵衛は明治三年に没した。妻イクが残された。子供がなかったので手代の永助（栄助）が後に入り、二代清兵衛となる。イクもまた夫のあとを追うようにして明治三年に亡くなる。二代清兵衛はヤウを妻とする。二代清兵衛も明治一二年に没する。ヤウには息子の清之助が残された。清之助の初出は明治二〇年の六代佐兵衛の家督相続の祝である。清之助は銭清（桑原家）を代表して他の別家衆と同様に小袖をもらっている。しかしまだ一人前とは認めてもらっていない。当主としての扱いを受けているのは母のヤウである。

祝の席の料理の記録から、清之助は備店勤務の「子供」であることが分かる。つまり清之助は将来、別家当主となるべきことが予定されているわけだが、今はまだ手代にもなっていない（いいかえれば「元服前」なのである）。翌年の福本元之助の婚礼にさいしても清之助は何の役割も果たしていない（役割を受け持つのは手代以上である。もっとも手代であっても備店の手代は婚礼を手伝わないことが多い)。なお清之助は精霊棚の塔婆から判断すると、通称「清助」であった。

この四軒の別家をもとに判断するかぎり、別家は本家に単に雇用されているのではない。本家別家の関係は、昔からの双方向にむかう恩義で結ばれた紐帯である。別家の当主が亡くなるとやもめになった妻は、もし倅があればそれに先代の名を襲名させ、さもなくば養子をとってあとをつがせ、いずれにせよ銭佐に勤めさせる。手代が結婚するのは三〇歳頃、いっぽうその妻は一〇代だから、妻がやもめとなって残るのが普通である。

たまたま四軒の別家はどれも婿養子がどこかで入っている。養子の背後には先代の妻がいる。彼女たちには養子よりもはるかに長く本家の世話になったという感覚があったろう。銭丈のおひで、おかめ、銭嘉のおたけ、銭専のおたか、銭清のおやう、どれも忠実に銭佐の暖簾というのか魂というのか、それを次世代に伝えようとする。娘婿をさがすにあたり、本家の意向が反映しなかったとは思えない。その養子が銭佐で働くことが当然とされている以上、能力が低かったり、忠誠心に欠けるところがあったなら排除されるはずである。丈助の娘婿となる彦助や三代目清兵衛の永助は、手代であったことが証される。二代嘉兵衛の出身は分からないが、銭佐の奉公人であった可能性はじゅうぶんある(三六節)。

(21) 明治八年の婚礼の時、コウは本酌人をつとめている。部屋見舞の嵯峨饅頭を配ったリストにコウには「銭丈」とふられている。また花嫁お目見えのときの廻状には、銭屋丈助・ひでとならべて「こう」と記されている。

(22) ただし明治三六年九月の慈泰院(五代佐兵衛)の香典帳(8-3)に「溝口丈助」の名が、高木嘉市ほか連名で記されている。保造は倅には丈助名を与えることにしたらしい。過去帳にも丈助に対して「初代丈助」とあるから、この記載があった頃には「二代丈助」がいたと思われる。二代丈助の存在は永田家文書(奈良県立図書館情報館寄託・七六節)に含まれた、溝口丈助の転籍届(明治三六年二月)によって確認された。この丈助は明治一一年三月に生まれており、その母はカメである。他に弟の駒蔵(明治一四年生)と安三郎(明治一九年生)がいる。

明治になって別家も、外の世間に対しては苗字で呼ばれるようになる。明治八年の婚礼にあたり、逸身が渡した別家書には、「溝口丈助　妻ひで」のように、苗字が付されている。しかしあくまでそれは外向きの呼称であって、自分たちのあいだでは、「銭丈」なのである。同じ婚礼のとき「本家店」が出す廻章には、「銭屋丈助」といういいかたはもはや世間からはなくなっているにもかかわらず「銭　丈助様　同おひでさま」と記される。(23)「銭」の字は、銭佐の同族団という象徴と化している。

だから養子がいても当主が先代の妻である場合、「銭　おたかさま」「銭　おひでさま」という名前で「銭　嘉兵衛様」「銭　清兵衛様」などと並列されるのである。ここより娘婿や孫娘婿を仕切っていた女性像がうかがわれる。「銭」の字をつけた廻状をまわすという形式は明治二一年になっても変わらない。以下の引用は明治二一年一一月の「福本元之助婚礼諸祝儀控」〔1-5-1〕からである。(24)この時代になってなお、本家の倅の結納にあたり（結納である。婚礼はいうまでもない）別家衆を集めるとは、ほとんどアナクロニズムに見えてくる。

以廻章従御意候、陳者元旦那様御縁談之義、永田藤平様御二女御迎遊候ニ御調談相究申候ニ付、来ル十二日御結納御差出し与相成申候間、同日午前九時迠ニ御祝辞御出頭可被成候、先右御案内迠如斯断御座候也

六月八日　本家店

銭　嘉兵衛様
おかつさま
嘉之助様
おたつさま
同　保造様
おかめさま

おひてさま
同　おやうさま
同　専助様
　　おまんさま(25)
同　東助様
　　おやゑさま
同　栄造様
　　おうたさま(26)
同　喜次郎様

アナクロニズムかどうかを判断するには、同時代の他の家と比較しなければならないからそれは措くとして、倅の結納の日の朝に別家衆を集めるということには銭佐の前例がある。三一年前の安政四年の冬、佐兵衛の長男の卯一郎のために京に旅立つ丈助を、招集をかけられた別家衆が見送った(27)。今回は佐兵衛が五九歳のときにもうけた「三男」

(23)　ここは丈助を例にして形式を模した。厳密にいえば実際の廻状は丈助の左側に書かれた銭市兵衛を受けているので「同丈助様　おひてさま」になっている。
(24)　荷物（一一月一日午後六時）ならびに婚礼（同月三日）については別の廻状が出ている。ただし宛先は当主のみ。
(25)　マンは専助の叔母であって妻ではない（三六節）。
(26)　上述したように嘉兵衛、丈助、清兵衛、専助の子孫が並んでいる。東助は三木屋東助のおそらく子孫であろう。明治三四年に東助は四七歳であるから（「抵当権設定金銭貸借契約証書」〔2–19–15〕）安政二（一八五五）年生まれである。この婚礼の「掛」をしていることが「婚礼諸祝儀控」の最後の頁から分かる。さらにまた東助は、この年の一月にあった佐一郎と永田マスとの婚礼の「懸り」でもあった〔1–8–0〕の袋の背面に記載）。栄造ならびに喜次郎については現段階では不詳。同時にこの廻状から宗兵衛家と市兵衛家とは、もはや交渉がとだえたことが読める。
(27)　佐一郎の婚礼のうち、明治二年の結納にあたって丈助が上京する日も同じようであったろうが、記録はない。明治八年の結納の折には、相手方が近隣であったこともあり、結納の儀が盛大である。別家たちの饗宴の内容までもが詳しく記録されている。

(元旦那様)の結納である。

時代をさらに下る。明治二二年の尼崎紡績設立ののち、福本元之助が関与する会社に別家も参画している。高木嘉兵衛(二代嘉兵衛)は逸身銀行の支配人であるとともに尼紡の株を大量に保有している。また溝口保蔵(彦助改)は貯金銀行の支配人であるとともに明治二七(一八九四)年五月に設立された、大阪綿糸合資会社の業務担当社員でもある。[28]

六九　野々口ラクの帰坂

すでに一八節で記したように、野々口家に嫁したラクは、夫の丹後屋野々口市郎右衛門と文久二年二月に死別した。市郎右衛門とラクとのあいだには子供が生まれず、市郎右衛門の姪にあたるランを赤児の段階から養女として育てたが、そのランもまた元治元年一一月に死亡する。しかもランには婿養子がいたが、その婿養子もランより先に死亡した。市郎右衛門も婿養子もランも皆死んでしまったあともう一度、慶応二年にラクは養子をとって市郎右衛門を名乗らせることを試みた。一八節注36で引用した日記の記述からは、銭佐もそれを応援したとみえる。しかしこの話もまとまらなかったのか、計画は頓挫したらしい。ついにラクは野々口家の当主として丹後屋を維持することを断念し、おそらく幕末期に店を手代の吉兵衛に譲ることにして、自分は引退する。

役行者町文書(京都市歴史資料館収集)には、野々口ラクに関する文書が三通含まれている。その最初のものは元治元(一八六四)年九月の「宗門人別改帳」(I-2)である。野々口家の旦那寺は知恩院末六角大宮西入にある善想寺である。この時点で記載されている人物は、ラクならびに(死亡二ヶ月前の)ラン、手代の吉兵衛と金兵衛である。ラクはいまだ「らく」とかかれており、後に名乗るハヤになっていない。この人別帳には年齢が書かれている。吉兵衛は二四歳、ラクより一五歳若い。生国は近江国松本村西方寺の旦那とある。

二番目の史料は明治二年八月作成の役行者町の年寄にあてた善惣寺《ママ》の寺請状（J-4）である。筆頭は丹後屋吉兵衛で、家族共とある。次いで丹後屋はや（やはり家族共とある。理由は不詳）が書かれている。この時点ですでに、ラクは吉兵衛に家を譲り、自分の名をハヤとしている。ある種の退隠である。ラクは四四歳である。

三番目の史料は明治六年七月二一日付の、大坂府下南大組第拾壱区竹屋町の戸長が、野々口はやに関する送籍証を受け取った旨、役行者町の戸長に宛てた入籍証（J-29）である。竹屋町は石灰町より一本東側の通りである。銭佐は竹屋町の旧・ト半町域に屋敷をもっていた（三四節）。のちに南平野町へ移るラクは、この時点では竹屋町に移った。ラクは京都で吉兵衛とともに住むことを潔しとしなかったのか。ラクの肉親といえば大坂にしかない。逸身家文書には、〔2-3-1〕から〔2-15〕までの一連の、本来は野々口家のものであるはずの古文書が含まれている。おそらくラクがこれらの文書を吉兵衛に託すことなく、自分の所持品ともども大坂に持ち帰った。第2巻第三章杉森哲也論文参照。

吉兵衛の名前は日記にしばしば登場する。とりわけ慶応三年二月から八月には、毎月のように泊まりがけで石灰町を訪れている。[29] 丹後屋の暖簾の授受に関して、義兄の佐兵衛が立ち会った、とみなして間違いがなかろう。吉兵衛と

---

(28) 貯金銀行は逸身銀行の系列である。貯金銀行の役員は、頭取　逸身佐一郎、取締役　福本元之助・平池昇一・永田藤平・高木嘉兵衛、支配人　溝口保蔵、監査役　逸身佐兵衛・逸身佐九郎であった（中西聡氏の教示による。（復刻版『大阪銀行通信録』第一六巻、不二出版、一九九二年、三五六、三五七頁））。

(29) 二月一七日「丹後屋様手代吉兵衛殿、子供一人召連入来、一宿被致候事」（二〇日に帰京）
三月二九日「京都丹市様手代吉兵衛殿、子供壱人召連今朝入来、御一宿事」
四月朔日「京都岩佐・野々口両家へ書状差出し候」
四月二七日「丹後屋手代吉兵衛殿、夜五ツ前子供壱人召連入来之事」
四月三〇日「京丹後屋吉兵衛殿、此程ゟ入来之処、昨夜七ツ時頃、母親死去之由ニ而飛脚参り、今早朝被帰候事」
五月二〇日「昨十九日七ツ半時頃、京丹後屋手代吉兵衛殿、子供壱人召連被参候事」（二三日に帰京）

佐兵衛との交渉には、おそらく一年の時間がかかったようである。どういう条件が出されたか、史料は残っていない。送籍証の日付は明治六年であるが、明治八年、佐一郎が荘保ミヤと再婚するときに作られた家内書には、「西京室町三条上ル　野々口はや　元之助」と記されている。ほんとうに京都にまだいたのか。それとも一種の体裁をつくっているのか。しかしラクはその後、遅くともイツが結婚する明治一一年よりも前に南平野町の別邸に移る。イツの婚礼の際の家内書には、「南平野町　野々口はや　元之助」とある〔1-1-2-4〕。ここで、はや、すなわちラクと一緒に名が上がっている元之助であるが、私はこれを福本元之助と考えている（四九節）。

南平野町の屋敷とは、後述するように明治六年以降に購入された土地に建てられた。その場所には蠟の晒場が作られている（後述）。ラクの死後、屋敷をどのように使っていたかは不詳である。

ラクは明治一三年五月一四日に没する。三代佐兵衛とリヤウの子供のうち、彼女だけが父母より長生きした。戒名は堪誉院慈忍栄因。その戒名は、実母（リヤウ）である成證庵の角柱墓の側面に刻まれた。野々口家の菩提寺である善想寺にも祀られている。一八節に（再建された）墓石の戒名を引用した。

七〇　銀行設立まで

先述したように（五一節）石灰町の「本店銀控帳」は、慶応三年から卯一郎によって記されることとなった。備店のほうから本家に払われていた「本家利払」ならびに「家賃」も、少なくともその項目が「備店銀控帳」からなくなる。これは本来なら家督相続が慶応二年ないし三年に行われるはずであったことに照応している。慶応三年に佐兵衛は六〇歳になる。

「備店銀控帳」は開店時から、年を記すにあたり、元号と十干十二支を並記する。さらに「十二月」と書く。たとえば「明治弐己巳十二月」のように。この書き方は天保九年から一貫している。いっぽう石灰町のほうは「明治弐巳ノ年」と書く。筆跡が変わっても形式は変わらないから、これは書き手の嗜好というよりも、表紙にも裏表紙にも本店なり備店なり店を表す記載がないため、どうやらふたつの銀控帳の区別を明示する手段であったかもしれない。備後町の銀控帳もまた石灰町に保管されていたために、備後町にあった銀行関連の書類は残存していないにもかかわらず、これだけが残ったらしい。両店ともいつになっても四代佐兵衛の管轄下にあって、佐兵衛は年末に報告を受けていた。

明治四年の本店・備店双方の銀控帳の筆跡は、私の判断では同一である。ただし四代佐兵衛の手ではない。その他の年もきわめて似通っている。これは五代佐兵衛と同定してよかろう。また「本店銀控帳」は明治七年まで銀換算で書き続け、同年最後の「引残　四千七百四貫六百四拾七匁五分壱厘」のあと朱書きで「此金　弐万千三百八拾四円七拾六銭壱厘五毛」と記すが、それにたいして「備店銀控帳」は明治七年のすべての項目が「金　円」である。[30] なんら

六月朔日　「京野々口様奥様・吉兵衛・お鶴〆三人、薄暮御下坂御入来之事」
六月一〇日　「今夕方、京丹後屋吉兵衛殿被参、おつる帰京候事」
六月一四日　「丹後屋奥様并ニ吉兵衛殿、此程ゟ御入来之処、昨日御帰京之事」
七月二八日　「京丹後屋手代吉兵衛殿、今朝下坂之事」（ラク自身は七月二〇日に来て八月二九日まで滞在している）
八月二日　「丹後屋吉兵衛殿、今夕方船ニ而帰京之事」
八月六日　「京丹後屋へ手紙出候事」
八月一〇日　「丹後屋手代弥三（ママ）吉殿、今夕被参候事」
八月一一日　「丹後屋手代八十（ママ）吉同道ニ而、平助上京致候事」
一一月一三日　「丹後屋手代吉兵衛殿、初夜頃入来之事」
一一月一四日　「京丹後屋へ内ゟとして、吉兵衛殿ゟ手紙、天満屋差出候、賃相渡候事」
一一月一七日　「京野々口店吉兵衛殿、被帰候事、夕方明石屋船ニ而」

なお次の記事の頃には、往来が頻繁であったようにみえないので、すでに暖簾の授受の交渉は完了していたようである。

慶応四年五月一九日「丹後屋吉兵衛殿義、此程ゟ洪水ニ付逗留被致候処、余程日数も相立候ニ付、今朝、東海道陸ニて上京被致候事」
（いつ来たのかは不明）。

かの理由で「本店銀控帳」のほうが、金、すなわち円で記載することが遅れた。銀控帳に記すために元データが作成されたが、それを作ったのは銀控帳を記載した人物とは別人物であろう。

四代佐兵衛は明治四年に退隠した。しかし本当に引退したのか。明治一一年の長者番付（「大日本持丸鏡」）の逸見《ママ》佐兵衛は、家督相続が終わっているので理屈の上からいえば五代佐兵衛ということになるが（四代の退隠後の名前は佐治兵衛である）、実際にはおそらく四代佐兵衛をさしている。少なくとも世間は銭佐といえば、まだまだ「先代」を思い浮かべたはずである。だいたい長者番付は、（たとえば後代の納税額のランキングのような）公平な記録とは思いがたい。むしろ四代佐兵衛は、自分が富豪であると世間に宣伝することの利を考えた。二年後に大阪で二番目の私立銀行として設立される逸身銀行の開店は維新をくぐった両替商が歩みを揃えての行動であるが、その信用は四代佐兵衛個人の資質によって支えられていたはずである。彼の全く関与しないところで銀行が設立されたとは考えにくい。

逸身銀行の設立は明治一三年、佐兵衛七三歳のときである。この年まで、すなわち佐兵衛の六〇歳から七〇歳代初めの一三年間、佐兵衛が経営にどれほど、またどのようにたずさわっていたかは不詳である。備店は、手形業務を中心に、維新前と大きくは変わらない経営を続けた、と想像することができる。大名貸の基盤をなくした本店はどうか。明治六年および七年に、銭佐は新旧公債を受けている[31]。しかしそれは銀控帳に出てこない。明治八年から「本店銀控帳」の記載の収入は、「利金」が中心となる。この収入がなにからあったかはいまのところ分からない。

銀行設立当時の頭取は（五代）佐兵衛、副頭取は佐一郎、監事に逸身（！）元之助、支配人が高木嘉兵衛、副支配人は溝口安造《ママ》であった。廣海家文書に「仮規則書」が保存されていたおかげで本評伝印刷直前にこのことが判明した（七一節注42・口絵34参照）。しかしやがて佐一郎が頭取になる。そもそも当初から五代佐兵衛がどれほどに実権を握っていただろうか。あるいはやる気があったのだろうか。

四代佐兵衛は退隠した後もまだまだ元気であったろう。彼が死亡するのは遙かに先のこと、明治二四（一八九一）年である。卯一郎はもとより佐一郎もまた佐兵衛の判断を仰ぐことが多かったのではないか。家族内伝承の、「宗善院さん（＝四代佐兵衛）と佐一郎さんが仕事をした、佐九郎さん（＝卯一郎、五代佐兵衛の退隠後の名前）はお茶ばっかりしていた」はおそらくこの頃のありさまを伝えているのではなかろうか。もっともお茶は重要な社交の場である。卯一郎は外交担当であったかもしれない。そして佐兵衛が八〇歳になる明治二〇年、五代佐兵衛は六代佐兵衛に家督相続をする。つまり本家は佐兵衛の孫が当主となる。これまた佐兵衛の意向の反映である、と私は想像する。

佐兵衛のもうひとりの倅の福本元之助が頭角をあらわしたのはいつの頃か。次節に史料を引用するが、明治八年の佐一郎と荘保ミヤとの婚礼の際に、一〇歳の元之助は花嫁にお目見をしている。つまりいまだ家族の成員あつかいされてはいないけれども、社会的に認知されようとしている。そして明治一一年のイツの婚礼にあたり、元之助は別家の嘉兵衛（婚礼方惣元締）、手代の徹造と増造（同副締）の下で、「見習」を勤めている。店の経営と婚礼のような家族内行事は連続しているから、すでに訓練は始まっているとみえる。さらに居を同じくした（四九節）「叔母」の野々口ハヤ（＝ラク）は、元之助が一五歳の明治一三年に死亡している。同年、元之助が逸身の姓を名乗り逸身銀行の監事となる。この発見は予想外であった。「元之助章」の押印が廣海家の逸身銀行（明治一六年）当座預金通帳（ZC001–9）にある。実務も担当しているらしい。この時期の元之助についてはいまだ探索不十分である。

尼崎紡績を設立するのは、明治二二年、元之助が二四歳のときのことである。もちろん元之助が単独で動けるわけがない。逸身銀行がうしろにあればこそである。これは木原銀行、川上銀行という、しばらく動きをともにする同業者も尼崎紡績設立にかんでいることからも、佐一郎、あるいは四代佐兵衛の意向が反映していることが読み取れる。

尼紡設立の前年の明治二一年一一月に、元之助は永田藤平の娘のリキと結婚している。リキはその年の一月に

（30）明治四年と五年には一部の項目に、明治六年にはすべての項目に、金換算が細字で並記されている。
（31）新旧公債が記載されているのは、かつて大名の貸付残高を記した「諸家貸」〔7–1〕である。

「兄」の佐一郎が三度目の結婚した相手の永田マスの妹にあたる。元之助とリキの結婚は、リキが姉の結婚時に大阪に来てそのまま留まっていることから推測するに（七二節）、マスの結婚とあわせて当初から予定されていた。つまり元之助の結婚も尼崎紡績の設立もすべて、五代佐兵衛から六代への家督相続に始まる既定路線であったようにみえる。おそらく四代佐兵衛は、たんに妾腹の子供ゆえかわいいという以上に、「三男」元之助の能力をかっていたのであろう。それは佐一郎の見立てと合致したのでもあったろう。佐一郎と元之助は親子ほどにも年齢が違う（二四歳）ことを忘れてはならない。

いずれにせよ元之助をたてたからこそ、財産が分散することになった。逸身銀行の破産後、福本元之助は自分の甥たちを大なり小なり援助している。[32] 六代佐兵衛は名目上、家督相続の後から破産までの一四年間、銀行の共同経営者であったが、破産後はついに働くことがなかった。佐一郎とマスの倅たちは、六代佐兵衛の倅や、元之助の倅たちとほぼ同一世代に属するが、かれらはみな、学費のみならず就職、さらには生活にいたるまで援助をうけたようである。

かつて天保四年に四代佐兵衛が父の三代から家督相続をしたときには、事実上（初代佐一郎は幼児であって傀儡、しかも早世である）、他の兄弟はいなかった。そのあと一〇年、三代が経営から完全に引退しなかったので佐兵衛は父の意向を仰ぐことは仰いだが、すべてを自分の責任で決断しえた。しかるに彼の子供と孫の世代はそうではない。べつだん家族間に内紛が起きたわけではない。ただし当事者が多いことには間違いない。私は四代佐兵衛の裁断が最後までものをいったのではないか、と想像している。

七一　福本キク

五代佐兵衛の香典帳[33]に「福本きく」という名がある。私はこれを見つけたときから、この人が福本元之助の母ではないか、そしてキクという名前から、慶応期に奉公していた下女のキクが元之助を産んだのではないか、と憶測している。元之助は慶応二年に生まれた。私の母は、元之助は「（四代佐兵衛が産ませた）女中の子」として記憶している。妾ではない。福本元之助の母（没年は現段階では不詳）は妙徳寺に祀られた。もし元之助が外部に対していうように福本家へ養子に行ったのならば、福本家の墓に彼の母は入ってもよかった。そして元之助の母の戒名には「喜」の字が入っている(34)。根拠はかなり脆弱ではあることを認めなくてはならないが、「元之助の母＝キク」という仮説を受け入れるといくつか説明がつくことがある。

六〇節で述べたように、キクという名の下女は銭佐にとって重要な人物である。さらにその節の考察の対象とした慶応・明治初期より時代をあとにずらすと、その重要性がさらに増す（後に引用する）。しかしこれもそこで述べたように、同じキクという名前が違った下女に与えられた可能性は、常に考慮しなくてはならない。

安政期の、タウの乳母をしていたキク（以下「キクA」）は、ひとまず措く。明治四年の家督相続の祝によばれているキク（以下「キクB」）が元之助の母ではないか、と考えることから出発する。

四九節で長く引用したが、明治四年八月一九日の、家督相続の祝の膳にあずかった者の名前はグループ分けがなされている。そして「元之助」が下女下男と一緒にされていることをその個所で指摘した。もう一度このリストをみる

(32)　トヨ、五代佐兵衛（佐九郎）、ハタ、六代佐兵衛、ツル、その倅など本家の一統は、破産後、天王寺区南河堀町に移り、その後大正末期に、福本の猪飼野の屋敷のそばへ移る。佐一郎は吉野の永田家の世話になった。マスとその子供たちは佐一郎が死亡した明治四二年頃まで吉野にいたが、その後、大阪に戻る。

(33)　「慈泰院様葬式之節到来物之控」（明治三六年〔8-3〕）。

(34)　普善院妙喜日宗。四九節参照。この戒名は、妙徳寺の墓石を写した。過去帳にも精霊棚にもない。さらにこちらのほうは強くいうつもりはないが、この戒名には、宗善院（四代佐兵衛）と共通する「善」の字も入っている（ちなみに佐一郎（孝之助）の戒名が本善院宗覚日孝である）。普善院妙喜の墓石の横には、「智整孩子」という戒名が刻まれているが、これは福本元之助の長男の整之助（明治二六年三月一三日没）であることが、過去帳によって確認される。

と、「きく」は他の下女たちと離されて元之助の次に書かれていることが分かる。もちろん意図はないのかもしれない。ただ元之助からキクという連想があったかもしれない。実は、このふたりの名前が連続して並べられているリストがもう一例ある（明治八年の婚礼。後述）。

キクBはこのとき奉公を辞していた。佐一郎の結納にあたって渡された家内書の下女の欄に、キクの名前がすでにない。よって遅くとも明治二年一一月には暇をもらっていることになる。にもかかわらず二年後の家督相続の祝の宴に出席したのみならず、「端物料」として金五〇〇疋をもらっていることも上述した通りである。この金額はかなり破格といってよい。古参女中・下男・出入方・普請方が金一〇〇疋、ふつうの女中は五〇疋である。さらに彼女たちがもらうのは祝儀であって、端物料という名目で贈与されている者はキクB以外にはない。別家家内は宴にはあずかるが、何ももらっていない。金五〇〇疋という金額だけをみれば、（相当に差はあるけれども）二両三分二朱の生縮緬の羽織をもらっている手代に近い、ともいえる。

これだけの功績を認められる理由として、当初、キクBが長年にわたって銭佐で奉公したからではないか、と想定した。しかしどうもそうではない。長年の功績ならば安政期の乳母のキクAと同一人と想定しなければならない。ところがキクAは安政六年の卯一郎の婚礼のとき、タミの下になって「茶火鉢煙草盆」の掛、ならびに「台所出入之品、都而取締方」をやっている。ということはタミのほうがさらに古参である。タミは佐一郎の乳母であったが、キクAは佐一郎より一一歳も年下のタウの乳母である。となれば、タミはキクより一〇歳ほど年長だろう。しかるにタミは祝儀として一〇〇疋をもらうだけである。特別扱いの理由は他に探さねばなるまい。

元之助の母がキクBと思って日記をみると、そのように読める記事がみつかる。慶応四年正月一〇日、佐兵衛とハタが楢村に避難するとき元之助も一緒に連れて行くが、供の筆頭にキクBがいる（五七節に引用した日記参照）。手代の栄助よりも先に書かれている。しかしキクBはふだんはめったに外出に連れて行かれることがない。同年四月六日、家族のみならず店の者たちもほとんど総出で「行幸見物」に行くときや（六〇節）、同じく閏四月一四日、天保山にいくときがそうである。そのキクBが楢村まで供をする。奥全体が疎開するためといえばそれまでだが、かんぐれば元之助がいたためではないか。もっといえば、キクはすでに暇をとっていたにもかかわらず、楢村への避難には供をした特別の理由があったのである。

キクBの名前は上述のように慶応年間の日記にみつかりにくい[35]。日記に下女の名前が出てくるのは、供として外出するときがほとんどであるから、キクBは奥の留守番役かもしれない。しかし元之助の母であったなら、キクは出産前から暇を出されていたはずである。

話をややこしくするのが、明治八年ならびに明治一一年のそれぞれの婚礼に際して作成された家内書に賄女中とした、キクとタミの名があることである。タミは佐一郎の乳母であり備後町の賄女中であると過去帳に記されている。とするとこのキクは本家の賄女中と想定すべきであろう。問題はキクBと、この賄女中のキク（以下「キクC」）との関係である。単純に考えれば別人ということになるが、同一人という可能性はないか。一般論として、いったん暇をとった下女がふたたび雇用されるとは思えない。しかし元之助の誕生直後に暇をとったものの、その優秀さを買われて賄女中として、ただし元之助の母であることは公然の秘密のまま、戻ってくることもあるかもしれない。

賄女中という役割はその名称から、奥の費用を采配することを意味すると思われる。銭佐には当然、奥の賄いを記した「家計簿」があったはずである。つまり銀控帳の「世帯」の項の一部をなす下位の帳簿である。もし店が小さか

(35)　これまで見つけ出した数少ない例のひとつは慶応二年二月二三日の次の記事である。
「一、奥様、御寮人様、中芝居御出被遊候、供永助、きく、かつ、三助召連御越被遊候」
福本元之助の誕生は（デジタル版日本人名大辞典によれば）慶応二年八月二六日。このキクが母であるとすれば、キクはこの芝居見物のときに元之助を妊っていたことになる。

ったなら、家計も主人が采配しただろう。あるいは主人の妻が賢かったなら、主人は「御寮人」である妻に任せたかもしれない。四代佐兵衛は自ら家計も仕切ったような気がするが（根拠はない。まったくの想像である）、トヨに任せたかもしれない。五代佐兵衛はどうであったか。その妻のハタが御寮人となったときに才のなさが露呈したのではないか。[36]私は賄女中という役割は、キクのために、さらには備店に佐一郎が新しい「世帯を構える」こともあって、新たに作られた役割でないかと考える。

明治三年、佐一郎が戸倉タイと結婚するとき、キク（キクBだろう）が祝の品を贈っている（「祝至来物控」〔1-2-7〕）。

「一、文庫　一ッ　裏於幾久」（扇子も当然、添えられる）

「裏」の字は、「表」すなわち「店」に対して家の奥を表しているとも読めるが、どうやらそうではない。この「裏」は「本家の裏に住んでいる」の意らしい。これについては後述する。

このときタミもまた贈り物をしているものの（眉刷毛など）、タミには「乳母」という肩書きが添えられている。花婿の乳母なればこそ、である。別家や出入方とは異なり、単なる奉公人が祝の品を贈るというのはかなり異様である。

明治八年の佐一郎が荘保ミヤと再婚するにあたり、見合いの席にキクCは手代の祥造と組んで供をする。この婚礼のときの、部家見舞の折に用意された饅頭配りのリストが「佐一郎婚礼諸祝儀控」〔1-4-2-1〕に含まれている。「家内之分」として本店と手代と子供八人の名前があったあと、下女の筆頭にキクの名がでてきて、続いて元之助とある。そのあと下女の名前に続く。ここに元之助の名前があること自体が興味深いが、しかもそれが、キクの直後に割ってはいるのがいっそうおもしろい。書き手の心理、というよりもむしろ分類基準の表れというべきであろう。

キクCの役割は年々、重要になる。明治一一年、四代佐兵衛の娘のイツが平池昇一に嫁ぐにあたり、四代ないし五代佐兵衛は、キクCを手代の徹造と組ませて、ふたりして聞き合わせをやらせた。ふたりは見合いにも立ち会っている。これはかつてなら丈助とその妻のヒデがやるような役割である。キクAはタウの乳母であったが、タウの死後はイツの養育を引き受けていたからかもしれないし、キクがこういう役割を果たすにいちばん才があった女性だったからかもしれないし、その双方が理由であったことも考えられる。

時代はさらに下がって明治二一年四月に、五代佐兵衛から六代への家督相続の祝があった（相続自体は前年だが、祝は一年後である。七二節）。このときキクCは「端物料」として二円をもらう。この金額は他の女中の一〇倍にあたる（明治四年の家督相続のときキクBがもらった端物料も、他の女中の祝儀の一〇倍であった）。キクは祝（「御紙入」）を贈ってもいる。

キクがこの時期にまだ賄女中であったことは、この年の一一月に行われた福本元之助の結婚の記録から読み取れる[37]。それを裏付けるように、キクCは婚礼当日に「台所元締」をやるなど、いろいろ役割を担ってもいる。

元之助の結婚に際してもキクCは贈り物をしている。扇子と一緒に贈った祝の品は以下の通り（「御祝品至来帳」〔1–5–3〕）。

「髷掛鹿の子　五巻　　台所きく」

この婚礼の折に祝儀を、他の奉公人と同じように、機会ごとにもらっている。その額は他の下女より多いけれども、しかし賄女中という身分ゆえ、と説明がつけられよう。だいたい手代と同じような扱いである。

むしろ興味深く思えるのは、内祝として赤飯が、親戚や別家や出入方、そのほか「取引先」[38]などに配られるのであ

---

(36) 家内伝承では、ハタは京の「みくるま掛」の出を嵩にきて、いつも打ち掛けを羽織り、何もしなかった。

(37) 「婚礼諸事控」にあたる「元之助婚礼諸祝儀控」〔1–5–1〕に、家内書の写は含まれていない。しかし「婚礼祝儀包之控」〔1–5–7〕に「賄女　きく」という項目がみつかる。

(38) どのように呼ぶのが適切か分からないが、福本元之助の婚礼に親類以外の者が呼ばれているし、祝の品も多方面から届いている。その多くは仕事の関連であると想像できる。婚礼が家内行事であるとともに社会行事になる時代を表しているのかもしれない。明治三年の佐一郎の婚礼とは様相を異にする。

るが、キクにも同じように配られていることである。他の手代や下女には配られない。このことはキクが手代や下女と一緒に食事をしていない、つまり独立して住んでいることを暗示する。

賄女中は賢くないとできない役目であったはずである。元之助も賢かった。こういう連想も楽しい。キクAとキクBとキクCが同一人であるとする確証はない。さらにキクBが元之助の母とする確証もない。すべてがそのように見ようと思えば見える、という程度である。とはいえ、そうでないとすると高額の「端物料」のように説明がつきにくいことが残るし、「福本キク」という人物がいることも、これまた確かである。[39]

先述した明治三年「裏於幾久」の「裏」の字について。このことについては慶応三年（元之助二歳）年末の「御降臨」騒ぎの折に記された「手拭配り先」に、「裏町　きく・たけ」という項があることでその意味が判明した。[40]キクは「裏町」に住んでいるのである。銭佐は石灰町の本宅と背中合わせの卜半町に屋敷を所有している（三四節）。先述したように（六九節）、明治六年に野々口ハヤ（＝ラク）が京都の店を出て帰坂したおり、最初に居を構えたのが竹屋町（旧・卜半町）であった。

もしキクが妾という位置づけであったなら、銭佐の居宅ではなく、さらには石灰町の「裏長屋」のひとつでもなく、銭佐所有の別の家をあてがわれていた、と考えたほうがよかろう。そして当時の常識からすれば、家一軒となると下女なしにはやっていけない。「裏町　きく・たけ」のタケは、妾のキクの下女であった。タケの名は、本節の始めに言及した明治四年八月一九日の、家督相続の祝の膳にあずかった者の名前のリストにもある。元之助・キク・タケの順に書かれている。楢村に元之助・キクと一緒に避難している。そしてタケは人手が必要なときには本家に手伝いにも行くのである（タケについては六〇節参照）。

そしてここからは私の想像でしかないけれども、キクが佐兵衛の子供を妊ったのはキクが「裏」に移ってからであろう。当時の女中部屋が独立した部屋であったとは到底思えない。そこへ佐兵衛が夜に訪なうとはいくらなんでも異様である。まず家を与え、そこへ佐兵衛が訪れた。もしそうであったなら、何のためにキクが主家から遠ざけられたか、妻のトヨも含めて誰もがその理由が分かったはずである。この時期にトヨは御寮人ではなくなり奥様になっている。さらにこうした想像を発展させると、佐兵衛の色恋沙汰で子供が誕生するのではなく、子供の誕生を目的としたキクの家移しである。つまり元之助の母は「妾」ということばが想像させる、たとえば芸妓の身請けといったある種の甘美さは最初からなかったのかもしれない（私の母の記憶の「女中の子」であって「妾の子」ではない、ということも意味ありげである）。キクは子供を産むことを期待されて妾となった。この時期、卯一郎とハタには子供がいまだ生まれず、孝之助（佐一郎）は未婚であったことも背景にあろう。付け加えておくと一四節注4に記したように私の母は、除籍謄本にトヨとあるにもかかわらず、四代佐兵衛の妻の名をキクと覚えていた。精霊棚の塔婆の裏にも俗名キクと書かれている。トヨは晩年キクとふたたび名乗り始めたか。勘ぐればそこには妾のキクに対してのさや当てがあったかもしれない。

さらにこの評伝がほぼ完成したあとに次の記事を見つけ出した。それが明治八年の佐一郎が荘保ミヤと再婚したときの、「御目見」である。

祝言は新暦一一月二九日に行われたが、その二日後の一二月一日に、B級別家の常七とその妻のナカ、さらに本家備店双方の手代衆と子供衆とが御目見する。そしてA級別家衆とその家内たちが御目見するのは三日である。その中

（39）「大正人名辞典」第四版の「明治十七年十月先代の福本つき子の養子となり、同年十一月家督を相続す」という記述（四九節注6）は、福本元之助の戸籍謄本を写しているとみるべきであろう。「先代の」は何を意味しているのか。なお宮本又次『大阪繁盛記』には「福本ツギのあとをつぎ」となっている。ツキ（もしくはツギ）は、キクが奉公に来る前の、親から与えられた名前であったかもしれない。

（40）「手拭配り先」は「天照皇大神宮御降臨諸事控」〔4-38-1〕の中にある。この卜半町の九人の借家人の名前も同史料に読めるが、そこにキクは含まれてはいない。この史料については第二巻所収の竹ノ内雅人論文参照。

日の二日に、このときの婚礼を仕切った（二代）嘉兵衛の記述によれば、次のようなことが行われた。

「十二月二日午後二時頃ヨリ大座敷ニおいて有合之硯蓋ニて元之助御目見、続ておきく御目見、且又同人ゟ下女引合御目見、御土産物金封相渡御礼申上ル」

この年、元之助は一〇歳である。「有合せの硯蓋」、つまりご馳走もそれなりに並べられ御挨拶した。ところでいったい元之助は自分が何者であるのか、そもそも自分の父と母とが誰であると教えられていたのであろう。御挨拶の作法は母のキクが見守ったように見えるが、キクが母として元之助に接していたことを保証しない。ともあれキク本人も賄女中として、しかし暗黙の了解としては元之助の母としても、このあとに御目見したのである。

この御目見の順序は、明治三年の婚礼と比べてみるとなかなかおもしろい（六一節）。そのときには、下女・本店備店双方の手代と子供・別家の御目見が、この順番に同じ日に行われた。キクに下女の引き合わせの役を与えるという名目で下女を切り離し、かつ元之助を手代と子供よりもあとに御目見させるという工夫が考え出された。

私の憶測をまとめると次のようになる。キクは当初、佐兵衛の長女のタウの乳母として嘉永六（一八五三）年から奉公を始めた。「乳母」という職は乳を飲ませるというよりむしろ養育係である。タウが元治元（一八六四）年七月になくなったあとも下女として奉公を続けたが（イツの乳母か?）、佐兵衛のお手つきで（というよりお手つきのために）暇をとって石灰町の裏手の家に移る。そして慶応二（一八六六）年、元之助を出産する。慶応四（一八六八）年の楢村避難の折には元之助を避難させるため、主家に同行する。明治三（一八七〇）年の佐一郎の婚礼からは母子ともに隠されている。[41]しかし明治八（一八七五）年以前に、キクは才能を買われて本家の賄女中となって「仕事に復帰」する。その後長く、少なくとも元之助が結婚する明治二一年まで賄女中を続ける。その間、主家の娘イツの婚礼にも貢献する。

一方、元之助は明治一七年には福本家の養子となり、明治二一年の結婚後は母をひきとったであろう。[42]キクは明治三六（一九〇三）年以降に亡くなった。[43]その墓は妙徳寺に建てられた。乳母として奉公を始め、賄女中となる生涯はタ

ミと同じである。そのタミもまた妙徳寺に葬られている。(44)

七二　五代佐兵衛の退隠

明治二〇年、五〇歳を迎えた五代佐兵衛は退隠して佐九郎となのる。歴代の佐兵衛の退隠後の名前は佐治兵衛と決まっていたが、先代佐治兵衛（すなわち四代佐兵衛）がいまだ健在であったから、新しい名前が考案された。新たに佐兵衛を襲名したのは、明治一二年に八歳で養子とした甥、すなわち佐一郎の倅の悦治郎である。(45)悦治郎はまだ一六歳でしかない。昔ならば元服直後という年齢である。

佐九郎が五〇歳、六代佐兵衛が一六歳という家督相続は、どちらの年齢からみても、いかにも周囲がこの年を待ち構えていた、との印象を受ける。ただし周囲の思惑はどうであれ、両当事者は、少なくとも六代佐兵衛は不本意であった。

(41)　京都の野々口ラクのところに元之助ともどもいたかもしれない。前述（六八節）の明治二年八月作成の役行者町の年寄にあてた善惣寺の寺請状には、「丹後屋はや」が「家族共」と記されている。夫と養女に先立たれたハヤの家族とは、いったい誰を指しているのだろう。キクは家族ではないにしろ元之助は家族ではないか。

(42)　元之助は福本姓を名乗る以前に、対外的に野々口、逸身姓を名乗る時期がある。野々口は伯母ラク（ハヤ）の姓で、明治八、一一年の婚礼関係史料の他、「家徳控」［8-4］の明治一七年の部分に「野々口元之助殿名儀地所」という記事がみえる。また、明治一三年三月の逸身銀行開業時に得意先に配布された「仮規則書」（貝塚市教育委員会寄託、廣海家文書ZA034-5-7）の中では「監事逸身元之助」と表記される。

(43)　明治四二年の佐一郎の香典帳には「福本きく」の名はない。

(44)　善行院妙壽日遠（明治二一年三月一四日没）。三八節参照。

(45)　先述したように、もし「悦治郎」という名前を付けたそのこと自体に跡取りの予定を読むならば、明治八年の段階ですでに六代襲名の道筋はできていた。

「陳情書　第一」〔4-34〕は悦治郎が明治二二年三月に書いたものである。この陳情書は便箋三五枚（概数七千字）、往事の美文で書かれており、あらかじめ予想される反論を先取りしているため論旨は不明瞭であるが、そこからうかがわれるのは、学問を受けたい、という希望と読める。ただし学問が必要であるといっても空理空論は悪く、かつ実業学校も卒業後が規定される、という調子で、ただただ今の境遇より脱したい、という思いは透けて見えるが、では何を具体的にしたいのか、といえば当人にもよく分かっていないのではないか。

その願は却下された。あるいは無視された。

悦治郎は一六歳であるので後見人がつく。後見人は実父の佐一郎である。憶測であるが次のような人間関係がほのみえる。五代佐兵衛（卯一郎）は明治維新の前には大名屋敷に礼をつくすなど、それなりに役割を果たした。しかし維新により大名貸という制度は崩壊した。五代佐兵衛を襲名したけれども新しい商売に積極的に乗り出す意欲も才もなかった。しかも子供が生まれず、生まれても育たず、甥を養子にするよう父親から強制された。もともと気質が商売人というより趣味人であった。書画骨董を見る目はそれなりに養われたであろうから、茶の湯にのめり込んでもおかしくない。だから隠居せよ、とかりに迫られたにせよ不本意ではなかったろう。もちろん実際に佐一郎が、あるいは父親の佐治兵衛や、さらには「弟」の元之助が退隠を迫ったかどうかはわからない。おそらく自発的に、かつ周囲の期待に応えて退隠したのであろう。

ただし次節で述べるように退隠後も彼は本店のみならず備店の銀控帳を記している。あくまで本家の長という役割を担っていた。

「明治二十一年四月吉日　宝護家督一件諸事控」〔4-11〕は大きくいって、役所に届けた公的書類の写し、ならびに祝宴の記録からなる。宝護は六代佐兵衛の名前であることがこれによって分かる。トミモリとふりがながふられている。宝房（四代）宝備（五代）といった名前をいつ誰がつけるのかは分かっていないが、家督相続よりそれほど前ではなかろう。「宝（トミ）」を「護る」とは、何とも周囲の守りの姿勢を表しているではないか。

公的書類はつぎのようなものがある。日付はすこしずつずれるが、基本的に明治二〇年四月に提出されている。ここで五代佐兵衛は自分のことを「蠟商」と称している。

①改名御願ならびに改名御届。南区長宛。佐兵衛が佐九郎に、悦治郎が佐兵衛に改名する旨。

②相続換御届。南区長宛。佐九郎の隠居と佐兵衛が佐九郎を相続する旨。

③後見人届。南区長宛。佐兵衛の後見人を「東区備後町二丁目弐拾壱番地　逸身佐一郎」にする旨（明治になって備後町四丁目は二丁目となった）。

④地券持主改名ニ付地券書換願ならびに奥印申請書ほか。南区長宛、東区長宛ならびに東成郡長宛。佐九郎の土地ならびに建物を佐兵衛が相続する旨。これらの土地と建物については節を改めて叙述する（七四節）。

「親類向招請内祝」は翌年（明治二一年）四月に順次、行われる。公的な相続から一年たっているが、それはこの間（明治二一年一月）に、佐一郎と永田マスの婚礼があったからであろう。

四月二三日に親類が招待された。招待をされたのは下記の人たちである（表記順）。

①岩佐孫兵衛・すが　五代佐兵衛の妻ハタの実家の当主。ハタの兄と思われる（系図Ⅳ参照）。もしハタの兄が死亡していたならおそらく過去帳に記載されていると思われるので、さらなる代替わりがあったとは思えない。ただし妻カツの名前があげられずに代わりにスガがあげられているということは、[46]カツは死亡したか。スガはハタの母親であって存命である（翌明治二二年一月死亡）。

②戸倉嘉兵衛・いを　佐一郎の最初の妻タイの兄夫婦。タイが死んだあともいまだ存命である。六代佐兵衛からす

---

(46) カツの名は明治二年ならびに明治八年作成の親類書で確認できる。

れば血の繋がった伯父夫婦にあたる。
③ 荘保弥太郎・智照　弥太郎は佐一郎の二番目の妻ミヤの実家の当主であろう。ミヤの父は結婚のときに死んでいたから父ではない。智照は不詳。
④ 神吉源治郎　四代佐兵衛の異母妹タイの嫁ぎ先の当主。
⑤ 平池昇一　四代佐兵衛の娘イツの夫。イツは明治一五年にすでに死亡している。
⑥ 矢代庄兵衛　四代佐兵衛の異母妹シカの嫁ぎ先の当主。
⑦ 岩佐孫三郎　逸身ハタの弟。孫兵衛には「京岩佐」とあるのに対して「阪岩佐」とあることから、大阪に居住していることが推定できる(47)。
⑧ 永田藤平・こう　佐一郎の現在の妻マスならびに福本元之助の妻リキの両親。吉野下市の資産家である。
⑨ 奥野善之助　四代佐兵衛の妻トヨの実家の、おそらく本家の当主であろう。トヨの妹で家を継いだテイは明治一一年に死亡している。本来ならば奥野治兵衛が招待されなければならないにもかかわらず治兵衛の名がないということは、婿養子で治兵衛を襲名した要助も死亡して、もともと分家であった治兵衛家は断絶、さらに治郎兵衛家も断絶したらしい。ただし奥野善之助（堺善）は、奥野治郎兵衛と一緒に、すでに明治三年の佐一郎の戸倉タイとの婚礼に祝をしている(48)。
⑩ 荘保勝造　明治八年の荘保家の親類書の筆頭に記されている。荘保本家の当主の名である（荘保家については、第2巻所収の小松愛子論文参照）。
⑪ 福田六治郎　明治維新の前に「天六」と略称で記されることの多い家の子孫である。このことは明治八年の佐一郎の荘保ミヤとの婚礼の、本来なら一二月二日に行われるはずであった親類招待が近隣の火事で中止となったため、土産物とすべき物だけを届けた記録部分で判明する。すなわち「福田六三郎様」と書かれたあとに、さらに

先方の返礼が書かれているが、そこには「天六」とあるからである。「天六」は飛脚業を営んでいた。このことは、安政から慶応にかけての「日記」で確認できる(49)。明治三年の婚礼に際して嵯峨饅頭をもらっている銭佐の商売仲間四軒の一であるが、明治二一年に親類扱いされている理由は分からない。

⑫ 塩野義三郎・塩野吉兵衛　この義三郎は塩野義製薬の初代社長である。吉兵衛はその本家の薬種屋の当主である。のちに福本元之助の二男の芳之助が、義三郎の娘の朝子の婿養子となる。しかしそれはずっと先の話で、どうしてこの段階で親類として扱われているのかは分からない。

⑬ 西岡吉平と西岡太良造　古くからの親類である西岡家（二軒）の当主たちであろう。

このリストに載っていないかつての親類は以下のようになる。

銭源　すでに明治一一年の婚礼の親類書に載っていない（六五節）。四代が明治一〇年に死亡したあと、なんらかの義絶があったかのようである(50)。

(47) 系図Ⅳ。母の記憶ではハタの弟、もしくは甥である。大正末期ないし昭和初期には猪飼野の福本の屋敷のそばに逸身家同様、住んでいたという（「岩佐のおじいさん」）。過去帳には明治二三年没の最初の妻、ならびに明治二七年没の後妻（「ツネ」）の戒名と命日が親類として記載されている。

(48) 母の記憶を記す。子孫の奥野善一は医者で猪飼野鶴の橋より西の通りで開業した。母は病気になると診てもらった。この善一の父は酒飲みで六代佐兵衛の酒飲み友達であり、河堀町の家に訪ねてきてよく一緒に酒を飲んだ、と母の母がよくいっていた。この人物が善之助なのか、その子供なのかは分からない。なお善一は佐一郎の娘のユタを娶っている。

(49) 維新前に御堂筋雛屋町角で菅笠ならびに畳表を商っていた天満屋六治郎は別人である。例をあげる。

安政四年一〇月一九日「京都誉仁様江香典金五拾疋、飛脚天六江出し、并丹市様書状出し候」

慶応三年三月二〇日「飛脚天六ゟ当月十八日子の刻、西大谷消失、裏門ト茶所は残り候由申来り候」

(50) 五代源兵衛にあたる人物の名前は現段階では不詳。慶応三年の日記に久之助という名前の、四代の倅ないし弟が書かれていたが（五〇節参照）、この人物が五代目となったかどうかは分からない。さらに過去帳には「銭源別宅　芦田喜助　自脩院了達日眞信士　明治十九年四月二十日（没）」が記され、同人は精霊棚にも祀られている。この人物の子孫と思われる芦田喜兵衛と市太郎が家督相続の祝を届けてきているが、それ以上は不詳。また明治三六年の香典帳には、「逸身源三郎」という名前の人物がいる。この人物は銭源関

野々口　ラク（＝ハヤ）が死亡したあと丹後屋と交渉はなくなったようである。
藤田（善兵衛）、今村（長兵衛）、三木加佐村の逸身のルーツ（明治一一年には粂田伊兵衛となっている）もつきあいが途絶えた、とみえる。

四月二六日には茶会席を催して「三家」を招待している。三家とは、谷村、木原、川上、の各銀行の当主である。[51]これらの銀行が取引仲間として重要であったことがこれによってもうかがわれる。

五月一日には別家ならびに出入方普請方が集められる。招待された別家は次のとおり。

銭　宗兵衛
同　嘉兵衛・おかつ・おたつ[52]
同　保造（丈助の娘婿）・おかめ・おひて
同　専助・おまん
同　おやう（二代清兵衛の妻）
同　東助（三木屋東助が別家に昇格した）・おやゑ
同　栄造（不詳）・おうた
同　喜次郎（不詳）

さらに次の二名が同日に、別立てで招待の口演を受けている。別家衆と同じ献立の後席を大座敷でしているところから想像するに、銀行の重役だろうか。出入方普請方ならば別席で別献立である。

日野九右衛門（「日の九」と記される）
山本新治郎（「山本新」と記される）

祝はまず一同が勢揃いをする席があって、そのあと階層ごとに分かれる後席がある。「諸事控」には膳の数を、名前ともども記してある。南綿屋町（旧・石灰町）の本家に属する者は「本家」とも「本店」とも書かれず、たんに「人数」という括りになっており、そのあとに「備店人数」が続く。すでに銀行ができてあしかけ九年、経営は備後町のほうが中心であるにもかかわらず、内部ではいまだに「備店」という名で呼ばれている。本家は対外的には「南支店」となる[53]（ただしいつから「南支店」という名称のもとに銀行業務を始めたかは現段階では不詳である）。さらに佐一郎が「北旦様」と呼ばれていることから、「北」と「南」という区分が、逸身家内部でも導入されていたことがうかがわれる[54]。しかも佐一郎とその妻は備後町に居住していたはずであるが、「備店人数」には含まれていない。奉公人についても必ずしも厳密に区分されていないのかもしれない（後述）。

「人数」というカテゴリーの最初に「御上御一統」が記される。当時の家族とその通称が分かる。本家と佐一郎家の区分が依然として副次的であることは、書かれている順序からも読み取れる。

大旦様　（四代佐兵衛・八一歳である）
当旦様　（五代佐兵衛）
北旦様　（佐一郎）
若旦様　（六代佐兵衛）
元旦様　（福本元之助。もはや正式に家族の一員になっている）

係者と思えるが、その先は不詳。なお逸身家と逸見家のつきあいは、六代源兵衛に該当する鉱一氏から妙徳寺の墓域を通じて再開している。

(51)　実際の出席者は、谷村老人、同当主、木原、川上、さらに小さな字で井上由兵衛と書かれている。
(52)　タツは、悦治郎の乳母であったかもしれない。前述七一節。
(53)　史料〔8-1〕は、「合資会社逸身銀行南支店　特別当座預金通帳」を転用している。
(54)　いうまでもないが現在の「キタ」は堂島川の北側であって、備後町のある船場をキタとはいわない。

奥様　（四代佐兵衛妻トヨ）
御寮人　（五代佐兵衛妻ハタ）
同御寮人（佐一郎妻マス）
娑様　（ツル。まだ六代佐兵衛と結婚していない）
豊娚様　（豊之輔・佐一郎二男・母親はミヤ）
邦娚様　（邦之助・五代佐兵衛三男・六四節）
永田娑　（リキ・すでに福本元之助の許嫁あつかいをされているようである。姉と一緒に備後町の屋敷に起居していたらしい。まさかこの宴のために吉野から出てきたのではあるまい）

このあと奉公人が続く。これは次節の中で引用する。

七三　本家の経営

備店に銀行が開設されたあと、南綿屋町（旧・石灰町）の本家は何を営んでいたのか。その「銀控帳」は詳細を伝えない。

明治一二年から明治二五年までの一四年間、銀控帳の記載の形式は基本的に同一である。この期間は四代佐兵衛の最晩年といってよい。彼に分かりやすく見せるため、同形式を守ったかもしれない。収入は「利金」と「家徳帳」からの引き残しの二項目が基本。支出は「世帯」「月金給料」「（前年の）納金」「（前年の）家法」の四項目だけである。[55] あきらかに別の帳面があってそこから転記されている。

一見して分かることは「利金」の額がほとんど変わらないことである。平均値の三七〇七円を僅かしかはずれない。[56]

しろうと考えでもこのずれのなさからは商売をしていないことが読み取れる。おそらく銀行から決まった額が本家に納入されていたのであろうが、意図的に数字が修正されていた可能性もある。支出も「世帯」と「給料」は、「利金」ほどではないが大きく動いていない。

本家が商売をやめていることは、人員の配置からも見て取れる。前節で紹介した「家督一件諸事控」の宴席に参加している者のリストに戻る。奉公人ひとりひとりの名前が、「人数」と「備店人数」とに分けて記されていた。

別家衆のうち東助だけが家族のあとに名が記される。他の別家、すなわち嘉兵衛、保造、栄造、喜次郎、専助は「備店人数」に含まれている。おそらく東助は本家の「執事」のような役割を果たしており、他の別家たちは備店で銀行業務に従事していた[57]。この東助が先代三木屋東助の倅で、明治八年の段階では三木屋三助と名乗っていたことはすでに述べた（四一節）。

備店重視は手代の分布からも分かる。東助のあとに男名前が六人続くが、ひとり（宗三郎）は「手代予備軍[58]」、ひとり（秀造）が手代、あとの四人は子供であることが、祝の品の記述と照合することで判明する。対して備店には手代と思われる者が七人いる[59]。子供は本家に四人、備店に清之助を含めて（六八節）一〇人いる[60]。

---

(55)　「前年の」ということの意味は次の通り。「明治十二卯ノ年」を例にとれば、「寅年納金」「寅年家法」という項目がある。「納金」が意味する内容は税金のようなものではないか。「家法」は親類・別家・菩提寺関連の費用と想定した。

(56)　この一四年間の最大値は三八八七円（平均値の一・〇四倍）、最小値は三五二七円（平均値の〇・九五倍）。

(57)　東助は明治二一年の佐一郎と元之助のふたつの婚礼の掛をしている。また「抵当権設定金銭貸借契約証書」〔2–19–15〕で逸身佐兵衛の代理人をしているのは、山田東助である。

(58)　宗三郎、備店の長平と福三郎の三人は、「端物料金弐円ヅツ」をもらっている。もし手代ならば紋付の羽織をもらうはずである。端物料二円の額は、賄女中のキクに等しい。ただし同年秋の福本元之助の婚礼では、福三郎と宗三郎のふたりは手代の序列のリストの最後に書かれている。手代に昇格したか。よって「手代予備軍」と記した。

(59)　昇太郎、千代造、眞之助、耕造、和三郎、常七。ただし同年秋の福本元之助の結婚に際して記された「婚礼祝儀包之控」〔1–5–7〕

手代が「予備軍」も含め二人しかいないにもかかわらず、その割りに「給料」の金額が高すぎる（この一四年間の平均は三七一円）。備店勤務の別家ないし手代の給料を本家がいくらかの割合で負担していたか（備店も給料を計上している）、あるいは「家督一件諸事控」に記載された宴席の本家と備店との人数の数え方が、実際の配置を反映していないかのどちらかであろう。本家に手代が二人、子供が四人という数からは、ほんとうに何をしていたのか、本家の状況がよく分からない[61]。

五代佐兵衛は家督相続の届けに際して、自分を「蠟商」と定義する。蠟の商いをしていたことは嘘ではない。明治一五年五月、蠟商仲間規約書に、蠟商の同業組合に加盟している製造業の署名者のひとりとして「南区南綿屋町四拾六番地　逸身佐兵衛」がいる[62]。実際、不動産に関する収入支出を記した「家徳控」〔8-4〕の明治一〇年には次のような支出が計上されている。

「千百七拾九圓拾九銭六厘弐毛　　南平野町之内泥堂町横丁之内、生蠟晒干場普請諸入用幷ニ諸器械道具代」

しかしどうも日々の業務で忙しくなるほどに、蠟の生産に積極的ではなかったのではなかろうか[63]。

しかし本家はあくまで本家であった。備店（ならびに銀行）の銀控帳は本家、いいかえれば五代佐兵衛によって記されている。このことは次の二点が証拠となる。

①本家の銀控帳（正確にいえば元治元年以降の「本店銀控帳〔8-7〕」）の、明治六年以降、おそくとも明治一三年以降の筆跡と、備店の銀控帳（明治一三年から始まる新しい銀控帳〔7-39〕）の筆跡は同一である。そして本家の銀控帳には明治中期に出した義捐金その他が年ごとに克明に記されているが、これは家の当主が書いたとするにふさわしい文言である。少なくとも五代佐兵衛が書かなかったとすると誰が書きえたかは想像しがたい。

②備店の銀控帳二冊（史料〔2-54〕および〔7-39〕）は、銀行設立にもかかわらず南綿屋町（旧・石灰町）の本家に保管されていた。逸身家文書はすべて南綿屋町にあった書類であり、備店にあった書類はすべて散佚した。

つまり銀行設立以降もなお、本家は佐一郎家の会計状況の記録をしていたわけである。いいかえれば本家の当主は、銀行業務をやっている備店を管轄するという位置づけである。

先に記述したように本店が、備店で働いている別家なり手代の給料をおそらくかなり負担していること、ほぼ定額の利金が本家に納入されていること、などを考慮すると、なんらかの取り決めに従い、ふたつの家のあいだで銀行の利益も、銀行運営にかかる経費も、本家の意向、具体的には両家の父親である四代佐兵衛の意向に従って配分されていたと想像できる。本家と分家は、兄と弟とのあいだにあるべき観念としての秩序によって支配されていた。

銀控帳の筆跡は、五代佐兵衛から六代への家督相続のあとにも、さらに四代佐兵衛の没後にも変化がない。このことの解釈は、結局のところ、銀控帳を記すということそれ自体がどのような意味を持っていたか、という問に立ち戻る。銀行は合資会社であり、途中ではいくつもの「子帳簿」「孫帳簿」があるにせよ、家計も銀行経営も最終的にはひとつの「親帳簿」（すなわち銀控帳）に統合される仕組みである。

「家督一件諸事控」の宴席のリストにふたたび戻る。「人数」（すなわち本家）の括り部分には、本家の子供のあとに女名前が続く。これらのうち一二人が実際に奉公をしている女中であることが、祝儀をもらっていることで分かる。備店に下女がいないとは思えないので全員が本家で働いているわけではないだろう(64)。

には、「本備手代九人」という項目がある。秀造ならびに上記六人に加え、福三郎と宗三郎である（前注）。
(60)「婚礼祝儀包之控」〔1-5-7〕には、「本備子供拾四人」とある。勘定が合う。
(61) 時代があまりに古すぎるともいえるが、五三年前の天保五年に作成された文書の中で、リヤウが夫の没後に営む家計は、下女二人子供一人、と想定されている。ひょっとすると本家にはかなりの数の下女と子供と下男が、たんに三世代家族の世話のためだけにいたのかもしれない。たしかに大家族ではある（老人である四代佐兵衛夫婦、五代佐兵衛夫婦、六代佐兵衛、ツル、邦之助。それに福本元之助も、この時期には考慮に入れなくてはならないだろう）。
(62)『大阪経済史料集成』9。
(63) 母の記憶によれば、仏壇に灯す和蠟燭がふんだんにあって、それは昔、蠟の商売をやっていたからである、と聞かされた。

女中の祝儀は、一〇人が二〇銭、一人が一〇銭である。「北御寮人付女中」のイソは祝儀金五〇銭をもらっている。キクは今回も多額の端物料二円をもらっている。キクについての考察は先述した（七一節）。

さらに「悦蔵様乳母」のタツが端物料金千疋をもらっている。しかしキクやイソとは異なり、タツの名は「人数」の括り部分に名前がない。私はこのタツは、別家として招待されている銭屋嘉兵衛の娘のタツではないか、と想像する。なぜならこうした祝の席に招待される別家の家内は、当主の妻か、当主扱いされている先代の妻に限られる。しかるに銭屋嘉兵衛の家からは（後妻の）カツとならんでタツも招かれているのである。

乳母という仕事を与えられた女は、字義通り自分の乳を飲ませたのではなく、むしろ養育係である。養育にはしつけも含まれるし、ひょっとすると読み書き教育もあったかもしれない。将来、当主となることが期待されており、かつ実母を失った悦治郎であるから、乳母の選任には格段の配慮がされたはずである。別家の身内ならば信頼に足る。そこで銭嘉の娘のタツである。その悦治郎が佐兵衛を襲名する席に、タツが招かれておかしくないだろう。

七四　明治中期の不動産

二一節で明治初期に銭佐が所有した石灰町の土地を、石灰町の「水帳絵図」ならびに「家徳控」の購入記録に即して叙述した(65)。ここでは明治二〇年に六代佐兵衛が相続した土地を列記し、それを二一節と比較する。さらに南綿屋町その他の番地については、明治一九年一月内務省地理局図籍課発行の『大阪実測図』を参照した。

・南区南綿屋町四六番地　市街宅地四百八拾五坪四夕

これが旧・石灰町の中心をなす土地である。ただし水帳⑯の土地は

表口九間　裏行弐拾間　居宅家屋敷

と記されており、大坂の一間を六尺五寸として計算すると二一一坪しかない。南綿屋町四六番地はこれに

水帳⑮　表口六間　裏行弐拾間

水帳⑭　表口五間　裏行弐拾間

を加えたものと推測できる。ただし⑮は一四一坪、⑭は一一七坪だから、⑭⑮⑯を足し算しても四六九坪で、新しい計測結果と一六坪、なお少ない。他の事例からみても、どうやら明治以前の水帳に書かれた土地を明治中期になって実測すると、実測値のほうが大きくなるようである。「建物譲受御届」によれば、この土地に

居宅三棟　　此平坪　九拾六坪

　　　　　　二階坪　三拾弐坪五合

倉庫拾壱棟　此建坪　九拾九坪弐合五夕

がのっていた。

・南区南綿屋町五〇番地　市街宅地百八拾三坪九合六夕

これは「北の家」と呼ばれていたところである。

水帳㉑　表口三間　裏行弐拾間

水帳⑳　表口四間半　裏行弐拾間

を合算すると一七六坪、新しい計測結果と七坪、なお少ない。建物はつぎのとおり。

(64)「婚礼祝儀包之控」〔1-5-7〕には、「本備女中拾弐人」とある。

(65)「抵当権設定金銭貸借契約証書」(明治三四年四月二〇日。史料〔2-19-15〕)からは、やや異なった姿がみえる。南綿屋町四六番地と五〇番地、竹屋町九番地は同じであるが、他に四五番地(一五二坪強)、四番地(一三一坪強)が抵当に付されている。うちひとつは溝口家のものか。

居宅壱棟　此平坪　三拾弐坪四合四夕
　二階坪　拾六坪
倉庫六棟　此建坪　四拾四坪六合八夕
納屋壱棟　此平坪　壱坪五合

上述したように（四七節）、銭佐は維新前後に大量の土地を売却した。すでに五代佐兵衛が相続した時点で、石灰町以外には、卜半町と北久宝寺町しか残っていない。それらは六代佐兵衛にも相続される。

・南区竹屋町九番地　市街宅地百七拾三坪八合八夕

竹屋町は南綿屋町より一本東側の筋で、旧・卜半町その他をあわせた町である。その九番地は南綿屋町四六番地と背中合わせになる。ただし間口は小さい。明治四年の「宝備家督相続」には

卜半丁切替　掛屋敷　表口七間　裏行廿間　但弐役

とある。単純に計算すれば一六四坪で、新しい計測結果と九坪、なお少ない。

この場所に藤澤南岳の主宰する泊園書院の分院が明治四四年にひらかれている（大正九年、本院となる）。福本元之助は昭和九年に創設された「泊園会」の初代理事長であるから、彼の関与が推測できる。(66)

・東区北久宝寺町一丁目三七番地　市街宅地五拾弐坪壱合九夕
・同三八番地　市街宅地弐百四拾四坪九合

北久宝寺町一丁目三七番地と三八番地は隣接しており、北久宝寺町の通りの北側で、板屋橋筋に面した角である。「宝備家督相続」の

北久宝寺町切替
掛屋敷　表口拾弐間半　裏行拾六間半　但壱役

同　表口三間半　裏行拾二間半　但壱役

に、順序は違うが該当する。これらを単純計算すればそれぞれ五一坪と二四二坪になり、ほぼ同じである。

明治六年に逸身家は南平野町に土地を購入している(67)。その後、明治九年に近隣の土地を購入し、明治一〇年には蠟の工場を建てている（前述七二節）。「宝備家督相続」に記載されているのはつぎの通り。

・摂津国東成郡南平野町百拾五番地　字横町　宅地　四畝八歩
・仝国仝郡仝町百拾六番地　字横町　宅地　四畝五歩
・仝国仝郡仝町百拾七番地　字横町　畑　八畝拾七歩
・仝国仝郡仝町百弐拾弐番地　字横町　畑　壱反壱畝弐拾三歩

南平野町字横町は、四天王寺の北にある。昭和期の市電通りでいえば上本町筋を南下した路線が上本町九丁目で西に折れ、椎寺町までいったん東西に走っていたが、あの道に面した南側あたりである（現、天王寺区四天王寺一丁目）。

（66）「関西大学・東西学術研究所・泊園書院」のウェブ中の、「泊園書院の歩み・かつての泊園書院」の記事を転載する。そこには竹屋町九番地の建物の写真が載っている。なお一時、本院が移転した南綿屋町も、逸身家の関与があったかもしれない。以下引用。
「泊園書院は文政八年（一八二五）、大阪に来た東畡によって淡路町御霊筋西（淡路町五丁目）に開かれた。維新後の明治六年（一八七三）、南岳により船場唐物町に再興、明治九年には淡路町一丁目に移った。その後、南区南綿屋町に移転し、明治四〇年、東区東平野町五丁目（のちの三丁目）に移った。明治四四年（一九一一）には、さらに南区竹屋町九番地に分院を開き、大正九年（一九二〇）、南岳の死去と黄鵠の引退によりこの分院が黄坡の主宰する本院となった。本学の以文館横に移置された藤澤桓夫による「泊園書院址」碑は、もともとここにあったものである。現在、書院の建物は戦災などにより残っていない。」
（67）「家徳控」［8-4］に南平野町の名前が出てくる最初の年である。

七五　四代佐兵衛の死・銀行の破産

明治二四年四月二八日、四代佐兵衛は没した。逸身銀行の破産の一〇年前である。逸身銀行の経営分析については私の力の及ぶところではない。第2巻第七章中西聡論文を参照されたい。

八四歳まで生きたけれども佐兵衛は倅たちの死を見ないですんだし、妻トヨも彼より長生きをした。ただしただひとり成人した娘で平池家に嫁入りしたイツは佐兵衛より早く、明治一五年に死んでいる(68)。

佐兵衛の墓石は歴代の当主の形状そのままに、父母の墓石の隣に建てられた（口絵2・13上）。

佐兵衛が死の前に大病をしたという話は伝わっていない。八〇歳にして矍鑠としていたとまでいえるかどうかは分からないが、明治二一年一一月、佐兵衛八一歳のときに行われた福本元之助と永田リキとの婚礼にあたり、いくらか省略しつつも（たとえば親族式盃には不参加）、親子式盃のように不可欠な部分はこなしている。後席にも姿をみせ御挨拶をしている。この婚礼は前年に行われた五代から六代への家督相続とあわせ、佐兵衛の家内行事の総仕上げと位置づけられるであろう。元之助は二三歳、リキは一五歳、「大旦那様の目の黒いうちに」急いだ挙式であった。

福本元之助も発起人のひとりとなって尼崎紡績が設立されるのは翌明治二二年である。彼は最年少の取締役に就任する（明治二六年に三代社長となるが、これは佐兵衛の死後である）(69)。後年、元之助はつねづね自分は逸身佐兵衛の三男であることを口にしていた。逸身銀行の名前が昭和期になっても一部に記憶されているのは、彼のおかげである(70)。

佐兵衛の葬式はさぞかし盛大であったろう。しかし残念なことに五代佐兵衛(71)および佐一郎(72)の香典帳が残っているにもかかわらず、宗善院（四代佐兵衛）の香典帳は残存していない。倅ふたりの香典帳に併せて、性格を異にするが、明治二七年の六代佐兵衛とツルとの婚礼到来物(73)から、香典をもってきたであろうひとたちを推測してもよいかもしれない。いずれにせよ興味深い名前がこれらのリストに散見するが[74]、同定が難しい名前のほうが現段階ではより多数を占める。

銀行を破産せしめた責任者を銀行側に求めれば、まずは佐兵衛の倅の佐一郎ということになる。ただし佐一郎は破産時にすでに六〇歳である。本来ならば、とっくに代替わりをしていてよい年齢である。支配人の高木嘉兵衛（二代嘉兵衛）はさらに年長であった[75]。老人といってよかろう。佐一郎が父親の蔭にいたがごとく、彼はつねに丈助の蔭の

（68）本照院妙貞日慈。精霊棚の塔婆に俗名慈とあることからイツと同定できる。同じ塔婆に教闇水子が記載されているから、流産ないし出産時に死亡したと推定できる。
（69）ユニチカ社史編纂委員会編『ユニチカ百年史』上、一九九一年、一九頁。
（70）芦屋市打出教育文化センター（旧・芦屋市図書館分館）は、誤って元・逸身銀行の建物とされていた。それを逸身銀行と認定したのは、建物が取り壊されそうになったときに保存運動の中心にたって活動した佐藤武英氏である。佐藤氏が同建物を逸身銀行と結びつける根拠としたのは『芦屋郷土誌』（昭和三八年）222-3に記された「大阪　一海景宥氏談」であった。その後、同建物の改修の際に建築事務所で設計を担当されていた姉川昌雄氏によって、「『大大阪画報』（昭和三年）という本に「東京貯蔵銀行大阪支店」という建物の写真があるが、それと芦屋の建物とが酷似している」との情報が八木滋氏にもたらされた。八木氏によれば「東京貯蔵銀行大阪支店は、大正九年には備後町二丁目二三番地にあった。」いっぽう逸身銀行は同町同丁目二一番地である。元・東京貯蔵銀行大阪支店が昭和五年に芦屋に移設されるときに、近くにあった逸身銀行と誤解されたのであろう。その後、姉川氏の調査によって、同建物は設計が横河工務所（現横河建築設計事務所）、施行は清水組（現清水建設）で、着工は大正八年七月、竣工は大正九年一一月、請負金額九万七七三〇円、と判明した。
（71）「慈泰院様葬式之節到来物之控」（明治三六年〔8-3〕）。
（72）「香奠帳　本善院宗覚日孝居士」（明治四二年〔8-6〕）。
（73）「婚姻祝到来控」（〔8-11〕）。
（74）例をあげれば、住友吉左衛門とならんで廣瀬宰平も六代佐兵衛の婚礼に祝を出している。藤澤南岳は五代佐兵衛の香典帳にある。
（75）二代嘉兵衛は嘉永七（一八五四）年に、初代嘉兵衛の娘のタケの婿養子となった。大雑把な推測であるが、かりにこのとき二〇歳とすると、銀行破産の明治三四年には七七歳という計算になる。もしこの年齢が余りに高すぎるとするなら、婿養子になった年齢を下げなくてはならないが、せいぜい五歳程度であろう。初代嘉兵衛やタケの想定年齢、ならびに二代嘉兵衛が婿養子であることの論証については三六節を参照せよ。

なかにいた。人事の刷新は、もっと早くに進められるべきであった。本家の当主はなるほど代替わりした。佐一郎の実子で卯一郎の養子の六代佐兵衛に家督はわたっている。とはいえ彼は当初から傀儡であった。もっともいくら傀儡とはいえ、破産時にはすでに三〇歳である。もしも彼にしかるべき才能ないし努力があったなら事業をやりえたはずである（元之助の年齢を考慮せよ）。しかし彼にはそれができなかったし、望みもしなかった。憶測以外のなにものでもないが、彼は実父よりも養父にして伯父の五代佐兵衛に近しさを感じ、祖父の四代佐兵衛と丈助の晩年の姿勢に影響され、結果として晩年は「旧家」のしきたりを墨守した。

すでに明治二二年、一八歳の六代佐兵衛は「陳情書」（上述七二節〔4-34〕）に次のように書いている。

「然ルニ従来之実業タルヤ単ニ習慣ニ由リ毫モ学理之応用ヲ務メザリシカ故ニ、随テ物之変化ニ応ス可キ智識ニ乏シク、若シ一朝異変ニ遇セバ周章狼狽（中略）、我大阪ニ封建時代中最モ豪商之多カリシ事ヲ、然ルニ王政復古之異変ト共ニ彼ヲ神之如ク尊敬セシ諸大名之一時ニ亡滅セシ以来、隣シ数十之豪商之見ル影モナキ（以下略）」。

このような当事者意識を欠いた傍観的態度こそ、現実の家業の危機に対して何ら役立たなかった原因である、といって、彼を責めるのも酷であろう。

明治三四年当時の経済状況を差し置いて、もし銀行破産の遠因を家族の中に探すならば、結局のところ四代佐兵衛の「偉大さ」と、彼の「長生き」ということになりはしまいか。倅たちも孫も佐兵衛の枠を超えられなかった。もしも佐兵衛が明治維新以前に亡くなっていたならば（慶応四年に佐兵衛はすでに六一歳である）、佐一郎は先例にこだわることなくもっと早く仕事に熟達し、あるいは五代佐兵衛を襲名した卯一郎は大名貸以外の仕事におのずから才覚を働かしていたかもしれない。それとも多くの両替商のように、破産が三〇年早く起こっていただけだったであろうか。

さらに別家というシステムも破産の遠因といえるかもしれない。家族の延長とでもいうべき別家によって（しかもその長はしばしば先代の妻であって、彼女は経営には関知できないけれども夫に先立たれた後、倅ないし婿養子がいまだ襲名していないと倅を本家で働かせ、養子は本家の手代だから、結果として経営に入り込むこととなる）、ただですら家族経営とでもいうべき銀行経営が、個人の私的な活動と同じような規範に則り公私一体となって営まれていたことも経済活動の合理性を欠如させ、機動的な動きを妨げたであろう。しかしそれは逸身銀行固有の特質というより、大なり小なり、日本社会の（ついこの間までの（?））性質ではなかったか。

この評伝がほぼ完成して最後の手直しに入っていた二〇一四年正月におもしろい史料が見つかった(76)。この史料の筆者は明治三四年の破産を知っており、かつ丈助と面識のある人物だから、間違いなく佐九郎（五代佐兵衛の退隠後の名）である。佐九郎は明治二〇年に退隠させられ、経営からはずされている（七二節）。破産によって当人の恨みがこみあげてきたと覚しき内容である。佐九郎は明治三六年八月に死亡している。怨念やら後悔やらが老人を呆けさせたように思える。

この文書によると佐九郎は「本年四月六・七・八」、三日続けて同じ夢をみた（本人は夢か現か分からないと記しているけれど）。夕暮れの石灰町の蔵のまえに「御亡父、御亡母、次に丈助殿」がすわり、「種々御慷慨御嗟遊ばされ候」。それらのいうところによれば、上に立つ者がしっかりしていたならば（「重役之者折節見廻り自ら世業渡り来り候はば」）破産に至らなかったはずであった。ところが「出勤怠り勝、老人之支配人（二代嘉兵衛である）も不快にて引籠り居、若手之者代理致来り、少し小才気有を宜事として、検査なきを却って幸に思ひ、約束手形之融通附を自儘に取行ひ……私欲盛んにし……主家之思わず」。そして「重役之内にも、妻縁之続を以て成さるる者と心を緩し」私欲に走る者がいた。「大小これあり候共、巨額之金を貯へ、忠臣少なく悪臣多く、主家を却って蔑ろに致し、家を覆す者ばかり」。「忠臣」ということばから私は、過去帳の丈助の欄の上部に記された（記したのは佐九郎である）「忠臣丈助」と

(76)　これは吸物椀を包むために他の史料（断簡）ともども使われていた。この吸物椀は家内伝承によれば四代佐兵衛の妻のトヨが嫁入りに際してもってきたものという。

いう記述を思い出す。

恨み言ばかりといえるが、少々これまで分かっていなかった事実の指摘もある。明治二九年に「変事在之、程能執凌」いだ。これがどういうものであったか。もっともこの文章は「一家和合改革に及び候はば」今日のようにはならなかった、と続くのであるが。さらに三四年、「高谷氏続きを以て銀行の救助を請て一時凌候事、頭取の取ての幸い」とあるが、この高谷某についても不明である。

まさに時代遅れの佐九郎からすると、不景気も取り付けも破産の誘因でしかなく、真の原因は主家を慮らない者たちにあった。もっとも彼は長年、経営から外されていたのだから、当事者たちはもう少し合理的に事態を把握して動いたと思いたい。しかし同時に私には、四代佐兵衛はしかるべき後継者を育てられなかった、また銀行は潰れるべくして潰れたという思いを禁じ得ない。

先に私は、どうして銭佐が明治維新を越えられたか分からない、と書いた（五七節）。明治維新がどの両替商を破産に追い込み、どの両替商に難局を切り抜け生き残らせたか、もしそこに法則とはいわないまでもなにがしかの傾向が読み取れるとするならば、同じように明治中期に、どの銀行が取り付けに追い込まれ、どの銀行が回避できたのかにも説明がつくのかもしれない。しかしほんとうにそういうことを知ることが可能なのかどうか、という疑問はつねにある。経済学なり歴史学が、小さな事例を積み重ねて大きな姿を描き出されることを切に希望する。

七六　破産の後

逸身銀行の破産の経緯については外部史料によってだいたいのところが知られている。これについては第2巻第七章中西聡論文を参照されたい。本評伝では家族史に関わるところを記す。

逸身銀行は合資会社であった。銀行本店（旧・備店）のみならず南綿屋町（旧・石灰町）の家屋敷はすべて抵当となっていた。福本元之助も南綿屋町にいたことが分かっている。[77] おそらく維新前から銭佐が所有していた屋敷のひとつに該当すると思われる。となればこの屋敷も当然、抵当の対象であったろう。さらに丈助のものとなり、彼の没後、その子孫の溝口家が住んでいた南綿屋町の屋敷も抵当に入っていたらしい。大正末期から昭和初期に溝口家は猪飼野の福本の屋敷の一角に住んでいるからである。[78]

南綿屋町を出た佐九郎・ハタ・六代佐兵衛・ツルは天王寺区南河堀町に移る。ひょっとするとその間に別の屋敷を経由したかもしれない。七代佐兵衛が「農人橋の屋敷は立派な家であった」といったという記憶が、娘（私の母）に残っている。[79] 南綿屋町を出るとき、ツルは身重であった、ないしは赤児を抱えていた。明治二九（一八九六）年八月に長男の悦治郎（後の七代佐兵衛）を生んだあと、三四年六月に二男の琅（あきら）が生まれているからである。この頃、長男悦治郎は八尾の西岡家に預けられていた、という話を私の母は記憶している。その後一家は、大正末期に東成郡猪飼野にあった福本元之助の屋敷のある敷地に建てられている家に移る。元之助がいつ、この屋敷を所有したかは未調査である（明治二六年か。注77参照）。

いっぽう佐一郎は銀行倒産後、妻マスの実家である奈良県吉野の永田家を頼っていった。マスとの間に生まれた道之助（明治二四（一八九一）年五月生）・箭之助（明治二六（一八九三）年三月生）・ユタ（明治三〇（一八九七）年一一月生）の三人

（77）　社史編纂委員会編『ニチボー七五年史』ニチボー株式会社、一九六六年。巻頭口絵「尼崎紡績会社創立願書」による。傍証として元之助の「婚礼諸事控」中の役割分担の項目「北の家留守番」（「備店留守番」に先行する）という項目をあげられる。

（78）　母の記憶では福本の「別邸」ということになる。猪飼野に別邸を購入する以前に南綿屋町の「北の家」を兄から譲り受け、それが当初は本邸であったなら、銀行破産時以降にたとえ他に屋敷をもたずとも「別邸」という呼称が残った可能性が高い。

（79）　逸身家は北久宝寺町一丁目に家屋敷を持っていた（五一節、七四節）。農人橋とは至近距離であるから、これが少年の記憶の「農人橋の屋敷」であった可能性もある。

の子供も一緒である。佐一郎の二番目の妻ミヤから生まれた豊之輔（明治一五（一八八二）年三月生）がどこに移ったかは、母も聞いていない。彼は破産時にすでに一九歳になっている。

佐九郎は明治三六（一九〇三）年八月に、佐一郎は明治四二（一九〇九）年一月に死亡している。失意のうちに死亡したといえるであろうが、両者ともかなりの老齢に達していた（佐九郎六六歳、佐一郎六七歳）。ともに立派な葬式が営まれた。

佐九郎（五代佐兵衛）の墓石は歴代の当主と同一の規格の五輪塔である（5）。いっぽう佐一郎の墓石は五輪塔ではない（6）。ただし他の角柱墓と違った幅広の角形石であり、その位置も（たまたま墓域の制約で曲がってしまったが）当主たちと並ぶようにして配置されている。墓石の形を変えることによってあくまで本家ではなく分家であることを明示している一方で、当主に準ずることを位置で示すのである。六代佐兵衛（彼は佐一郎の実子である）の意図を反映しているか、さもなければ佐一郎が生前からかくあるべしと企画したのであろう。佐一郎の戒名の横に刻まれている妻は、三番目の妻のマスである。最初の妻のタイと二番目の妻のミヤは、別に建てられた通常の角柱墓である（17と18）。

当人たちの意識の上はともかく、佐九郎や佐一郎が窮乏したわけではなさそうである。破産に伴う財産の処理のあとにどれだけの財産が残ったかは不明である。それ以上に福本元之助が一族の面倒をみていた。元之助は逸身銀行の破産に伴い、いったんは尼崎紡績を退いたが、明治三九（一九〇六）年に復帰して、明治四四（一九一一）年には取締役になっている。その墓には「日満綿紡協会」の灯籠が捧げられている。元之助の妻リキが佐一郎の妻のマスの妹であることも元之助が一族を援助した理由であったろうが、むしろイエの成員全体をイエのうちで繁栄した者が世話をして当然であるとの倫理意識が、面倒をみる側のみならずみられる側にもあった。

本評伝のそもそもの端緒となった「逸身家文書」であるが、南綿屋町から南河堀町をへて猪飼野、さらに天王寺区堂ヶ芝町へと移動した。婚礼史料〔一〕がまとまって入っていた木箱の下には昭和五年の新聞紙が敷かれていた。他の史料もある程度、分類がなされているようにみえる。これらがすでに南綿屋町で分類されて木箱に納められていたのか、それとも破産に伴う転居に際して、急いで箱詰めがなされたのかは分からない。

当然、南綿屋町にはもっと多くの文書が残っていたはずである。その一部が佐古慶三氏に収集されたわけであるが、その経緯は謎である。佐古文庫の中にはどうみても家族以外の者にとっては意味のない史料も含まれている。たとえば、私が人物の同定をするのに役に立った「成證庵智榮日良遺物控」である。さらに「日記」の途中部分が抜けているのも気になる。この部分、さらに残存部分に先立つ部分および後に続く部分がどこかにいまも残っているかもしれない。

備後町にあったであろう書類はすべて散佚した。押収されたか処分されたか、あるいは吉野下市の永田家まで持って行かれたか。ただし「銭屋佐一郎・得意先通札控」ならびに「同・判鑑帳」は三井文庫に残っている(80)。備後町の史料がないことは、銀行の経営について分析・叙述することを困難にする。

本評伝の校正最終段階で永田家文書が奈良県立図書情報館に寄託されていることが分かった。永田家と逸身銀行との取引内容をうかがわせるであろう史料のみならず、逸身銀行の第参拾壱期営業報告書（明治二八年）もある。今後の調査を期すこととする。

家族内部のオーラルヒストリーは、私の母（大正一〇（一九二一）年三月生）による。その中には「諸家徳」〔7-36〕で使われている数字の符丁（一から〇が、ハヤヲキワフクノカミ（「早起きは福の神」）に置き換えられる）を、母が祖父母の会話（使用人に分からないようにしたいとき使っていたそうな）から覚えていたような例もある。

（80）　中川すがね氏が調査している。『大坂両替商の金融と社会』一一二―一一五頁。ただしこの研究書は逸身家文書の発見以前に書かれたものであるから、細部の記述は改訂されなくてはならない。

第七章　おわりに

七七　佐兵衛の心性

評伝を終えるにあたり、佐兵衛の心性（メンタリティー）を推し量りつつ、盛時の彼の生き方とイエの形とを中心にまとめてみたい。推定に用いた史料の吟味はすでに行ったので、これまでの記述のように留保はつけず断定することにする。

父親佐治兵衛は退隠後もしばらく経営に目を光らせていたけれども、それでも天保の終わりには経営から手を引いた。そのあと佐兵衛は、ふたつの店も家もおのれの意向にそって経営し始めることになる。嘉永四年には異母弟佐一郎が死亡したため、それまで以上に備店の采配がやりやすくなる。嘉永六年には丈助・初代嘉兵衛・初代清兵衛を抜擢して、丈助を自分の腹心とし、嘉兵衛と清兵衛に備店の日常業務の監督を任せることにした。佐兵衛はふたりの倅や別家、さらには手代、すべての人事を統括したけれども、いちばん優秀と考えた丈助は手許におく。

安政六年に父親佐治兵衛が死亡したあとは、彼の意向に反対を唱えられる人物はもはや誰ひとりいなくなった。処遇がなにかと難しかった三代源兵衛も後を追うように亡くなった。その倅の四代源兵衛には事実上別家のような役割を与えて、彼の管轄下に置く。銭佐の経営ないし人事モデルはこの頃に形をなし、以後、後の世代を呪縛する。彼がかくあるべしと考えて作った組織は、銀行破綻まで続くのである。

佐兵衛は備店では従来型の、おそらく小口金融や手形決済両替業務を経営しながら、本店では従来の大名貸や不動産経営に加えて、肥後藩・土佐藩のようにこれまで必ずしも関わりが深くなかった諸藩に入り込んで商品交易の権益を獲得する。ただしふたつの店はまったく業務を分けていたわけではなく、卯一郎と佐一郎の仕事も截然としていたわけでもない。楢村を拠点とする津藩との取引は、もし廃藩がなかったならば、佐一郎の担当となったはずである。大名貸を越えた新業務への進出は佐兵衛の判断によるものであったろうが、もし佐兵衛が誰かに相談するようなことがあったならば、それは丈助以外に考えられない。大名家の家臣相手に下交渉を行ったのは丈助である。彼はつねに佐兵衛の身近にいて本店・備店双方の経営に、他の別家や手代を采配しながら関与した。

初代嘉兵衛は抜擢直後に死去したが、その仕事は二代嘉兵衛に引き継がれる。彼は初代嘉兵衛の娘婿である。前身はおそらく銭佐の手代であった。手代の誰を選んで嘉兵衛を継がせるかにあたって、佐兵衛は丈助に相談したかもしれない。さらなる人事の抜擢は、銭屋嘉兵衛というイエを守ることと不可分である。二代嘉兵衛は備店の業務のかたわら丈助の補佐をする。そして丈助の引退後はその地位を襲うことになる。

初代専助は三代佐兵衛のときに別家となったので、銭専は銭丈や銭嘉より格上である。初代専助が別家となったあとも本家で働いていたかどうかは分からない。そうであったにせよなかったにせよ、その妻のタカは別家家内としてながく影響力をもった。倅の二代専助は銭佐の中で働き始める。専助家は丈助家より歴史が古い分、格上であったけれども、丈助自身が年長であるということで、事実上、丈助の下になる。専助は幕末期から明治初期に備店に軸足をおきながら、佐兵衛の通商司業務を担う。

もうひとりこの時期に有力な別家は清兵衛である。若くして抜擢された清兵衛は元締として備店の業務を受け持っていたが、丈助の引退前に死んでしまう。その死後、銭佐は手代の永助を養子として送り込む。永助は本店にいた手代で、佐兵衛や丈助に、日々、監督されて資質を吟味されていた。

比喩的ないいかたになるが、「算盤を持たない」別家もいる。私がB級別家と呼んだ者たちは出入方、もしくは下男から出世した別家であって、出入方や下男を命令して「力仕事」を統括する。両替商業務とは直接に関係しないもろもろの仕事を監督するため（おそらく最大の仕事は店の安全である）、本店と備店にひとりずつ配置された。ふたりはその出自、ないし「子供」としての教育を受けていないために、A級別家の格下扱いをされる。その扱いは祝儀や宴席の待遇、さらには親類書の記載に至るまで、対内的にも対外的にも目に見える形で差別されなくてはならない。このように立場の違いは様々な仕事に反映し、仕事は人間と人間との上下関係に還元された。

「自分受持ニ無之儀、差図等致間敷候、却而混雑致シ可申候、自然不行届と気付候義等有之候ハバ、其掛り之ものへ密ニ心添被申候様致度、唯々請持之役義ニ行届候様心掛ケ専一ニ被存候」。すなわち、自分の受持でない仕事に関して不備を見つけても、みずからその仕事の指図をすればかえって混乱をひきおこす。そうした場合には掛の者にこっそりと忠告すればよい。まずは自分の分を弁えて、担当している仕事を全うすることを心がけよ。これは明治三年の佐一郎の婚礼にあたって総元締の丈助が奉公人一同にあてた注意書〔1-2-13〕の一節であるが、まさにこれが彼が理想とする仕事のありようであったろう。そしてその根本には佐兵衛そのひとの理念がある。

本店にも備店にも「子供」がいた。「手代」の予備軍である。新規に子供を店におくかどうかの判断は、当人の目通り以前に、誰が推薦してきたか、生家がどの土地のどのような家であるか、といったことが総合判断されたであろう。こうした場合、おそらく丈助ないし嘉兵衛あたりが審査をし、最後に佐兵衛が目通しした。

「子供」がしかるべき年限にわたってしかるべき奉公を重ねたら「手代」に昇格（「元服」）させなければならない。その判断、場合によっては元服なしに暇を出すことの判断も、佐兵衛が表立って出ることなくなされた。上層部以外の店の人間に対して、佐兵衛が直接に指示を与えることはなかった。丈助が「これは旦那様の意向である」といったかどうかは分からないが、彼の判断は佐兵衛の判断に合致していた。

丈助は徹頭徹尾、主人に忠誠を誓った。丈助のみならずすべての人間たちを支配していたのは、主従の関係である。それも主人佐兵衛と自分とのあいだだけではない。全人物相互の関係が格上・格下で位置づけられていた。しかもその網の目は店の仕事に限ることなく、奥の女性たち、さらには別家の家族にも及んだ。仕事と人格とは不可分であり、このことをいいかえれば、秀でた手代が別家に婿入りすることに端的に示されるがごとく、個人の生き方も仕事と連続していた。

丈助は主人に成り代わって、大名屋敷の留守居と交渉もした。あるいは主人の名代として両替仲間の会合に出たりもするし、さまざまな書状もしたためた。備店の手代に直接に仕事を指示したのは二代嘉兵衛であるけれども、その嘉兵衛は備店についてのあらゆる報告を最低でも月一回、佐兵衛のみならず丈助にしている。もっとも本店の意向を逐一あたっていたらかえって煩瑣であるから、臨機応変に対応した事柄も多かったであろう。とはいえ最終的に備店の方針を決定するのは、本店の佐兵衛であり、それを補佐する丈助であった。もし本店から備店宛の書状が残っていたなら、そのあたりの事情は詳しく分かったはずである。

丈助は経営面以外の、佐兵衛のありとあらゆる面をも補佐した。そこには縁談など、今日からすれば私的とされる領域も含まれる。縁談をすすめるにせよ、あるいは破談にするにせよ、下交渉をし、ときには責任を引き受け、累を主人におよばないようにすることが丈助の役割であった。

銭佐の将来の発展は倅たちあってのことである。当然、倅の縁談も重大事であった。倅の妻たちの生家は、銭佐の商売のネットワークと関連する。しかしたんに新しい姻戚関係が経営に役立つからという、利害得失にもとづく判断だけからではない。嫁はやがて「御寮人」となって奥の采配をふるわねばならない立場にたつ。そして子孫繁栄を担っている。婚姻と店の経営は連続していた、というべきであろう。店と奥の「経営」は、ともにイエを成り立たしめる行動である。

奥は女たちの領域であるとはいえ、佐兵衛はもちろん、丈助もまた間接的に関与したかもしれない。佐兵衛はいうまでもなく妻トヨ、あるいは嫁のハタを通じてである。丈助の場合、自分の妻のヒデが別家家内として主家の内部に入り込んでいる。別家の女たちは行事行事に際して手伝ったりよばれたりした。「娑さま」すなわち佐兵衛の娘たちの雛祭りや、婚礼の「部屋見舞」のように、別家家内ならではの行事もある。正月や盆はいうまでもない。別家家内が奥になり代わって、あるいは奥の意向を汲んで、下女たちに叱責するようなこともあったかもしれない。下女内部での階層ははっきりしており、それは仕事の質に反映されたが、たとえ下女の最上位の者であっても、別家家内より格下である。

別家の娘は下女として本家に奉公した。奉公は、家事をこなす教育、すなわち行儀見習いとして位置づけられた。主家の娘の乳母に別家の娘があたることもあった。乳母は下女とは位置づけが異なった。

たとえ日常の仕事が他の下女と同じであろうとも、別家の娘には特別の仕事がある。象徴的な一例であるが、婚礼の儀（後席ではなく本当の儀式）に際して酌人を務めるのは、別家の娘である。これは別家衆が給仕となって膳を運ぶことと相応する。別家の娘はとくに兄弟がいなければ、婿をとって別家を嗣がねばならない。そのとき婿には優秀な手代が、本家の意向に沿ってやって来る。

佐兵衛の意向に従って、婿を迎えたのは別家に留まらない。父親を失い残された堺屋（奥野家）の娘（佐兵衛の妻トヨの妹である）に新しい当主となるべく送り込まれたのは、（もともと堺屋の手代であったかもしれないが）一度は銭佐の手代を務めた要助である。このようにして堺屋も銭佐の傘下に入ったとみてよい。

銭佐の発展のためには、子供の数が多くいるに越したことはない。福本元之助の母が私の想定どおりキクであったとすれば、キクが佐兵衛のお手つきになったのは、正妻のトヨや丈助の半ば了解済みであったことかもしれない。トヨがもはや子供を産めない年齢になっても佐兵衛は子供をつくる。誇張していえば、作らなくてはならなかった。なにしろ長子の、将来、佐兵衛を継ぐべき卯一郎は嫁を迎えても子供がなかなかできず、できても育たない。次子の孝之助（佐一郎）は最初の嫁をすぐさま追い返した。これでは次世代に不安が残るではないか。

もっともかりに佐兵衛にさらに倅ができたとしても、それが優れた男子であるかどうかは分からない。そこで生まれた倅はただちに「認知」されない。まわりは皆、元之助が佐兵衛の胤であることを知っている。しかし素質が優れているか、常時、試験をされている。ある時期には、佐兵衛の異母妹である野々口ラク（野々口から逸身に戻るにあたって改名してハヤ）が監督下におく。実際に監督したかどうかは分からない。ただしこうすることによって、もし元之助の出来が悪かったなら、本家との縁を切ることができる。

それどころか元之助の父親が丈助であると、世間に公表した時期（大正期）までもがあった（四九節注6）。丈助が主人の「失策」を被ったようにもみえるが、大正の倫理観と明治初期のそれとを同一視してよいか。むしろ佐兵衛が丈助のまったく知らないところで子供を作ったとは思えないことを、示唆しまいか。

元之助の処遇には前例がある。長男の卯一郎もおそらく下女筆頭のスエから生まれ、しばらくは丁内の借家におかれ、その能力を観察されていた。さらに遡れば、初代佐一郎も先代が「外で」もうけた子供かもしれない。

大名家と同列に並べるのはやりすぎかもしれないが、次の世代の男子をひとりならずもうけることは当主のつとめだった。実際に男子が何人いたところで早世することがかなりの頻度で起こりうる以上、イエの保障のため倅が何人いても構わない。

さりとて側室が制度として公認されていたわけでもない。三代佐兵衛がリヤウを妻に直すためには退隠を待たねばならなかったように、主人が下女を妻にすることはあってはならず、表向きの制度として「側室」がいたわけではないのである。しかし家の外に妾をもつことはない。それでは道楽になる。このように考えると、おそらく若いときから優秀さを認められていたキクは、主人の子供をもつことすら仕事の一部なのであった。

倅が多いことは望ましいけれども、成人したあと仲違いがあってはならない。そこで兄弟の序は強く求められた。五代佐兵衛は銀行破産のときに至るまで、備後町の銀控帳を記している。このことにどれほどの内実があったにせよ、弟佐一郎は兄佐兵衛に、帳簿を見せて承認を得なくてはならなかった。そもそも兄と比較して佐一郎にどれほど経営者能力があったにせよ、世間が見るところ、逸身銀行は銭佐の銀行であり、銭佐とは銭屋佐兵衛の謂なのである。本家と分家は親子ないし兄弟の序によって支配されている。

そもそも佐一郎が日々、起居していたのは石灰町（南綿屋町）であって、備後町ではない。どうやら彼が妻帯してもなお、彼の家族は備後町に移らないことも選択肢にありえた。明治二〇年、彼が三度目の妻を迎える縁談をすすめるにあたって、新しい嫁がどこに住むかが縁談聞き合わせの条件にあがる。ひょっとすると彼が真に独立して家を構えるのは、父四代佐兵衛の死後であったかもしれない。

五代佐兵衛の娘のツルと、佐一郎の倅の悦治郎が結婚した（結婚させられた）のもこうした文脈で理解されねばならない。ツルに他家から婿をとって、佐兵衛を継がせることは難しい。さりとてツルを他家に嫁に出し、悦治郎に六代佐兵衛を襲名させるのも望ましくない。結局、生まれたときから一緒に暮らしている従兄妹を、祖父が結婚させたのであろう。ほとんど近親婚であるが、そのほうがイエのためによかったのである。

イエは保持され、かつ発展させねばならない。イエの成員もつねにそのことを意識させられる。そこには倫理がいる。丈助の倫理はある意味、単純である。丈助の身近に忠誠を誓う主人がいたからである。まさに「御家のために」主人の命に従い、ときにその意向を推し量ってかつ責任をとった。あるいは主人が思っているはずのことを忖度して、要するに主人と同一化すればよかった。五代佐兵衛はたとえ家督を相続しても父親に従った。その親はふたりの倅を兄弟の序によって律した。このように主従の「忠」と親子の「孝」、さらには兄弟の「悌」が佐兵衛以外の人物の規範であった。ではいったい佐兵衛自身は何をよりどころにしていたのか？

儒教倫理の「修身斉家」が佐兵衛の倫理観として強くあったと考えてもよいだろう。己の身を律し、先祖を尊び、同じことを周りの人々に求める。そうすることによって家の秩序を維持する。家の発展と商売の発展は、区分されていなかった。

佐兵衛は大名家の様子を知りうる立場にいた。それを垣間見ることで、自分の家はたとえ比較にならないほどに小さくても、大名家の運営は模範とすべき（尊敬すべき）対象であったのだろうか。それとも大名との絶対的な身分差を考えて、畏れ多くもなにも考えないようにしていただろうか。さらに大名家それじたいのみならず大名家の家臣もまた世襲であったから、イエ意識は何重にも見られたはずである。ならば家臣の家長としてのありようは、佐兵衛の家長としてのありようと連続していたといえるのか。

このことを突きつめて考えると、身分制社会の中での商人階層の自己意識という歴史学の問題に発展するはずである。近世ヨーロッパの自治都市における商人階層（ブルジョワジー）は、都市の運営を担い、誇り高かった。しかし農業を重視する社会にあって、商人は蔑まれ憎まれる。銭佐が土佐藩や肥後藩のように藩の内部に入り込むとき、かの地の地域社会を経済的に発展させることに貢献することを、少しは意識していたのだろうか。それともそういうことを思うこと自体が身分を弁えない傲慢であって、商人は金儲けをさせてもらえばよかったのであろうか。もっともこういう二項対立自体が無意味なようにも思える。

さらに次のような意識上の問題も考慮に入れる必要がある。大名家といっても直接の対応にあたるのは家臣である。大名家じたいに厳密な階層ができあがっている。商人に対応する役目の侍は、大名の威をかざして商人に居丈高であったことも少なくない。だからこそ、ことあるごとに相手方の階層に応じた付け届けは欠かせなかった。商人からすれば、こうした者たちはただただ権威と慣例に縛られた者とうつり、「上とじきじき話せば分かる」という思いをもったこともありそうである。丈助の「土佐用日記」に垣間見えるのはその種の心情であるが、これが肥後藩なり津藩でも起きなかったとは考えられない。もっとも今の銀行のアナロジーで、貸付を理解することが間違っているのかもしれない。この問題は私の手に余る。

佐兵衛とその家族のふだんの生活は質素であったが、婚礼は自己目的化するほどまでに大げさであった。まさに世間にこの家の大きさを見せる機会であった。ただし世間といっても近所の商人であって同業者ではない。あるいは相互に支え合ってともども発展を目指している姻戚の諸家である。内側に目を向ければ、別家の結束をはかる機会であり、奉公人に対しては主人の権威付けの根拠を示す機会であったともいえる。葬式もおそらく婚礼と同じような機能を担ったであったろうが、こちらは史料が残っていない。

冠婚葬祭でのつきあいが社会的なひろがりをみせて、取引のある家々にまでふくまれるようになるのは、明治二〇年をすぎてからのようである。銀行という形態は、たんに名前の変更にとどまらず、社会の近代化とあいまって銭佐のイエそのものを社会に開くようにさせる象徴ともいえる。といっても四代佐兵衛はそうした流れを理解し、積極的に受け入れたか。ひょっとすると五代佐兵衛と佐一郎のふたりの倅、さらには孫の六代佐兵衛も、新しい時代が不本意な変化を強要しているかのように捉えていたかもしれない。

五代佐兵衛と佐一郎のふたりの香典控は、新しい時代に直面した逸身家の社会的ひろがりを示すと同時に、逸身銀行破産後も有力な経済人であった福本元之助の、社会的位置づけを示すものともなるはずである。佐一郎より二四歳も年下のこの「三男」は、明らかに日本の近代化に適応していた。ただし明治二〇年以降のプロソポグラフィを作成するためには、逸身家文書に史料は少なすぎる。もっと広く史料を渉猟しなくてはならない。私にはその能力がないが、もし福本元之助（慶応二（一八六六）年―昭和一二（一九三七）年）の評伝が書かれたなら、それは四代佐兵衛の評伝と対比されるべき続編となるだろう。

近代化の進展は間違いないこととしても、四代佐兵衛のメンタリティーと同じような思いは、つい先ほどまで日本に残っていた。我が身の回りを思い出して十分に想像できるほどまでに。もっともそれを「しがらみ」ととるか、本来あるべき規範とするかには大きな違いがある。さらに理念と合理性にもとづいて解決しなくてはならない事柄を、人間関係に解消しようとする立場はいまなお存するけれども、これをたんに前近代的といえるのかどうか、それとも風土・文化も抜きがたく影響するのか。この考察もまた私の手に余る。

史料解題

史料解題 1

石灰町水帳絵図

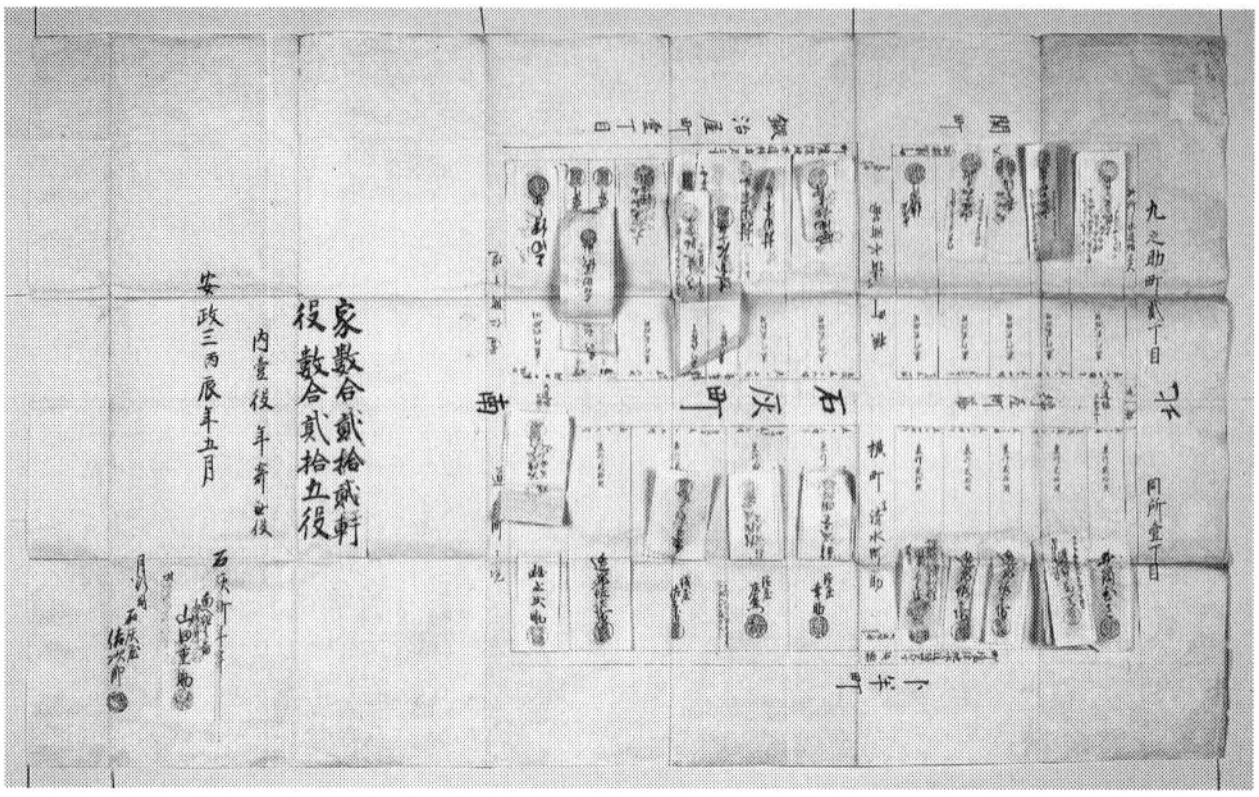

写真）安政３年５月．石灰町水帳絵図（大阪商業大学商業史博物館蔵）
絵図部分は口絵 24 にカラーで掲載した．復元図は，第２巻第一章吉田伸之論文図２を参照．なお，写真では右側が北になっている．石灰町の位置は巻末「関係地図」を参照．

大阪商業大学商業史博物館（佐古文書）所蔵。銭屋佐兵衛家が本拠をおく大坂三郷南組石灰町の安政三（一八五六）年五月の水帳絵図である。

大坂三郷の水帳　水帳《みずちょう》とは、個別町ごとに作成される家屋敷の台帳のことである。家屋敷ごとに表間口と裏行の間数、役数（家屋敷ごとに賦課される軒役の数）、家持（所持者）の名前が記載されたものである。末尾に家数と役数が集計され、奥書文言があって町年寄と月行司が署判し、大坂町奉行所の地方役与力に宛てられている。水帳は竪帳の形式であるが、同じ内容の絵図も同時に作成された。これが水帳絵図で、水帳と水帳絵図はセットで作成されたものである。

水帳は、各個別町の町会所、三郷各組の惣会所、町奉行所地方役所にそれぞれ設置された。代替わりの相続や家屋敷の売買などによって水帳の内容に変更が生じた場合、町から惣会所・町奉行所に届け出られ、紙を貼って変更した。これを「帳切」という。家屋敷の合筆・分筆などの変更も貼紙によった。年月がたつと貼紙で重なって取り扱いにくくなるので、一〇―三〇年に一度程度全町一斉に水帳が作り替えられた。さかのぼっていくと、安政三（一八五六）、文政八（一八二五）、文化一二（一八一五）、寛政一〇（一七九八）、安永七（一七七八）、明和四（一七六七）、宝暦三（一七五三）、享保一一（一七二六）、宝永三（一七〇六）年に作り替えられている。それ以前は元禄となるが、一七世紀段階では全町一斉であったかは検討を要する。

一番最後に作り替えられた安政三年の水帳もしくは水帳絵図

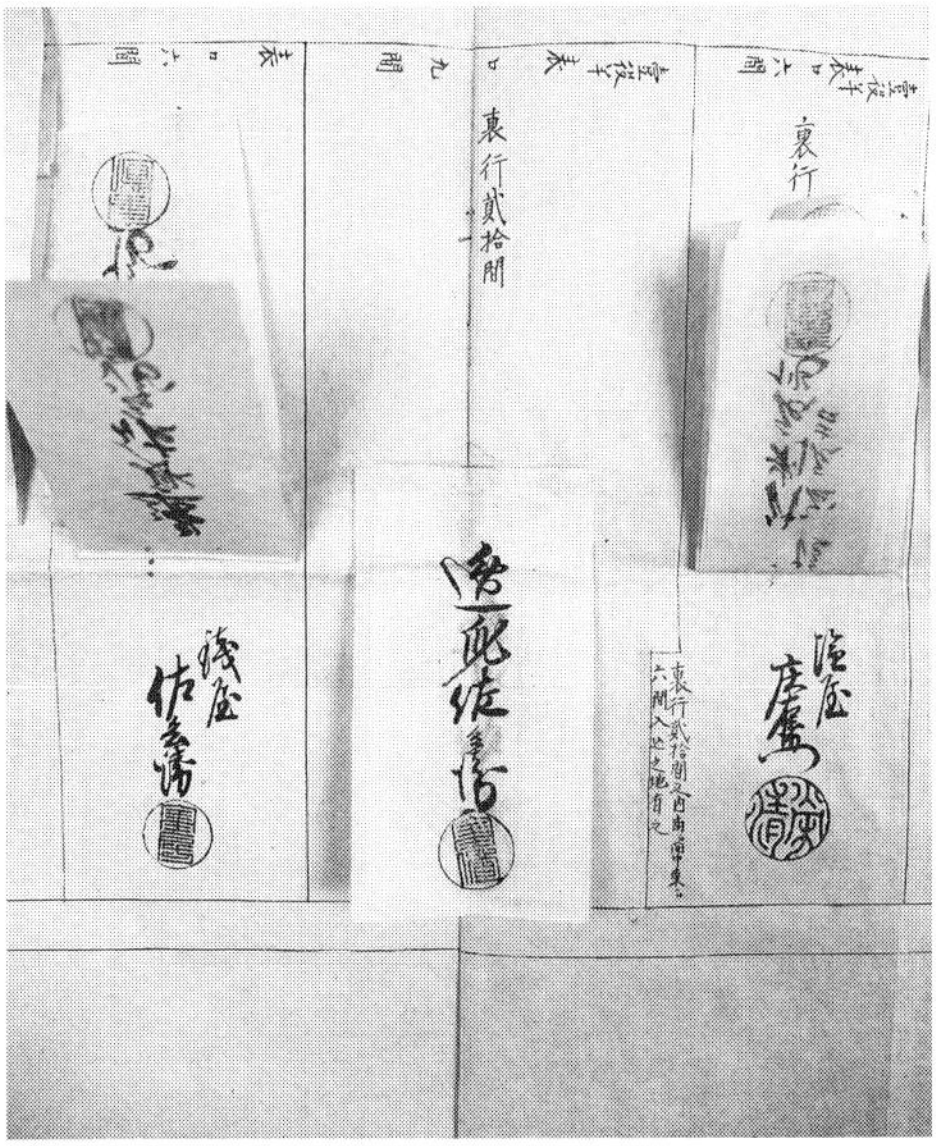

写真）左：銭屋佐兵衛（宝房），右：逸身佐兵衛（宝備）

は、三郷約六〇〇町のうち三分の一を超える町のものが残っている。しかし、それ以前の水帳は少なく、残っていても一八・一九世紀のものが多い。

水帳は、町の空間と家持の情報を知ることのできる基本的かつ貴重な史料ではあるが、家屋敷内部の構造や借家についての情報が得られない憾みがある。また、一部の町を除いて時期的変化がわからない。

石灰町の水帳絵図　石灰町水帳絵図は、縦五八センチ・横九八・五センチで、町年寄大和屋源次郎・月行司石灰屋佶次郎の署判がある。町年寄の上には貼紙があり、文久二（一八六二）年一二月九日に大坂屋七兵衛、明治元（一八六八）年一一月一九日に石灰屋吉次郎に町年寄が代わったことがわかる。さらに貼紙があり、「南へ組壱番少年寄山田重助」と記載されている。絵図部分の貼紙で一番新しいものは、明治一一（一八七八）年五月のもので、家屋敷を買得して名前が替わったという内容のものである。このように、水帳絵図は明治になって町制が替わったあとも、土地台帳としてしばらくは機能していたようである。内容の詳細については第2巻第一章吉田伸之論文を参照されたい。安政三年段階の情報も同論文表1に示されている。

銭屋佐兵衛の所持している家屋敷では、銭屋佐兵衛の名前の上に「逸身佐兵衛」と記載がある貼紙が二枚重ねて貼付されている。本紙の銭屋佐兵衛の印と一枚目の貼紙の印は、いずれも「宝房」と読める。二枚目の「逸身佐兵衛」の印は「宝備」と読める。宝房は四代佐兵衛、宝備は五代佐兵衛の名である。「評伝」にあるように四代から五代への代替わりは明治四年であるので、そのときに貼紙の変更が行われたものと思われる。

（八木滋）

［参照］第2巻第一章　吉田伸之論文、吉田伸之「銭屋佐兵衛と石灰町」『報告書』

史料解題 2

石灰町家持借家人別帳

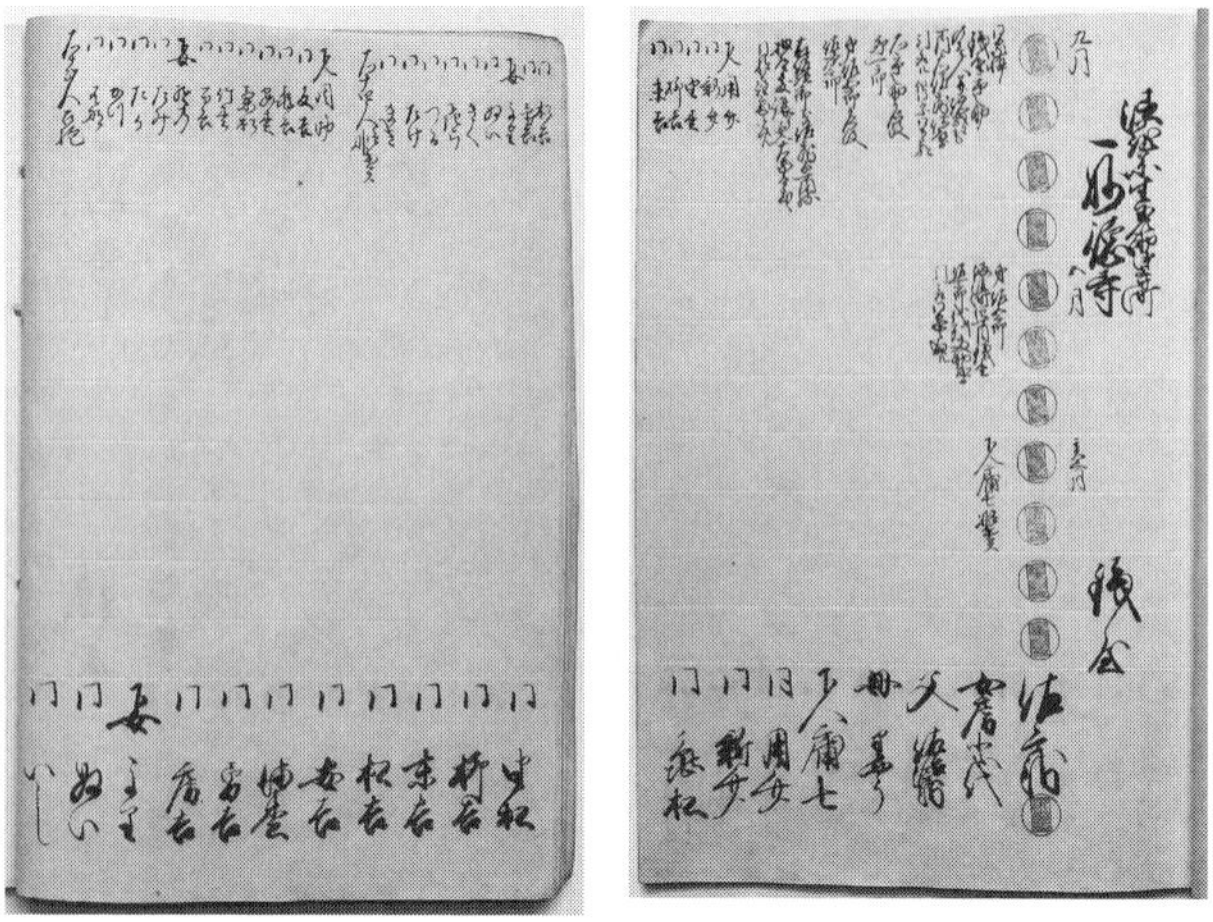

写真）　嘉永3年10月．南組石灰町家持借家人別帳．銭屋佐兵衛部分
銭屋佐兵衛家は，本人のほか家族3名，下人12名，下女9名，下男3名の計28名が3頁に及んで記載されている．帳面上部の翌年9月の欄には，佐兵衛の倅市之助（→夘一郎，のち五代佐兵衛）と佐五郎（→佐次郎，のち二代佐一郎）の改名と転居の情報が記される（評伝14・20節）．

「家持借家（屋）人別帳」は、宗旨改帳や宗旨人別帳と呼ばれるもので、毎年町や村の全住民を対象に、その旦那寺を確認する帳面である。そもそもはキリシタン禁制を厳守させることを名目につくられたものだが、町や村に居住する全住民を対象としているので、次第に住民の移動を把握するための住民台帳として機能するようになった。

石灰町の人別帳で現在われわれが確認しているものは、文化三（一八〇六）年・文政一二（一八二九）年・嘉永三（一八五〇）年の三冊である。前二者は逸身家文書研究会が古書店で購入したもの、嘉永三年のものは逸身家文書に含まれている［7-2］。なお、逸身家文書のなかに文化一一（一八一四）年のものが表紙だけ残されている［9-10］。

石灰町人別帳の内容検討は第2巻第一章吉田伸之論文でなされているので、そちらを参照されたい（とくに表2・3）。

ここでは帳面の性格について述べておきたい。三冊の人別帳のうち、文化・文政の二冊は表紙に色がなく、奥書もない。文化一一年の表紙も色はない。嘉永のものは青色の表紙だが、途中から後は欠損しており、奥書等があったかはわからない。町奉行所に提出されるものは、人数などの集計と年寄・月行司の署判があり、大坂町奉行所寺社方の役人が宛名として記されているのが一般的だと思われるので、前二者は町で保管されていたものではないかと考えられる。嘉永のものは反故になったものを、何らかの理由で銭佐が保管していたのであろうか。

三冊とも形式はほぼ同じである。冒頭にいわゆる「宗旨巻」

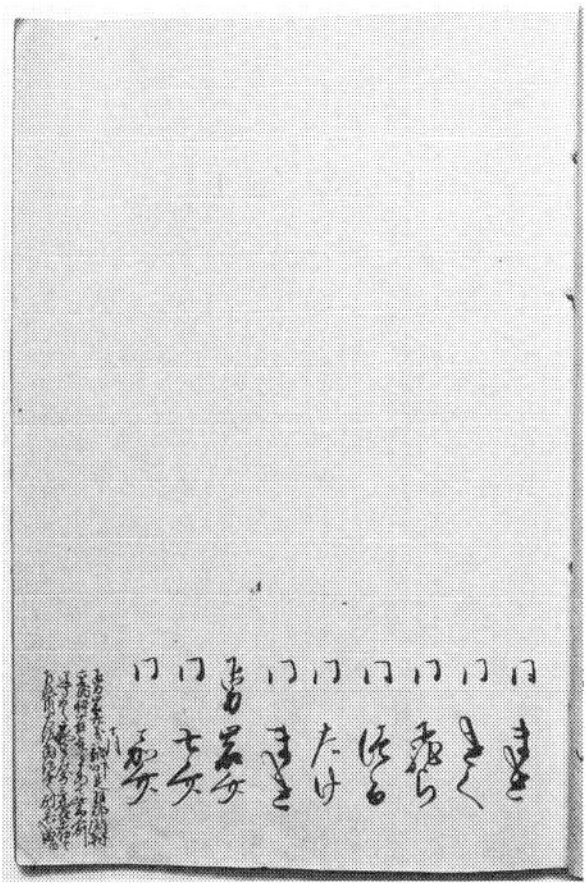

とよばれる三カ条証文が写されている。三カ条証文とは、①キリシタン宗門②博奕諸勝負③傾城町以外での遊女商売、の三カ条を決してしない旨を誓約する家持町人の請書のことである。「宗旨巻」とは、個別町ごとに作成された三カ条証文のことで、一年ごとに作成され、毎年一〇月から翌九月まで毎月家持が押印したものである。毎年一〇月初めに三郷各組ごとに一斉に町奉行所に提出する（「巻納」）。寛文九（一六六九）年から「宗旨巻」の形式となった（最初の提出は寛文一〇年一〇月）。初めは巻物状になっており、一条目でキリシタン禁制が記されていることから「宗旨巻」と呼ばれるようになった。この「宗旨巻」の書式の影響を受けて宗旨人別帳の冒頭にも記載されているのであろう。

　残っている三冊の帳面の本体部分の記載は、家ごとになっており、家持に引き続き借家の記載がある。旦那寺と家持本人の記載があり、家族や奉公人の名前が続く。家持本人の上には、宗旨巻と同様に毎月の押印があり、各月の印の脇には家族や奉公人などの異動の情報が記されていて、貴重な情報を提供してくれる。例えば、銭屋佐兵衛家では、嘉永四年九月に、下人七人・下女七人の計一四人に暇を出し、下人七人・下女五人の計一二人を新たに召し抱えたということがわかるのである。借家も同様の形式である。

　これらの帳面に、農村部の宗旨人別帳に見られる旦那寺の印はない。住民が移入してきたときは、大坂市中の住民の旦那寺となることができる寺は決まっており、各町会所に備え付けられたそれらの寺の印を押した判形帳（「大坂町中江出寺請状諸宗手々五人組判形帳」）によって、移ってきた住民の宗旨手形（寺請状）の真偽を確認することになっているためである。また、年齢の記載もない。

　このような形式は、近世後期大坂の個別町の宗旨人別帳として一般的なものであると考えられる。しかし、三カ条証文以外に触書などを記載している町や、毎月の押印をしていない町もある。宗旨人別帳がほぼ連年残る菊屋町では、毎月の押印が始まるのは宝暦四（一七五四）年からで、三カ条証文の記載が継続的になるのは宝暦一一（一七六一）年からである。また、末尾の集計方法も町によって異なる場合がある。このように町による書式は、とくに近世前半期で時期ごとの変化もあるようである。

（八木滋）

［参照］第2巻第一章　吉田伸之論文、吉田伸之「銭屋佐兵衛と石灰町」『報告書』

史料解題 3

銭佐日記

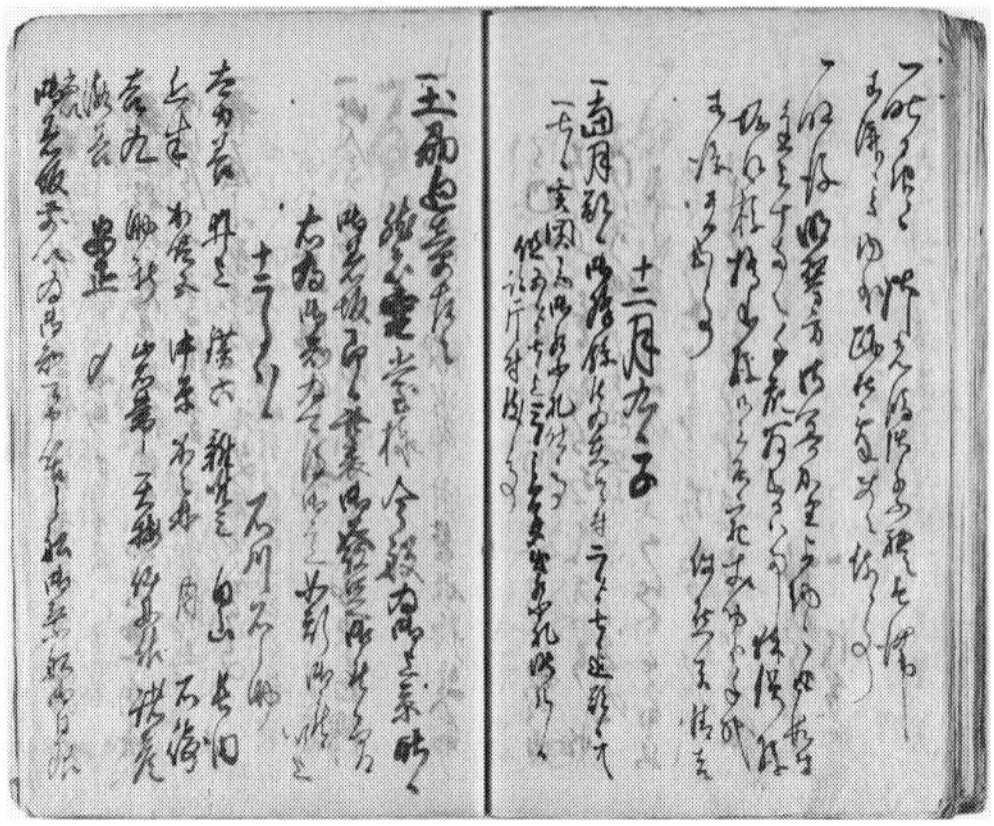

写真右上・下）日記（大坂商業大学商業史博物館所蔵）〔F-10-10, 18〕表紙部分
写真左）日記（同所蔵）〔F-10-17〕慶応3年12月8-9日部分
写真左は幕末の世相が色濃い内容である．4つの箇条書きを右から概説すれば，8日分は，昨日の光（降）臨祭礼終了（降臨とは伊勢大神宮の札などが降ること）と，肥後明礬方の手形取替の記事がある．9日は次の内容である．銭佐での降臨祭礼は朔日が降臨，1-7日が玄関で祭礼，5-7日が夕出祭礼，8日が跡片付だった．8日付の土州廻章では上京途中の山内容堂が昨7日に大坂に到着し即日出発とある．

佐古慶三教授収集文書（大阪商業大学商業史博物館所蔵、以下、佐古文書と記す）には、逸身家銭屋佐兵衛（以下、銭佐と記す）の日記が含まれている。銭佐日記は、次頁表のように大きく四つの時期に区分することができ、その特徴を述べると次のようになる。

①の時期の日記は、記されている内容もごく簡単な程度に止まり、加えて日付と天気程度の記載しかない期間も多々見られる。

②・③の時期について、ここでの変化は安政五（一八五八）年までは年三―四冊に分けて記されたが、安政六年以降は年二冊になった。日記の内容は、年代を経るに従い具体性を帯びてくるが、多岐で複合的なため分類や内容整序は困難である。両替店内部に関しては主に次のような内容である。若旦那らの備店への出勤状況、使用人のその日の業務内容、逸身家の寺社参詣や式日、親類関係、訃報の記事も見受けられる。藩との関係も出来事を中心に記されており、例をあげれば次のようになる。藩蔵屋敷では蔵開、節会、新米初札、肥後明礬の廻着。人事では参勤交代関係、藩主・藩役人関係の役職人事や訃報、蔵屋敷勤務役人の大坂到着と出発。藩と商人との関係では、寄合の実施予告通知、寄合入用割合、講の開催、振舞《ふるまい》と芝居見物、住吉社参詣、蔵屋敷の鎮守祭礼。さらに、藩に関する廻状はそれまで要約され内容を簡潔に記す傾向もあったが、次第に全文が記されるようになり書き方に一定性が現れる。

④の時期の日記の特徴は、藩関係等の廻状が要約・省略され

ず全文が書き写されるようになる。それに伴い、日記一冊当たりの分量もこれまでに比べ厚みを帯びる。ここでは特に、土佐藩との経済的関係の深化によりその廻状数が増加する。同時に、貨殖局・砂糖方との交渉、種屋小平次の来店、宿毛との関係の記事も目立つ。

佐古文書に含まれる銭佐日記

区分	表題	年代	史料番号
①	〔日記〕〔銭佐〕	嘉永5(1852)年11月9日～同6(1853)年11月23日	F-10-1
②	壱番日記　銭屋見世	安政2(1855)年10月15日～12月大晦日	F-10-2
	日記帳〔銭佐〕	安政3(1856)年正月元日～5月29日	F-10-3
③	日記憏　銭本家店	安政3(1856)年10月朔日～12月晦日	F-10-4
	〔日記〕	安政4(1857)年正月朔日～3月29日	F-10-5
	日記弐番　銭屋店	安政4(1857)年4月朔日～6月30日	F-10-6
	日記三番　本銭屋	安政4(1857)年7月朔日～10月15日	F-10-7
	日記〔銭屋〕	安政4(1857)年10月16日～12月29日	F-10-8
	日記壱番　銭屋	安政5(1858)年正月元旦～5月朔日	F-10-9
	日記帳弐番　本家銭屋	安政5(1858)年5月朔日～8月晦日	F-10-10
	日記帳　本銭屋店	安政5(1858)年9月朔日～12月晦日	F-10-11
	日記憏本店　本家銭屋店	安政6(1859)年正月元日～7月晦日	F-10-12
	日記□番　銭屋	安政6(1859)年8月朔日～12月晦日	F-10-13
④	日記　本逸身店	慶応2(1866)年正月元旦～6月29日	F-10-14
	日記　逸身店	慶応2(1866)年7月朔日～12月大晦日	F-10-15
	日記　本逸身	慶応3(1867)年正月元旦～7月朔日	F-10-16
	日記　逸身	慶応3(1867)年7月朔日～12月晦日	F-10-17
	日記　逸身店	慶応4(1868)年正月元日～6月29日	F-10-18
	日記　逸身	慶応4(1868)年7月朔日～明治元年12月26日	F-10-19
	日記帳　いつミ店	明治2(1869)年正月元旦～6月30日	F-10-20
	日記　銭屋万兵衛	明治3(1870)年9月29日～同15(1882)年5月26日	F-10-21

参考：『大阪商業大学商業史研究所資料目録　第1集』(1992)

①～④のほかに、銭佐の本家筋に当たる銭屋（織田）弥助の日記がある。表紙にある銭屋万兵衛は弥助の長男の名である。この日記は銭屋弥助個人の日記という性格が強く、銭佐日記と比べ書き方も内容も全く異なる。

銭佐日記は、両替店内部での業務上の備忘録という意味合いが大きいことはいうまでもない。書き手は、筆跡から手代数人で書き継いでいると考えられ、時期によっては書き手が変化していることもうかがわれる。日記には数多くの廻状が収録される。藩に関係する廻状は、数に多少差はあるが、土浦・小田原・津・因州・岸和田・阿州・土州・宿毛・庭瀬・蒔田・伯太・徳山・高鍋・肥前・肥後・五島が含まれる。これら藩関係の廻状のなかには、鴻池善右衛門家文書「掛合控」（大阪大学経済学部経済史経営史資料室所蔵）を補完できる史料も含まれる。ほかに、「掛合控」などの史料が存在しない藩の廻状もあり、これら廻状から藩と両替商との関係や交渉を垣間見ることが可能だろう。藩以外の廻状では、御用金・質仲間・道具仲間・糠仲間・丁内・親類別家などのものがあり、幕末維新期では商社御用・会計官・商法会所などの廻状も少なからず含まれる。

（須賀博樹）

［参照］第2巻第一章　吉田伸之論文、第二章　竹ノ内雅人論文、第九章　八木滋論文、第一〇章　須賀博樹論文、『銭屋Ⅰ』（『大阪商業大学商業史博物館史料叢書』第八巻、同博物館編集（責任編集　池田治司）、二〇一三年）

史料解題4

大算用

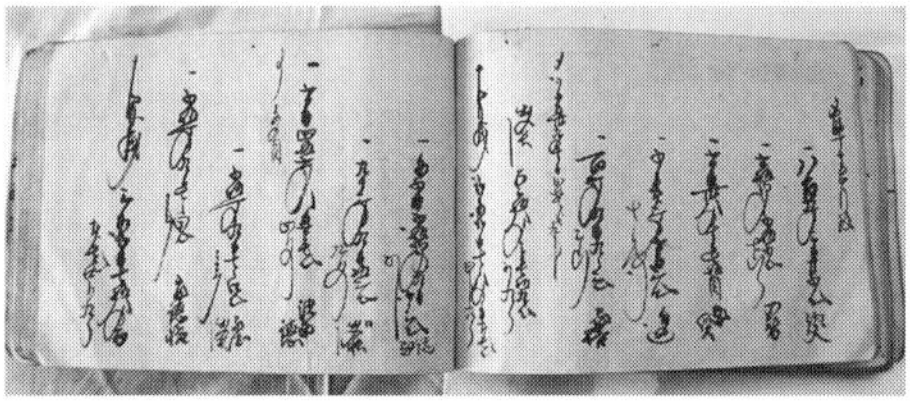

写真上）「大算用」〔2-56〕表紙部分
写真下）文政10年正月の大勘定の部分

「大算用」は三代銭屋佐兵衛が文化四(一八〇七)年頃から作成し始め、明治期まで継続的に記入された帳簿である。三代佐兵衛は早く父を亡くしたが、この頃には成長して経営者として自立し、同時に新しい試みを始めた。初代以降、町の両替屋として貨幣両替と商業金融を主として大きくなってきた経営のあり方を考え直し始めたのである。

「大算用」は、当初三代目が、「銀控帳」などの諸帳簿の出入勘定を統合し経営の方向性を考えるために作った帳簿であった。私たちはこれにより、町の両替屋が領主金融に乗り出し家屋敷を集積して経営を多角化していく過程を観察できる。後に銭佐が出版や製蠟に関与していく出発点となった帳簿といえる。

「大算用」は横半帳で、座という項目ごとに記されているが、年代順には並んでいない。以下に座ごとの内容を検討しよう。

証文貸座　文化四年—同九年までの家質を含む證文貸について、貸付先と貸付銀額、返済期限等を記録している。文化五年からは六月(閏六月)と暮・正月〆の貸付が記録されている。文化五年閏六月〆には、薩摩藩・岸和田藩・平戸藩に対する貸付が記録されており、おそらくこの年から領主金融が開始されたが、この段階ではまだ町人や百姓への貸付と一緒に記録されている。貸付総額は、文化五年正月段階で銀一一三一貫目余、文化九年正月段階で銀五九一貫九七五匁である。その後の動向は第2巻第五章の表2に記載している。

弐番大勘定座　文政八(一八二五)年—嘉永六(一八五三)年の大勘定が記される。大勘定は、本両替としての経営の決算帳簿である「銀控帳」と、その他の帳簿類との関係を明らかにするための決算である。特に、独自の有銀(資本)を付けられた領主金融関係の「諸家出入帳」(「諸家徳」)、「家徳出入帳」(「家徳控」)に、

写真）武田真元著「算法便覧」（天保9年刊）
大坂の両替屋の店先部分．天秤による貨幣両替の様子やその背後の壁にかかる帳面，銭さしを数える奉公人，銭さしを運び出す得意客など両替屋の様子が生き生きと描かれている．

「銀控帳」から資本を投入するため、その計算を行っている。

大勘定座　文化四年―文政八年の大勘定である。文化四年は月ごとの大勘定、文化五年からは年二度の大勘定が行われ、形式が整えられている。

入替座　入替とは、両替屋が米や砂糖などの商品やその預かり証書である切手を担保に取って商人に資金を貸すことであり、銭屋佐兵衛は島原藩の生蠟切手、薩摩藩の黒砂糖切手などの入替業務をしていた。ここには文化八年一二月段階の入替の貸付先七人・八口が記載され、最後に銀六一六貫余の貸が記されるが、これは「銀控帳」の資本の内六一六貫余を入替に宛てることを示す。

　ここには、島原藩国産蠟の売支配人で、後に藩への大名貸を仲介する蠟仲買の亀屋孫兵衛への貸付二口計一二〇貫目が含まれており、こうした蔵屋敷出入商人に対する入替業務が大名貸に発展することを示唆する。

三番大勘定座　安政元（一八五四）―明治二〇（一八八七）年の大勘定である。

家質座　文化九年正月段階の家質貸の貸付先四三人・四六口が書き上げられている。「銀控帳」の資本の内五五七貫余が家質貸の資本として宛てられていた。

割済帳　弘化四（一八四七）年―嘉永元（一八四八）年の割済帳と書かれたものである。弘化四年末段階では、五五人の商人名が記され、計三八〇貫六七三匁余の銀高が書きあげられている。これはおそらく年賦化した借銀の回収の記録である。

四番大勘定座　明治二一―三二年の大勘定である。

　この一冊の帳簿こそ、近世後期の多難な時代を生き抜いた両替商の試行錯誤の過程を示すものである。現在残っている両替商の史料のなかでもこのような史料は希有である。

（中川すがね）

［参照］第2巻第五章　中川すがね論文

史料解題 5 銀控帳

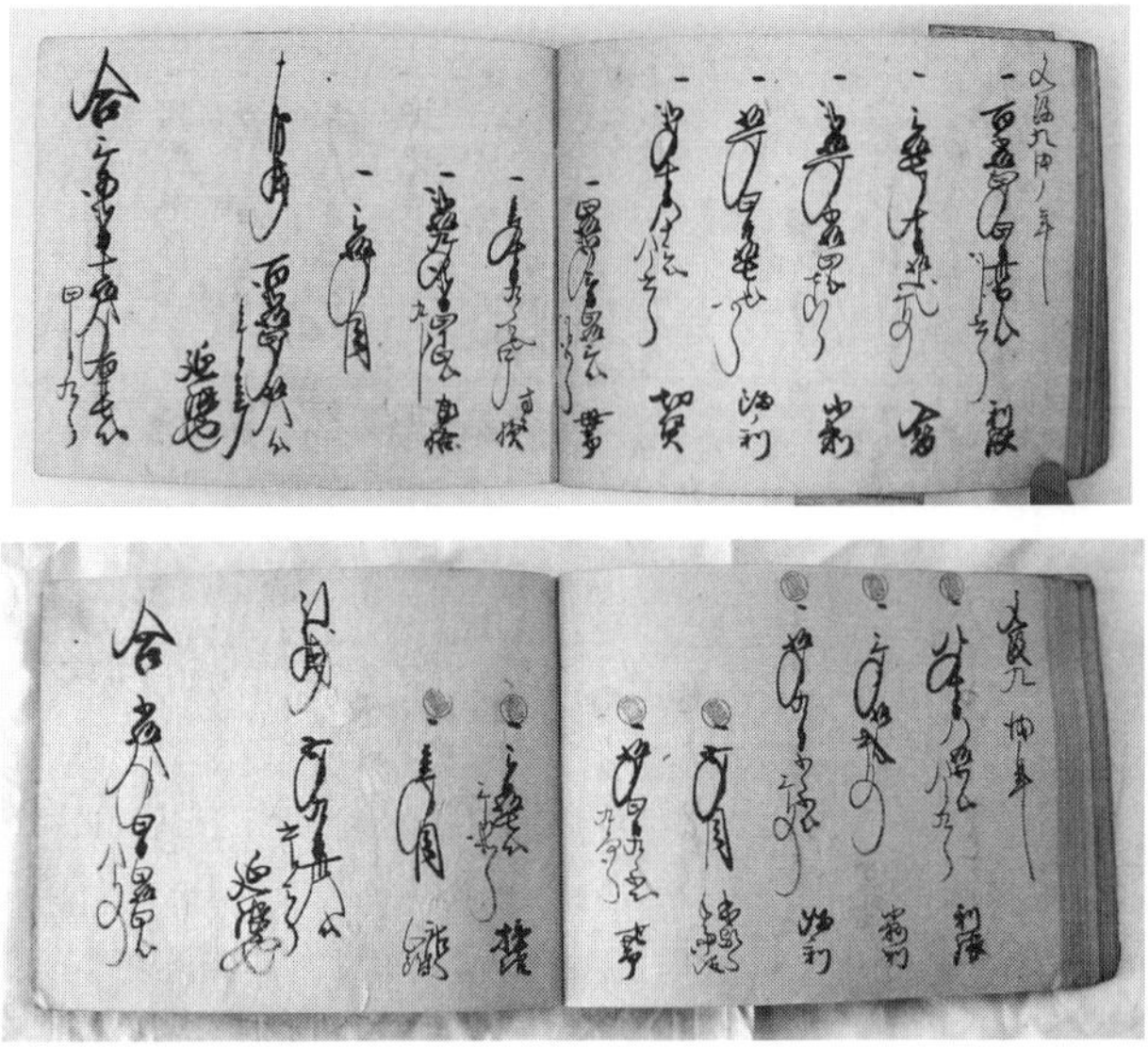

写真上）「本店銀控帳」〔8-5〕，写真下）「銭市銀控帳」〔2-2〕
横半帳に，原則見開き１年で記されている。いずれも文政９年の項を表示した．

逸身家文書には、銭屋佐兵衛、分家佐一郎、別家市兵衛の「銀控帳」といわれる帳簿が残っている。むしろ残されている、というべきかもしれない。「銀控帳」や「大算用」に名前が記され、かつて存在したはずの日常的な経営帳簿類がほとんど残っていないことを考えると、「銀控帳」や「大算用」は本両替の店の最重要の決算帳簿として意図的に残されたと考えられるからである。佐一郎・市兵衛の「銀控帳」の形式は佐兵衛のものとよく似ており、本家にならったものと考えられる。

「銀控帳」は、名前から言えば銀目で記載された出入の控帳というくらいの意味だが、その内容は暮にその年の本両替店の損益計算を行って純益（延銀）を算出し、それを前年暮、当年春の期首資本（有銀）に加えて来年の資本を定めるために記入された帳簿である。期首資本＋純益（収益－費用）＝期末資本になる。時折、年末以外にも店卸しや再度計算をしている場合もある。

江戸時代には、大坂鴻池屋善右衛門家の寛文一〇（一六七〇）年「算用帳」を古例として、寛文から元禄（一六八八—一七〇四）にかけて、一定以上の規模の上方商人らが、財産計算と損益計算の複式決算により自己検算能力を備えた帳合法（簿記法）を実施し始めた。この複式簿記は一九世紀以降には地方の商家にも及んでいる。

逸身家文書の中には、財産計算（期末資産－期末負債＝期末資本）を行っている帳簿や勘定書はない。もちろん資産や負債を考慮せずに経営全体を見通すことはできないが、少なくとも

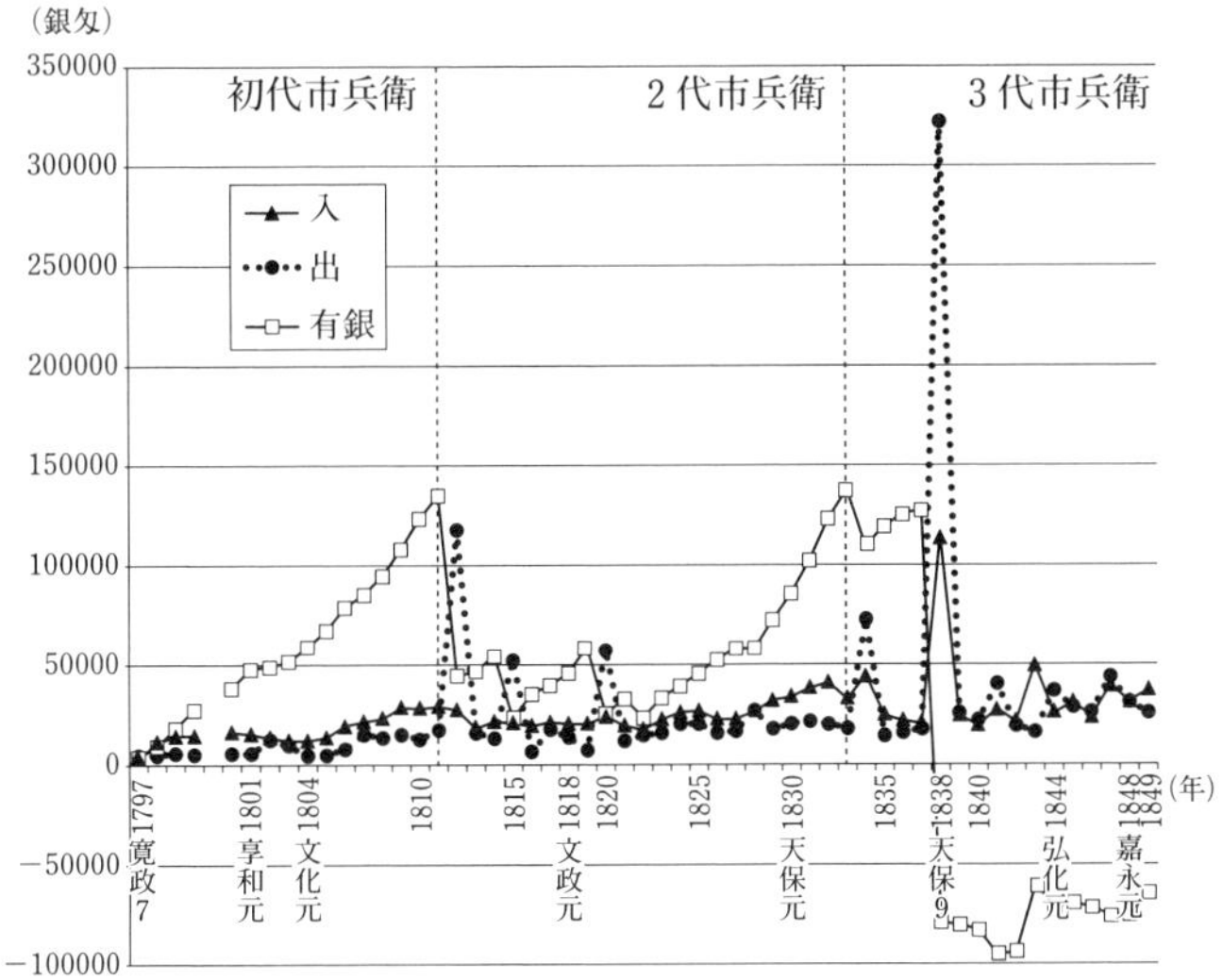

図）　銭屋市兵衛「銀控帳」の収支と有銀

銭屋佐兵衛の当初の本両替店の経営上では、負債は本来それほど大きな比重をしめていなかった。「銀控帳」の支出の項目では、開業後しばらくの時期を除いて利払がほとんどない。そのため損益計算だけで事足りたのかもしれない。

銭屋佐兵衛家では、三代目佐兵衛が化政期から領主金融や家屋敷経営に乗り出したため、それまでの本両替店の経営帳簿ではカバーしきれなくなった。「大算用」によると、三代銭屋佐兵衛は、「諸家出入帳」（「諸家徳」）・「家徳出入帳」（「家徳控」）などを別に作成し、各々独自の有銀を設置するとともに、「銀控帳」の有銀からも適宜貸し出している。本両替経営から領主金融・家屋敷経営に一定の枠内ではあるが資本が供給されていることは興味深い。布屋吉郎兵衛など他の本両替の経営帳簿でも、本両替経営と領主金融の帳簿は分離されているが、実際の資金の移動はあったかもしれない。

上図は銭屋佐兵衛の別家銭屋市兵衛の「銀控帳」から収支と有銀の推移をあらわしたものである。市兵衛は寛政七（一七九五）年に大坂島之内の繁華街菊屋町で開業し、化政期の大坂の都市的繁栄を背景に歌舞伎関係や小売商などを得意先として、町の両替屋としての道を歩んだ。しかし資本の内に両替取引上の不良債権が蓄積され、代替わりごとに処理したものの、天保（一八三〇—四四）期の不況に打撃を受け、天保八年の店卸しで「諸方損銀或者年賦」銀二九〇貫余を有銀から除いたため、資本はマイナス七九貫余に転落した。佐兵衛家の有銀の推移（第2巻第五章図1）と対比されたい。

（中川すがね）

［参照］第2巻第五章　中川すがね論文、中川すがね「江戸後期の本両替経営について——銭屋市兵衛を例に」『愛知学院大学人間文化研究所紀要・人間文化』第二八号、二〇一三年

史料解題 6

諸家貸

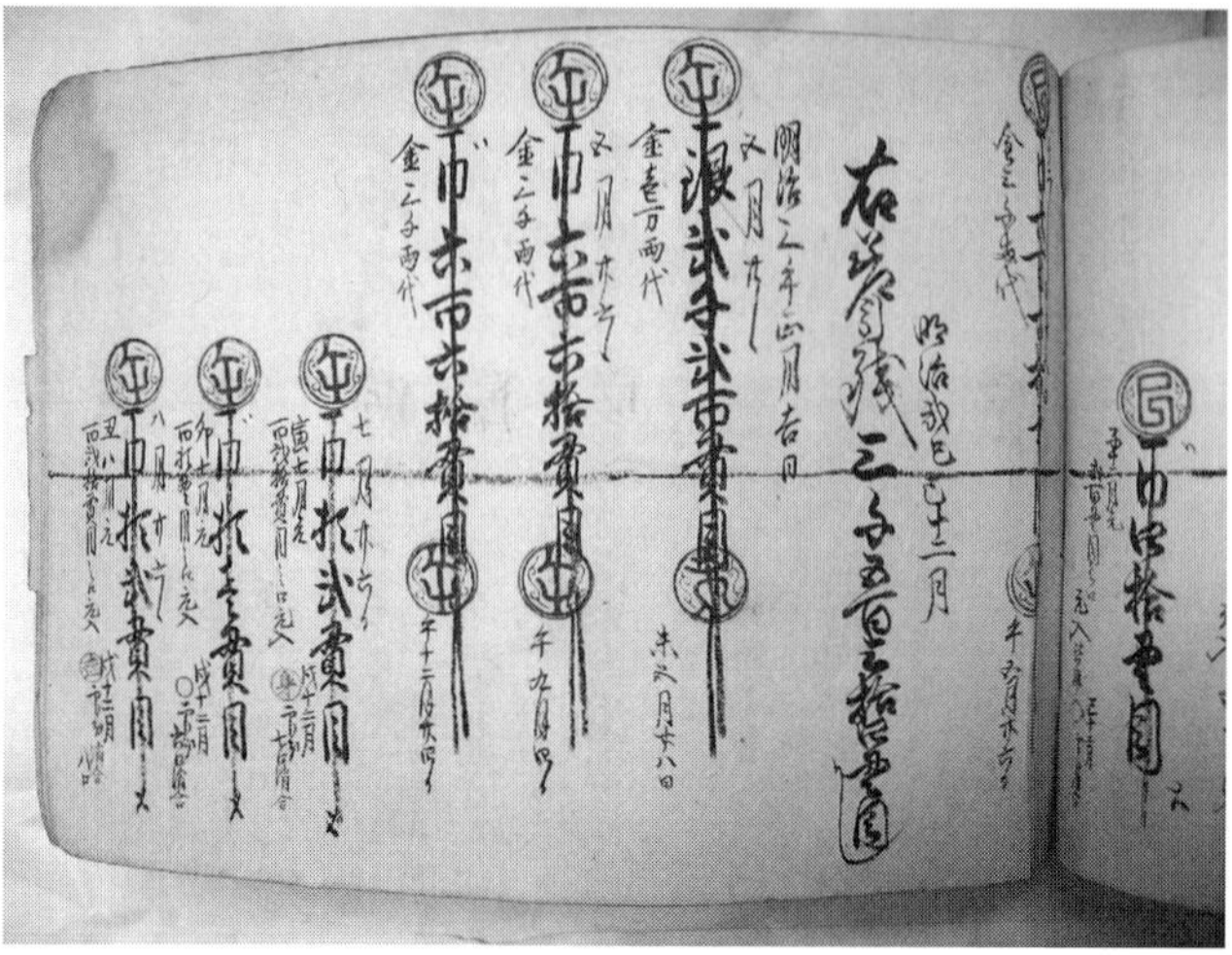

写真）「諸家貸」〔7-1〕．高知藩．明治 2-3 年の部分

銭屋佐兵衛家の「諸家貸」は大名貸帳簿の一つで、貸付先毎に貸付を行った年月日・額および返済年月日が記載されたものである。嘉永元(一八四八)年に、それ以前の貸し付けを「付出」すところから帳簿が始まっている。「付出」は、元金未済の証文の内容を帳簿に書き出す、という意味かと推察される。

借金の貸し換え(追い貸し)もそのたびごとに新しい項目で記載されているため、この帳簿から現金の移動を正確に読み取ることは難しい。たとえば、高知藩への貸し付けの中で、

①〔明治三年〕五月廿日
　一　銀弐千弐百貫目
　　金壱万両代　　未五月廿八日
②〔明治四年〕五月廿八日
　一　銀弐千弐百貫目
　　金壱万両代　　亥三月三十日

とあるのは、明治三(一八七〇)年五月二〇日に銀建てで二二〇〇貫目(金一万両相当)を貸し付けたものの、翌年五月二八日に再び貸し換えを行ったことを示している。①にある「未五月廿八日」が返済期日を指すものと解すれば、②は期日満了に伴う貸し換えと見做すことができよう。とすれば、②の貸し付けは、実際には現金の移動ではなく返済の猶予を意味することになる。証文の書き換えは他の両替商でも一般に見られるが、銭佐も頻繁に行っていたものと理解したい。帳簿上では、但書がすべて省略せずに記入されているわけではない。また、返済が終了したものについては、一つ書きが墨で消され末尾に返済年の干支

の印が押されるが、貸し換えの場合も元の貸付分が墨で消され印も押される。したがって、実際の現金の移動を伴う単年度毎の新規貸付額を算出することはできない。

とはいえ、貸付先毎にその年度の貸付額と貸付残高が判明する「諸家貸」は、銭佐がどの藩とどの程度密接な関係を築いていたのか、年代を追って検討することができる重要な史料である。「諸家貸」が銭佐から諸侯への純然たる現金の移動を表したものではないという前提を踏まえた上で、大まかな貸付の動向を見てみよう。

文久三(一八六三)年以降の銀相場騰貴も加味する必要はあるが、安政五(一八五八)年—万延元(一八六〇)年、および慶応元年—明治四年までの伸びが著しい。全体の貸付残高は安政六(一八五九)年の開港まで低位に推移し、以後緩やかに上昇、そして幕末維新期に激増する。明治五年末の貸付残高は、一万四二五五貫目にのぼった。

写真）「諸家貸」の表紙

個別的には、貸付残高が五年以上ほとんど減少していない、すなわち元金返済がなされていない藩が注目される。元金返済がなされていないといっても、①元利ともに支払っていない藩、②利息は支払っているが元金は返済しない藩、の二種類がある。前者は佐賀藩が典型であり、後者は五島藩・徳山藩・津藩などが該当する。佐賀藩からは天保一四年以降全く利息が支払われておらず、貸付残高も減少していない。五島藩の場合、利息は新規貸付と同じ時期に支払われており(安政五年・明治元年)、不良債権に対する追い貸し的融資とも見て取れる。対応は異なるものの、いくつかの不良債権を抱えていたことは疑いえない。

一方で、鳥取藩や高鍋藩など銭佐と関係の古い藩は毎年元利支払いを継続した。幕末維新期の貸付残高増加に最も影響を与えたのは高知藩であったが、高知藩の利息支払いも堅調であった(「諸家徳」)。

銭佐は自己資本のみで、しかも大名貸勘定の範囲内で貸付拡大を果たしたため、他人資本を導入した両替商よりその拡大のペースは緩やかだったのかもしれない。それでも幕末には大名貸は大いに展開し、多額の大名貸債権を保有したまま維新期を迎えることになる。

(小林延人)

［参照］第2巻第六章 小林延人論文、第2巻第一〇章 須賀博樹論文

史料解題 7

諸家徳

銭屋佐兵衛家の「諸家徳」〔7-36〕は大名貸帳簿の一つで、貸付先からの収益と費用を書き上げたものである。

文政二(一八一九)年の例で説明すると、

文政弐卯年

㊞「徳」一、廿九貫三百八十五匁七分九厘　高鍋徳

(略)

㊞「徳」一、四百七匁三分　五條入用

(略)

引残　六拾貫四百七十三匁壱分弐厘　徳也

合　弐百四貫八拾弐匁五分五厘

というように、年度毎に諸家が支払った利息などを収益として計上している(ここでは「高鍋徳」)。一段下げの一つ書きで始まるのが費用勘定である(ここでは「五條入用」)。収益と費用の差引として年度純利益(「引残」)を計上しているほか、累積純利益(「合」)を算出している。

費用勘定は「〇〇入用」と記されて用途が不明であることが多いものの、中には具体的に記されるものもある。上記を①一般管理費とするなら、ほかに②利戻し(「〇〇利戻」とあるもの)、③証文売却損(「一　七拾目　柳生證文売却損」文政一〇年、など)、④上納金(「一　六貫四百四拾目　妙法院献納金百両代」天保元年、など)、⑤貸倒金(「一　弐拾貫七百八十四匁八分壱厘　金谷損」天保一〇年、など)、⑥利払い(両替店勘定への利払い)、⑦店の運営費補塡(「家格口々」慶応三年、のみ)、⑧貸倒引当金(「納銀」)、⑨道具代(「一　三貫目　為道具代除置」天保五年―)が見られる。

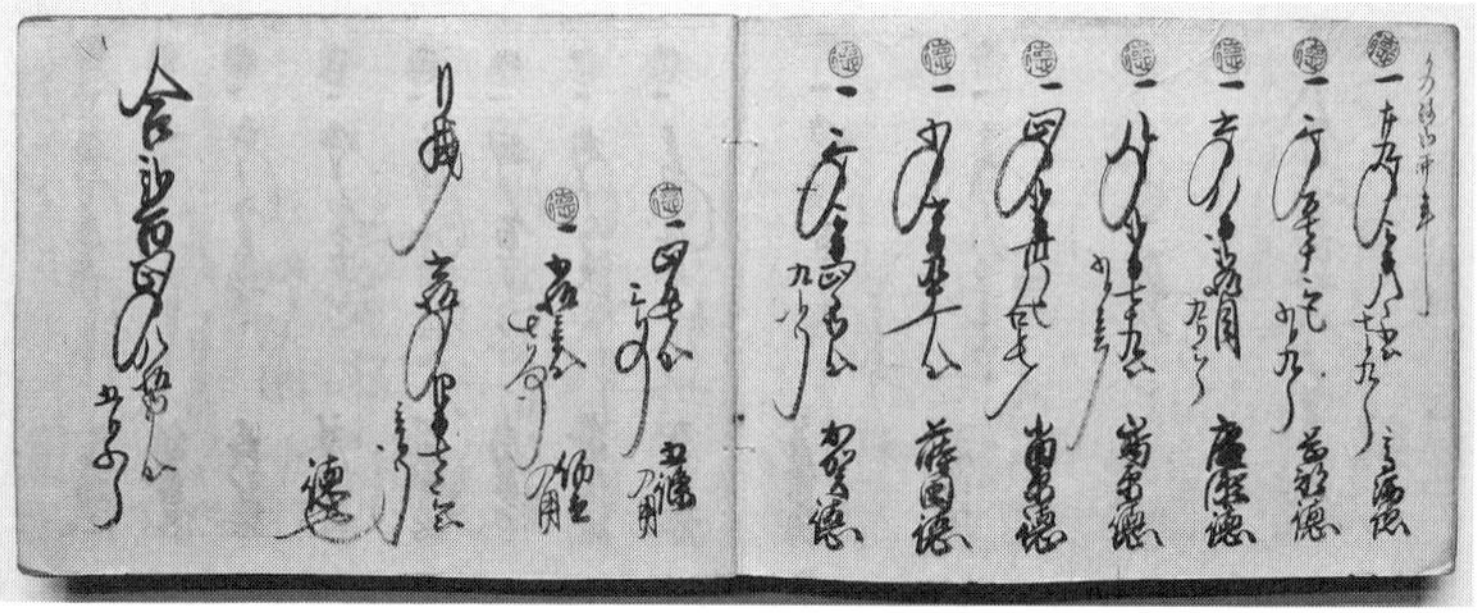

写真)「諸家徳」〔7-36〕文政２年の部分

銭佐の経営において、手代や家人に対する給料や営業費・普請費等は、基本的に両替店勘定で処理されている(「銀控帳」〔8-5〕、〔2-54〕。前者が本店勘定、後者が備後店勘定である)。大名貸経営の損益と両替店経営の損益を比較する際には、こうした共通の費用を控除する必要がある。

⑦のように大名貸勘定

で店の運営費が支払われるのは例外的である。両替店経営が悪化した際の弥縫的な措置として、本来奉公人関係の支出に用いられる「家格」という名目で、両替店勘定に資金を移動したのであろう。

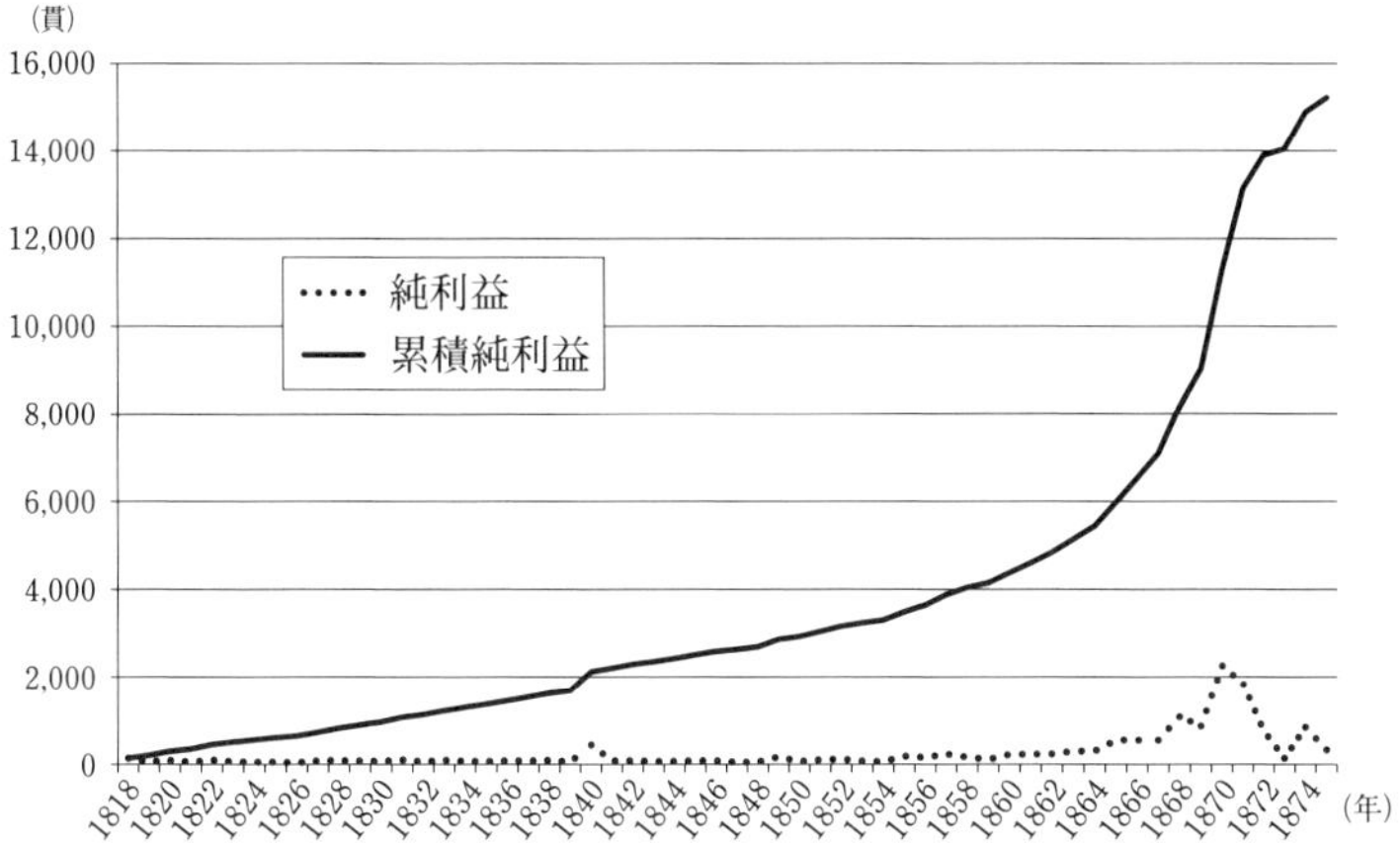

⑧の「納銀」は、天保一三年から慶応二年までの二五年間、毎年費用勘定として計上されている。総計で七五〇貫目という巨額の積立金になるが、明治五年に「一　七百五拾貫目　天保十三寅年ゟ慶応二寅年迠納銀多年店口かり〔借り〕ニ相成候分」という説明とともに七五〇貫目が利息収入に付け替えられている。銭佐本店の中では、両替店勘定（「店口」勘定）と大名貸勘定が別口で存在し、毎年貸倒引当金として三〇貫目ずつ両替店勘定に納めていた。

「諸家徳」の帳簿は、諸家毎の収益および費用を記入し、それらの総計値を年度毎に算出しているわけだが、銭佐の場合、さらに大名貸の累積純利益額を算出している点が経営史上重要である。銭佐の大名貸勘定は閉じた会計であり、大名貸収益を両替店勘定に付け替えず、各年度の純利益を積み立てて計上した。「納銀」も最終的には大名貸勘定に戻されている。大名貸で得られた収益は、商業金融に用いず、新しい大名貸に再投資する構造と理解できる。大名貸を開始した当初の原資は、両替店で得た蓄積が用いられたが、その利払いを済ませた後は、大名貸の収益のみで貸付を拡大したと言える。貸倒損などの損失を両替店収益から補塡することもなかった。両替店勘定への付け替えが利払いと納銀以外見られないことから推察するに、大名貸の資本金は両替店勘定から借り入れた扱いになってはいるものの、元金返済はなされていない。

天保期以後、利息収入が不安定な諸家への貸付を整理する一方で、優良な諸家への貸付を拡大したため、大名貸利息は幕末期に増大し、文政期から明治八年までの累積純利益は一万五二二〇貫目に達した。

（小林延人）

史料解題 8

土佐用日記

逸身家文書中に「土佐用日記」と題する文書が次の四冊存在する。

「土佐用日記　壱」〔7-4-2〕　慶応三年七月
「土佐用日記　二」〔7-4-3〕　慶応三年八月
「土佐用日記　三」〔7-4-4〕　慶応三年九月
「土佐用日記　附録」〔7-4-5〕　明治三年四月

いずれも銭屋佐兵衛の別家手代・丈助が高知出張中に書き留めた日記で、丈助から佐兵衛への報告という体裁を取っている。高知藩（土佐藩）の勧業政策および慶応三年藩札発行の様相、さらには高知藩と銭佐との関係性がうかがえる重要な史料である。

銭佐と高知藩の関係はそれほど古いものではない。「諸家貸」〔7-1〕によれば、銭佐が高知藩への貸付を始めたのは安政五（一八五八）年七月一〇日のことであり、開港後に新しく関係を有した藩の一つであった。しかし、文久三（一八六三）年二月に高知藩から砂糖蔵元を請け負い、一五〇石の知行を与えられたのを契機に（「土佐用日記」八月二二日条）、以後高知藩への貸付は恒常化してゆく。元治元（一八六四）年一一月の「館入《たちいり》町人」の名簿には、銭屋佐兵衛の名も上がっている（平尾道雄『土佐藩商業経済史』市民叢書一四、高知市市立市民図書館、一九六〇年、二五三頁）。「館入」とは藩邸への出入および独礼・並居（一名あるいは複数名で藩主と謁見すること）を許された商人を意味し、実際には扶持を給され国産品の取扱や金銀の融通を担当することが多かった。

このような厚遇を与えられたのは、高知藩にとって銭佐の資金力が必要であったためである。慶応二（一八六六）年、吉田東洋の建策をうけて後藤象二郎が開成館を設置、自ら開成館奉行になるとともに、頭取および諸局を統括した。このとき、開成館に置かれた諸局の一つが勧業局であり、これはかつて置かれていた国産方役所の性格を引き継ぐものであった（前掲『土佐藩商業経済史』二二三頁）。慶応三年七月、高知藩勧業政策の要たる開成館勧業局が「銀券」を発行するのであるが、一つにはその準備金として銭佐の資金が求められたのである。

「土佐用日記」は、この銀券発行の事業を遂行するため高知に送り込まれた、佐兵衛の名代・丈助の日記である。丈助は天保一二（一八四一）年に佐兵衛家の手代、嘉永六（一八五三）年には支配人（元〆）、安政六（一八五九）年には妻帯し別家となった人物で、独立したのちも、本店・備後店双方に通勤し、経営の実務を担っていた。この丈助が、慶応三年七月八日に高知へ赴き、開成館の役人や、「仕送屋」と呼ばれる在地商人の種屋小平次らとともに、高知藩の勧業政策と藩札（銀券）発行に関与することとなる。

銀券流通と砂糖為替との関わりにおいて、開成館・銭屋佐兵衛・種屋小平次が果たした役割を図示すると、おおよそ図のようになる。まず銭佐は正貨一万五〇〇〇両（額面は銀建てで一八五〇貫目）を開成館に貸し付け（a）、開成館は銭佐から借り入れた正貨を準備金として銀券三万両を発行、その銀券を領内の砂糖生産者に前貸しして（b）、砂糖を取得（c）、そして大坂に移出する（d）。大坂蔵屋敷では入札がなされ（e）、砂糖を落札した砂糖問屋は銭佐に代金を支払う（f）。最後に、高知藩内での銀券引換窓口である種小と銭佐との間で、準備金貸付額と砂糖代金の差額の精算が行われる（g）、という仕組みになる。銀券発行は藩内砂糖生産の振興と移出奨励、そして銭佐の砂糖為替取組に結び付くものであった。こうした返済の見込みがあったからこそ、銭佐は単独で一万五〇〇〇両という多額の貸付を決断したのであろう。

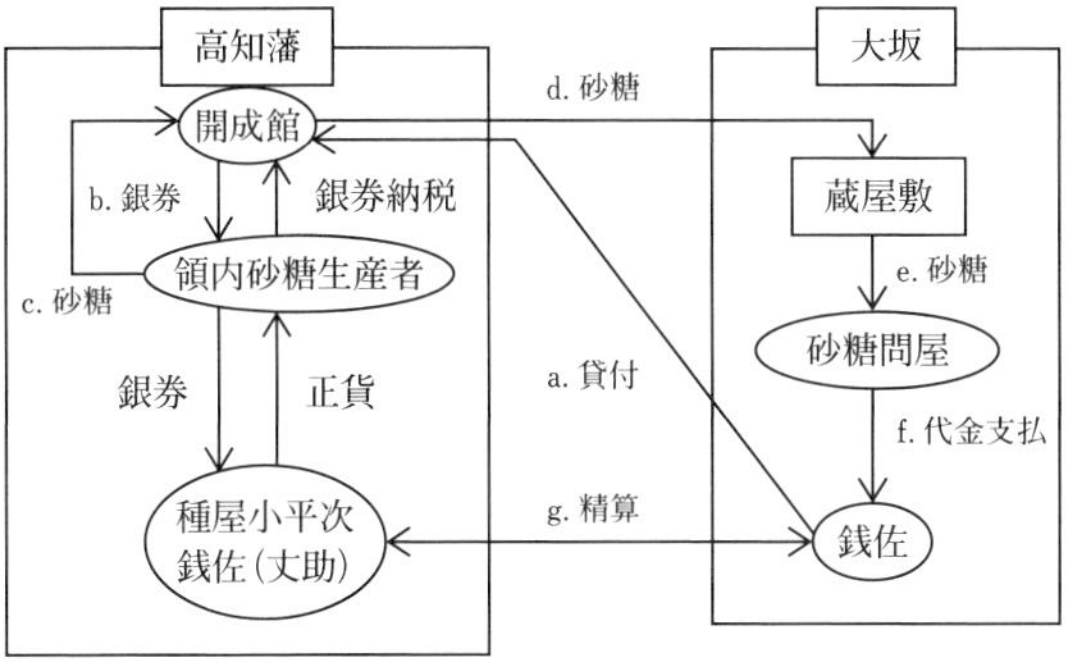

　銭佐と高知藩との関係はこれまでの研究においても度々触れられることはあったが（平尾道雄の一連の研究のほか、宮本又次『大坂商人太平記』明治維新篇、創元社、一九六〇年、一一八―九頁など）、このような砂糖為替と銀券発行との関連を析出できる点に、本史料の意義を認めることができる。

　以上のように、「土佐用日記」は高知藩の砂糖勧業政策と銀券発行に対する丈助の関わりが記述の中心であるが、それ以外にも豊富な内容を含む。たとえば、銀券の「番書」（銀券に番号を振り帳簿に書きとめる作業）を行う役人が、職務を休んでまで参加した神祭りについて言及している箇所が複数見られる。丈助も、日々銀券発行に向けた激務に追われるなか、「胸痛発り候事度々」という状態に陥ったが、それは氏神参りをしなかったためと反省し、慶応三（一八六七）年八月一六日には休暇をとって参詣する予定を立てていた。これは叶わなかったものの、これらの箇所からは幕末を生きる人々の宗教観の一端が垣間見られる。

　また、開成館役人との付き合いで茶を嗜むこともあり、食事の様子も詳細にうかがえ、幕末の茶・食文化および贈与の文化などを考察する上でも重要な史料である。

（小林延人）

［参照］『大坂両替商逸身家現状記録調査報告書』

史料解題 9

家徳扣

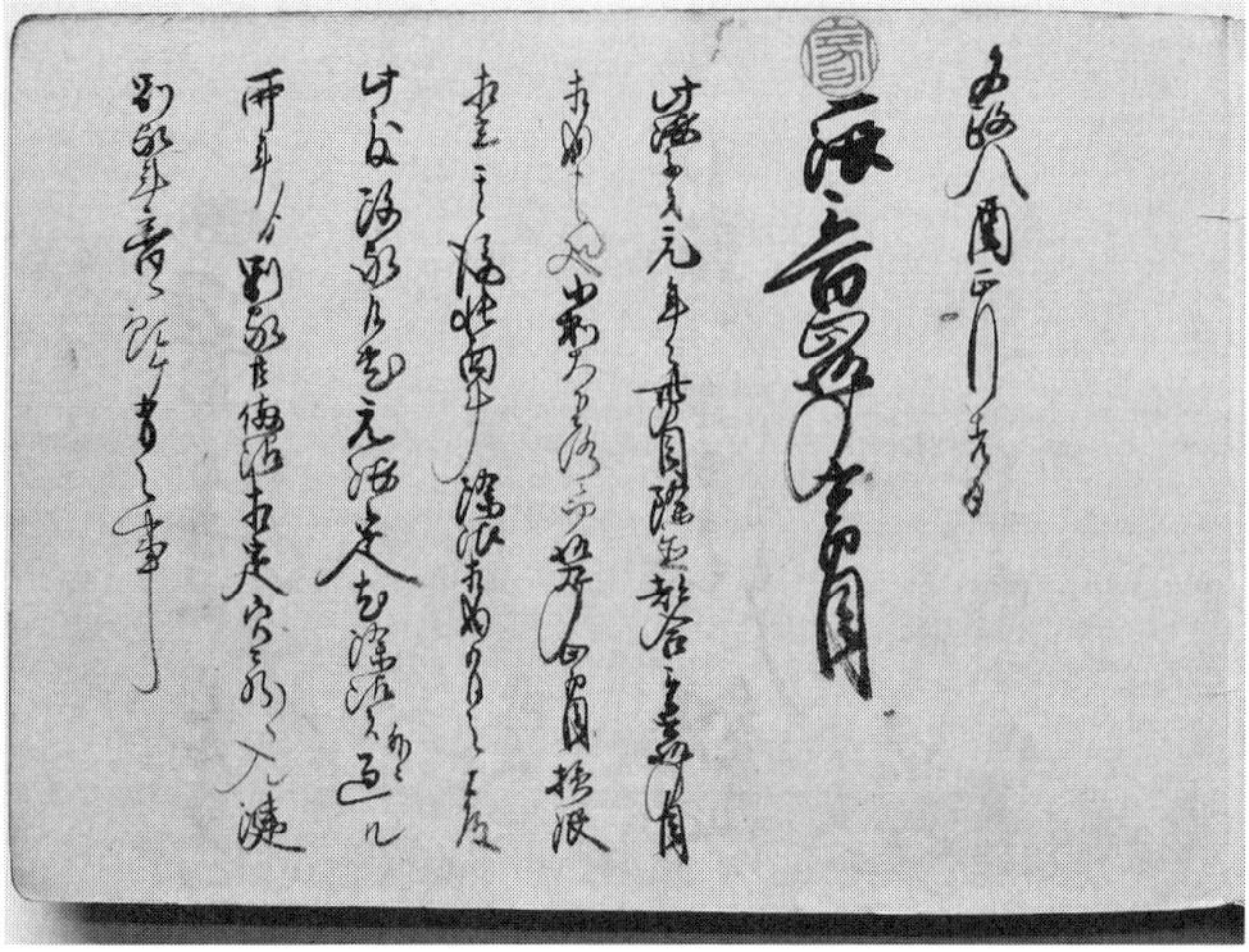

写真）「家徳扣」〔8-4〕冒頭部分

第2巻第一章で触れたように、石灰町を拠点とする銭屋佐兵衛は、同町の居宅・店舗向けの地面を初めとして、石灰町や、東裏の卜半町、また銭屋佐一郎名義の店が置かれた備後町四丁目のほか、大坂の市中に数多くの掛屋敷を所持した。これらの大半は、南北の船場、島之内、堀江に分布した。こうした多数の掛屋敷はいずれも購入されたものであるが、居宅・店舗用の土地以外は、借地・借家さらには貸土蔵に供され、そこから地代・家賃・蔵敷の取得をめざす土地経営が行われた。こうして、主として地代・家賃による収益をめざす土地経営について、かつて江戸市中の町屋敷における事例分析を踏まえて、町屋敷経営と呼んだ。逸身家文書の史料では、もっぱら「掛屋敷」という用語が用いられているので、ここでは掛屋敷経営と呼ぶが、これは町屋敷経営と同義である。

「家徳扣」〔8-4〕は、文政八（一八二五）年から明治三二（一八九九）年にかけての、銭佐による掛屋敷経営に関する基礎史料である。原本は横半帳で、表紙に「文政八歳　乙酉　正月吉日　家徳扣」とあり、裏表紙にはただ「銭屋」と記される。

史料冒頭に、「家徳扣」を記す上でのいきさつが簡潔に記される。これは、銭佐の経営にとって重要な位置を占めることになる掛屋敷経営が、どのように位置づけられているかを知る上で、ポイントとなる記述であるが、その内容は非常に難解である。「除銀」と呼ばれる当時三四〇貫六〇〇匁の現銀ストック（以下、原資と呼ぶ）を基準とし、これを掛屋敷経営の原資に見立てて、毎年の地代・家賃による収益や損失に応じて原資額を加除し、その推移を算出している（第2巻第一・六章を参照）。

「家徳扣」の年ごとの記載例は、第2巻第一章（二二頁）・第五章（一四八頁）の引用史料に示されているので参照されたい。掛屋敷のそれぞれについて、毎年の収支を銀高で記す。主な収入としては「徳、家代」がある。「徳」は掛屋敷から得られる地代・家賃から、諸経費を差し引いた額が黒字の場合である。

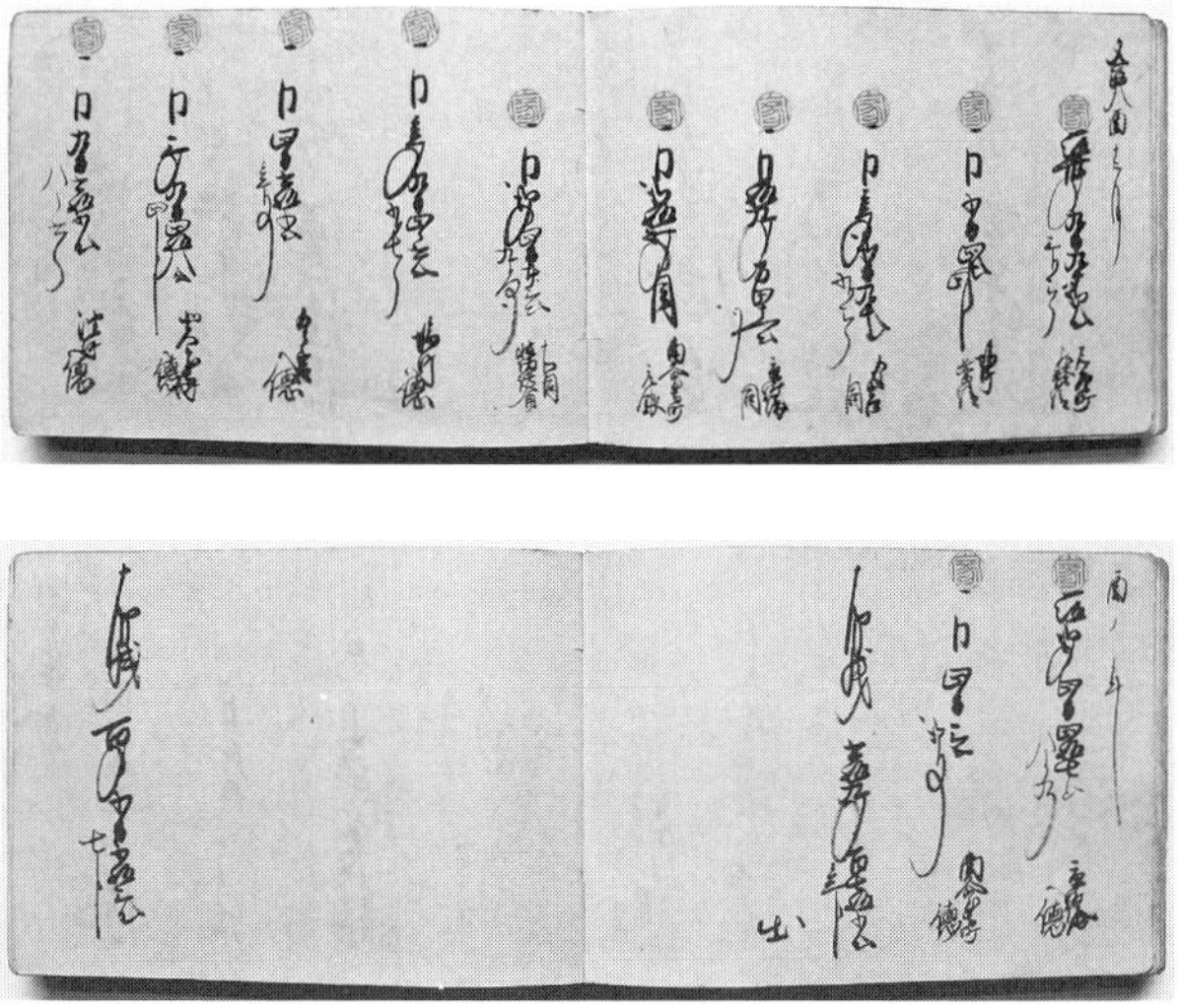

写真上・下）　文政8年の収支項目

「家徳扣」表紙部分

諸経費の内容は記されないが、三井越後屋による掛屋敷経営の事例から見ると、家守給、町入用（町儀・垣外番賃・年寄下役祝儀・川浚冥加銀など）、少額の修繕費用などからなると思われる（第2巻第一章表11参照）。「家代」は掛屋敷の売却代金である。天保一四（一八四三）年から明治八（一八七五）年にかけての、銭佐の所持する掛屋敷とその経営の推移については、第六章表7を参照されたい。

支出項目としては、貸家・貸土蔵の普請入用、家屋敷の買得経費などがある。普請入用は何れも新築や大規模な修繕に関わるものであり、また家屋敷買得の経費は、土地代金のほか、付物代（建物や建具の代金）、帳切・歩一・振舞などの諸費用である。この買得時の記載には、当該の家屋敷についての基礎データ、すなわち間口・奥行・土蔵などの記載がみられる。

これら収支は年ごとに集計され、その結果を当初の原資額（三四〇・六貫匁）から加除している。その推移をみると、天保一〇（一八三九）年まで一貫して赤字が続き原資は徐々に減少し、その間、天保四（一八三三）年からは原資額がマイナスになっている。年間収支が黒字となるのは、天保一一（一八四〇）年以降であるが、幕末まで、原資はマイナス額のままである。

（吉田伸之）

［参照］吉田伸之『近世巨大都市の社会構造』東京大学出版会、一九九一年

史料解題10

婚礼関係史料

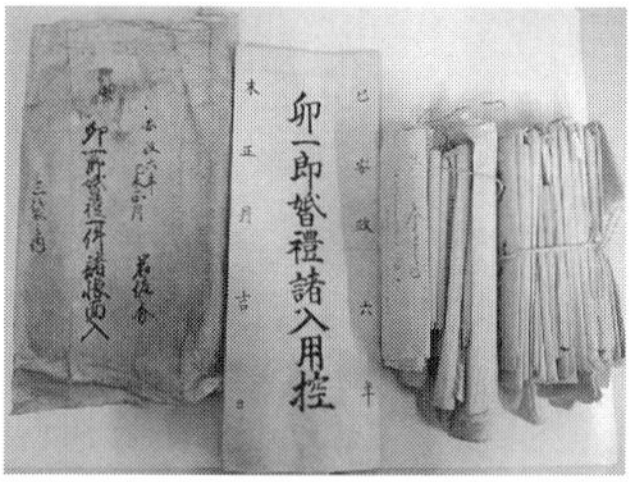

写真上）逸身家文書単位1の全景
写真下）卯一郎（5代佐兵衛）婚礼関係史料〔1-6〕
逸身家の婚礼関係史料は木箱（30.5×46.0×30.5cm）にまとめて収納されていた．木箱の中には，婚礼ごとにまとめた袋が8つあり，その中に婚礼で実際に交わされた目録類や婚礼総元締によってまとめられた諸記録・帳簿などがぎっしりと詰められていた．

婚礼関係史料は、逸身家文書総点数二五〇〇点弱のうち、四四〇点余り（約一八％）をしめ、家業である両替商・逸身銀行の経営の諸帳簿・証文類とならんで重要な位置を占めている。婚礼関係史料は、側面に「弐ばん　婚」と記された木箱にまとめて保管されており、婚礼ごとに一括して袋詰めされていた。表1は逸身家でとり行われた婚礼・縁組と、逸身家文書に含まれる婚礼関係史料の対応関係を示したものである。婚礼関係史料は三～六代佐兵衛の時期にわたるが、天保期にとりおこなわれた一部の婚礼については史料が確認できない。木箱に記された「弐ばん」の文字からは「壱ばん」があったと推測されるが、この天保期の分については残念ながら後世に散逸してしまったものと考えられる。

婚礼関係史料の内容について　婚礼関係史料は婚礼ごとに袋に整理された上で保管された。その内容は表2で示したように、A婚礼において両家で交わされた文書、B逸身家と相手先以外とで交わされた文書、C婚礼準備のために逸身家内で作成した文書といった一次史料のほかに、D将来のために婚礼総元締が清書しまとめた諸記録・諸帳簿類に大別できる。

婚礼が成立するまでには、縁組先の選定、見合い、結納、婚礼という一連の流れがあった。見合いから婚礼まで最短でも二ケ月半程度の期間をかけ、婚礼（婚礼荷物送り、婚礼、里開き、聟入式、花帰り）だけでも約一週間をかけた。両家の間で結納品、婚礼道具、土産物、祝儀などが授受されるさいには、必ず進上目録と御請が交わされた。婚礼の諸儀式では、両家の婚礼総元

表1　逸身家の婚礼・縁組と婚礼関係史料

年代	内容	史料
文化8(1811)年9月	3代佐兵衛に，大坂・堂島舟大工町神吉庄助(桑名屋)妹が嫁ぐ．	1-7
天保5(1834)年7月	りょうを河州八尾西岡長右衛門(綿屋)娘と定め，3代佐兵衛の本妻とする	なし(評伝4節)
天保10(1839)年正月	4代佐兵衛に，大坂・堂島北町奥野治兵衛娘とよが嫁ぐ．	なし(評伝14節)
天保12(1841)年9月	3代佐兵衛娘らく，京都・役行者町野々口市郎右衛門(丹後屋)家に嫁ぐ．	1-3
天保年間	3代佐兵衛娘たい，大坂・堂島舟大工町神吉庄助(桑名屋)家に嫁ぐ	なし(評伝16節)
天保年間	3代佐兵衛娘しか，京都・冷泉町矢代庄兵衛(誉田屋)家に嫁ぐ	なし(評伝16節)
安政6(1859)年正月	5代佐兵衛に，京都・安楽小路町岩佐孫兵衛(平野屋)娘はたが嫁ぐ．	1-6
明治3(1870)年2月	2代佐一郎に，京都・室町夷川上ル鏡屋町戸倉嘉兵衛(升屋)妹たいが嫁ぐ．	1-2
明治8(1875)年11月	2代佐一郎に，大阪・末吉橋通4丁目荘保弥兵衛(伊丹屋)娘みやが嫁ぐ．	1-4
明治11(1878)年5月	4代佐兵衛娘いつ，河州平池村平池昇一家に嫁ぐ．	1-1
明治21(1888)年1月	2代佐一郎に，奈良・吉野下市想上町永田藤平娘ますが嫁ぐ．	1-8
明治21(1888)年11月	福本元之助に，奈良・吉野下市想上町永田藤平娘りきが嫁ぐ．	1-5
明治27(1894)年4月	6代佐兵衛（実：2代佐一郎倅）に5代佐兵衛娘つるが嫁ぐ．	(1-5-5)

表2　婚礼関係史料の主な構成

A	両家で交わされた文書 ・目録および御請（結納，婚礼道具，祝儀品，土産物）／家内書，別家書，親類書など
B	逸身家と相手先以外とで交わされた文書 仲人／親類／別家／居町／その他（婚礼関係買物先・易者など）
C	婚礼準備のために逸身家内で作成した文書 ・婚礼相手調査，役割定，手覚類（相手先と婚礼作法について相談するさいの下調べ）
D	婚礼総元締がまとめて清書した諸記録，諸帳簿 ・婚礼諸事控，諸入費簿，祝儀到来品簿，祝儀包（返礼）控

締が使者をつとめるなど、当主の役割を代行をする局面が多く、文書が無事にとり行われたことを示す証拠となった。

縁組相手以外では、仲人、親類、別家、奉公人、居町などからの祝儀・返礼に伴う目録や書状がみられる。また婚礼に伴う買物の領収証類、とりわけ高額となる呉服ほかの婚礼道具や料理については通帳で管理された。

婚礼総元締による婚礼の差配　逸身家では、縁組みを決断するのは当主であったが、縁組先候補の選定から婚礼の諸儀式の一切を、婚礼総元締に任命された一、二名の別家手代が取り仕切った。婚礼総元締は、相手側の総元締と逐一相談した上で儀式の詳細を決めており、京都・大坂の逸身家と同等の商家では、逸身家同様に別家手代が婚礼を主導していたとみられる。婚礼は、当人は素よりイエ（商家同族団）における一大行事であり、さらに婚礼によって結ばれるネットワークは経営にも関わるため、婚礼総元締は婚礼の一連の流れ、諸作法の具体的な内容、先例との差異を「婚礼諸事控」に細かく記録し、今後の備えとした。「婚礼諸事控」はその場を経験しなかった者にもわかりやすく詳細に記されており、現在私たちがこの「婚礼諸事控」を読むだけで、その婚礼を復元し得るくらいの内容である。

（小松愛子）

［参照］第2巻第四章　小松愛子論文

系図

（凡例）

・それぞれの系図は評伝でとりあげている人物を中心にまとめたものである。
・子孫ならびに早世した子供など、判明していても省略したものもある。
・おおむね左側から右側に向かって、男女もしくは生年の順にならべてあるが、作図の都合でその基準にしたがっていないことも多い。
・複線は正式な夫婦関係のみならず母親となった女性をも結んでいる。＊のついたアラビア数字は婚姻などの関係の生起した順を示す。
・「?」は関係や人名が推定によるものを示す。
・「←○○家」は○○家から嫁いだこと、「→××家」は××家へ嫁いだことを示す。
・それぞれの人物についての詳しい紹介は「人名索引」（および「評伝」の当該節）を参照されたい。

I　逸身家

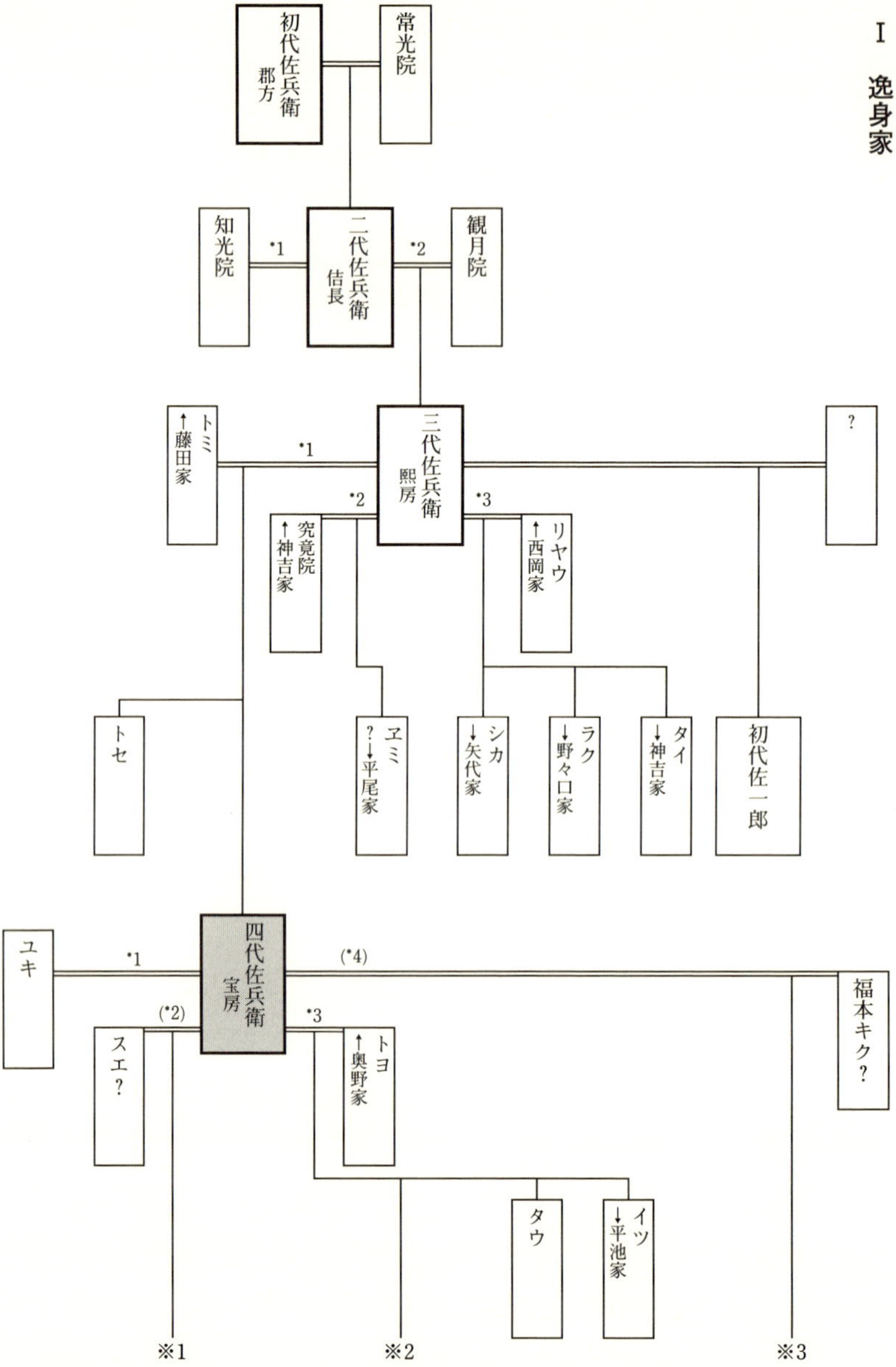
初代佐兵衛 郡方
常光院
知光院
*1
二代佐兵衛 信長
*2
観月院
トミ ↑藤田家
*1
三代佐兵衛 熈房
?
*2
*3
究竟院 ↑神吉家
リヤウ ↑西岡家
トセ
ヌミ ?↓平尾家
シカ ↓矢代家
ラク ↓野々口家
タイ ↓神吉家
初代佐一郎
ユキ
*1
四代佐兵衛 宝房
(*4)
福本キク?
(*2)
*3
スエ?
トヨ ↑奥野家
タウ
イツ ↓平池家
※1
※2
※3

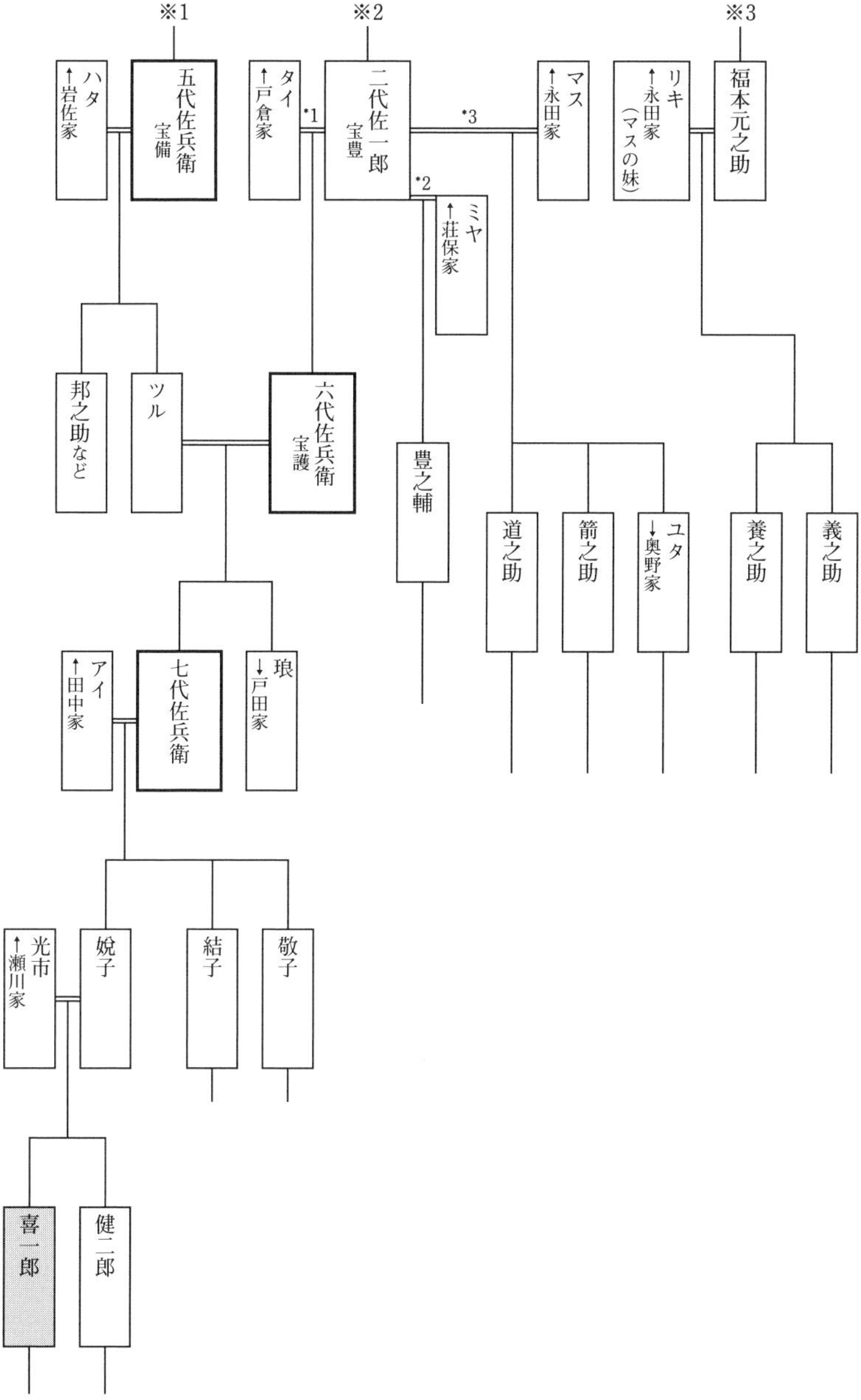
※1
※2
※3
ハタ ↑岩佐家
五代佐兵衛 宝備
タイ ↑戸倉家
*1
二代佐一郎 宝豊
*3
*2
マス ↑永田家
リキ ↑永田家 （マスの妹）
福本元之助
ミヤ ↑荘保家
邦之助など
ツル
六代佐兵衛 宝護
豊之輔
道之助
箭之助
ユタ ↓奥野家
養之助
義之助
アイ ↑田中家
七代佐兵衛
琅 ↓戸田家
光市 ↑瀬川家
婉子
結子
敬子
喜一郎
健二郎

Ⅱ　逸見源兵衛家

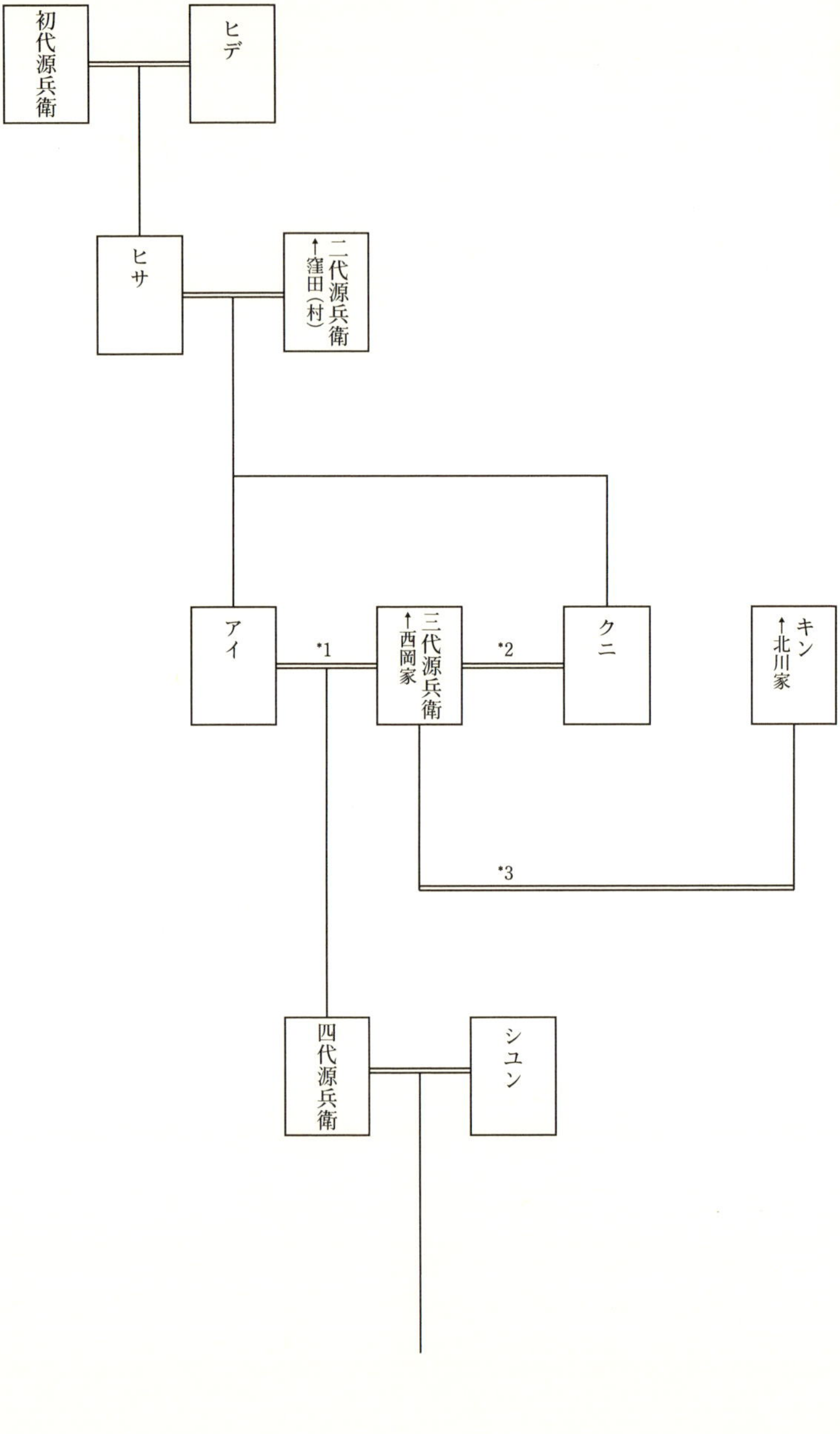
初代源兵衛
ヒデ
ヒサ
二代源兵衛
←窪田(村)
アイ
*1
三代源兵衛
←西岡家
*2
クニ
キン
←北川家
*3
四代源兵衛
シュン

Ⅲ 奥野治兵衛家

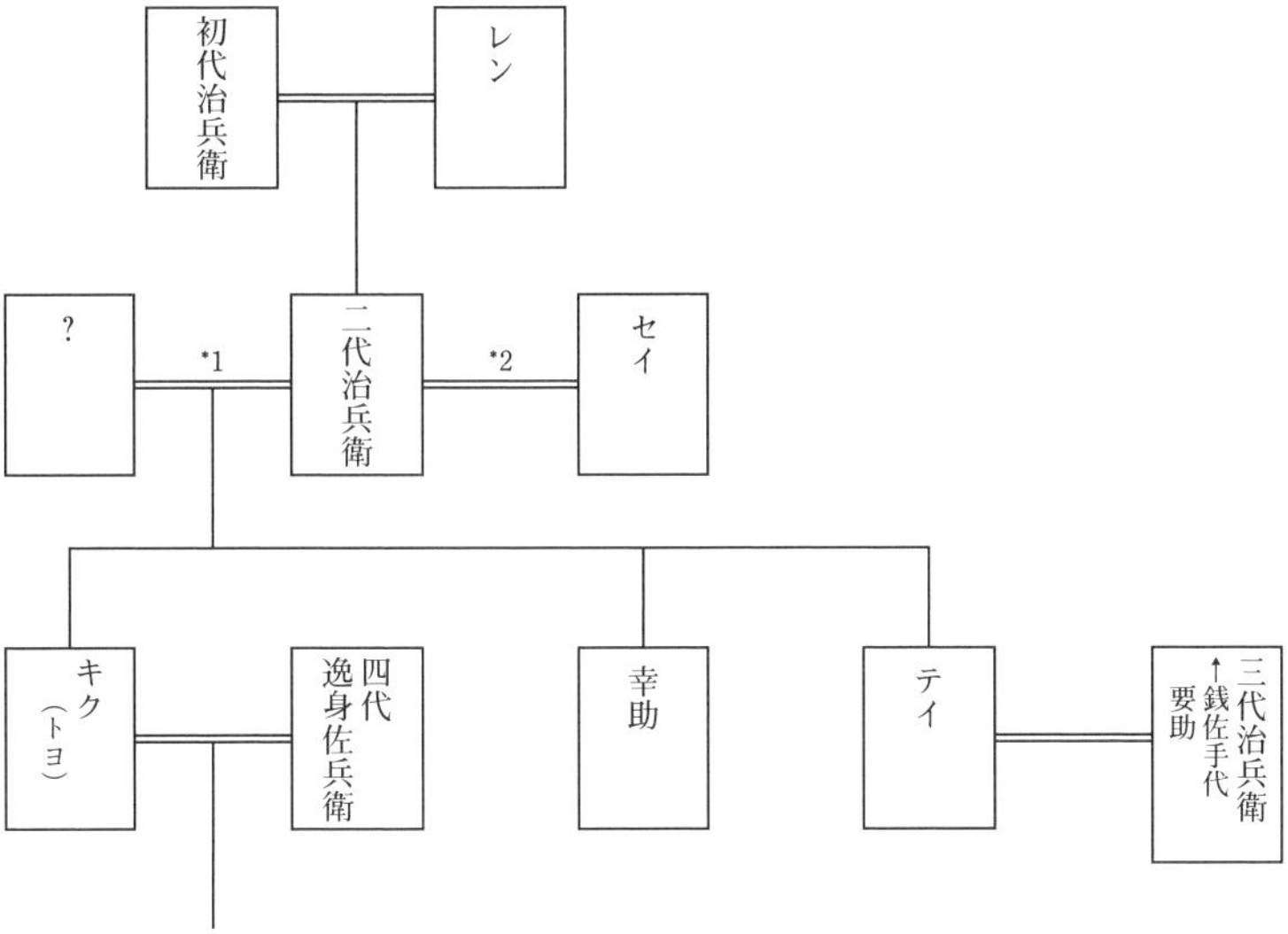

Ⅳ 野々口市郎右衛門家ならびに岩佐孫兵衛家

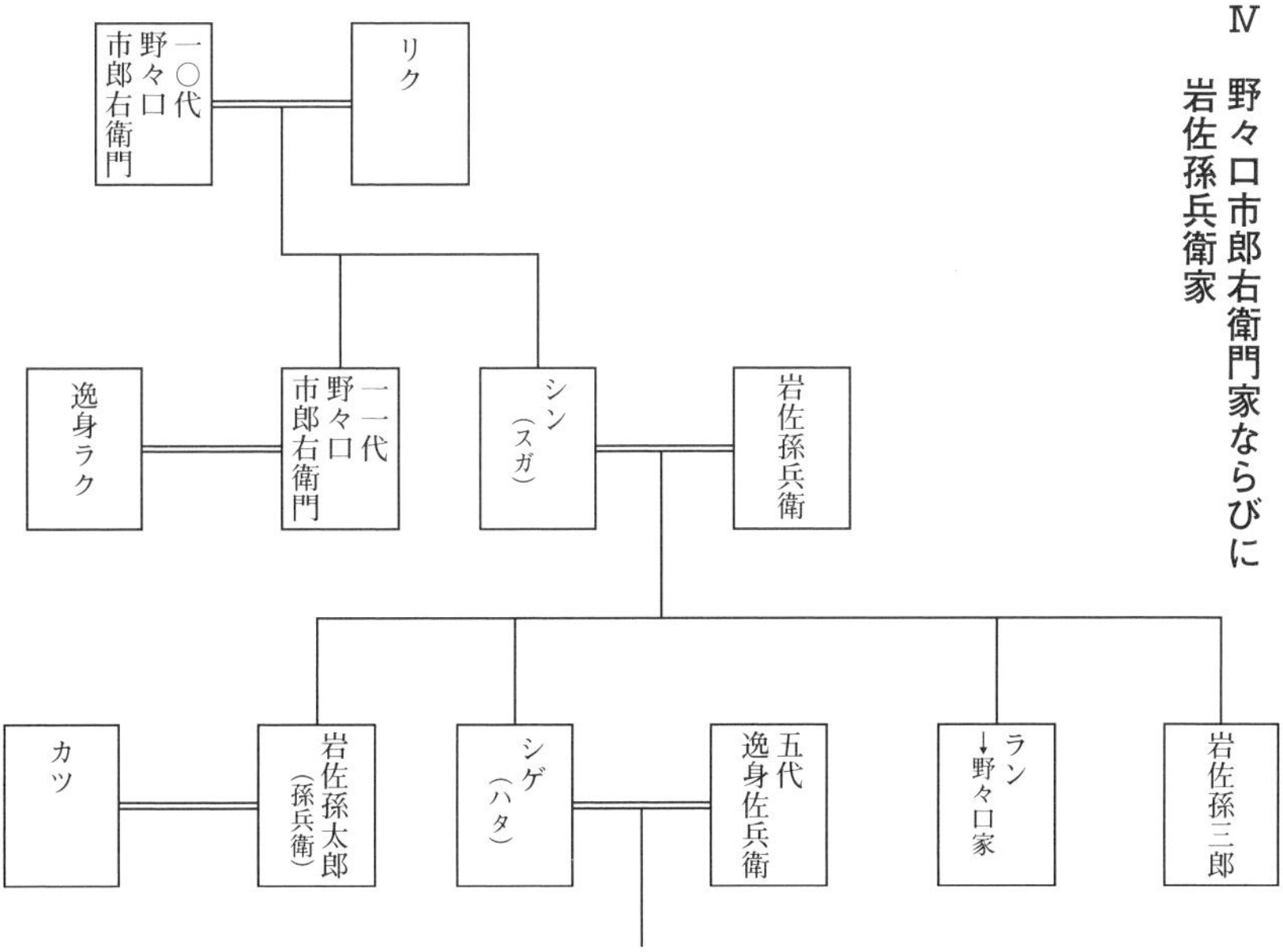

V　溝口丈助家

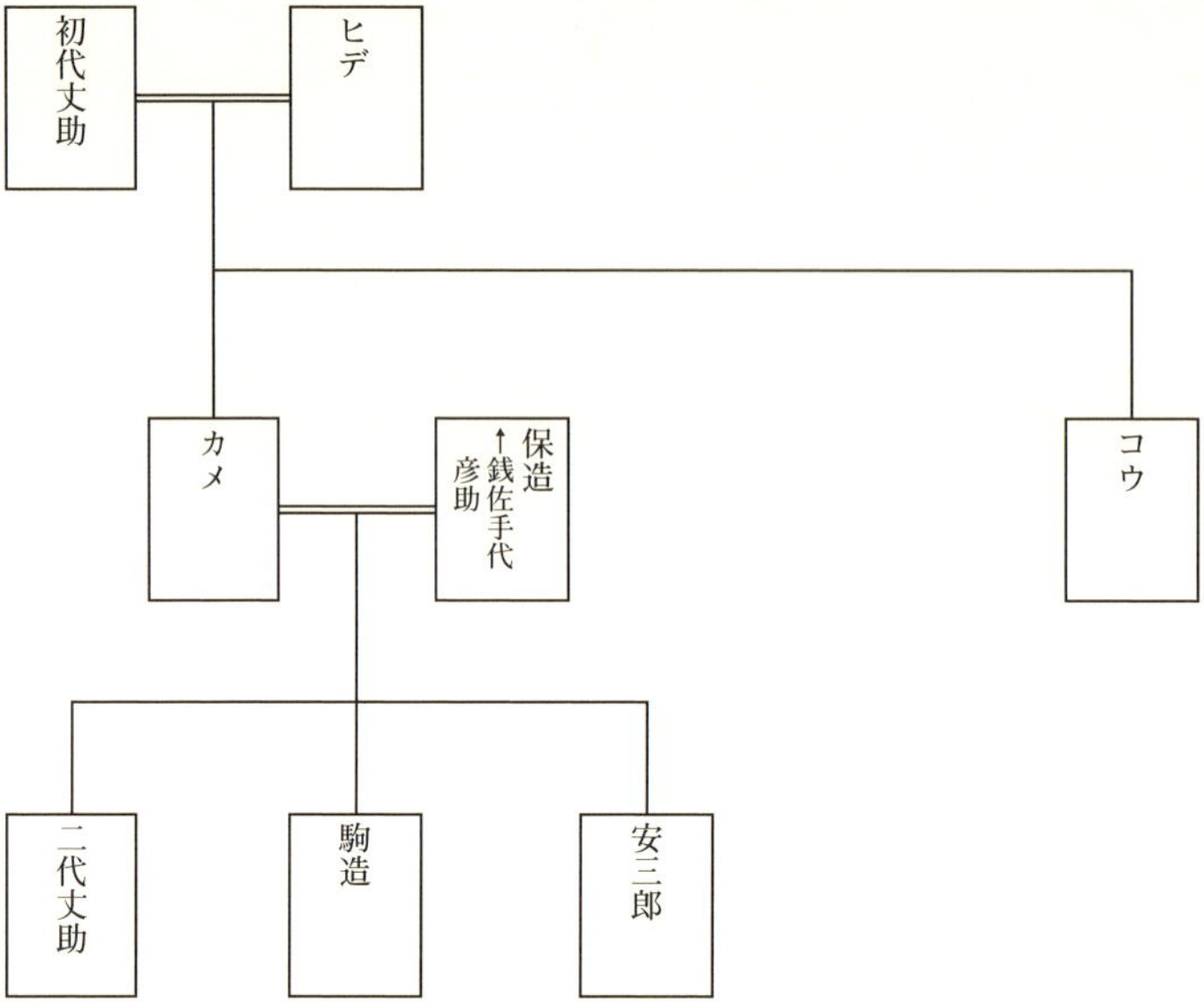

VI　高木嘉兵衛家

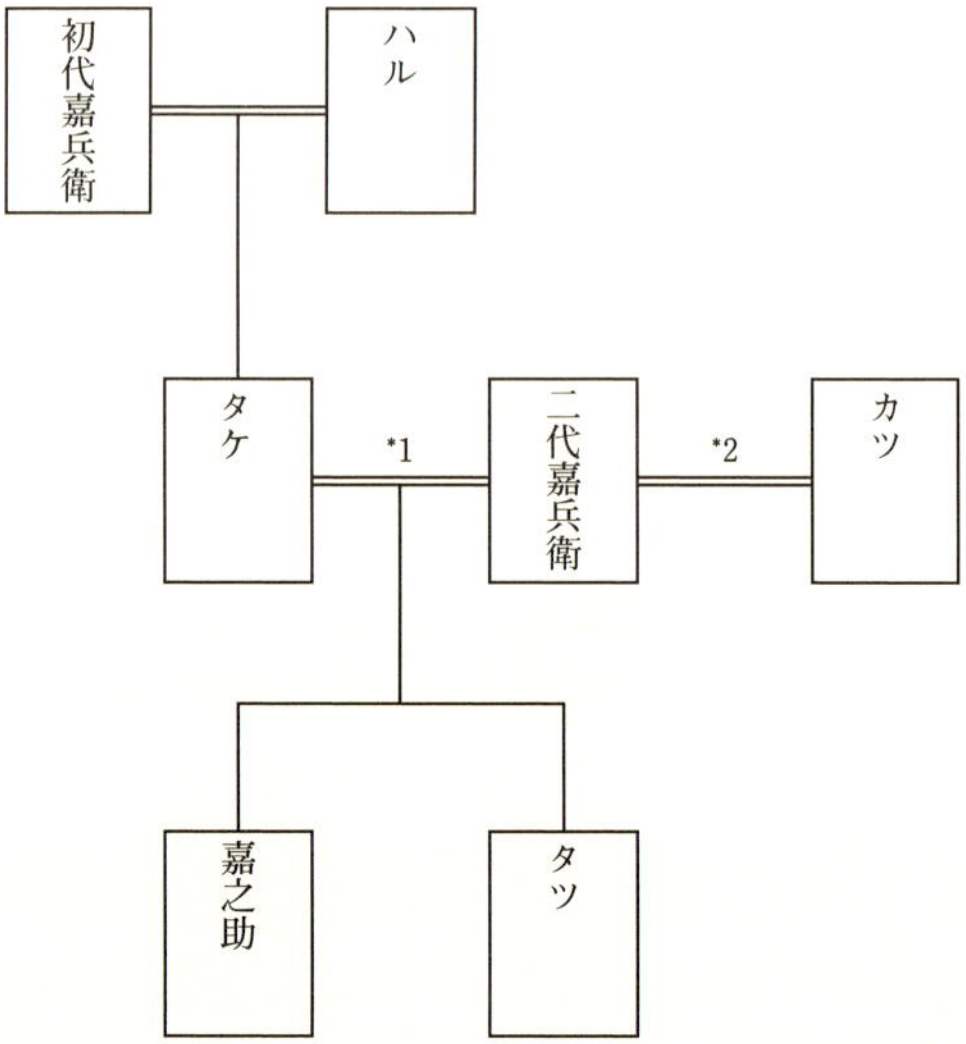

Ⅶ 笹部専助家

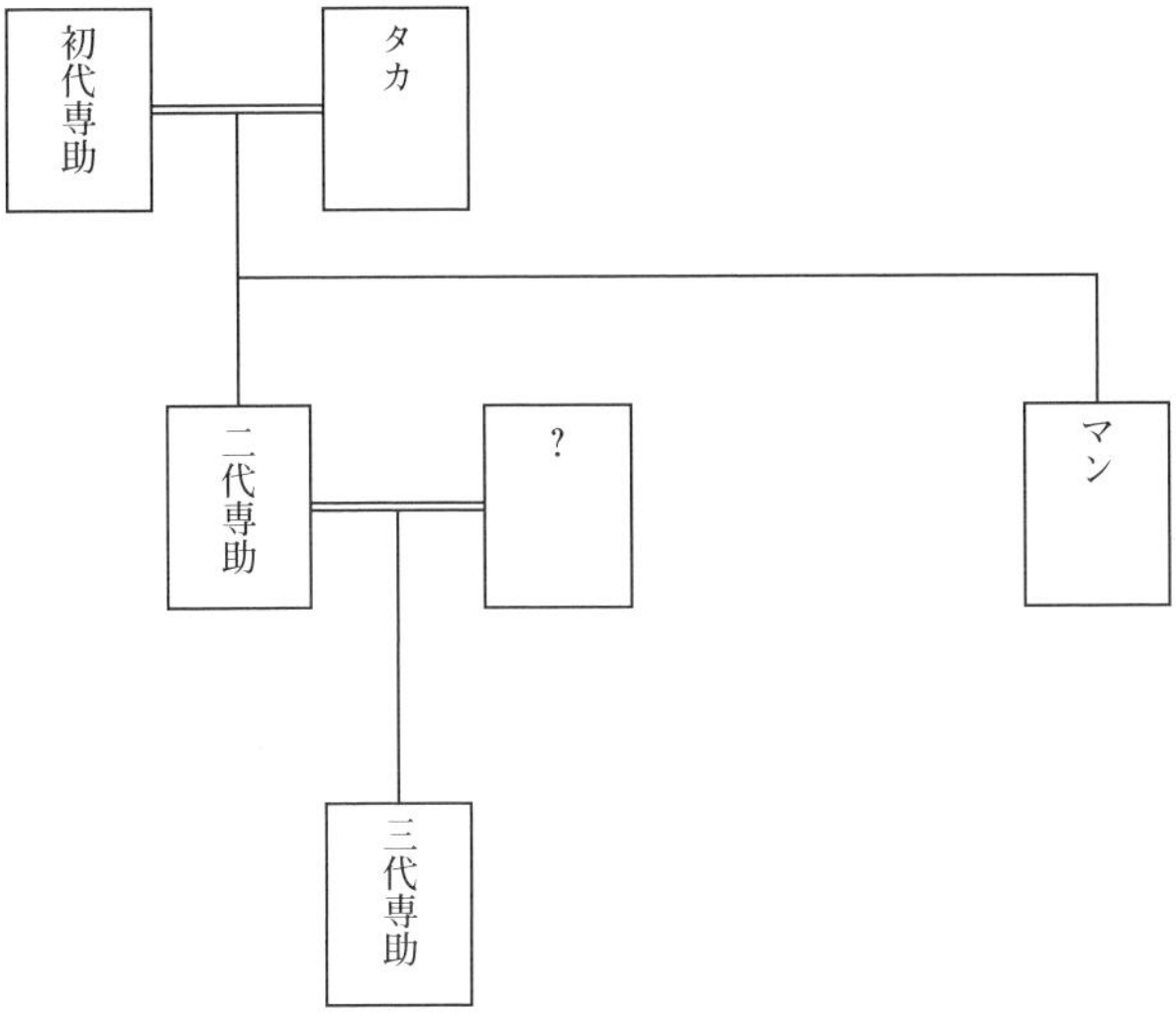

Ⅷ 桑原清兵衛家

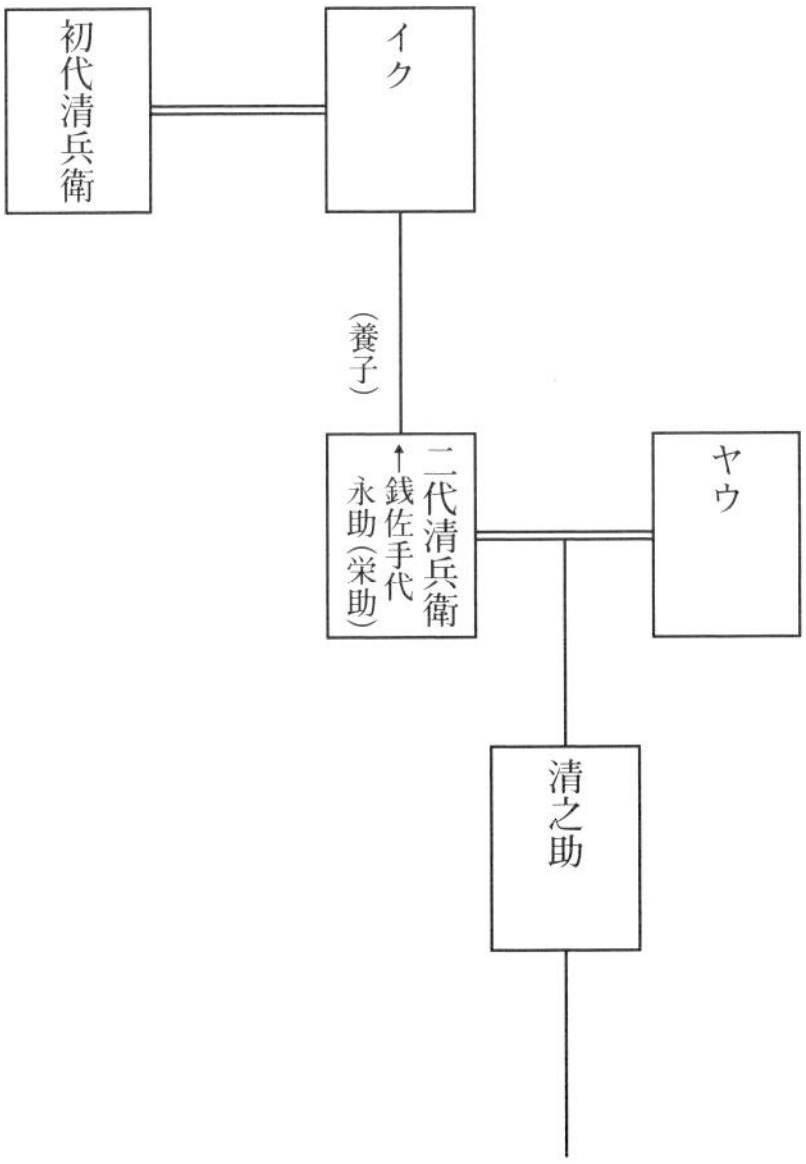

関係地図

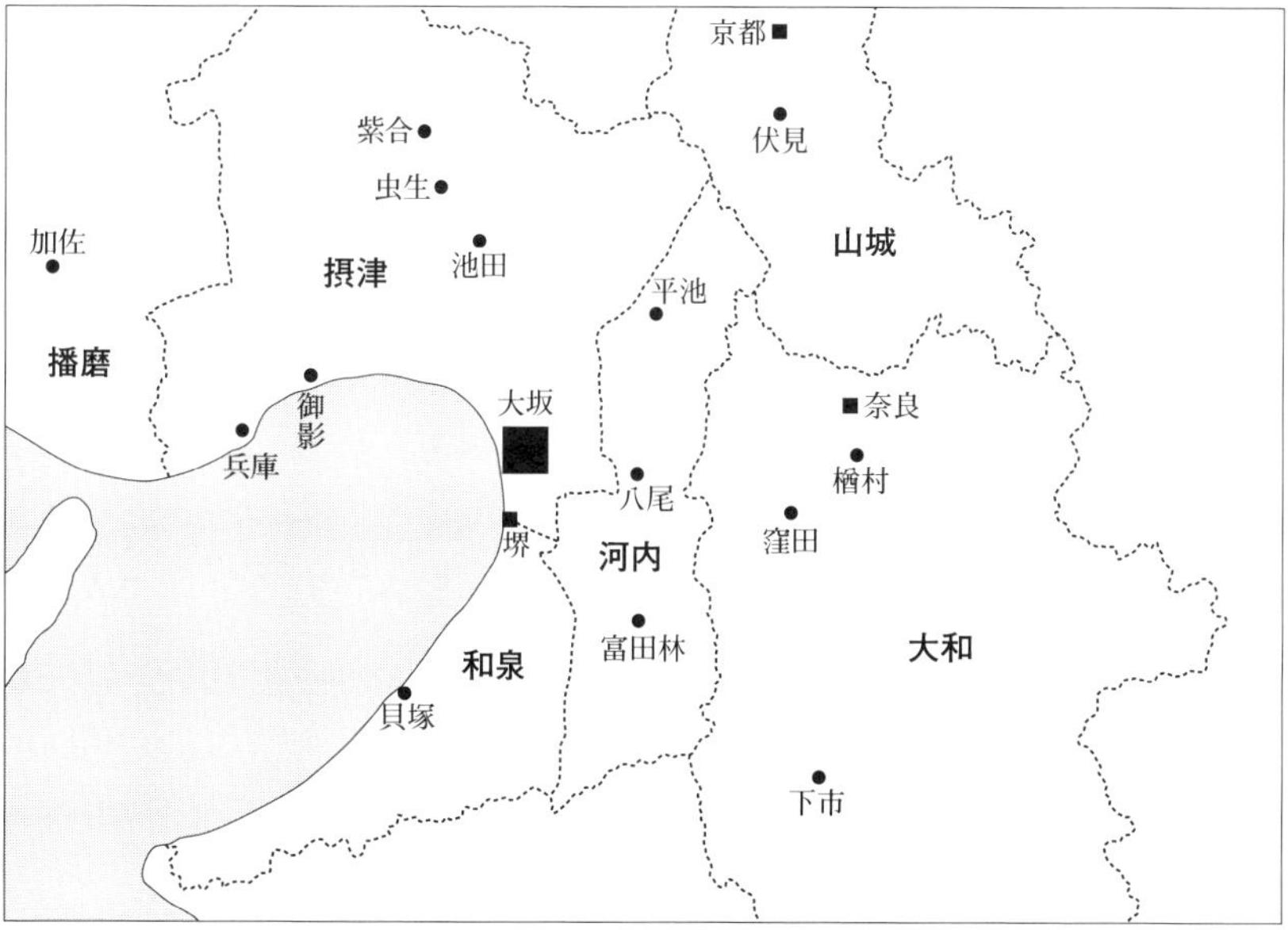

地図 1　大坂近郊
本書に関係する地名を示した.

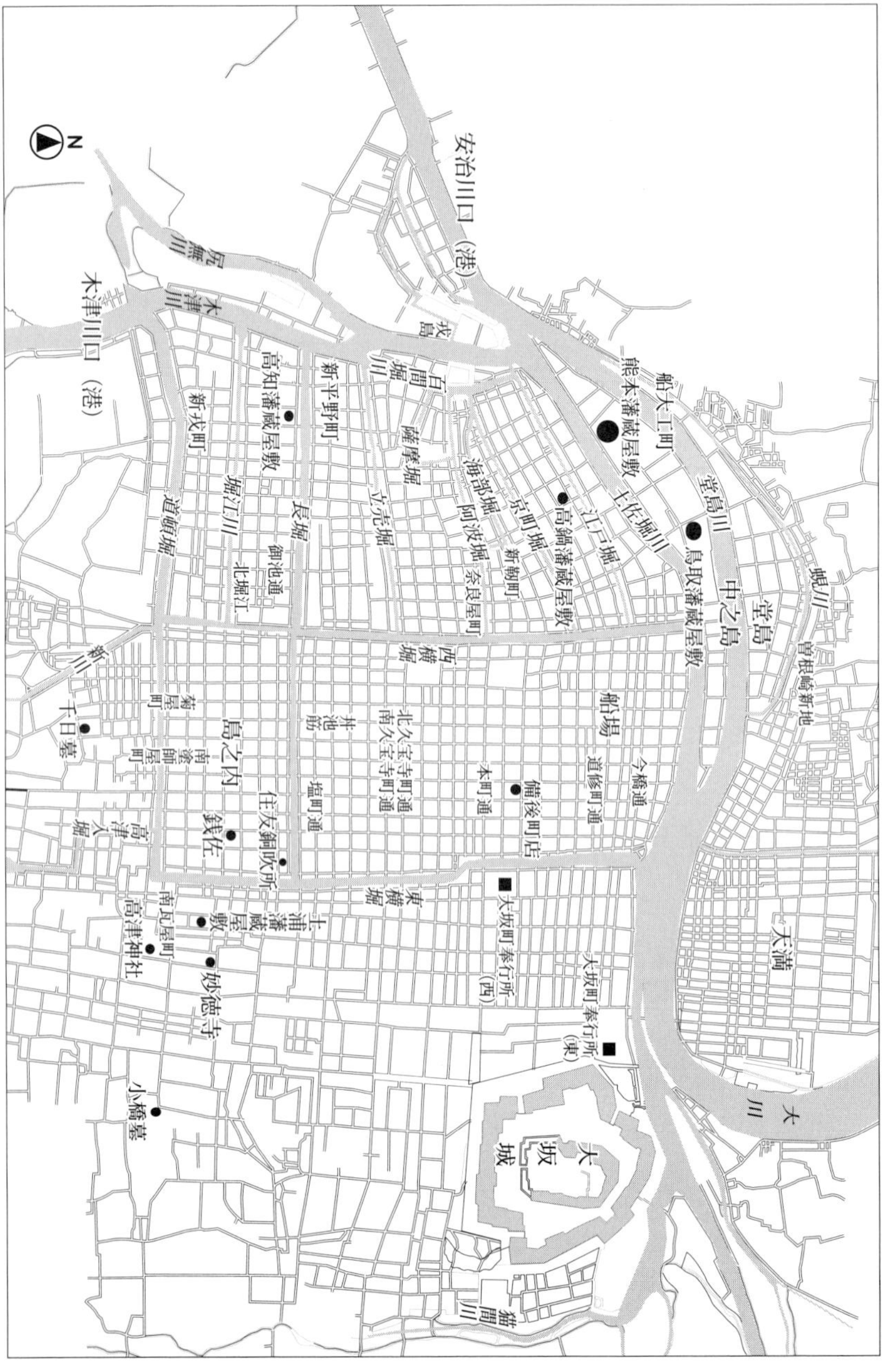

地図2　大坂三郷と銭佐

地形や道は明治21年（1888）内務省大阪実測図を元に加工した．

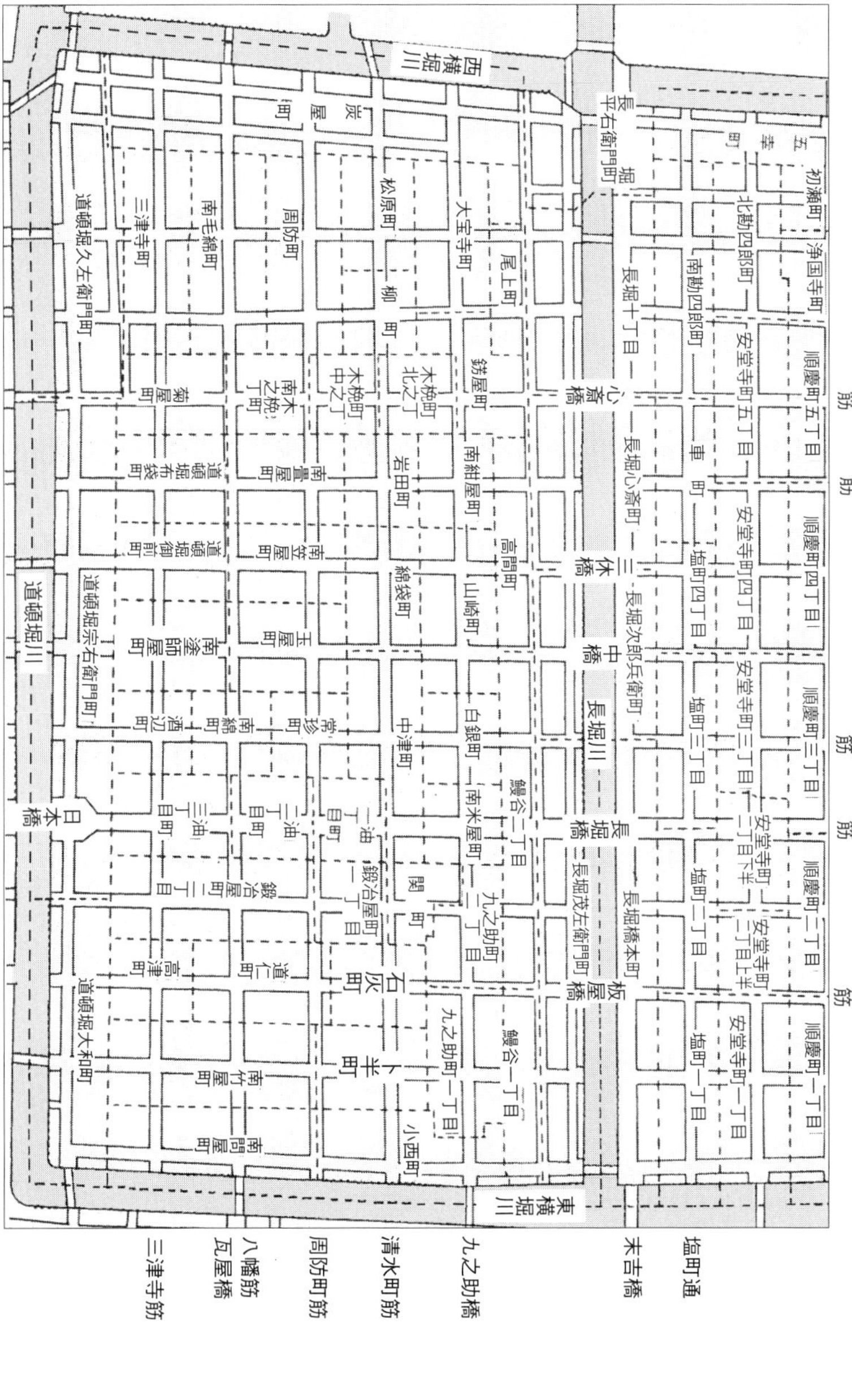

地図３　島之内

『南区志』(1928年) 所収「南区古町図説」『大阪の町名』(清文堂出版, 1977年) 369頁掲載図を元に加工した.

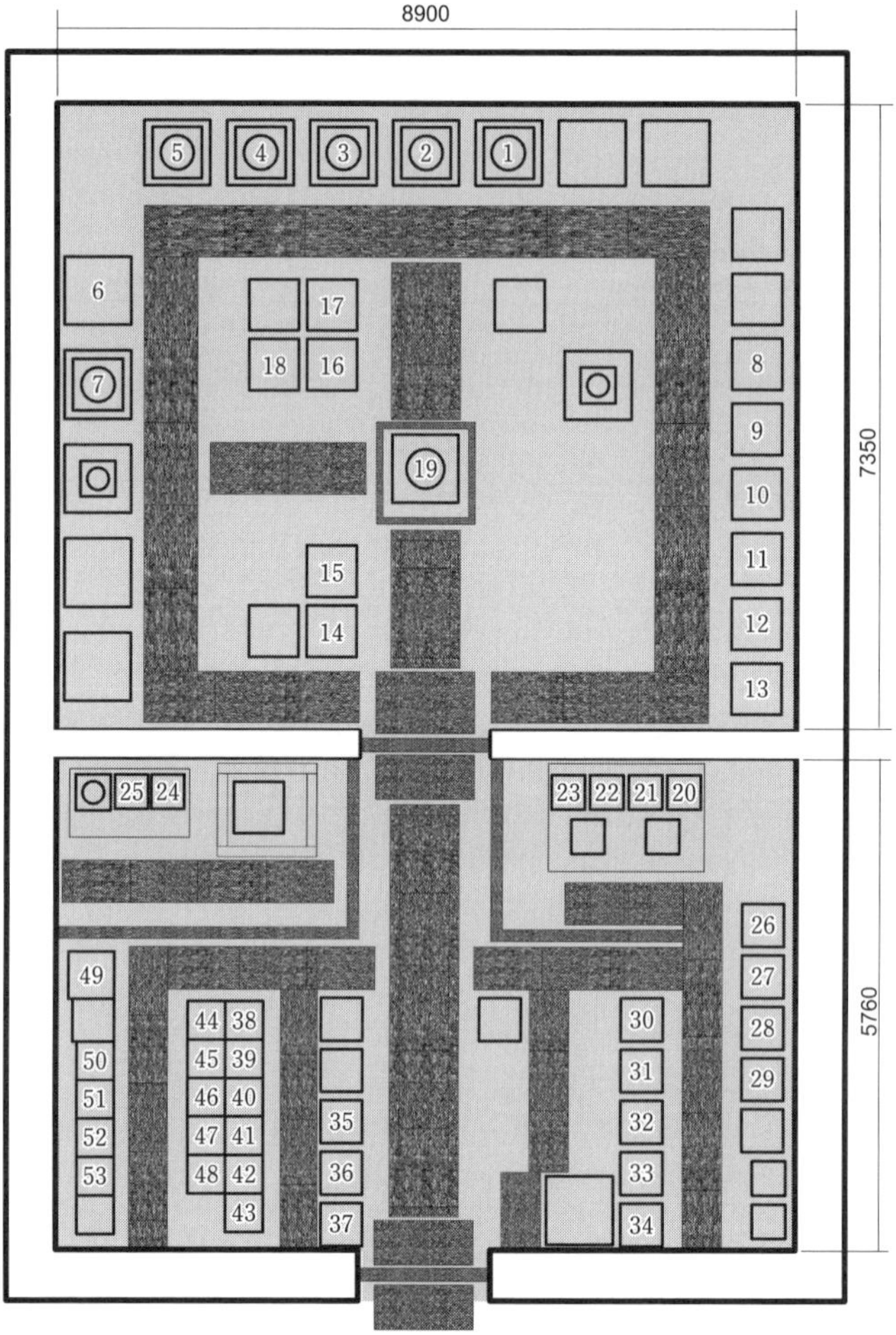

・妙徳寺内の墓域に建てられた，評伝に関連する人物の墓石を示す.
・墓域については，第１巻一節注９，三五節，三七節，および口絵を参照されたい.
・円形は五輪塔を示す.
・ほぼすべての墓石の人物を同定できたが，生年が明治中期以降，あるいは没年が戦後の人物は原則として省略し番号も付していない.
・乳幼児の墓石は，評伝本文で言及したものも，一部を除き省略した.
・図中の上は北をさす.

地図４　墓域図

墓石の同定

番　号	戒　名	
1	常信院・常光院	初代佐兵衛・妻
2	知見院・観月院	二代佐兵衛・妻２（三代生母）
3	信證院・本證院	三代佐兵衛・妻１（四代生母）
4	宗善院・宗喜院	四代佐兵衛・トヨ
5	慈泰院・慈栄院	五代佐兵衛（卯一郎）・ハタ
6	本善院・本喜院	二代佐一郎（孝之助）・マス（妻３）
7	慈雲院・一雨院	六代佐兵衛（悦次郎）・ツル
8	知光院	二代佐兵衛妻１
9	了縁院	二代佐兵衛妻３
10	究竟院	三代佐兵衛妻２
11	成證庵	リヤウ（三代佐兵衛妻３），側面にシカとラク
12	自省庵	ヱミ，側面にタイ
13	履信院	初代佐兵衛
14	（９名の子供）	台座に銭屋佐兵衛・三代と四代佐兵衛の子供たち
15	（９名の子供）	四代佐兵衛と五代の子供たち
16	智孝院，本照院	タウ，イツ（四代佐兵衛娘）
17	本覚院	タイ（二代佐一郎妻１・六代佐兵衛の生母）
18	随昌院	ミヤ（二代佐一郎妻２）
19	本山開基の碑	
20～23	慈山院ほか	初代～四代源兵衛
24	普善院	福本元之助の母
25		福本元之助・リキ
26～29		銭屋市兵衛
30		銭屋七兵衛
31		銭屋平兵衛
32		銭屋林兵衛
33～34		銭屋亦兵衛
35～37		銭屋清兵衛とその子孫（桑原家）
38		ナミ（奈美）
39～40		銭屋丈助とその子孫（溝口家）
41		銭屋専助
42～43		銭屋嘉兵衛
44		銭屋和兵衛
45		銭屋六兵衛
46		銭屋喜兵衛
47		ミヨ
48	善行院	タミ（二代佐一郎乳母）
49		高木嘉兵衛（銭屋嘉兵衛の子孫か）
51～53		土佐の人たち

番号は地図４の位置を示す．

年表

・この年表は銭佐と四代銭屋佐兵衛を中心にすえて事項をまとめたものである。「銭佐は（もしくは当主の佐兵衛は）このように対応した」と書くべきところでも、自明な場合にはいちいち主語を明記しない。
・四代佐兵衛と他の人間との関係の表示は、すべて四代佐兵衛から見たものである。
・生起した事項はすべて和暦をもとに記述した。和暦と西暦との対応は厳密ではない。とりわけ（改元も含め）和暦の年末に生起した出来事は、表記した西暦とずれることになる。
・改元があった年は新しい元号を優先させた。
・文化三（一八〇六）年より前は、出来事が起きた年に記述を限定している。同年以降はすべての年欄が与えられている。
・事項は評伝で明らかにした推定にもとづいていることも多い。推定の根拠については評伝を参照されたい。
・最下段に、三代佐兵衛・四代佐兵衛・五代佐兵衛（卯一郎）・二代佐一郎（孝之助）・福本元之助・六代佐兵衛の年齢（すべて数え年）を記した。

年代		事項	年齢
			３代佐兵衛
延享元	一七四四	銭佐が開店する（系図による）。	
延享四	一七四七	「本店銀控帳」の記載が初まる。 のちの二代佐兵衛が誕生する。	
安永七	一七七八	初代佐兵衛が死亡する。	
天明元	一七八一	二代佐兵衛の先妻と推定される知光院が死亡する。	
天明三	一七八三	のちの三代佐兵衛が誕生する。	1
天明七	一七八七	三代佐兵衛の生母の観月院が死亡する。	5
寛政六	一七九四	別家の銭屋武兵衛が菊屋町に開店する。	12
寛政七	一七九五	銭屋武兵衛の死亡により、同人の借家・奉公人を引き継いで、別家の銭屋市兵衛が開店する。	13
寛政八	一七九六	初代佐兵衛妻（常光院）・二代佐兵衛・二代佐兵衛後妻（了縁院）があいついで死亡して、三代佐兵衛が残される。	14
寛政九	一七九七	別家の銭屋勘兵衛が開店する。	15

年代		事項	年齢	
寛政一二	一八〇〇	「両替騒動」により資金調達に奔走する。	18	
文化三	一八〇六	銀控帳の筆跡交代から判断すると、この年から三代佐兵衛は銭佐の経営の実権を握った。石灰町人別帳が現存する。やがて生まれる四代佐兵衛の生母トミの名前がみえる。	24	
文化四	一八〇七	三代佐兵衛の後見と推測できる初代銭屋源兵衛が死亡する。その娘のヒサは、銭佐が面倒をみた、と考えられる。帳簿「大算用」が新たに作成される。四代佐兵衛の姉のトセ死亡。	25	4代佐兵衛
文化五	一八〇八	六月一七日、四代佐兵衛誕生。幼名は悦治郎である。父は三代佐兵衛。母トミは兵庫江川町の京屋（藤田）善兵衛家から嫁いで来た。	26	1
文化六	一八〇九		27	2
文化七	一八一〇	佐兵衛の母のトミが死亡する。	28	3
文化八	一八一一	父三代佐兵衛が桑名屋（神吉）庄助の妹と再婚する。	29	4
文化九	一八一二	初代源兵衛の娘のヒサに婿養子をとって両人に高額の元手銀を与える。銭源が備後町四丁目に開店する。	30	5
文化一〇	一八一三		31	6
文化一一	一八一四		32	7
文化一二	一八一五		33	8
文化一三	一八一六	継母（父三代佐兵衛の二番目の妻）が死亡する。異母妹ヱミはこの母から生まれたか。	34	9
文化一四	一八一七		35	10
文政元	一八一八		36	11
文政二	一八一九		37	12
文政三	一八二〇		38	13

和暦	西暦	事項	年齢	年齢
文政四	一八二一		39	14
文政五	一八二二		40	15
文政六	一八二三	遅くともこの頃までに父三代佐兵衛は、下女のリヤウと懇ろになっている。	41	16
文政七	一八二四	異母妹シカが生まれる。	42	17
文政八	一八二五		43	18
文政九	一八二六	異母妹ラクが生まれる。	44	19
文政一〇	一八二七	異母妹タイが生まれる。	45	20
文政一一	一八二八	銭佐の本家の銭弥が休店する。風評による取り付けに銭佐も巻き込まれるが難を逃れる。二代源兵衛の妻ヒサが死亡する。ヒサと源兵衛のあいだには倅が生まれなかった。娘はアイとクニのふたりがいる。	46	21
文政一二	一八二九	石灰町人別帳が現存する。のちの四代佐兵衛には妻ユキのいることが確認できるが、同女の墓がなく過去帳にも該当者が想定できないので、離縁したとみられる。	47	22
天保元	一八三〇	二代源兵衛が死亡する。三代源兵衛は銭佐の古い親類である八尾の綿屋（西岡）吉兵衛から、三代源兵衛の娘アイの婿養子にきた。	48	23
天保二	一八三一	大名貸帳簿の一である「諸家徳」が新たに作成される。	49	24
天保三	一八三二		50	25
天保四	一八三三	四代佐兵衛が家督相続する。ただし退隠して佐治兵衛を名乗る三代佐兵衛は、その後も経営に関与し続ける。石灰町の年寄をつとめる（天保一一年まで）。	51	26
天保五	一八三四	リヤウを三代佐兵衛の本妻に直すという証文を父三代佐兵衛との間で交わす。	52	27
天保六	一八三五		53	28
天保七	一八三六		54	29
天保八	一八三七	銭源の備後町の店をひきつぐ形で、佐一郎を名前人として銭佐の「備店」を開店する。佐一郎は三代佐兵衛の倅であるが、母親は不明。「備店」は両替商、「本店」は大名貸ならびに借屋経営と業務を分離させる。	55	30

5代佐兵衛

年代		事項	年齢			
		かつての本家である銭屋弥助家とのあいだの、本家別家の関係を解消し親類となる。				
天保九	一八三八	長男の市之助、のちの卯一郎・五代佐兵衛が誕生する。母親は不明。石灰町の屋敷と背中合わせになる卜半丁の屋敷を購入する。	56	31	1	
天保一〇	一八三九	堂島の堺屋（奥野）治兵衛の長女トヨと結婚し市之助を嫡男とする。	57	32	2	
天保一一	一八四〇	異母妹タイが堂島の桑名屋（神吉）庄助に嫁ぐ。	58	33	3	
天保一二	一八四一	異母妹ラクが、京都室町三条役行者町の丹後屋（野々口）市郎右衛門に嫁ぐ。	59	34	4	２代佐一郎
天保一三	一八四二	二男孝之助（のちの二代佐一郎）が生まれる。	60	35	5	1
天保一四	一八四三	この頃から佐治兵衛は完全に引退することを考えたとみられる。	61	36	6	2
弘化元	一八四四		62	37	7	3
弘化二	一八四五	異母妹のヱミが死亡する。ヱミは両替商の河内屋勘四郎に嫁いでいたと想定できるが、離縁ないし夫の死亡により戻ってきていたとみえる。銀控帳の筆跡が、佐治兵衛から佐兵衛に交代する。石灰町「北の家」を購入する。	63	38	8	4
弘化三	一八四六	「本店銀控帳」にヱミ・シカ・ラク・タイの仕付費用として銀一九三貫強の付け替えが記載される。	64	39	9	5
弘化四	一八四七	三代銭屋源兵衛のこれまでの借金を事実上棒引きし、新たに銀一五五貫強を与える。	65	40	10	6
嘉永元	一八四八		66	41	11	7
嘉永二	一八四九		67	42	12	8
嘉永三	一八五〇	石灰町人別帳が現存する。京都誉田屋に嫁いだシカが死亡する。娘を残したとみられる。妙徳寺に八貫強を寄進して、占有墓域ができたと思われる。	68	43	13	9
嘉永四	一八五一	二男の孝之助が佐一郎を名乗り、備店へ分家する。ただしその後も石灰町に居住し備店の経営に関与するのはずっと先のことである。初代佐一郎は石灰町に戻り、佐五郎と改名するがこの年に死亡する。	69	44	14	10

嘉永五	一八五二	佐古文書に残る日記が始まる（ただし記述は簡潔）。	70	45	15	11	
嘉永六	一八五三	異母妹のタイが死亡する。長女のタウが誕生する。手代の丈助・嘉兵衛・清兵衛が店内の取締を誓約する。店の運営に新体制を導入したとみられる。	71	46	16	12	
安政元	一八五四		72	47	17	13	
安政二	一八五五	佐古文書の日記が本格的に書き始められる（安政七年正月から慶応元年末まで欠損）。	73	48	18	14	
安政三	一八五六	二女イツが誕生する。佐古文書にこの年の石灰町水帳絵図が現存する。	74	49	19	15	
安政四	一八五七	卯一郎の見合いがあり、婚礼の準備がすすむ。住友家から借金の抵当として道具が渡される。	75	50	20	16	
安政五	一八五八	孝之助が元服する。義母リヤウが死亡する。その遺品の処理の記録が残存する（「成證庵智栄日良寿塔遺物控」）。肥後藩との明礬の取引が開始される。	76	51	21	17	
安政六	一八五九	卯一郎が京都安楽小路町の平野屋（岩佐）孫兵衛の長女ハタと結婚する。父佐治兵衛が死亡する。三代源兵衛が死亡する。別家の銭屋丈助が石灰町に屋敷を与えられる。土佐藩との関係が強化される。	没77	52	22	18	
万延元	一八六〇			53	23	19	
文久元	一八六一	津藩に館入を願い出る。		54	24	20	
文久二	一八六二	異母妹野々口ラクの夫の市郎右衛門が死去する。子供はいない。		55	25	21	
文久三	一八六三	この頃、佐一郎がいったん結婚するが、すぐに離縁する。		56	26	22	
元治元	一八六四	石灰町内より出火し類焼する。長女タウが死亡する（一二歳）。		57	27	23	
慶応元	一八六五			58	28	24	

元之助

年代		事項	年齢				
慶応二	一八六六	佐兵衛が退隠の準備を始める。 佐兵衛の「妾腹の子」福本元之助が誕生する。元之助の母はほぼ間違いなく下女（後に本家の賄女中となる）のキクである。 佐古文書の日記の、残存部分が始まる（明治二年六月まで） 日記中に「敦旦那」の名前がみえる（翌慶応三年まで）	59	29	25	1	
慶応三	一八六七	丈助が土佐に行って交渉をすすめる。 石灰町の屋敷（ただしどの屋敷かは不明）でおおがかりな普請が行われる。 大和添上郡楢村に屋敷建設の準備が始まる。 「御降臨」（ええじゃないか）があり祭礼を行う。	60	30	26	2	
明治元	一八六八	鳥羽伏見の戦いのあと市中の混乱を避けて、備店をごく短期間休店する。女たちは楢村に避難する。 佐兵衛の還暦を祝う。	61	31	27	3	
明治二	一八六九		62	32	28	4	
明治三	一八七〇	佐一郎が京都鏡屋町の戸倉家嘉兵衛の妹タイと結婚する。	63	33	29	5	
明治四	一八七一	卯一郎が家督相続をして五代佐兵衛を襲名する。佐兵衛は佐治兵衛を名乗る。	64	34	30	6	6代佐兵衛
明治五	一八七二	佐一郎に悦治郎が誕生する。後の六代佐兵衛である。 旧高鍋藩蔵屋敷を購入する（明治八年、国に売却）。	65	35	31	7	1
明治六	一八七三	異母妹野々口ラクが店を手代の吉兵衛に譲り帰坂する。ラクはハヤと改名する。 佐一郎の妻タイが死亡する。	66	36	32	8	2
明治七	一八七四		67	37	33	9	3
明治八	一八七五	「家法定則覚」が作成される。 佐一郎が大阪末吉橋通四丁目の荘保弥兵衛の娘ミヤと再婚する。 この婚礼のときに元之助は花嫁にお目見えしている。	68	38	34	10	4
明治九	一八七六	丈助が死亡する。	69	39	35	11	5
明治一〇	一八七七	佐兵衛が七〇歳を祝う。	70	40	36	12	6

明治一一	一八七八	二女イツが堺県茨田郡平池村の平池昇一に嫁ぐ。	71	41	37	13	7
明治一二	一八七九	五代佐兵衛にツルが誕生する。 佐一郎の倅の悦治郎（八歳）を五代佐兵衛の養子とする。	72	42	38	14	8
明治一三	一八八〇	逸身銀行が設立される。 野々口ハヤが死亡する。 島之内大火が起きる。	73	43	39	15	9
明治一四	一八八一		74	44	40	16	10
明治一五	一八八二	平池昇一に嫁いだイツが死亡する。	75	45	41	17	11
明治一六	一八八三	五代佐兵衛の三男邦之助が誕生する。	76	46	42	18	12
明治一七	一八八四	元之助が福本つき子の養子となり福本姓を名乗る。	77	47	43	19	13
明治一八	一八八五	五代佐兵衛の娘テウが死亡する。	78	48	44	20	14
明治一九	一八八六	佐一郎の妻のミヤが死亡する。	79	49	45	21	15
明治二〇	一八八七	悦治郎が家督相続をして六代佐兵衛を襲名する。退隠した五代佐兵衛は佐九郎を名乗る。	80	50	46	22	16
明治二一	一八八八	佐一郎が奈良県吉野郡下市の永田藤平の長女マスと、元之助が次女リキと結婚する。 六代佐兵衛の家督相続の内祝に親類・別家らが招かれる。	81	51	47	23	17
明治二二	一八八九	福本元之助を発起人のひとりとして尼崎紡績が設立される。	82	52	48	24	18
明治二三	一八九〇		83	53	49	25	19
明治二四	一八九一	四代佐兵衛が八四歳で死亡する。	没84	54	50	26	20
明治二五	一八九二			55	51	27	21
明治二六	一八九三	貯金銀行を設立する。		56	52	28	22
明治二七	一八九四	六代佐兵衛が従妹のツルと結婚する。両者はともに四代佐兵衛の孫にあたる。		57	53	29	23
明治二八	一八九五			58	54	30	24

年代		事項	年齢					
明治二九	一八九六	悦治郎（のちの七代佐兵衛）が誕生する。 逸身銀行が最初の危機をむかえる。			59	55	31	25
明治三〇	一八九七				60	56	32	26
明治三一	一八九八				61	57	33	27
明治三二	一八九九				62	58	34	28
明治三三	一九〇〇				63	59	35	29
明治三四	一九〇一	逸身銀行が破産する。			64	60	36	30
明治三五	一九〇二	逸身銀行が解散する。			65	61	37	31
明治三六	一九〇三	佐九郎（五代佐兵衛）が死亡する。			没66	62	38	32
明治三七	一九〇四					63	39	33
明治三八	一九〇五					64	40	34
明治三九	一九〇六					65	41	35
明治四〇	一九〇七					66	42	36
明治四一	一九〇八					67	43	37
明治四二	一九〇九	佐一郎が死亡する。				没68	44	38

両替商　銭屋佐兵衛
1　四代佐兵衛 評伝

2014年10月30日　初　版

［検印廃止］

編　者　逸身喜一郎《いつみきいちろう》・吉田伸之《よしだのぶゆき》

発行所　一般財団法人　東京大学出版会

代表者　渡辺　浩
153-0041 東京都目黒区駒場 4-5-29
http://www.utp.or.jp/
電話　03-6407-1069　Fax 03-6407-1991
振替　00160-6-59964

印刷所　株式会社理想社
製本所　誠製本株式会社

ISBN 978-4-13-026237-8　Printed in Japan

執筆者紹介（編者・50音順）

逸身喜一郎（いつみ きいちろう）（編者・第1巻「四代佐兵衛 評伝」）
1946年生．東京大学名誉教授：西洋古典学
主要著作：『ギリシャ・ローマ文学――韻文の系譜』（放送大学教育振興会，2000年），*Pindaric Metre: The 'Other Half'*（Oxford University Press 2009年）．

吉田伸之（よしだ のぶゆき）（編者・第1巻史料解題9，第2巻第一章）
1947年生．東京大学名誉教授教授：日本近世史
主要著作：『伝統都市・江戸』（東京大学出版会，2012年），『シリーズ 遊廓社会』（全2巻，共編．吉川弘文館，2013-14年）．

海原 亮（うみはら りょう）（第2巻第八章）
1972年生．住友史料館主任研究員：日本近世史
主要著作：『近世医療の社会史』（吉川弘文館，2007年），『江戸時代の医師修業』（吉川弘文館，2014年）．

小林延人（こばやし のぶる）（第1巻史料解題6,7,8，第2巻第六章）
1983年生．秀明大学講師：日本近代史・日本経済史
主要著作：『明治維新期の貨幣経済』（東京大学出版会，2015年刊行予定），「幕末維新期の貨幣経済」（『歴史学研究』898号，2012年）．

小松(武部)愛子（こまつ あいこ）（第1巻史料解題10，第2巻第四章）
1979年生．東京大学大学院人文社会系研究科特任助教：日本近世史
主要著作：「寺院領主と地域社会」（塚田孝・吉田伸之編『身分的周縁と地域社会』山川出版社，2013年），「寛永寺貸付金をめぐる一考察」（『東京大学日本史学研究室紀要別冊 近世社会史論叢』，2013年）．

須賀博樹（すが ひろき）（第1巻史料解題3，第2巻第一〇章）
1971年生．日本近世史
主要著作・論文：「安政六年の天保通宝払い下げ」（『日本歴史』665号，2003年），「近江屋猶之助両替店の大名貸史料」（『大阪商業大学商業史博物館紀要』10号，2009年）．

杉森哲也（すぎもり てつや）（第2巻第三章）
1957年生．放送大学教養学部教授：日本近世史
主要著作：『近世京都の都市と社会』（東京大学出版会，2008年），『描かれた近世都市』（山川出版社，2003年）．

竹ノ内雅人（たけのうち まさと）（第1巻第二章）
1977年生．東京大学大学院人文社会系研究科助教：日本近世史
主要著作：「近世後期佃島の社会と住吉神社」（『年報都市史研究』14，2006年），「南信地域における

神職の組織編成と社会変容」(塚田孝・吉田伸之編『身分的周縁と地域社会』山川出版社，2013年)．

中川すがね（なかがわ すがね）（第1巻史料解題4,5，第2巻第五章）
1960年生．愛知学院大学文学部教授：日本近世史
主要著作：『大坂両替商の金融と社会』(清文堂出版，2003年)，「江戸後期の本両替経営について——銭屋市兵衛を例に」(愛知学院大学『人間文化研究所紀要』28，2013年)．

中西　聡（なかにし さとる）（第2巻第七章）
1962年生．慶應義塾大学経済学部教授：日本社会経済史
主要著作：『近世・近代日本の市場構造』(東京大学出版会，1998年)，『海の富豪の資本主義』(名古屋大学出版会，2009年)．

八木　滋（やぎ　しげる）（第1巻史料解題1,2，第2巻第九章）
1969年生．大阪歴史博物館学芸員：日本近世史
主要著作：「青物商人」(『身分的周縁と近世社会』3，吉川弘文館，2007年)，「近世前期道頓堀の開発過程」(『大阪歴史博物館研究紀要』12，2014年)．

人名索引

・評伝でとりあげた人物名を姓名順に並べた．姓の分からないもの・通称しか分からないものはそのまま載せてある．
・4 代佐兵衛については多岐にわたるので記事は省略した．
・同一人物の記述は可能な限り，年代に沿ってならべた．
・（　）内の数字は，評伝の節の番号を指す．同じ節の中で，数カ所にわたって言及されることもある．
・（　）内の数字に　*がついているものは，その節の注記に現れることを示している．

あ

篤助
　銭佐のおそらく本店勤務の（慶応年間の）手代．丈助と嘉兵衛の供をして土佐屋敷へ(43)　土佐の種小を丈助と饗応(45)　御降臨のときに浴衣をもらう(59)　行幸見物に際し若旦那の供(60)　病気がちになり慶応 4 年に暇をとる(59)

敦旦那
　不明．慶応 2 年から 3 年のあいだだけ銭佐で働いている(50)　4 代佐兵衛の外でもうけた倅かもしれない(50)

尼崎屋庄三郎
　石灰町の新参の家持(62)

尼長
　出入方．伊勢長と同一人か→伊勢屋長兵衛(41, 62)　人足提供を生業としていたか(41)　明治 3 年の婚礼での役割(61)

い

伊右衛門
　普請方．手伝《てつたい》．行事での役割(41)　佐兵衛還暦祝の内祝（鏡餅）を配りに廻る(58)　5 代家督相続で祝儀をもらう(49)　明治 3 年の婚礼で嵯峨饅頭をもらう(62)

イク→桑原イク

池田伊兵衛（奈良屋）
　銭佐の親類．文化 3 年人別帳で銭佐の借家住まい(19)　文政 12 年に銭佐に無利子貸付か(19*)　天保 12 年の親類書(19)　「文久の親類書」(32)　明治 2 年の親類書(62)

石灰屋吉治郎（佶治郎）
　石灰町の古い家持(3)　明治 3 年の婚礼に祝を出し嵯峨饅頭をもらっている(62)　明治 4 年の石灰町年寄(34)

伊助
　普請方．手伝《てつたい》．行事での役割(41)　佐兵衛還暦祝の内祝（鏡餅）を配りに廻る(58)　5 代家督相続で祝儀をもらう(49)　明治 3 年の婚礼で嵯峨饅頭をもらう(62)

伊勢屋長兵衛
　出入方．行事での役割(41)　駕籠舁き人足提供(41)　花嫁を乗せた駕籠をみずから担ぐ(41)　明治 3 年の婚礼で嵯峨饅頭をもらう(62)　尼長と同一人か→尼長(41, 62)

市之助→五代佐兵衛の幼名(14, 22)

市兵衛
　①→中西市兵衛　②普請方．手伝《てつたい》．伊右衛門の倅(41)　行事での役割(41)

イツ→平池イツ

井筒屋槌五郎
石灰町の新参の家持(62) 石灰屋吉治郎から家を買う(3*) 明治3年の婚礼で嵯峨饅頭をもらう(62)
逸見アイ（？-1844） 観了院妙賢日遙．系図Ⅱ参照
2代源兵衛とヒサの姉娘．3代逸見源兵衛の最初の妻(8*)
逸身アイ（1899-1946）
7代佐兵衛の妻。田中家（花月庵）から嫁ぐ(14*)
逸身キヤウ（？-1875） 秋暁妙夢幼女
5代佐兵衛とハタの長女(64) 佐一郎とミヤの婚礼に際し家内書に名が上がる(49*, 67)
逸見キン（？-1863） 観良院智教日賢．系図Ⅱ参照
3代逸見源兵衛の3番目の妻．京都四条通北川善四良より娶る(8*)．リヤウの形見をもらう(33) 「文久の親類書」(31)
逸見クニ（？-1847） 慈恭院智賢日禎．系図Ⅱ参照
2代源兵衛とヒサの妹娘．3代逸見源兵衛の2番目の妻(8*, 24*)
逸身邦之助（1883-1894） 至善院日孝童子
5代佐兵衛とハタとの3男(64) 6代佐兵衛の家督相続の祝に出席(72)
逸見源兵衛（初代，？-1807） 慈山院玄亮日泰．系図Ⅱ参照
逸身家の過去帳では先祖(9) 3代佐兵衛の後見か(9) 寛政12年両替騒動の節の書状(9) 3代佐兵衛に藤田トミを娶らせたか(44)
逸見源兵衛（2代，？-1830） 観性院亮悟日脱．系図Ⅱ参照
「和州窪田助右衛門ヨリ養子」(5, 9*) ヒサの夫(5*) 文化9年備後町に出店(9) 「手当銀」(11)
逸見源兵衛（3代，？-1859） 観恭院良賢日叡．系図Ⅱ参照
西岡家から婿養子(8) 最初の妻は2代源兵衛の娘のアイ(8*, 24*) リヤウに関する証文の証人となる(4) 銭佐に備後町の店を譲ったときの当主(6, 8) 「浪花両替手柄競」(13) ラクの婚礼のときの親類書(19) アイの妹のクニと再婚(8*, 24*) 弘化4年の借金の清算(8, 24) 3番目の妻キン(8*) 「淡路丁」(24*, 28) 卯一郎とハタの婚礼に親類として引き合わされる(29) 日記の死亡記事(28)
逸見源兵衛（4代，？-1877） 自詮院良覚日慈．系図Ⅱ参照
三代源兵衛とアイの倅(8*) 天保初期生まれという推測(59) 「文久の親類書」(31) 「本町様」(36, 50) 実質上，銭佐の別家扱い(36, 50, 59, 61) 肥後屋敷への出入り(50, 59) 明治2年の「親類書」・妻シュン(62) 銭佐家督相続の祝に出席(59) 明治3年の婚礼の役割(61) 嵯峨饅頭をもらう(62) 付合いが途絶える(67) 5代源兵衛は不祥(72)
逸身佐一郎（初代，？-1851） 履信院宗義日守
戒名の同定は消去法による(6) 3代佐兵衛の倅・備店開店の名義人・ただし傀儡(6) ラクの婚礼時に親戚として記載される(6, 19) 野々口の聟入りの土産(19) 墓石(37)
逸身佐一郎（2代，1842-1909） 慈泰院昌栄日立
初代佐一郎とは別人(6) 誕生(15) 孝之助と命名(20) 発音はコウノスケ(20) 乳母はタミ(20) 小𦀌様(20) 佐一郎を名乗り分家・代判は丈助(6, 20) 佐助？(22) 角入と元服(26) 𦀌様から孝旦那に(22) 備店へ初出勤は安政になってから(26) 備店に孝之助と入れ替わりに出勤・石灰町に居住(20, 36, 53) 茶の稽古(45) 野々口父の葬式で上京(28) 卯一郎の婚礼で謡(29) ハタが嫁入りしたときの土産(29) 土州屋敷の生花の会(45) 「文久の親類書」は孝之助のため(31) 最初の「結婚」(47) 高津宮へたびたび参詣(53) 奥野治兵衛の葬式に参列(36) 慶応3年でも明治4年でも代判丈助(20, 63) 分家に期待された性格(51) 本店備店の関係(52) 佐一郎の取引先(52) 楢村屋敷の担当(55) 津藩(55) 油町の屋敷(56) 楢村へ避難(57) タイとの婚礼(61) 大聖寺藩の扶持米(59) 佐一郎の子供(64) 2度目と3度目の婚礼(61, 64, 67) 逸身銀行設立・頭取就任(70) 備店に住み始めたのはいつか(61) 6代佐兵衛の後見人(72) 北旦様(72) 本家との関係(73) 銀行破産(75) 破産後(76) 葬式の香典帳(71, 75) 宝豊(22*) 墓石(76)

逸身佐右衛門
初代佐兵衛が出てきた播州加佐村の本家筋か(19)
逸身佐兵衛（初代，1711-1778）　常信院善栄日光
銭屋の創業(3)
逸身佐兵衛（2代，1747-1796）　知見院了證日覚
「旧家略系調」に生没年の記載(2*)　3度，結婚したか(2)
逸身佐兵衛（3代，1783-1859）　信證院成栄日實
生年の確定(2)　幼名は佐一郎(9,22)　14歳で父ならびに祖母と義母とをなくし店を相続する(3)　初代源兵衛が後見か(9)　銭佐を発展させる(3)　文化3年にひとりだち(3)　トミとの結婚・倅の誕生(1)　トミの死後に再婚(5)　銭源のヒサとの関係についての推測(9)　手当銀(11)　退隠して佐治兵衛を名乗る(2)　退隠に伴いリヤウを正妻に直す(4)　退隠後も経営に関与(6,12)　筆跡(6,12)　佐治兵衛佐兵衛連名宛の状(7,12)　退隠後，死亡まで「大旦那」と呼ばれる(12)　子供たち(15,16,20)　娘のラクの嫁入り(16)　弘化元年（もしくは2年）に完全に引退(12)　新宅(21)　妙徳寺の墓域の整備(35)　桑名屋へ孫娘を連れて行く(33)　孫娘を連れて戎詣(25)　リヤウの死(27)　孫の卯一郎の婚礼(29)　その死(28)
逸身佐兵衛（4代，1808-1891）　宗善院泰栄日大
記事省略.
逸身佐兵衛（5代，1838-1903）　慈泰院昌栄日立
四代佐兵衛の長男．出生(14)　市之助ならびに卯一郎という呼称(14,19)　乳母スエの子か(14)　丁内借家に住む(14)　嘉永3年に本家に引き取られる(14)　角入と元服の年の推定(26)　𦭒様から若旦那に(22)　才助が庭瀬藩に連れて行く(26)　備店に孝之助と入れ替わりに出勤(20)　ラクの夫の聟入りに際し土産(19)　穴蔵に入る(21)　安政4年に見合い(30)　結納(30)　結納に用意した縮緬などの値段(17)　3代銭源の葬式(28)　安政6年にハタとの婚礼をあげる(29)　式日廻礼(21,51,53)　土州屋敷の生花の会(45)　京へハタの母の見舞い(48)　家督相続の準備(51)　肥後藩から家名相続と扶持米の認め(51)　徳山殿様・高鍋殿様にお目見(52)　大名貸の担当(52)　慶応年間の行動のまとめ(53)　銀控帳の記載(70)　奥野治兵衛の葬式に参列(36)　相続した屋敷・塩町の掛屋敷売却の帳切(51)　楢村避難のとき大坂に留まる(57)　佐一郎の婚礼・謡(46,61)　卯一郎の子供(64)　甥を養子とする(64)　逸身銀行の取締役(70)　茶の湯にのめりこんだという伝承(45,70)　退隠して佐九郎を名乗る(72)　本店備店双方の銀控帳を書き続ける(70,73)　蠟商(73)　過去帳にスエとその養子について記載する(14)　破産後(76)　葬式の香典帳(71,75)　墓石(76)
逸身佐兵衛（6代，1872-1922）　慈雲院南峯日高
2代佐一郎の倅．5代佐兵衛の養子．佐一郎から生まれ悦治郎と命名される(64)　福本元之助とたいして生年が違わない(49)　実母は生まれてすぐに死ぬ(2*,64)　乳母はタツという(67)　5代佐兵衛の養子となる(64)　藤澤南岳の弟子(46)　陳情書(70,75)　家督相続の祝(72)　後見人は実父の佐一郎(72)　過去帳に追加(45)　相続した土地(74)　ツルとの祝言の記録(61)　破産の後(76)　「旧家略系調」に「誤った」データを提供(1*,5*,6*,9)
逸見シュン　慈性院妙俊日良．系図Ⅱ参照
4代逸見源兵衛の妻(62)　ハタへの見舞い(64)　男児出産(64)
逸身タイ（1853-73）　本覚院妙成日證
戸倉サト（里）．2代佐一郎に嫁ぐ．6代佐兵衛の実母．佐一郎との婚礼の一部始終(61)　嘉永6年生まれか(61)　兄は（京都）升屋嘉兵衛，母はイヲ(61)　銀控帳に「再婚礼」とある(47)　倅悦治郎を生んで1年後に死亡(64)
逸身タウ（稲）(1853-64)　智孝院妙慧童女
4代佐兵衛の長女．「日記」の「娑様」「姉娑様」(22)　乳母はキク(25)　みなに可愛がられた(25)　ハタが嫁いでくるときの土産(29)　祖父に桑名屋へ遊びに連れて行ってもらう(33)　祖父と十日戎に参詣(25)　位牌に俗名と享年がある(25)　新しい墓石(15)
逸身ツル（絃）(1879-1918)　一雨院妙慈日玄
5代佐兵衛の娘．従兄の6代佐兵衛と結婚する．7代佐兵衛の母．戸籍上は5代佐兵衛とハタ

の3女(64)　明治27年に結婚・その史料(61)　その婚礼到来物(75)　破産時に身重(76)
逸身テウ（銚）（？-1885）　慈孝院妙仙童女
5代佐兵衛とハタの次女(64)　イツの婚礼に際し家内書に名が上がる(67)
逸身トミ（？-1810）　本證院妙軌日成
3代佐兵衛の最初の妻．4代佐兵衛の生母．名前の確認(2)　兵庫江川町藤田（京屋）善兵衛から嫁ぐ(4)　トセを生む(15)
逸身トヨ（豊）(1822-1900)　宗喜院妙泰日栄．系図Ⅲ参照
4代佐兵衛の妻．戸籍上は5代佐兵衛の母．奥野（堺屋）治兵衛の長女(14)　嫁入りの時の駕籠(61)　卯一郎を嫡子とする(14)　嫁入り前の名はキク(14)　最初の妊娠(15)　孝之助の誕生(20)　タウとイツの誕生(25)　宣治郎とヒロ(25)　兄弟の奥野幸助の死(31)　生んだ子供たちの数(15)「日記」中の茶の湯(45)　芝居見物(39, 48) ハタが嫁いでくるときの土産(29)　岩佐シンからの書状(31)「御寮人様」から「奥様」へ(22, 48)　父親奥野治兵衛の病気見舞い(48)　父の死(31, 36)　楢村へ避難(57)　佐一郎の婚礼(61)　晩年ふたたびキクと名乗ったか(14*, 71)　佐兵衛より長生き(75)→妹・奥野テイ
逸身ハタ（機）(1844-1923)　慈栄院妙昌日華．系図Ⅳ参照
岩佐シゲ．5代佐兵衛の妻．逸身ツルの母．父は岩佐（平野屋）孫兵衛・母はシン(29)　野々口市郎右衛門の姪(29)　結納(30)　婚礼の一部始終(29)　嫁入りのときの駕籠(61)　岩佐家が「みくるまがかり」(29)「御新造様」から「御寮人様」になる(48)　舅の佐兵衛と楢村へ避難するが柏原で引き返す(57)　下女ナカを嫁入りのときに連れてきた(59*, 60)　子供がなかなか生まれず生まれても育たない(64)　キヤウ誕生(64)　ツル誕生(64)　邦之助誕生(64)　長生きをする．
逸見ヒサ（？-1828）　観輝院妙性日悟
初代源兵衛の娘・2代源兵衛の妻．父の死後，銭佐に寄寓か(9)　3代佐兵衛再婚にあたっての土産(9)　文化9年に夫とともに元手銀をもらう(9)　娘ふたりが生まれる(8*)「旧家略系調」の誤認(9)
逸見久之助
4代逸見源兵衛の倅もしくは弟(50, 72*)
逸身ミヤ(1854-1886)　随昌院妙本日浄
荘保《しょうぼう》家から嫁ぐ．2代佐一郎の2番目の妻．詳しい婚礼記録が残る(67)　子供たち(64)　流産もしくは出産時に死亡(64)
逸身リヤウ（？-1858）　成證庵智榮日良
3代佐兵衛の3番目の妻．戒名の同定(4)　人別帳に下女としてあがる(4)　西岡家の娘として本妻に直る(4)　その時の証文(4, 6, 20)　シカ・ラク・タイの母(4)　エミは娘ではないのか(4)　正式の婚姻後に生んだ子供たち(15, 20)　初代佐一郎は生んでいない？(20)　3代佐兵衛と新宅に居住(21)　ラクの夫の聟入りに際し土産をもらう(19)「御家様」(21, 22)　嘉永3年の人別帳には佐兵衛と一緒に書かれている(21)　ハタの土産リストに記されている(29)　葬式(27)　日記の死亡記事(4)　墓石の位置(5, 35)　遺品の形見分け(33)
猪俣才八
肥後藩の大坂留守居(43, 50)　銭佐が館入になったことへの御礼(43)「明磬仕法覚」に押印(43*)　内室の死亡に際し，銭佐と丈助が香典(63)
今井家
天満組の惣年寄の一．妙徳寺の檀家(35)
今村長兵衛（今村屋）
銭佐の親類．天保12年の親類書(19)　宇和島町今村屋儀兵衛と関連か(19)　卯一郎の花嫁にひきあわせ(29)　妻のトワにリヤウの形見分け(33)「文久の親類書」(32)　日記ではしばしば銭佐を訪なう(19)　明治2年の親類書(62)　明治8年・11年の親類書(67)
岩佐シゲ→逸身ハタ
岩佐シン（？-1889）　釈尼妙須．系図Ⅳ参照
逸身ハタの母．野々口家より嫁ぐ(18)　スガに改名と推測される(29)　トヨへの書状(31)　ハ

タが連れて行った下女ナカが告げ口の手紙(60)　明治2年の親類書(61)　明治8・11年の親類書に記載される(67)　銭佐6代の家督相続の祝に招待される(72)
岩佐孫三郎　系図Ⅳ参照
岩佐孫兵衛とシンの末子(29)　銭佐6代の家督相続の祝に招待される(72)　大阪在住(72)
岩佐孫太郎→①岩佐孫兵衛1,②岩佐孫兵衛2
岩佐孫兵衛1（?-1867)　釈宗順．系図Ⅳ参照
岩佐家当主の名前．逸身ハタの実父．駕輿丁(29)　野々口シンと結婚(29)　父の孫右衛門の没後もしばらく孫太郎を名乗る(29*)　退隠して孫右衛門を名乗る(29*)．「文久の親類書」(31)
岩佐孫兵衛2　系図Ⅳ参照
岩佐孫兵衛1の長子．逸身ハタの兄（弟)．父の死後に孫兵衛襲名か(62)　佐一郎と戸倉タイの婚礼に出席(61)　明治8・11年の親類書に記載される(67)　銭佐6代の家督相続の祝に招待される(72)
岩助1
三木屋東助の下男時代の名前(36*, 41)　足羽郡の出身云々が人別帳に記載されている(41)　→三木屋東助
岩助2
慶応から明治初期の下男．供として頻出．

う

卯一郎→逸身佐兵衛・5代
漆屋治郎兵衛
明治3年の備後町4丁目の年寄(62)

え

永助（栄助)→桑原清兵衛（2代)
永田藤平
逸身マス・福本リキの父．吉野下市の資産家(72)　逸身貯蓄銀行取締役(68*)　銀行破産後，佐一郎は彼を頼って下市に来る(76)　永田家文書(76)
榎並屋五郎兵衛
石灰町の古い家，ここから銭佐は屋敷を買取る(34)

お

近江屋久兵衛　(20*, 43)
大倉好斎
古筆鑑定家(45, 18*)
大坂屋七兵衛
石灰町の古い家持(3)　明治3年の婚礼に祝を出し，嵯峨饅頭をもらっている(62)
大矢尚賢
慶応から明治初期に銭佐と関係のあった医者(62)
奥野キク→逸身トヨ
奥野幸助（?-1858)　系図Ⅲ参照
2代奥野治兵衛の倅，逸身トヨの弟（兄?)．安政5年に死亡(31)
奥野治兵衛（堺屋)（初代，?-1828)　智静院宗利日照．系図Ⅲ参照
逸身トヨの祖父．堺屋治良兵衛から分家か(14)
奥野治兵衛（堺屋)（2代，?-1868)　随順院如説日行．系図Ⅲ参照
逸身トヨの実父．天保12年の親類書(19)　後妻の名はセイ(19)　3代佐兵衛の葬式(28)「文久の親類書」(32)　トヨが病気見舞に来る・死亡(32, 48)
奥野治郎兵衛
奥野治兵衛の本家筋か(14)　居所・大豆葉町

奥野善之助
堺屋奥野家の本家筋の当主の名か．代替わりを無視して拾い上げる．天保 15 年の「諸家御館入大坂繁栄鑑」居所堂島(14)　明治 3 年の婚礼に祝をし嵯峨饅頭をもらう(62, 72)　明治 21 年の家督相続の祝によばれている(72)
奥野テイ（？-1878）　真行院妙貞日順．系図Ⅲ参照
逸身トヨの妹．明治 3 年に奥野家の当主(31→奥野治兵衛・2 代)　要助を婿に迎える(67→奥野要助)
奥野要助　系図Ⅲ参照
奥野テイの婿養子．明治 3 年の佐一郎の婚礼には手代に勘定されていない(59*)　銭佐 5 代家督相続の折に手代の筆頭(59)　同祝宴に別家扱い(59)　奥野テイと結婚，治兵衛を襲名する(67)　しかし逸身に対しては要助を名乗り続ける(67)　明治 20 年以前に死亡(72)
奥野レン（1797-1865）　智光院妙照日耀．系図Ⅲ参照
逸身トヨの祖母．
織田弥助
銭佐の本家．塩町の本両替．銭屋弥助・先代の死後，天保 8 年，先代の養子（母代判）が銭佐と本家別家の関係を解き，親戚となる(10)　天保 14 年以降に閉店(10)　天保 12 年の親類書(19)　妻のスヲと（娘？のヨシ）にリヤウの形見分け(33)「文久の親類書」(32)　明治 2 年の親類書に記載されず(62)　明治 8 年の親類書に記載，11 年には記載されず(67)

か

鍵屋辰蔵
石灰町の新参の家持(62)
加佐村伊兵衛→粂田伊兵衛
加嶋屋(36)
嘉助
銭佐の下男．不祥事をおこし暇を出される(40)
カツ→高木カツ
勝兵衛
安政期に本店にいた手代(39)　女中証文印取りなど「外回りの仕事」(39)　4 代佐兵衛の倅宣治郎の葬式の算用(25)　骨董質入れのしつこい客への対応(45)　リヤウの忌明御礼の供(27)　伯太屋敷へ忌明の礼(27)　戎詣りの供(25)　卯一郎の婚礼の折の役割(39)　聟入りの供(29)
加藤大助（？-1884）
明治 11 年の別家の一．手代の大助が昇格したか(67)　過去帳には「留次郎事」とある(67*)
→大助
嘉兵衛→高木嘉兵衛
紙屋藤兵衛
石灰町の新参の家持(62)　明治 3 年の婚礼で嵯峨饅頭をもらう(62)
カメ→溝口カメ
川上（銀行）
道修町の薬種商と取引(52)　尾崎紡績設立に関与(70)　六代佐兵衛の家督相続の祝に際し，「三家」として当主が茶会に招待される(72)
河内屋勘四郎→平尾勘四郎
河内屋庄五郎
銭佐と古くから関係が深い商人．塩町の掛屋敷を売却(51)　明治 3 年の婚礼に祝をだし，嵯峨饅頭を親類と同数もらっている(62)
河藤
出入方(41)
神吉源次郎（桑名屋）
「文久の親類書」に記載・庄助とタイの倅か(32)　明治 2 年の親類書(62)　嵯峨饅頭の差入れ

(61) 明治8・11年の親類書(67) 6代佐兵衛家督相続の祝(72)
神吉庄助（桑名屋）
銭佐の親類．代替わりを無視して拾い上げる．妹が3代佐兵衛の2番目の妻（→究竟院）(5) 妹の縁談のときの土産(5) ヒサへの土産物の齟齬(9) 天保15年の「諸家御館入大坂繁栄鑑」(5) タイが（先代の倅に？）嫁ぐ(16) 天保12年の親類書(19) タイの死亡後，安政3年に再婚(33) 佐治兵衛がタウを連れて訪問(25) 母フサ娘トヨとヨネ嫁カウにリヤウの形見分け(33)
神吉タイ（大）(1827–1853) 釈智覚
3代佐兵衛の「4番目」の娘・生年の同定(4) 過去帳における兄弟姉妹の順序(20) 桑名屋庄助に嫁ぐ・その荷物「於たい仕拵衣装手道具帳」(16, 17) 桑名屋神吉源次郎の母か(32) ふたりの娘が銭佐に遊びに来る(33) ふたりの娘へのリヤウの形見分け(33) 姉ヱミの墓石に戒名が刻まれる(16)
観月院妙輝日性（？–1787）
2代佐兵衛の後妻(2) 3代佐兵衛の生母(2)
勘兵衛→銭屋勘兵衛

き

キク→①逸身トヨ ②福本キク
吉兵衛→①桑名屋庄助の嫁土産をもらっている人物(5, 9) 吉兵衛②か？(8*)．②→西岡（吉兵衛）．③→(丹後屋）吉兵衛．④→堺吉．⑤→塩野吉兵衛．
木原忠兵衛（木原銀行）
維新前は銭忠（銭屋忠兵衛）(52*) 道修町の薬種商と取引(52) 尼崎紡績設立に関与(70) 6代佐兵衛の家督相続の祝に際し，「三家」として当主が茶会に招待される(72)
究竟院妙乗日法（？–1781）
3代佐兵衛の二番目の妻・桑名屋（神吉）庄助の妹(4, 5)
九助
安政期の下男．供として頻出．
久兵衛
升屋（戸倉家）の別家．佐一郎とタイの婚礼の戸倉側の媒人(61, 62)

く

粂田伊兵衛
加佐村伊兵衛として書かれる．逸身の本家筋か．リヤウの葬式の通知(27) 「文久の親類書」(32) 明治2年の親類書(62) 明治8年，11年の親類書(67) 粂田という姓の初出(67) 6代佐兵衛家督相続の通知は行かない(72)
栗林熊次郎・栗林徳三郎
肥後藩の明礬山方(43, 63)
桑庄→神吉庄助
桑原イク（？–1870） 釈明知．系図Ⅷ参照
初代桑原清兵衛の妻．リヤウの形見をもらう(36) 卯一郎の婚礼の折に「茶火鉢煙草盆」の掛(36) 銭佐手代の永助を2代清兵衛として養子にする(68) 墓石(37) 過去帳(36)
桑原清之助
2代清兵衛とヤウの倅(68)
桑原清兵衛（初代，？–1870） 釈静西．系図Ⅷ参照
銭佐の別家の一．天保12年以降に手代か(36) 嘉永6年に抜擢される(23) 備店に勤務(36) 安政元年に元手銀・嘉兵衛の⅓(36) 安政3年の「會席茶の湯」(45) 卯一郎の見合の折，石灰町の留守番(30) 「文久の別家書」(36) 慶応3年の普請の祝(41) 墓石(37)
桑原清兵衛（2代，？–1879） 悠遠院湛然日清．系図Ⅷ参照
銭佐の別家の一．元は銭佐手代の永助（栄助）(59) 慶応から明治初期にかけての有能な手代．

伊丹に兄がいる(59*) 「宿元」は荻野屋治兵衛(59) 安政3年に會席茶の湯(45) 土州屋敷の生花の会(45) トヨとハタの芝居行の供(48) 卯一郎とハタの上京の供(48) 家督相続の祝の返礼に肥後屋敷に出向く(51) 塩町の掛屋敷売却の折に帳切の供(51) 備店普請見廻りの供(54) 楢村の皆助宛の書状(55) 孝旦那などの楢村避難の供(57) 材木直談聞合わせ(55) 明治2年の手代の序列2位(59) 明治3年初代清兵衛の没後，ただちに初代妻イクの養子になる(36, 59) 養子になった時期の証左(59*) 墓石(37)

桑原ヤウ 清操院妙心日悠．系図Ⅷ参照

2代清兵衛の妻．明治8・11年の別家書(67) 明治21年に当主(68)

クン

別家銭屋市兵衛（→中西市兵衛）の妹．リヤウの形見をもらう(36) 安政6年の婚礼で加酌人(36)

け

慶次郎

最幕末期から明治初期の手代．本店勤務．明治2年の手代の序列の筆頭(59) 明治3年ないし4年に辞める(59)

継助

備店の手代．「御降臨」の際にいた(59) 明治3年の婚礼の際にはいない(59)

敬造

備店の手代．明治4年の家督相続の際にいた(59)

健助

備店の手代．慶応4年，市中混乱の際に金を運ぶ(57) 明治3年の婚礼の際にいた(59)

源助

石灰町の起番(41) 肥後屋敷へ内祝を配る手伝い(51) 楢村への避難に同行(57) 明治8年には銭佐の出入方か(41)

源六

垣外番・イツの宮参りの供(25) 御降臨のときにいる(25*)

こ

好助

本店の手代．慶応3年に子供から手代になる(59) 明治2年に暇をとる(59)

弘造

本店の手代．明治4年の家督相続の際にいた(59)

孝之助→逸身佐一郎・2代

誉田屋→矢代庄兵衛

さ

斎助・才助

斎助は天保6-7年の庭瀬藩の勝手方改革のため銭佐から派遣された手代(7) 才助は嘉永5年に卯一郎を庭瀬藩の振舞に連れてゆく(26) 同一人かどうか，不明(26)

堺吉

銭佐が婚礼のたびに注文する仕出し屋(61)

堺治→奥野治兵衛

堺治郎→奥野治郎兵衛

堺善→奥野善之助

堺屋与兵衛

出入方(41)

左官作

普請方．左官作兵衛．行事での役割(41)

左官弥
　普請方．行事での役割(41)
佐九郎→逸身佐兵衛・5代
笹部専助（初代）　系図Ⅶ参照
　銭佐の別家の一．天保12年以前（11年？）に別家となる(36)　文久の別家書が書かれた年以前に死亡(36*)　リヤウの形見分け以降の記事はすべて2代に記す
笹部専助（2代，？-1875）　唯心院亮境日悟．系図Ⅶ参照
　初代笹部専助の倅．文久の別家書が書かれた年以前に家督相続(36*)　母タカと妹マンにリヤウの形見分け(36)　妻と離縁と想定される(37)　卯一郎の婚礼に役割なし(36)　慶応3年の普請の祝(41)　式日廻礼(50)　奥野治兵衛の葬式に別家総代として出席(36)　卯一郎の子供の葬式の野辺送り(64)　清兵衛家相続に関する廻状(59)　明治4年に大聖寺藩から扶持(59)　明治3年の佐一郎婚礼の仕事の役割(61)「別家中目見江」(61)　佐兵衛に代わって「大坂為替会社」に出る(59)「通商司為換会社一件」の控を記す・署名入り(59)　家督相続の祝(59)　明治8年と11年の別家書の記述(67)　墓石(37)
笹部専助（3代）　即是院宗三日諦．系図Ⅶ参照
　2代笹部専助の倅(36)　明治8年と11年の別家書の記述(67)　11年の婚礼の役割(67*)　6代佐兵衛の家督相続の祝(68, 72)
笹部専之助→笹部専助・3代
笹部タカ　系図Ⅶ参照
　初代笹部専助の妻．2代専助の母．元は銭佐の下女か(36)　2代専助が妻を離縁したので「家内」として遇される(36)　リヤウの形見をもらう(36)　卯一郎の婚礼の折に「二階休息所」を担当する(36)「文久の別家書」(36)　佐一郎の婚礼の別家書(59)　明治3年婚礼の折に花嫁を「二階休息所」で待つ(61)「中席」の接待(61)「部屋見舞」に嵯峨饅頭を持って行く使者(61)「別家中目見江」(61)　5代佐兵衛の家督相続の祝(59*)　明治8年の結納の祝(67)　倅専助の死に伴い明治11年の当主(67)　孫の三代専助を育てる(67)　別家の「精神」の伝授(77)
笹部マン　系図Ⅶ参照
　笹部タカの娘，2代専助の妹．上記推測の根拠(36)　3代専助の母代わり(36)
佐治兵衛→逸身佐兵衛・3代
三助（三介）
　下男．慶応期から明治初期の下男の筆頭．安政4年，卯一郎の見合いのとき京都まで供をする(30)　結納のときに丈助の供(30)　安政4年，当旦那の供として肥後屋敷へ(43)　安政5年，リヤウ死亡の報せを京都に伝える(27)　慶応2年，旦那の供として土佐屋敷へ(43)　その他，日記に供として頻出．肥後屋敷へ内祝を配る(51)　家督相続の祝の祝儀(49)　明治8年に出入方となっている（→三木屋三助）(41)
三文→三宅文昌

し

塩庄作
　塩屋庄右衛門の分家か．石灰町の家持(62)
塩野義三郎
　明治21年の家督相続の祝に親類と同様に招待される(72)
塩野吉兵衛
　明治21年の家督相続の祝に親類と同様に招待される(72)
塩屋庄右衛門
　石灰町の古い家持(3)　明治3年の婚礼に祝を出し，嵯峨饅頭をもらっている(62)
シカ→矢代シカ
シゲ→逸身ハタ

七助
安政期の下男(25, 40) および慶応から明治初期の下男(49, 61, 62). 両者は序列からみて別人であろう.
常光院(?-1796)
逸身佐兵衛(初代)の妻
丈助→溝口丈助
祥造
本店の手代. 明治4年の家督相続の際にいた(59, 66)
荘保ミヤ→逸身ミヤ
塩飽屋清右衛門
肥後藩出入の商人(用聞)(43, 50) 慶応3年に銭佐の家督相続の祝を出す(51)

す

スエ
卯一郎(5代佐兵衛)の乳母(14) 卯一郎の実母と想定される(14) 天保12年の家内書の下女の筆頭(14)
須川格三郎
津藩の蔵屋敷にいる役人(55) 着歓・餞別など(63)
杉本村八右衛門
明治3年の婚礼には出入方としてあげられる(41) ただし嵯峨饅頭は別扱い(62) 青物商か(41)
住友(家) (10*, 21, 45, 56, 75*)

せ

清兵衛→桑原清兵衛
銭嘉→①高木嘉兵衛・初代, ②高木嘉兵衛・2代, ③卜半町会所屋敷の家守(36)
銭喜→銭屋喜兵衛・喜助
銭定→三木屋定助
銭屋市兵衛→中西市兵衛
銭屋勘兵衛
銭佐の別家の一. 代替わりを無視して拾い上げる. 寛政9年に南瓦屋町に開店(9) 「手当銀」(10) 同解散(11) 文化3年の人別帳に銭佐の代判(3) リヤウを本妻に直すときの証人(4*) 銭佐から借金(11) 嘉永2年病死・南瓦屋町の所持屋敷は従兄弟の宗兵衛倅宗太郎に(36*) 安政期の別家リストにない(36) 妙徳寺の墓石(37)
銭屋喜兵衛・喜助
別家ではないが, 別家に準ずる待遇を受けている(36) 石灰町の銭佐の借屋に住む(36*) 蠟商か(36*) 明治3年の佐一郎の婚礼(62) 明治4年の家督相続の内祝(59)
銭屋丈助→溝口丈助
銭屋宗兵衛(惣兵衛)→辻宗兵衛
銭屋常七 1
新平野町山家屋藤三郎所持火口艾店を本家が買取り名前人として山家屋藤兵衛と改名(36)
銭屋常七 2 →藤本常七
銭屋武兵衛
銭佐の別家の一. 寛政6年に菊屋町に出店(11) 死後(寛政7年)銭屋市兵衛が店を継承する(11) 妙徳寺に墓(37)
銭屋又兵衛(亦兵衛)
銭佐の別家の一. 妙徳寺の墓石からみて少なくとも2代にわたるが代替わりを無視して拾い上げる. 文化5・8年に元手銀(37) リヤウを本妻に直すときの証人(4*) 佐一郎の代理として徳山藩の福田儀平と交渉(23*, 36) 石灰町水帳絵図に市兵衛の代判(34) 卯一郎の見合いの

とき，夜に本家の留守番(30)　身内のフデとヱヒがリヤウの形見分け(36)　卯一郎の婚礼のときの役割(36)　文久の別家書・家内の名なし(36)　明治2年の別家書に記載されていない(36, 59)
銭屋林兵衛
銭佐の別家の一．文化9年に元手銀(37)「手当銀」(10)　ただし文政8年まで(11)　リヤウを本妻に直すときの証人(4*)　妙徳寺の墓石(37)
専助→笹部専助

そ

宗兵衛→辻宗兵衛

た

タイ→①逸身タイ，②神吉タイ
大工徳→①徳兵衛，②徳松
大工弥
普請方．大工．弥七・弥兵衛・弥助という名前(41)　行事での役割(41)
大源→大和屋源治郎
大根屋小十郎
銭佐の古くからの商売仲間．明治3年の婚礼に祝をだし，嵯峨饅頭を親類と同数もらっている(62)
大定→大和屋定七
大七→大坂屋七兵衛
大小→大根屋小十郎
大助
備店の手代．「御降臨」の際にいた．明治3年の婚礼の際にいた(59)　明治8年に序列8位(63)→加藤大助
大忠→大和屋忠兵衛
タウ→逸身タウ
タカ→①笹部タカ，②矢代タカ
高木カツ　随喜院妙勝日観．系図Ⅵ参照
2代高木嘉兵衛の後妻(36, 68, 76)
高木嘉之助　系図Ⅵ参照
2代高木嘉兵衛とタケの倅(68)　6代佐兵衛家督相続の祝(68)　福本元之助の婚礼の手伝い(67*)
高木嘉兵衛（初代，？-1857）眞浄院宗覚日法．系図Ⅵ参照
銭佐の別家の一．天保12年に手代(36)　嘉永5年に別宅を入手(36)　嘉永6年に抜擢される(23)　同年に元手銀(36)　嘉永7年に娘タケに婿養子をとる(36)　その葬式(36)　墓石(37)
高木嘉兵衛（2代，？-1902以降）随義院宗観日法．系図Ⅵ参照
初代嘉兵衛の娘タケの婿養子（→高木タケ）．安政3年の「會席茶の湯」(45)　備店担当(36)　定日に本店に来る(36, 50, 53)　卯一郎の婚礼の折には備店を開ける(36)「文久の別家書」(36)　慶応3年の普請の祝(41)　丈助に次ぐ地位(36, 63)　備店管理の筆頭(42, 51)　土佐藩の白砂糖入札(43)　式日廻礼(50)　肥後館入目通り(63)　慶応4年の市中争乱に対応(57)　清兵衛家相続に関する廻状(59)　明治4年に大聖寺藩から扶持(59)　明治3年の佐一郎婚礼の仕事の掛(61)「別家中目見江」(61)　家督相続の祝(59)　明治8年の佐一郎婚礼を仕切る(63, 67)　婚礼諸事控は丈助の記録を姑息なまでに踏襲する(67)　妻タケの死亡により明治11年以降に再婚(67)　イツの婚礼の惣元締(67, 70)　六代佐兵衛の家督相続の祝(68, 72)　逸身銀行の支配人(68)　丈助の蔭にいる(75)　墓石(37)
高木タケ（1839頃-1877）随法院妙心日静．系図Ⅵ参照
初代高木嘉兵衛の娘．2代嘉兵衛の妻．初代嘉兵衛とハルの娘で婿養子をとったとする推測の

根拠(36) 元は銭佐の下女か(36) リヤウの形見をもらう(36) 卯一郎の婚礼の折に「二階休息所」を担当する(36) 「文久の別家書」(36) 慶応3年の普請の祝(41) 佐一郎の婚礼の別家書(59) 婚礼の折に花嫁を「二階休息所」に案内(61) 「別家中目見江」(61) 5代佐兵衛の家督相続の祝(49) 明治8年の結納の祝(67) 別家の「精神」の伝授(68) 墓石の同定(37)

高木タツ
2代高木嘉兵衛とタケの娘(36*, 68*) 明治8年の婚礼で加酌人(68*) 悦治郎（のちの6代佐兵衛）の乳母と同一人か(73)→タツ

高木ハル（？-1855） 眞覚院智法日浄．系図Ⅵ参照
初代嘉兵衛の妻．墓石(37)

タケ→高木タケ

タケ（下女）
日記に暇の記事(60) ト半町でキクの下女をつとめたか(60) 明治2年佐一郎の結納時の家内書に記載（序列4位）(60) 明治3年佐一郎婚礼の「膳類拵方并道具掛」(61) 5代佐兵衛の家督相続の祝によばれるが祝儀はない(60)

武田長兵衛（和敬） (39*, 52)

竹林定七
銭佐を手伝う商人か．出入方より格上待遇．ただし「様」ではなく「殿」づけ(62) 御降臨のときに奉納し，手拭い法被をもらう(41) 明治3年の婚礼を手伝い嵯峨饅頭をもらう(62) 明治8年に出入方(62) 竹林定七として常七と明治8年に婚礼祝をおくる(41)

タツ
悦治郎（のちの6代佐兵衛）の乳母(67, 72) 高木タツと同一人か(73)→高木タツ

谷村（銀行）
6代佐兵衛の家督相続の祝に際し，「三家」として当主が茶会に招待される(72)

種屋小平次
土佐藩のお抱え商人・「種小」(43) 土佐藩の生花の会(45)

タミ（？-1888）
2代佐一郎の乳母(20) 過去帳の記述(20*) キクより古参(71) 卯一郎の婚礼で「茶火鉢煙草盆」の掛(36*) 行幸見物の供(60) 明治2年の家内書で下女の筆頭(60) 佐一郎の婚礼の「引出物」の掛(61) 5代佐兵衛家督相続の祝(60) 明治8年以降，備店の賄女と記載される(20, 67, 71) 妙徳寺に墓石がある(38)

丹後屋→野々口市郎右衛門

丹後屋吉兵衛（1841-？）

丹後屋（野々口家）の手代(32) 生年と生地(69) 頻繁に石灰町を訪れる(69) ラクから丹後屋を譲り受ける(18, 69) 佐一郎と戸倉タイとの婚礼における役割(61)

ち

知光院（？-1781） 知光院妙悟日達
2代佐兵衛の先妻(2)

忠兵衛
安政期に石灰町にいた手代(39) 卯一郎の婚礼の折の役割(30*, 39)

つ

塚口屋喜三郎
銭佐の古くからの商売仲間．明治3年の婚礼に祝をだし，嵯峨饅頭を親類と同数もらっている(62)

辻宗太郎
先代宗兵衛の倅．勘兵衛の従弟(36*) 嘉永2年に南瓦屋町の勘兵衛の屋敷跡を譲受(36) 嘉永3年に重篤もしくは廃嫡か(36)

辻宗兵衛（惣兵衛）（先代），（？-1850）
銭佐の別家の一．別家になった人物と以下の項目の人物とのあいだに代替わりがあったかどうかは不明．リヤウを本妻に直すときの証人(4*)　天保御用金を課される(36)　本町1丁目に店・南瓦屋町に掛屋敷(36)　暖簾印(36)　貝塚の廣海家と取引(36)　南瓦屋町の倅宗太郎名義の掛屋敷を宗兵衛に直す(36*)　嘉永3年病死(36)　妙徳寺に墓石はない(37)
辻宗兵衛（惣兵衛）
先代に遡る可能性のある項目は先代に含める．先代の妻ミネの養子の初三郎が宗兵衛を襲名する(36)　嘉永7年に本町の居宅を相続する(36)　妻フサ母ミネがリヤウの形見分け(36)　卯一郎の婚礼で謡(36)「文久の別家書」(36)　慶応2年に妙徳寺講中から台風被害修理の負担の依頼をうける(25)　奥野治兵衛の死に際して銭佐に弔問(36)　卯一郎の子供死亡につき参るべきところ参れず(64)　妻フサの死亡後ヤエを娶る(61)　佐一郎の婚礼でも謡(61)　同婚礼での役割(61)　別家中目見江(61)　フサ（妹？）が本酌人(61)　五代佐兵衛家督相続の祝(59)　明治8年と11年の別家書(67)　六代佐兵衛家督相続の祝(72)　明治21年の廻状から名がなくなる(68)　妙徳寺に墓石はない(37)
辻ミネ
辻宗兵衛（先代）の妻．嘉永3年，夫宗兵衛死去．本町の居宅と南瓦屋町の掛屋敷を女名前で相続する(36)　嘉永7年に養子初三郎改名宗兵衛に居宅を相続させるが南瓦屋町の掛屋敷は文久3年まで自分のものとする(36)　リヤウの形見分け(36)「文久の別家書」(36)
土屋寅直（1820-1895）
土浦藩主．大坂城代(27, 52)
常七（恒七）→藤本常七
ツル→逸身ツル
ツル（下女）
佐一郎の結納時の家内書に記載（序列3位）(31*, 60)　佐一郎婚礼の「酒飯肴膳類掛」(荷物の日)「迎女」「後席給仕人」(61)　5代佐兵衛の家督相続の祝によばれるが祝儀はない(60)

て

定助→三木屋定助
禎助
備店の手代．明治4年の家督相続の際にいた(59)　明治8年には辞めている(66)
徹造
備店の手代．明治3年の婚礼の際にいた．明治4年の家督相続の際にいた(59)　明治8年序列3位(66)　明治11年序列筆頭(67)　明治11年の婚礼副締(70)
天満屋六治郎
銭佐と古くから関係が深い飛脚業を営む商人．明治3年の婚礼に祝をだし，嵯峨饅頭を親類と同数もらっている(62)　福田六三郎という名前の子孫が家督相続の祝に招待されている(72)

と

藤七
備店の手代．「御降臨」の際にいた．明治3年の婚礼の際にはいない(59)
徳吉
「家出」を起こした子供(40)
徳兵衛
普請方．大工．行事での役割(41)
徳松
普請方．大工の徳兵衛の倅か(41)
戸倉嘉兵衛（？-1891）
逸身タイの兄．タイの婚礼の時の動静(61)
戸倉タイ→逸身タイ

トミ→逸身トミ

な

ナカ
①（B 級別家の）藤本常七の妻．→藤本ナカ，②ハタが生家の岩佐家から連れてきた下女(29, 60*)，③慶応期の下女．楢村避難へ同行(60)．慶応 4 年に暇を出される(59*, 60)
仲忠
出入方．大忠（大和屋忠兵衛）と同一人か(41, 63) 人足を提供する親分(25)
中西市兵衛
銭佐の別家の一．代替わりを無視して拾い上げる．寛政 7 年に菊屋町に開店(11) 「銭市銀控帳」(3) 「手当銀」(11) リヤウを本妻に直すときの証人(4*) 天保 8 年に石灰町に移る(11) 石灰町の屋敷(34) 嘉永 2 年代替わり・後継は 8 歳・休店(34) 銭佐の借家へ・嘉永 3 年人別帳(34) 母ユウ妹クンとライがリヤウの形見分け(36) 文久の別家書(36) 妙徳寺の墓石(37) 明治 2 年の家内書(59) 佐一郎婚礼での掛(61) 別家中のお目見に出席(61) 5 代佐兵衛家督相続の祝(59) 明治 8 年と 11 年の別家書(67) 明治 21 年の廻状から名がなくなる(68)
奈良伊→池田伊兵衛

に

西江屋市太郎
石灰町の新参の家持(62)
西岡（綿屋）
八尾にある銭佐の親類．吉兵衛家・長右衛門家と 2 軒あり，常に並記される．代替わりを無視して拾い上げる．日記には「綿吉」「綿長」．綿長は「新宅」(33) 初代佐兵衛の「隣人」か(8*) リヤウを 3 代佐兵衛の本妻に直すとき，長右衛門の娘として嫁がせる形を取る(4) 吉兵衛家から婿養子をとり逸見源兵衛とする(8) 縁組みは 3 代佐兵衛の計らいか(24) 親類書としては天保 12 年が初出(8*) 同親類書に吉兵衛と長右衛門(19) 佐兵衛に倅誕生につき綿吉綿長両家へ安産祝餅と初節句粽を届ける(25) リヤウ死亡の連絡(27) 綿吉が 3 代佐兵衛の弔問に来る(28) 卯一郎の嫁のひきあわせに欠席(29) 結婚に伴い佐兵衛親子が八尾まで挨拶(29) 「文久の親類書」に綿吉・綿長が妻や両親の名とともに記載(32) 綿吉の母と妻ならびに綿長の妻にリヤウの形見分け(33) 明治 2 年の親類書(62) 結納に差し支えの無いかどうかの問い合わせ・祝(62*) 花嫁引き合わせに綿長欠席(62*) 明治 8・11 年の親類書(67) 6 代佐兵衛家督相続の祝(72) 7 代佐兵衛が預けられた(76)

の

野々口市郎右衛門元嘉（10 代，？-1859） 住誉光月宗山．系図Ⅳ参照
野々口ラクの義父(18) 名葉屋四郎介家から婿養子にくる(18*) 縮緬問屋(18) 三代佐兵衛と同時期に死亡(28)
野々口市郎右衛門安親（11 代，1819-1862） 超誉勝心宗因．系図Ⅳ参照
野々口ラクの夫．ラクとの結婚(16) 姪のランを養女とする(18, 29) 姪の岩佐シゲ（＝ハタ）を卯一郎に引き合わせる(29) その間の書状のやりとり(30) 同人で野々口家は途絶える(31, 69) 善想寺に墓所(18)
野々口ハヤ→野々口ラク
野々口ラク（1826-1880） 堪誉院慈忍栄因
3 代佐兵衛の娘・生年の同定(4) 丹後屋野々口市郎右衛門に嫁ぐ(16) 嫁入りの荷物(17) 夫の姪（ラン）を養女にする(18) 「京奥様」(22) 母リヤウの死(27, 33) 父親と舅の死(28) 岩佐家と親類であることによりハタを卯一郎の嫁に仲介(29) 実子はいなかったのではないか(31) 戸倉タイを佐一郎の嫁に仲介(61) ハヤと改名(69) 手代の吉兵衛に家を譲り帰坂(69) 元之助とともに南平野町に住む(49, 71) リヤウの墓石に戒名が刻まれる(4, 5*, 16)

野々口ラン（1848-1864） 香誉蘭室栄薫禅定尼
野々口ラクの養女(18) 実母のシンは野々口家から岩佐家に嫁いだ(18, 29, 31*) 婿養子がいたと考えられる(8, 32) 養母より先に死去(69)

は

ハタ→逸身ハタ
花屋吉蔵
出入方(41) 御降臨，明治3年の婚礼(41, 62) 5代家督相続で祝儀をもらう(49)
ハル→高木ハル
半七
安政期の出入方(39) 大旦那とタウの花見の供(25) 安政6年の婚礼の仕事(39) 出入遠慮を申付られる(40)
伴七
安政期に備店にいた手代(36, 39) 家内の茶の湯の「客」のひとり(45) 妻帯しておそらく娘もいる(36) 卯一郎の婚礼の折の役割(39) 別家になっていない(45)

ひ

B級別家
出入方，もしくは下男から出世した別家．別家ではあるが手代から出世した別家より差別される．力仕事を統括する(36, 41, 61)
彦助→溝口保蔵
ヒサ→逸見ヒサ
ヒデ→溝口ヒデ
日野九右衛門
逸身銀行の重役か(72)
平池イツ（慈）（1856-1882） 本照院妙貞日慈
4代佐兵衛の次女．誕生(25) 乳母の名はモト(25) 「中娑」(25) ハタの嫁入りの土産(29) 発句(46) 祖父堺屋奥野治兵衛の病気見舞い(48) 楢村に避難(57, 60) 佐一郎の婚礼に出席(61) 明治8年の家内書(67) 平池昇一に嫁ぐ(67) 父より先に死去(75)
平尾勘四郎（河内屋）
親類．尼ヶ崎1丁目で本両替を経営(16, 19) 3代佐兵衛の娘のエミの婚家か(19) 「文久の親類書」に名前がない(19)
平野屋武兵衛　(36*, 57)
平野屋利兵衛
肥後藩の明礬の販売に関係している商人(43) 御降臨があったときに銭佐が祝を出している(56)
廣海家　(36, 52)

ふ

福田六治郎→天満屋六治郎
福本キク（？-1903以降） 普善院妙喜日宗
福本元之助の母と想定(71)．以下，安政期から明治のキクをすべて同一人として拾い上げる．タウの乳母(25) 卯一郎の婚礼で「茶火鉢煙草盆」の掛(36*) タミより年下(71) 御降臨の時にタケと共に裏町（卜半町）に居住(61, 71) 楢村へ避難の際の供(60) 明治2年の家内書に記載されず(60, 71) 明治3年に「裏きく」から婚礼の祝(71) 5代佐兵衛家督相続の祝に多額の端物料(49, 60) 明治8年より（本家）賄と記載(67, 71) 明治8年佐一郎の見合いの供(30*) 同婚礼において元之助に続いて目見えする(71) イツの結婚に際し，重要な役割(71) 6代佐兵衛家督相続の祝にも多額の端物料(71) 5代佐兵衛の葬式に香典(71) イエ制度上の位置づけ(77)

福本元之助（1866–1937） 宝善院竹里日元
4代佐兵衛の3男．出生・父59歳(49) 母の推定(49, 71) 公式には明治17年に先代福本つき子の養子(49*, 71*) 丈助の子と自称した（？）時期もある(49*) 楢村に「父」と避難(55) 明治2年の家内書に記載されず(49) 5代佐兵衛家督相続の祝は下男下女待遇(49) 野々口ハヤの許にいる・明治8・11年には親類扱い(49, 69) 野々口元之助と名乗った時期がある(71) 明治11年の婚礼では「見習」(49, 70) 藤澤南岳に学ぶ(46) 逸身元之助として逸身銀行の監事(70) 6代佐兵衛家督相続の祝「元旦那」(72) 永田リキを娶る(61, 70) 明治22年尼崎紡績会社設立(70) 南綿屋町「北の家」に居住(76) 猪飼野の別邸(75) 長男をなくす(71*) 貯金銀行取締役(68*) 逸身一族の面倒(70*, 75) 丈助の子孫も猪飼野に受け入れる(36*) 昭和期に逸身佐兵衛の倅であることを公言(75) 昭和9年に創設された「泊園会」(藤澤南岳の塾の後継）の初代理事長(74) 墓石(1*) イエの中での位置づけ(77)
福本リキ（1874–？） 完喜院妙蘭日貞
福本元之助の妻．永田藤平の二女・逸身マス（佐一郎の妻）の妹．明治22年に嫁ぐ(61, 70, 75)
フサ1
「文久の別家書」で銭屋宗兵衛の妻(36, 61*)
フサ2
銭屋宗兵衛の関係者で明治3年の婚礼の本酌人(59*, 61)
房吉
銭佐の安政期の子供．徳吉の「家出」で処分される(40) 茶の湯の稽古(45)
藤澤南岳 (46, 75)
藤田善兵衛（京屋）
親類．何代の善兵衛であるかを区別できないので一緒にあげる．4代佐兵衛の母トミの生家・兵庫江川町(19) ラクの婚礼のときの親類書の控えには名がないが聟入りの土産目録にはある(19) リヤウの死亡の通知(27) トミの五〇回忌(44) 3代佐兵衛の葬式に来る(28) 「文久の親類書」(31) 佐一郎の隠された婚姻の仲介(47) 明治2・8・11年の親類書(62, 67) 佐一郎の婚礼についての承諾を丈助がもらいにいく(62*) 明治25年の新聞記事(44)
藤本常七（恒七）
銭佐の別家（→B級別家）「常」と「恒」の字の揺れ(36) 藤本という姓(67) 嘉永4年の「銭屋常七」とは別人であろう(36) 卯一郎と一緒に穴蔵内部に入る(21) 本店づとめ(36, 59) ト半丁の借屋に住む(34, 36, 41) 4代佐兵衛の倅宣治郎の葬式の算用(25) リヤウの忌中に利銀催促(27) 卯一郎の婚礼の裏方(36) 卯一郎の「聟入」の供をする(29) 大坂東町奉行所へ出頭(36) 「文久の別家書」(36) 肥後明礬方から「御蔵開」の案内(43*) 帳切に同道(51) 楢村への避難に供(60) 定助の上京にあたり備店へ出勤(36) 元手銀(23*, 36, 56) 明治3・8・11年の婚礼の別家書(59) 佐一郎婚礼の掛(41, 61) 御新造お目見えの順(61) 家督相続の祝の品(59) 同祝宴で手代扱い(59)
藤本ナカ
藤本常七の妻．リヤウの形見分け(36) 卯一郎の婚礼で役割を与えられていない(36) 「文久の別家書」でフミ．改名か(36) 行幸見物にいく(61) 明治3年の別家書(36) 明治3年の婚礼で酒の燗番．お歯黒を受け取る役目(61) 5代佐兵衛家督相続の祝宴に招かれず(59)
文助
備店の手代．「御降臨」の際にいた(59) 楢村への避難に同行(57) 慶応4年市中混乱の際，資産を備店から運ぶ(57)

ほ

堀江徳次
肥後藩の大坂留守居(43) 丈助に土産(43) 銭佐が館入になったことへの御礼(43) 「明礬仕法覚」に押印(43*)

ま

孫助
安政期に石灰町にいた手代(39)　家出した子供の捜索(40)　穴蔵から銀を運び出すとき地上で受け取る(21,40)　イツの御髪置の宮参りの供(25,50)　4代佐兵衛の倅宣治郎の葬式の算用(25)　骨董質入れのしつこい客への対応(45)　卯一郎の婚礼の折の役割(39)　卯一郎の子供の野辺送りの供(64)
又兵衛（亦兵衛)→銭屋又兵衛
松倉皆助
銭佐の慶応から明治初期にかけての有能な手代．松倉姓であることの根拠(55,67)　土州屋敷の生花の会(45)　孝旦那と丈助について道具入札に行く(45)　式日廻礼(50,53)　家督相続の内祝に肥後屋敷に出向く(51)　普請に伴う材木や植木をみにいく(54)　備店普請見廻りの供(54)　楢村に駐在(46,55)　丘隅という号(46)「御降臨」に臨んで事前の視察(56)　材木直談聞合わせ(55)　明治3年佐一郎婚礼の折の道具方(61)　永助が清兵衛を襲名したあと手代筆頭(59,66)　明治8年の婚礼の宰領(41,61*,67)　明治11年までに暇(67)　皆治郎ないし皆次郎と同一人物なら明治21年にも行事の手伝い(67*)
丸屋善兵衛
肥後藩の明礬の販売に関係している商人(43)　御降臨があったときに銭佐が祝を出している(56)
マン→笹部マン
萬助1
安政期の大工・卯一郎の聟入の供(29)
萬助2
慶応から明治初期の備店の手代(57,59)　子供のときは保松(57*)「御降臨」の際にいた(59)　楢村への避難に同行(57)．慶応4年市中混乱の際，資産を備店から運ぶ(57)．

み

三木屋三助
もと下男の三助と同一人と考えられる(41)　三木屋東助1の倅か(41)→三木屋東助2
三木屋定助（？-1868)
銭佐の別家（→B級別家）元手銀(36)　備店の管理(36,41,51)「文久の別家書」には「銭屋」とある(36)　定助と東助との関係は不詳(36)　三木屋平助は倅か(36,57*)　普請成就の祝(41)　敦旦那と備店の定日報告(50)　上京(36)　慶応4年の市中混乱に対応(57)　奥野治兵衛の死に伴い本家へ弔問(36)　慶応4年死亡(36*,59)　死後に元手銀の追加(36)
三木屋東助1
銭佐の下男が妻帯して出入方になった．三木屋東助2との区別は明確にできないが，明治20年以降の東助から「東助2」とする．嘉永3年人別帳に下男岩助改め三木屋東助となるとある(41,59)　定助と東助との関係は不詳(36*)　卜半町に住んで毎日銭座に通う(34,41)　B級別家と変わりのない仕事をする(41)　出入方半七より下男嘉吉の口利きをした(40)　初代嘉兵衛の葬式の供(36*)　宮参りの供(25)　安政4年の見合いの供(30)　聟入りの供(29)　出入方の筆頭(41)　妻リクがリヤウの形見分けにあずかる(36,41)　普請の祝(41)「御降臨」の祝(41)　行幸見物の供(60)　明治2年の出入方のリスト(41)　明治3年の婚礼の掛(61)　嵯峨饅頭(62)　5代佐兵衛家督相続の祝(49)　明治8年には弱っている(41)
三木屋東助2（1855-？)
銭佐の別家．三木屋東助1の倅と想定されるが根拠はない．三木屋三助が改名か(41)　明治21年の別家書(68)　本店勤務の唯一の別家(73)　明治20年の佐一郎の婚礼，ならびに福本元之助の婚礼の「懸り」(68*)　生年確定の根拠（「抵当権設定金銭貸借契約証書」)(41,68*)「山田」という姓(41,73*)

三木屋平助
　銭佐の別家（→B 級別家）三木屋定助の倅か(36)　明治 3 年佐一郎婚礼の別家書に「三木屋」とある(59)　定助のいる備店勤め(57)　身分は下男か(57)　伏見の火の手を中之島まで視察(57)　金子を備店から避難させる(57)　卯一郎の乳児の野辺送り(64)　佐一郎婚礼の掛(61)　御新造お目見えの順(61)　楢村への避難に同行(57)　家督相続の祝の品(59)　同祝宴は備店にて手代扱い(59)　明治 8 年の別家書には名がない(67)
溝口カメ（1858 以前-1935）　本浄院妙有日秀．系図Ⅴ参照
　溝口丈助とヒデの娘．リヤウの形見分けをもらう(36)　佐一郎の婚礼の折の加酌人(61)　別家中のお目見えに出席(61)　本家の下女(67)　銭佐手代の彦助を婿に迎える（→溝口保蔵）．明治 21 年の廻状(68)　昭和にも逸身家を手伝う(36*)　墓石(37)
溝口丈助（？-1876）　本顕院宗権．系図Ⅴ参照
　銭佐の別家．4 代佐兵衛の最大の腹心．「忠臣丈助」(63, 75)　生年は佐兵衛より 10 歳ほど下か(36)　嘉永元年頃にヒデを娶る(36)　嘉永 6 年に抜擢される(23)　備店の佐一郎代判(20, 51)　安政 6 年卯一郎の婚礼の元締(29, 30)　安政 6 年石灰町の屋敷を購入(34)　妻ヒデ娘カメ(36)　安政年間から土佐藩・肥後藩と交渉する(43)　楢村ならびに津藩との関係(55)　土佐へ行き記録を残す(45)　慶応 3 年の行動(63)　明治 3 年佐一郎婚礼の元締(61)　引退(63)　明治 9 年死亡(63)　カメの婿は手代の彦助，のちの溝口保蔵(68)　本来の墓石はなくなった(36*, 37)
溝口ヒデ（1833-1902）　本有院妙精日顕．系図Ⅴ参照
　溝口丈助の妻．生年と没年(36)　元は銭佐の下女か(36)　嘉永年間に丈助と結婚か(36)　卯一郎の見合いに同行する(30)　リヤウの形見をもらう(36)　卯一郎の婚礼の折に「二階休息所」を担当する(36)　「文久の別家書」(36)　佐一郎の婚礼の別家書(59)　婚礼の折に花嫁を「二階休息所」に案内(61)　花婿と花嫁の新床の準備(61)　「別家中目見江」(61)　里開で花嫁を送る(61)　5 代佐兵衛の家督相続の祝(49)　明治 8 年の結納の祝(67*)　明治 11 年の当主(67)　別家の「精神」の伝授(68)　明治 21 年の結納にあたっての廻状(68)　本来の墓石はない(36*, 37)
溝口保造（保蔵）（？-1902）　本精院宗久日保．系図Ⅴ参照
　溝口カメの婿．元は銭佐手代の彦助．明治 2 年より後に手代になる(66)　明治 8 年，序列 2 位の手代(66)　明治 11 年には養子としてカメと結婚している(67)　丈助の生前に婿養子となったかどうかは不明(68)　明治 20 年までに保造と改名(68)　貯金銀行の支配人(68)　墓石(37)
皆治郎（皆次郎）→松倉皆助
皆助→松倉皆助
ミネ
　文久の別家書で銭屋宗兵衛の母(36)　「後家ミネ」名義の地所(36)　明治 8 年の別家書に名前はあるが 11 年にはない(67)
美濃屋藤兵衛
　出入書にはないが出入方のような役割を明治 3 年の婚礼でしている(62)
ミヤ→逸身ミヤ
三宅文昌・文三郎
　石灰町の古い家持(3)　安政 6 年，銭佐は三宅屋から家を購入する(34)　明治 3 年の婚礼に祝を出し，嵯峨饅頭をもらっている(62)
妙徳寺
　中寺町に所在．日蓮宗京都妙顕寺末．逸身家の菩提寺(1)　過去帳は焼失(1*)　墓地(2, 37)

も

元之助→福本元之助

や

ヤウ→桑原ヤウ

弥十郎（？-1868）
文久から慶応に確認できる銭佐の手代．佐一郎の最初の婚姻解消の後始末のため御影にいく(41)　楢村避難の供(57)　明治元年9月に死去したことが日記から読める．
矢代シカ（1824-1850）
3代佐兵衛の娘・生年の同定(4)　妹のラク・タイより結婚が遅い(16)　両親とともに新宅にいる(21)　京都二條矢代庄兵衛に嫁ぐ(16)　娘ヒサを出産した可能性(42)　墓石(4, 15, 16, 20)
矢代庄兵衛（誉田屋）
銭佐の親類．シカが嫁ぐ．リヤウの葬式(27)　3代佐兵衛の葬式(28)　シカの死後，タネと再婚(32)　母タカにリヤウの形見分け(33)　文久の親類書(32)（シカとの間に生まれた？）娘ヒサの婚礼の報告(42)　明治2年の親類書(62)明治8・11年の親類書(67)　6代佐兵衛家督相続の祝(72)　5代佐兵衛の葬式に香典(42)
矢代タカ
矢代庄兵衛の母・「文久の親類書」(32)　リヤウの形見分け(33)
家根清
普請方．屋根葺き．普請方を代表して挨拶に来る(25, 27)　行事での役割(41)　5代佐兵衛家督相続の際の祝儀(49)　明治3年の婚礼に嵯峨饅頭(62)
山田東助→三木屋東助2
大和屋源治郎
石灰町の古い家持(3)　明治3年の婚礼に祝を出し，嵯峨饅頭をもらう(62)
大和屋忠兵衛
出入方(41)．仲忠と同一人か→仲忠
山内平治
肥後藩の「御勘定改」・銭佐が家督相続の願いを出す宛先(51)
山本新次郎
逸身銀行の重役か(72)

ゆ

ユウ
別家銭屋市兵衛（→中西市兵衛）の母．リヤウの形見をもらう(36)　京都岩佐家への見舞いの供(48*)　明治3年の婚礼の役割(61)
ユキ
4代佐兵衛の最初の妻・「文政12年人別帳」に名前あり離縁か(4, 15)

よ

宜造
本店の手代．明治3年の婚礼の際にいるが，翌4年の家督相続祝には名前がない(59)

ら

ラク→野々口ラク

り

履信院→逸身佐一郎・初代
利兵衛
石灰町の起番(41)　楢村への連絡をつとめる(57)　明治3年の婚礼に際し，御荷物の行列の手伝いをして嵯峨饅頭をもらう(62)
了縁院（？-1796）了縁院妙到日地
2代佐兵衛の3番目の妻か(2, 5)　墓石(5)

わ

綿屋吉兵衛→西岡
綿屋長右衛門→西岡

ゑ

ヱミ（笑）（？-1845）　自省庵妙円日浩.
3代佐兵衛の娘(4)　「旧家略系調」に記載されず(4)　究竟院の娘か(4)　生年の想定(16)　河内屋（平尾）勘四郎に嫁ぎ離縁されたか(16, 19)　独立した墓(2, 15, 16, 20)
ヱヒ
別家銭屋又兵衛（亦兵衛）の娘．リヤウの形見をもらう(36)　安政6年の婚礼で本酌人(36)